입법고시 출신
30년 국회 공무원의
끝나지 않은
외로운 투쟁

입법고시 출신 30년 국회 공무원의 끝나지 않은 외로운 투쟁

초판 1쇄 인쇄 2020년 10월 26일
초판 2쇄 발행 2020년 11월 10일

저 자 정 재 룡
편 집 이 미 숙
작 업 이 동 영
디자인 86디자인
 CTP 허 용 범
인 쇄 재원프린팅
제 본 광명제책사
발행처 도서출판 **중원문화**
발행인 황 세 연
주 소 서울특별시 마포구 백범로 8 우정마상스 512
주문처 02-325-5966 FAX 02-324-6799
 ISBN 978-89-7728-5965(03300)

입법고시 출신
30년
국회 공무원의
끝나지 않은 외로운 투쟁

정재룡 지음

2020

ⓒ Jaeryong Chung
First printed 2020 by Jungwonmunhwa Publishing Co
Reprint 2020 by Jungwonmunhwa Publishing Co.

www.library.ne.kr

머리말

이 책은 국회 사무처 공무원들에 대한 이야기가 주류를 이루고 있다. 국회 공직자는 현직 국회의원들이 자신의 보좌역으로 채용한 공직자가 아니고, 8급부터 5급 사무관까지 국회직 국가 공무원 시험을 통하여 선발된 공무원으로 2천여 명이 넘게 근무하고 있다. 따라서 국회직 공무원들은 국회 내의 일반 행정을 비롯하여 국회의 입법 활동을 돕는 입법공무원이기도 하다. 때문에 국회 사무처 공무원들은 책임감을 갖고 입법 활동에 최선을 다해야 한다는 점을 국민들에게 낱낱이 알려주고 싶었다.

두 번째는 국회 공무원들이 정직하고 투명하게 국민의 편에 서서 입법 활동을 성실히 도와야 국민을 위한 올바른 법률이 만들어질 수 있다는 점을 상기시키고 싶었다. 그렇지만 국회직 공무원들의 현실은 오히려 성실하고 정직한 국회 공직자일수록 모함의 대상이 되고 공격을 당한다는 현실을 국민들에게 고발하고 싶었기에 이 책을 집필하게 되었음을 밝혀둔다.

다산 정약용은 자신 때문에 벼슬길이 막혀 곤궁하게 사는 두 아들에게 "가난하고 곤궁하여 고생하다 보면 마음을 단련하고 생각의 폭을 넓히게 되니 인정이나 사물의 참 거짓을 옳게 알 수 있는 장점이 있다"라고 가르쳤다.

2010년 지방선거 직후 송영길 인천시장 당선자는 「한겨레신문」과의 인터뷰에서 "호남에서 태어난 것에 감사한다"라고 말했다. 예수가 예루살렘이 아닌, 민중들이 사는 갈릴리에서 태어난 것처럼 소외된 쪽에 있어야 사정을 잘 알 수 있기 때문이란 뜻이었다. 나는 이때 이 말을 듣고 깨닫게 되었다. 우리 사회에서는 호남에서 태어난 것이 천형같이 불리하게 작용하지만, 그의 말처럼 출신 지역 덕택으로 이 사회에서 소수자나 약자들과 정서적 공감대를 가질 수 있고, 그들의 사정을 더 잘 이해할 수 있는 건 감사한 일이다.

또 필자 역시 호남 출신이라는 걸 감사하는 이유는 소외 지역 출신이라는 제약이 나 자신을 단련시킬 수 있었기 때문이다. 소외 지역 출신이 그런 제약을 극복하고 무언가 성취할 수 있다면 그 성취의 의미는 그만큼 크다고 할 수 있다.

강직하고 투철한 공인 정신을 가진 이순신 장군은 그 때문에 모함과 오해를 받아 파직과 백의종군을 잇달아 겪었지만 끝내 임진왜란에서 나라를 구한 영웅이 되었다.

"장부가 세상에 태어나 쓰이게 되면 죽기로 임할 것이요, 쓰이지 못하면 들판에서 농사짓는 것으로 만족할 것이다. 권세 있는 곳에 아첨하여 한때의 영화를 훔치는 것 같은 것은 내가 제일 부끄럽게 여기는 것이다."

충민사기(忠愍祠記)에 나오는 이순신 장군의 좌우명이다.

나는 국회 사무처 재직 중 이순신 장군의 좌우명을 본받아

불이익을 감내하며 부조리에 과감히 맞서서 '아무도 가지 않은 길'을 묵묵히 걸었다. 그러다 보니 나는 '외골수' 또는 '4차원'이라고 조롱을 받기도 했다. 나는 그 조롱마저도 무사안일주의와 출세주의가 팽배한 국회 사무처에서 남들과 다른 길을 걸은 나의 진면목을 인정받은 것이라고 긍정적으로 생각했다.

나는 2019년 6월 말 퇴직하기 5개월여 전에 오랜 기간 내 결백한 이혼 등 전력을 누군가가 인사 때마다 모략 보고하였다는 것을 그때야 알게 되었다. 또한 그것에 그치지 않고 그 모략 보고를 국회 내외에 널리 유포하여 나를 공직사회에서 매장시키려는 만행이 자행되었다는 것을 비로소 알게 되었다. 나에 대한 모략 보고는 거슬러 올라가면 무려 6년여에 걸친 것이어서, 내 인생을 완전히 바꿔놓았을 뿐 아니라 사회적 매장 기도라는 만행(이하 '만행')은 너무나 충격적인 일이 아닐 수 없었다. 그래서 나는 퇴직하기 전에 국회 사무처에서 진상규명이 어렵다면 최소한 유감표명이라도 해달라고 백방으로 호소했지만 모든 것이 묵살되었다.

주변 사람들은 다 지나간 일이니 잊어버리라고 한다. 그러나 나는 전처와 이혼 후 53세부터 국회 사무처 재직 중 7년여 동안 혼자 늦둥이 아들을 키워왔다. 따라서 그간 내 삶은 늦둥이 아들과 분리할 수 없는데 내 삶이 부정되면 내 아들은 어떻게 하란 말인가? 내 아들에게 무슨 희망이 있겠는가? 그래서 나는 퇴직 후 그 모략과 만행을 잊어버릴 수 없었고 짓밟힌 땅바닥에서 그저 일어서기 위하여 고군분투했다.

그러다가 지난 6월 나에 대한 모략과 만행이 단순히 전·현직 직원들끼리만 작당하여 이뤄진 것이 아니라 그들과 결탁한 어느 여당 국회의원이 자행한 거대한 '음모극'이라는 사실을 알게 되었다. 내 사건의 차원이 완전히 달라져 버린 것이다. 뿐만 아니라 그 의원은 지난 6월 그동안 내가 칼럼을 써 오던 어느 월간지에 압력을 넣어 내 칼럼 자리마저 박탈해 버렸다.

나는 그동안 내게 자행된 모략과 만행은 흔히 있는 일이 아니라 전무후무한 것으로서 피도 눈물도 없는 너무나 잔인한 짓이라고 본다. 직장에서 인사 때 다른 사람의 사생활 정보를 몰래 악용하면 그것으로 충분하지, 그 사람을 사회적으로 매장시켜야 할 특별한 이유는 없다. 그런데 경악스럽게도 나에 대한 모략은 무려 6년여간이나 자행되었을 뿐 아니라 나를 사회적으로 매장시키려 했고, 나에 대한 가해가 지금까지도 계속되고 있는 것이다. 그 국회의원은 나를 제거하기 위하여 심지어 내 실력 평가 조작과 허위 면직 사실 유포 등의 범죄까지 저질렀는데, 국회가 한마디로 무법천지가 되어버렸다고 본다. 결국 내 사건은 사생활 모략의 폐해가 얼마나 큰지 그것을 가장 극명하게 보여준 사례라고 할 수 있다.

그래서 나는 이 끔찍한 모든 일을 세상에 낱낱이 알리기로 했다. 그리고 내가 국회(사무처)에서 어떻게 일했고 국회(사무처)에 어떤 문제가 있는지를 모두 밝히기로 했다. 물론 내 이혼 등 전력도 모두 드러내 객관적인 평가를 받아보기로 했다.

국회 사무처 직원들은 무법천지와 같이 자행된 이 끔찍한 일들은 모두 모른다고 하면서 어처구니없게도 나를 퇴직 후 지금까지도 인사 불만을 제기하는 형편없는 사람으로 비난하고 있다. 하지만 그들의 그런 태도는 진실과 정의를 외면하는 것으로서 나는 여전히 나에 대한 모략이 계속되고 있다고 느낀다. 나는 결코 인사 불만 때문이 아니라 내 인권이 처참히 유린된, 최악의 이혼 모략 피해자로서 그저 억울한 누명을 벗기 위하여 싸우고 있다. 나는 간절히 사필귀정을 원한다. 그리고 나는 나의 이 처절한 고군분투가 위헌적인 이혼 모략 악폐를 척결하는 전기가 될 수 있기를 바란다.

전태일은 "내 죽음을 통해 작은 창문 하나를 열 테니 너희들은 그 문을 통해 세상으로 나와 끊임없이 투쟁하라"라면서 자신의 몸을 불태웠다. 비록 나는 전태일처럼 내 몸을 불태우지는 못하지만 이 책을 펴내는 것도 세상에 나를 던지는 의미가 있다고 생각한다.

나는 안치환의 '우리가 어느 별에서'란 노래에 감동한다. 안치환은 "꽃은 시들고 해마저 지는데 저문 바닷가에 홀로 어두움 밝히는 그대, 그대와 나 해뜨기 전에 새벽을 열지니"라고 노래한다. 나도 여생을 그렇게 보내고 싶다.

내가 지난해(2019년) 6월 말 퇴직할 때 어느 후배 수석전문위원은 내게 과일 바구니와 "그동안 노고에 감사드리며 앞으로도 사회에서 빛과 소금이 되시기를 기원합니다"라고 쓴 리본을 보내줬다.

나는 국회 사무처 재직 때와 마찬가지로 퇴직 후에도 '아무도 가지 않은 길'을 걸을 것이라고 다짐하였다.

그래서 최근 「한부모가족권익연대」라는 단체를 만들었다. 그 단체를 통해서 한 부모 가족들이 한 부모 가족지원법의 취지대로 편견과 차별이 아니라 일반 가족과 똑같이 평등하게 존중을 받으면서 아이들을 키울 수 있도록 돕는 일을 할 생각이다.

필자는 현재 9년째 한 부모 가족으로 혼자 고2 늦둥이 아들을 키우고 있다. 필자는 그 경험을 소중하게 생각한다. 이것이 꽃바구니를 준 그 후배의 기원처럼 내가 이 사회에서 빛과 소금이 되는 길이자 내 운명의 길이라고 생각한다.

2020년 10월 중순에 가을 하늘을 바라보면서
저자 정재룡

◆ 목 차 ◆

1. 입법의 내실화를 위한 대책이 필요하다

국회사무처

1. 입법의 내실화를 위한 대책이 필요하다

(1) 입법과정의 문제점

최근 국회의원 발의 법안이 폭증하여 20대 국회의 경우 순수 의원 발의 법안만 21,500여 건이었고 정부 제출은 1,000여 건에 불과했다. 이처럼 지금은 국회의원이 입법을 주도하는 시대가 되었다.

그러나 법안이 심사되는 위원회의 **입법과정**은 과거 독재시절 정부 주도 입법 시대와 별 차이 없이 거의 그대로 진행되고 있다. 법안이 발의되면 위원회에 상정하여 전문위원 검토보고와 대체토론을 거치고 소위원회에서 심사하여 전체위원회에서 의결하는 절차로 진행된다.

여기서 문제는 입안 이후 4~6개월의 수정·보완 과정을 거쳐 완성도를 높여 제출되는 정부 제출 법안과 달리 의원은 입안만 하면 바로 발의할 수 있다는 것이다. 그러니 당연히 법안에 문제가 많을 수밖에 없다. 그런데도 국회의 입법과정을 과거 정부 주도 입법시대와 똑같이 운영하는 것이 적절할까?

현재 위원회의 **법안심사**[1]는 부실하다고 할 수밖에 없다. 법안의 폭증 때문에 그렇게 볼 수 있지만, 소위원회 이전 단계인 전체위원회의 전문위원 검토보고와 **대체토론**도 너무 형식화되고 있다. 한꺼번에 몇 백 건의 법안이 상정되기도 하는데, 그 경우 검토보고도 형식적으로 진행되지만 놀랍게도 단 한 명의 의원도 대체토론을 하지 않을 정도로 대체토론이 의미가 없고 유명무실화되고 있다.

하지만 대체토론은 해도 그만 안 해도 그만이 아니다. 그것은 위원회에서 모든 의원이 법안심사에 참여하는 수단이고 최소한 타당한 법안의 입법을 촉진하고 문제 있는 법안을 여과시키는 중요한 기능을 하기 때문이다. 그런 대체토론이 유명무실화되어 법안심사가 소수 의원들에 의해서만 이루어지고 있기에 그것을 결코 긍정적으로 볼 수가 없다.

또한, 법안심사는 이해관계자 등의 의견수렴이 중요한데 최근 경향을 보면 이를 소홀히 하거나 의도적으로 외면하는 일까지 벌어지고 있다. 향후 법안이 폭증하고 이해관계의 갈등이 심화될수록 이런 경향은 더욱 심화될 것이다. 그런데 이는 입법의 절차적 정당성을 훼손하는 것이기 때문에 심각한 문제가 될 수밖에 없다. 또 일반 국민으로부터의 의견수렴도 갈수록 중요한데 현재 입법과정에서는 그것을 잘 구현하기가 어렵다.

---

1) 법률의 안건이나 초안을 심사하는 과정.

(2) 전문위원 검토보고의 문제점

종래 법원 행정처에서는 전국 판사 3,000여 명 중에 30여 명이 근무하면서 법원의 정책과 행정 업무를 했다. 그들은 대법원장 직속이어서 인사와 예산 등에 혜택이 있어서 선호도가 높았다. 그러다 보니 법원의 본질적 기능인 재판과 직접 관련이 없는 자리가 요직으로 인정되었다.

그런데 국회 사무처에도 종래 법원 행정처와 유사한 문제가 있다. 국회 사무처 전체 인원은 1,300여 명이 되는데, 위원회 조직 이외에 주로 조직관리 업무를 하는 부서들이 있다. 이들 부서도 국회의장과 사무총장 직속이어서 인사와 예산 등에서 혜택이 있다. 그래서 당연히 선호도가 높다. 직원들은 파벌을 형성하기도 하고 어떻게든 위원회보다는 이들 부서에서 근무하기 위해 각축을 벌인다. 그리고 그런 경쟁에서 이겨 소위 요직에서 근무하는 직원들이 실세로 자리 잡는다. 더구나 최근 법안 급증에 따른 위원회의 업무부담 증가 등의 영향으로 국회 사무처 직원들의 각 위원회 기피가 심화되고 있다.

여기서 더 큰 문제는 담당 업무가 국회의 본질적 기능과 별 관련이 없는데도 조직이 그들 실세 부서 중심으로 운영된다는 점이다. 전문위원은 한직이고 수석전문위원마저 차관급 자리로 영전하기 전에 거쳐 가는 자리 정도로 취급되고 있다. 그러다 보니 당연히 위원회에서 필요한 전문성 함양은 뒷전이다.

국회 공직자로 입직 직후 몇 년간 위원회에서 근무한 것 빼고는 20여 년간 다른 부서에서 근무(유학, 주재관 근무, 파견, 군복무 등 포함)하다가 어느 날 위원회 수석전문위원이 되는 경우도 있는데, 그런 사람에게 전문성을 기대한다는 건 그야말로 연목구어(緣木求魚)가 아닐 수 없다. 그런데도 그게 인정되는 것은 놀랍게도 수석전문위원 등 전문위원에게 전문성이 별로 중요하지 않다는 풍토 때문이다.2) 그러니 전문위원에게 가장 중요한 검토보고서가 부실할 수밖에 없다. 현재 그런 조직운영이 오랜 관행으로 굳어져 있다. 그런 조직운영을 개선하기 위하여 정의화·정세균 두 의장이 전문위원 평가시스템 도입을 지시하기도 했지만, 내부에서 잇달아 묵살해 버렸다.

필자는 정의화 의장 때부터 전문위원 평가시스템이 추진될 수 있도록 나름대로 노력했지만 역부족이었다. 조직의 개선과 발전을 위한 두 의장의 지시가 잇달아 묵살되었다는 것을 어떻게 보아야 할까? 그런 국회 사무처에 무슨 희망이 있겠는가?

국회 사무처는 지금까지도 두 의장이 지시한 전문위원 평가시스템 도입을 묵살해 버리고 오래전에 퇴직한 사람들을 불러 모아 실시한 평가나 노동조합이 실시한 직원 설문조사 결과를 인사에 반영하고 있다. 그러나 이는 해괴한 일로서, 국회 사무처의 인사가 얼마나 문제가 많은지를 여실히 보여주는 부분이다. 더구나 후술하겠지만 필자를 제거하기 위하여 실력 평가를 조작하기까지 했다면 충격적인 일이 아닐 수 없다.

---

2) 반면 입법조사관에게는 전문성이 필요하다는 인식이 있다. 갓 들어온 직원들이 입법조사관을 하는 경우가 많은데 그건 비현실적이다.

　나는 이렇게 국회 사무처의 인사 난맥상 때문에 전문위원에게 전문성을 기대하기 어려운 상황에서 전문위원 검토보고서가 실제 어떻게 작성되는지 그 실상에 대한 생생한 이야기를 하고 싶다. 그래서 문제점이 파악되고 개선책이 모색되기를 바란다.

　나를 포함한 수석전문위원 5명은 2017년 11월 20일 신임 국회의장 비서실장과 오찬을 가진 적이 있다.

　그 자리에서 전문위원 검토보고 업무와 관련된 얘기가 나왔다. 그런데 수석전문위원 중 한 사람(이하 "A 수석")이 검토보고는 정보 제공이 주목적인 것처럼 말했다. 그러면서 **의원 발의 법안에 대해서는 반대를 먼저, 찬성을 나중**에 적시하고, **정부 제출 법안에 대해서는 찬성을 먼저, 반대를 나중에 적시한다**는 것이었다. 나는 어이가 없었다. 검토보고가 단순히 정보를 제공하는 거라면 굳이 전문위원을 둘 필요가 없다. 그리고 단순 정보 제공이라면 검토보고라는 말 자체도 적절하지 않은 것이다.

　'제헌 국회 때 헌법까지 기초한 유진오(柳鎭午, 1906~1987) 박사가 전문위원의 모델인데 그걸 알면서도 도대체 왜 그러는 걸까?' 도저히 이해할 수가 없었다. 전문위원이 긍·부정 등 판단 의견을 내면 안 된다고 말하는 사람에게 묻고 싶다. 그러면 그 일은 누가 해야 한다는 것인가? 그리고 원안에 대한 긍·부정 판단이 나와야 수정이나 대안 등을 모색할 수 있다. 따라서 전문위원이 긍·부정 판단을 유보하면 이후 입법의 진전이 어려워질 수도 있으므로 그것은 충실한 검토보고라고 이야기할 수 없다.

필자는 2018년 6월 23일에는 A 수석 밑에서 일하는 어느 직원과 법안 검토보고서 작성과 관련하여 얘기를 나누게 되었다. 그는 법안의 30%는 명확하게 긍·부정 결론을 제시했지만, 나머지 70%는 찬·반 의견을 3가지씩 균형적으로 제시했다고 이야기했다. 결론 제시가 오히려 바람직한 게 아니라는 말도 했다. 그리고 찬·반 의견중 앞보다는 뒤에 오는 것이 검토보고서의 결론이라고 볼 수 있다면서 항상 순서를 이와 같이 정했다고 말했다. 그게 전문위원의 방침인데 그도 그것에 동의한다는 것이었다.

이런 걸 너무 당당하게 말해서 필자에게는 충격이었다. 우선, 기계적 균형에 집착하는 것부터 잘못이었다. 이런 경우 문제가 있는 법안마저 그냥 넘어갈 수 있다. 찬·반 의견을 균형적으로 제시하는 상황에서 단지 적힌 순서에 따라 결론이 달라진다는 이야기이다. 필자로서는 코미디 같은 일로 보였다. 하지만 그는 그것에 대한 문제의식이 전혀 없었다. 단지 찬·반 의견을 균형적으로 적시하고 그 순서에 따라 결론이 달라지는 검토보고서가 법안심사에 무슨 도움이 되겠는가? 만약 논문이 그렇다면 누가 그런 논문을 우수하다고 하겠는가?

2018년 6월 25일 김성곤 국회사무총장과 우리 수석전문위원들의 오찬이 있었다. 김 사무총장이 오기 전에 A 수석은 법안 검토보고에서 찬·반 의견을 균형적으로 제시해야지, 어떻게 해야 한다고 결론을 제시하면 대역죄라고 말했다. 그는 내 옆 자리에 있었는데 마치 내게 들으라는 듯 목소리를 높였다.

그런데 전문위원이 법안의 문제점을 지적하고 수정의견이나 대안을 제시하는 것이 왜 대역죄일까? 전문위원이 과연 찬·반 의견만 제공하는 것으로 할 일을 다 하는 것일까? 그 정도 수준의 일을 위해서 1~2급 고위직으로 '(수석)전문위원' 자리를 운영할 필요가 있는 건가?

나는 김 사무총장이 온 후 학위취득유예제 도입 사례연구를 예로 들어 A 수석의 의견과 정반대로 전문위원이 법안의 처리와 입법의 품질을 제고하기 위하여 적극적으로 수정의견이나 대안을 제시해야 한다고 말했다.

지금도 국회 사무처의 일반적 풍토는 단순한 것을 제외하고 복잡하고 중요한 법안에 대해서는 검토보고서에서 결론을 제시하지 않고 있다. 나는 그 이유가 법안을 발의한 의원의 눈치를 보기 때문이라고 본다. 그러나 그건 잘못된 것이다. 우선 의원들 중에는 자신이 발의한 법안에 대한 객관적 평가를 받아보고 싶어 하는 의원이 있다. 그렇기 때문에 전문위원이 발의 의원의 눈치를 보고 법안 검토보고를 제대로 하지 않으면 안 된다. 물론 자신의 법안에 부정 의견 내는 걸 싫어하는 의원도 있다. 그러나 법안은 300명 의원이 최종결정하는 것이다. 법안을 발의한 본인 이외에 나머지 299명의 의원은 그 법안에 대한 객관적인 평가가 있어야 찬·반 결정에 도움이 된다. 그것이 전문위원이 검토보고를 하는 주된 이유다. 그런데 국회 사무처의 풍토는 299명은 고려하지 않고 1명만을 보고 일하는 것과 같다. 이건 말이 되지 않는 것이다.

　전문위원이 검토보고서에서 결론을 제시하지 않으면 소위원회에서 논의 시간이 길어지고 의원들이 물었는데도 전문위원이 결론을 제시하지 못하면 의원들의 지적을 받고 법안이 처리되지 못한 채 끝나 버릴 수 있다. 검토보고서가 결론을 제시해 주면 문제 있는 법안은 소위원회 상정 우선순위에서 밀리게 되는데, 검토보고서가 결론 없이 모호하게 작성된 경우에는 소위원회에서 혼란이 오게 되고 오랜 시간 논의만 하다가 끝날 수 있다는 것이다.

　전문위원 중에는 검토보고서에서 결론을 제시하지는 않지만 소위원회에서 의원들이 물을 때 검토보고서와 달리 미리 준비해서 자신의 의견을 얘기하는 사람도 있다. 그 전문위원의 방식은 의원들이 더 주도적으로 법안을 심사할 수 있도록 한다는 의미는 있다. 그러나 그것은 기본적으로 전문위원이 소위원회에서 자신의 검토보고서와 다르게 의견을 얘기하는 것이기 때문에 검토보고제도의 취지에 맞지 않는 것이다. 그 방식은 전문위원의 의견이 전체위원회와 소위원회에서 각각 달라진다는 것인데 그렇다면 미리 검토보고를 할 필요도 없다. 소위원회에서도 법안심사를 의원들에게 맡겨놓는 방식이기 때문에 회의의 효율성이 담보되지 않는다. 방향 제시가 없기 때문에 어떤 방향으로 가야 할지 논의하느라 시간이 많이 소요될 것이다.

　또한, 검토보고서가 결론을 제시한 경우에는 입법의 결과에 대한 평가가 가능하다. 그러나 검토보고서가 결론을 제시하지 않은 채 소위원회에서 전문위원이 구두로 결론을 제시하고 그

것이 반영되어 입법이 된 경우에는 그 입법에 대한 평가가 불가능하다. 검토보고서의 결론은 체계적이고 충실하게 작성되는 반면 전문위원의 구두 의견은 그게 담보되지 않기 때문에 과연 제대로 입법이 된 것인지 알 수가 없게 된다.

현재 전문위원들이 중시하고 고민하는 것은 검토보고서가 그 사안에 대하여 제시하는 긍·부정 결론 자체보다는 그 결론에 이르는 근거와 이유가 정부의 의견서와 같아 보이지 않도록 하는 것이다. 그래서 입법조사관은 검토보고서 초안을 작성할 때 그것에 많은 시간을 할애하고 전문위원은 입법조사관이 검토보고서 초안을 작성해서 가져오면 결론이 잘 제시되어 있는지 여부보다는 **그 내용이 최대한 정부의 의견과 다르게 보이도록 하기 위하여 수정한다.** 그런 검토보고서에서 무슨 의미를 찾을 수 있을까?

여러 전문위원 밑에서 일해 본 어느 직원에 따르면 아예 처음부터 정부의 의견서를 보지 않고 초안을 작성하라고 요구하는 전문위원도 있었다고 했다. 그 전문위원은 검토보고서의 결론 자체를 중시하기보다는 그 내용이 정부의 의견서와 같아지는 것이 두려워서 그랬다고 볼 수 있다. 그러나 그 경우는 검토보고서 초안을 작성하면서 정부와 협의를 제대로 할 수 없기 때문에 충실한 결론이 나올 수가 없다. 어떤 전문위원은 결론이 항상 정부의 의견과 같도록 작성하라고 요구했다고 하는데 그도 최선의 결론을 제시하는 것을 중시하는 것이 아니었다는 점에서는 같다. 문제는 제대로 결론을 제시하지 않는 검토보고서가 안건심사에 무슨 도움이 되는지 모르겠다는 것이다. 이는 국회의원들도 의문을 제기하고 있다.

반면 필자의 경우는 검토보고서가 정부의 의견서와 내용이 같은지 여부는 전혀 개의치 않았다. 나는 미리 직원과 협의하여 검토보고서의 결론을 정하고 그 뒤에 직원이 검토보고서 초안을 작성하였다. 만약 결론이 정부의 의견서와 같다면 그 근거와 이유를 정부의 의견서와 똑같이 써도 되고 대신 꼭 각주를 달고 인용표시를 하라고 했다. 중요한 것은 검토보고서의 결론이 정부의 의견서와 다를 때다. 그때는 심층 검토해서 충실한 검토보고서가 나오도록 했다. 논증을 통해 왜 정부의 의견이 틀리고 전문위원의 의견이 맞는지 잘 이해할 수 있도록 설득력 있게 작성하도록 했다. 하지만 그런 경우는 많아야 불과 20% 정도 될 것이다. 선택과 집중이다.

그런데 다른 전문위원들은 대체로 결론이 정부의 의견서와 같든 다르든 구별하지 않고 모든 안건에 대하여 다 똑같은 비중으로 검토보고서를 작성하도록 요구한다. 법안이 홍수처럼 쏟아지고 있어서 검토에도 시간이 부족한데 왜 그래야 하는지 이해하기 어렵다. 어차피 결론 제시를 제대로 안 하고 있기 때문에 그걸 구별해야 할 이유가 없는 것으로 보인다.

전문위원이 검토보고서에서 긍·부정 판단 의견을 제시하지 않으면 그 일을 누가 하는 것일까? 그때는 의원실 직원들이 하게 된다. 사실 2015년 초에 내가 교육문화체육관광위원회(이하 '우리 위원회')에 오기 전에는 우리 위원회도 그랬다. 당시 야당의 경우 그때까지 의원실 직원들이 서로 협력하여 주도권을 행사해 왔다.

그런 상황에 내가 와서 적극적으로 일을 하니까 그들이 반발했다. 하지만 그렇다고 해서 내가 뒤로 물러났다면 그들은 내게 실력이 없다고 했을 것이다. 나는 물러서지 않았다. 그것이 나의 존재이유였기 때문에 물러설 수가 없었다. 여기서 판단 의견을 누가 제공하느냐 못지않게 중요한 것은 그 판단 의견의 공정성이라고 해야 할 것이다. 의원실 직원들에게 그걸 기대하기는 어렵다. 나도 10% 정도 되는 쟁점 법안에는 판단 의견을 제시하지 않았다. 그러나 나머지 법안도 판단 의견을 제시하지 않으면 그건 직무유기가 될 수 있다.

현재 법안이 급증하는 상황에서 찬·반 의견을 균형적으로 제공하거나 결론을 입법정책적으로 결정할 사항이라고 적시하는 검토보고서는 법안의 처리와 입법의 품질 제고에 기여하기 어렵다. 박범계 의원은 2013년 2월 19일 '법제사법위원회'와 2015년 12월 16일 '**의원입법의 발의 전 절차적 제도 도입과 입법실무의 개선**' 세미나에서 검토보고서의 부실문제를 국회의 첫 번째 개혁과제라고 지적하고 결론을 입법정책적으로 결정할 사항이라고 관행적으로 적시하는 검토보고는 조속히 시정될 필요가 있다고 지적했다.

내가 수석전문위원으로 모셨던 박주선 교육문화체육관광위원장은 심지어 당시 최대 쟁점 현안이었던 누리과정 예산 부담과 관련, 시행령이 법률과 상충하는지에 관하여 내게 검토보고를 요구했는데, 내가 그 사안에 대해서는 명확한 의견을 제시할 수 없어서 중립적인 의견을 제시하자, 그 사안마저도 명확하게 제시하지 않은 건 잘못이라고 수차 지적했다.

2018년 4월 학위취득유예제 도입을 내용으로 하는 고등교육법 개정(의안번호 12767) 사례에서 보듯 의원들은 전문위원이 보다 적극적으로 수정의견이나 대안을 제시해 주길 바란다. 2018년 2월 그 개정안에 대한 소위원회 심사가 끝나고 유은혜 소위원장은 누구보다 적극적인 내게 더 적극적으로 대안 제시를 하라고까지 말하기도 했다.

그러나 안타깝게도 나같이 외골수, 4차원 취급받는 사람 외에, 현재 전문위원의 위상과 업무환경 등을 고려할 때 전문위원이 자기가 맡은 법안에 대하여 원칙과 소신을 갖고 문제점을 지적하기는 매우 어렵다. 그래서 내용이 복잡하고 어려울수록 검토보고에 결론이 제시되지 않는 것이다. 전문위원 입장에서는 그것이 더 안전하기 때문이다. 그런데 그런 검토보고가 무슨 의미가 있겠는가? 특히, 전문위원이 위험을 감수하고 **긍·부정 판단 의견**을 제시해야 할 특별한 이유가 없다.

이상에서 볼 수 있듯, 현재 국회 전문위원 검토보고는 매우 부실하기 그지없다. 양질의 검토보고는 양질의 법안을 만들고, 부실한 검토보고는 부실한 법안을 만든다고 볼 수 있다.

각위원회에는 2급 이상 고위직이 40여 개가 있는데, 현재는 검토보고가 너무 부실하여 국민 혈세의 낭비라고 본다. 그런데도 단순히 법안 발의 건수의 증가에 비례하여 각 위원회의 직원 수가 계속 증가하고 있다. 실적관리용 법안 등 의원 발의 법안의 내용을 구체적으로 들여다보면 그것이 정당화될 수 없는데 그저 밥벌이 수단에 그치고 있다는 생각마저 든다.3) 검토보고서의 내용이 중요한 게 아니라 모두 그저 법안 발의 건수에 맞추어 검토보고서를 찍어내는 것이 중요하다는 차원에 머물러 있다. 법안 할당제로 모든 보좌진이 일주일에 한 개 이상씩 법안을 의무적으로 내는 의원실도 있는 것처럼, 사실 법안 발의 건수가 많아진 것은 의원 간 경쟁뿐 아니라 의원실 직원이 많아지면서 직원 간 경쟁이 촉발된 측면도 있다. 그에 따라 위원회 직원도 계속 증가하는 것을 긍정적으로 보기는 어렵다. 국민 혈세의 낭비에 대한 진지한 고민은 없는 것 같다. 특히, 법안 발의 건수가 급증한 상황에서 입법의 내실화가 중요한데, 그것에 대한 고민을 찾아보기 어렵다. 정의화·정세균 두 의장이 연이어 전문위원 평가시스템 도입을 지시했지만 모두 묵살해 버린 것이 이를 실증한다고 본다. 이와 같은 상황이라면 전문위원 검토보고제도를 더 이상 유지하기 어렵다고 본다. 이제 진지하게 대안을 모색하는 노력이 필요하다.

(3) 입법청문회의 활성화

---

3) 20대 국회에서 법률소비자연맹이 의정활동 1위로 꼽은 황주홍 전 의원은 642건의 법안을 발의했다. 이 가운데 218건의 법안이 여성이 능력을 정당하게 평가받을 수 있도록 각 기관에 유리천장위원회를 설치하자는 내용이다. 각 기관별 법안에 똑같은 조항을 삽입하는 식의 대표적인 건수 부풀리기 사례.

필자는 『*the Leader*』 2019년 6월호4)에서 입법청문회의 활성화 방안을 제시한 바 있다. 나는 바로 '입법청문회의 활성화'가 입법과정과 전문위원 검토보고의 문제점을 개선하기 위한 유력한 방안이라고 생각한다. 우리의 입법과정을 미국 의회와 비교할 때 많은 유사성에도 불구하고 가장 큰 차이는 바로 입법청문회의 활성화 여부라고 할 수 있다. 미국은 입법청문회 실시 여부가 법안 가결의 중요한 관건인데 우리도 입법청문회를 그렇게

게 활용하자는 주장이다.

사실 입법청문회를 필수화하면 대체토론 등 법안심사의 형식화 문제와 전문위원 검토보고의 부실 문제를 보완할 수 있다.

4) *the Leader*, 2019년 6월호.

입법과정에서 필수라고 할 수 있는 이해관계자 의견수렴마저도 소홀히 하거나 의도적으로 외면하는 문제를 개선하기 위해서도 '**입법청문회**의 **활성화**'가 반드시 필요하다.

미국은 전문위원 검토보고제도가 없다. 대신 CRS(Congressional Research Service, 의회조사국)와 GAO(Government Accountability Office, 의회감사원) 등에서 관련 자료를 제공하고 있다. 우리도 입법청문회를 활성화하게 되면 전문위원 검토보고제도를 미국처럼 바꿀 수 있다. 우리도 현재 입법조사처가 입법과정에 참고자료를 제공하고 있는데 전문위원 검토보고제도도 그런 방향으로 바꾸자는 것이다.

다만, 일시에 그렇게 하기는 어려우므로 현재 전문위원 검토보고와 병행하여 당분간 입법조사처에서도 주요 법안에 대한 검토의견을 제공하도록 할 필요가 있다. 그것은 현재 예·결산의 경우 전문위원 검토보고와 병행적으로 예산정책처가 분석의견을 제공하는 것과 같은 방식이다. 그렇게 하다가 궁극적으로는 입법조사처에서만 주요 법안에 대한 검토의견을 제공하도록 하자는 것이다. 물론 예·결산에 대한 분석의견도 예산정책처만 제공하도록 바꾸는 것이다.

필자가 볼 때 현행처럼 입법조사처와 예산정책처를 운영하면서 동시에 전문위원제도를 운영하는 것은 중복되는 측면이 있다. 따라서 결국 언젠가는 미국처럼 입법조사처와 예산정책처 중심으로 가고 전문위원제도는 폐지될 운명이라고 본다. 사실 정세균 의장과 문희상 의장 때 전문위원제도의 폐지 요구가 있었다고 알고 있다. 아마 대안에 대한 연구가 없어서 그게 실현되지 않은 것으로 보인다. 입법청문회의 활성화가 그 대안이 될 수 있다.

미국처럼 입법과정에서 입법청문회를 사실상 필수화하는 방향으로 바꾸면 충실한 법안심사로 일하는 국회를 구현할 수 있다. 현장 입법청문회 등을 통해 입법과정에 국민 참여 기회도 확대할 수 있다. 그러면 국회에 대한 국민의 신뢰가 제고될 것이다.

미국에서 위원회 심사가 존중받는 이유는 의원들이 입법청문회를 통해 해당 사안에 대하여 면밀히 조사·검토하여 그 결과를 공식 기록으로 제공하기 때문이다. 우리 국회라고 그렇게 못할 것 없다. 현재 국회에서 입법청문회는 열리지 않지만, 의원이 주최하는 법안 관련 세미나가 자주 열리고 있는데, 입법청문회 활성화는 이것을 공식 입법과정에 편입시키는 것이라고 할 수 있다. 미국처럼 입법청문회를 거친 법안만 소위원회에서 심사하도록 한다면 언론에서 지적하는 법안 처리 저조 논란도 해소될 수 있다. 입법청문회를 거치지 않은 법안은 소위원회에서 심사할 필요가 없기 때문이다.

21대 국회를 개원하면서 여당은 '일하는 국회'를 표방하면서 간사협의에서 심사 대상 법안이 선정되는 것에 문제가 있다고 보고 법안심사를 간사협의 없이 선입선출5)(先入先出)로 하겠다고 밝힌 바 있다.

---

5) 먼저 발의한 법안을 가장 먼저 처리하는 방식.

　그것은 문제해결의 방법이 될 수 없다. 법안이 너무 많이 발의되기 때문에 얼마 지난 다음에는 결국 쌓일 수밖에 없다. 나중에 발의되었지만 더 급한 법안을 통과시키지 못하게 된다. 결국 그때 가서는 심사 대상 법안을 간사협의로 결정할 수밖에 없는데도 그것을 애써 외면하는 것 같았다. 의원입법 시대에 진정 국회가 할 일을 제대로 할 수 있도록 입법과정의 재구조화를 진지하게 모색하기를 나는 충심으로 바란다.

2. 이혼이 죄인가

국회사무처

2. 이혼이 죄인가

(1) 정재룡 죽이기 공작의 전모

후술하겠지만 필자의 이혼 등 사생활은 겉으로 보면 오해할 수도 있다. 그리고 별거 아닌 것으로 치부할 수도 있다. 하지만 내용을 구체적으로 살펴보면 내가 겪은 일들은 하나하나가 기막히고 끔찍하기까지 한 사연이 아닐 수 없다. 피해를 본 당사자이기에 더욱 끔찍하다.

재혼도 두 번 세 번 한 것이 아니라 엄밀하게 보면 52세에 이혼하고 재혼해서 늦둥이 아들을 키우려다가 재혼에 실패한 것에 불과하다. 그래서 필자는 이혼부터 모든 것을 국회 사무처 직원들에게 솔직하게 얘기했다. 그랬기 때문에 나는 이혼 등의 전력이 그렇게 모략당하리라는 것을 상상할 수 없었다.

필자의 이혼 이력을 두고 끊임없이 공격과 그로 인한 피해가 있었음에도 6년여간이나 전혀 모르고 지내다가 퇴직 5개월여를 남겨두고야 비로소 알게 되었다. 충격이 아닐 수 없었다.

내 이혼 모략은 2013년 1월 인사 때부터 시작되었다. 나를 두 번 이혼한 나쁜 놈이라고 모략한 것 같다. 당시 국회 사무처는 동기들뿐 아니라 후배들도 수석전문위원으로 승진시켰고 특별위원회 수석전문위원 자리를 공석으로 놔두면서 나를 승진시키지 않았던 것이다. 주변에 그 이유를 물어봤지만 아무도 얘기해 주는 사람이 없었다. 내가 고분고분하지 않기 때문이라는 얘기만 간접적으로 들렸을 뿐이다. 앞에서 기술한 바처럼 너무 성실(?)해서 미움을 받았다는 이야기이다. 그런데 이건 말이 안 되는 이야기 아닌가?

사실 국회 사무처에는 영남 출신 어느 전직 사무차장(차관급)을 중심으로 한 주류 패거리들이 있는데, 그들의 얘기는 자신들에게 굽실거리고 갖다 바치라는 것이었다. 나는 그럴 수는 없었다. 실제로, 내 상황을 안타깝게 생각한, 행정부에 근무하는 어느 후배는 나에게 승진하기 위한 요령을 코치해 주기도 했으나 나는 그렇게 승진하고 싶지는 않았다.6) 왜냐하면 필자는 일이 중요했고 승진은 부차적인 것이라고 생각했기 때문이다. 승진하지 못하더라도 일을 할 수 있다면 그것으로 괜찮았다.

그러나 그들의 이혼 모략과 승진 방해는 내가 2015년 1월 승진할 때까지 2년여간 계속되었다. 나를 배척하는 그들은 내가 승진한 이후에도 나에 대한 음해를 계속했고 2016년 20대 총선에서 「새누리당」이 승리하면 나를 제거하겠다고 벼르고 있었다. 그러나 이것은 어느 직장에서나 보통 있을 수 있는 일로

---

6) 그는 실세들에게 명절 때 선물을 하고 그들이 외국에 나가면 돈을 달러로 바꿔 공항에 가서 여비로 주라고 구체적으로 조언했다.

볼 수도 있다. 소수 몇 사람에 의해 몰래 자행된 내부 암투 수준이었다고 할 수도 있다.

하지만 진짜 모략은 2016년 8월 인사 즈음에 본격적으로 시작되었다. 「새누리당」이 20대 총선에서 승리하면 나를 제거할 계획이었던 그들은 예상과 달리 야당이 승리하자 당황하였다. 거기에다가 새 국회에서 내가 유력한 차장 후보로 떠오르자 그들은 거의 패닉(panic) 상태에 빠져들었다.

그들은 어떻게든 필자의 승진을 막아야 했다. 이미 2013년부터 내 이혼 전력을 문제 삼아 온 그들은 새 의장이 오면 다시 이를 내세워 필자의 승진을 막는 데 이용하기로 했다. 그리고 때마침 나와 5개월 정도 잠깐 동거한 여자가 1년여 전에 동거와 관련한 허위사실을 국회 사무처에 유포했던 사건을 확대하여 필자를 제거하기로 했다.

잠깐 동거한 여자가 사실혼이라고 주장하며 떠들고 다녔기에 필자의 의사와는 관계없이 세 번 이혼한 사람이 되어 버렸다. 이보다 먼저 있었던 두 번째 이혼도 소문과 달리 필자에게 억울한 사건이었는데, 필자의 아픔을 더 아프게 이용하여 '세 번 이혼'이라는 올가미를 만들어 버렸다. 나는 도저히 받아들일 수 없었다.

그리고 요즘에는 초혼이든 재혼이든 일정 기간 동거를 하다가 서로 안 맞으면 헤어지는 경우가 다반사인데 어떻게 잠깐 동거한 것을 가지고 이혼이라고 한단 말인가?

나는 오히려 이런 걸 악용한 자들과 그녀에게 묻고 싶다. 결혼식도 없었고, 필자가 4다로 집을 얻어줘 주민등록도 다르고 다만 동거계약서까지 써줬던 6개월 동거를 사실혼이라고 주장할 수 있는가? 법률적으로 사실혼을 주장하려면 다른 것을 떠나서 동거 기간이 최소한 1년은 되어야 한다. 결혼식도 없는 잠깐의 동거가 사실혼으로 인정된 사례가 있기는 한 건지 묻고 싶다.

뿐만 아니라 스스로 두 번 이혼한 여자가 되는 것까지 감수하면서 5개월여 사실혼을 주장해서 무슨 큰 이득을 얻을 수 있다는 것인가? 이는 필자를 곤경에 빠뜨리고자 하는 자들과 연계되었다는 걸 증명할 수 있다. 더구나 사실혼을 주장하려면 나에 대한 사랑이 있었어야 할 것 같은데 도대체 나를 조금이라도 사랑하기는 한 건가? 물론 지금에 와선 그녀를 원망하는 마음은 전혀 없다. 다만 사실관계는 밝혀서 억울한 누명을 벗고 싶다.

필자는 당시 차장으로 유력하다는 얘기가 떠도는 상황에서 어떤 직원을 통해 내 이혼 전력을 문제 삼으며 그걸 인사권자에게 보고해야 한다고 말하는 직원이 있다는 얘기를 들었다. 나는 화를 내면서 "그게 무슨 문제가 된다는 것이냐? 누군지 얘기 좀 해 달라. 나는 차장이 안 되어도 상관없지만 나를 음해하는 사람은 용서할 수 없다"고 말했었다.

그런데 그 직원이 했던 말이 나중에 보니 현실이 되어버렸다. 당시 나에 대한 모략은 2013년 1월부터 시작된 소수 몇 사람의 음해 수준이 아니었다. 만약 내가 차장이 되면 '아작'을 내버리겠다고 공공연하게 적개심을 드러내는 직원도 있었다고 한다.7) 이건 공개적이고 광범위하고 조직적인 모략이 있었다는 것을 보여주는 단면이다.

이것은 나에 대한 모략이 단순히 직원들끼리의 작당이 아니고 그들의 배후에 누군가가 있었다는 것을 시사한다. 나는 그 것을 호남 출신 B 의원이라고 본다. 당시 B 의원은 정세균 의장으로부터 차장 인선의 실무를 부탁받았다. 나는 그가 처음부터 나를 차장 후보에서 배제했다고 본다. 거기다가 내 이혼 전력 얘기가 들어갔으니 쾌재를 불렀을 것이다. 당시 B 의원은 나에게 정세균 의장이 나를 많이 걱정하고 있다고 했는데, 나는 당시 그게 무얼 의미하는지 전혀 눈치채지 못했다.

필자의 승진을 막고자 하는 자들은 B 의원이라는 든든한 실세의 지원을 얻은 것이다. 나는 국회 사무처 주류 패거리들에게 영합하거나 굴복하지 않고 호남 정체성을 지켜왔는데, B 의원은 오히려 영혼을 팔아 그들과 거래를 했다. B 의원은 주류 패거리들과 결탁하여 내가 세 번 이혼했다고 유포해서 국회 사무처에 나에 대한 반대 여론이 형성되도록 하고, 영남 출신 어느 수석에게 자신이 뒷배가 되어줄 테니 걱정 말고 정세균 의장에게 내가 세 번 이혼했다고 보고하라고 사주했다.8) 그렇게

---

7) 당시 어느 경위과 직원이 그렇게 말했었다는 얘기를 지난해 전해 들었다.

8) 내 추정이지만, 정 의장이 새로 와서 인사하기 직전에 내정 얘기까지 나온 사람을 음해하는 얘기를 의장에게 보고하는 것은 너무나 위험 부담이 크기 때문에, 정 의장 쪽에 있는 믿을 만한 사람이 도와주지

해서 나는 차장 내정 얘기까지 나왔다가 낙마했다. 그러자 주류 패거리들은 환호했고 나에게는 '세 번 이혼'이라는 낙인이 찍히게 되었다. 그리고 그들은 그것을 유포했다.

　정세균 의장이 사무총장이나 의장 비서실장을 놔두고 왜 B 의원에게 차장 인선의 실무를 맡겼는지 모르겠지만, 그것부터가 잘못이다. 특히 국회 사무처법상 차장 인사에서 사무총장이 제청권자인데 정 의장이 비선을 써서 사무총장의 제청권을 무력화시켰다면 그것은 법을 위반한 것이 된다. 비선은 책임질 일이 없기 때문에 월권을 하게 되어 있다. 실제로 B 의원은 나에게 이혼 전력에 대한 사실 확인도 하지 않았고 소명 기회를 주지도 않았다. 그것은 그가 나를 일방적으로 배제하기로 이미 결정하지 않았다면 있을 수 없는 일이다. 나아가 B 의원은 오히려 자신의 역할과는 거꾸로 국회 사무처 주류 패거리들과 결탁하여 나를 모략하는 비열한 짓을 저질렀다. 그렇게 나는 B 의원의 악행에 희생되었다.

　B 의원의 나에 대한 악행은 거기서 그치지 않았다. 2년여 후 2018년 7월 인사가 다가오자 B 의원은 주류 패거리들과 함께 이번에는 아예 나를 해직시키기로 작정하고 주류 패거리들에게 그 얘기를 널리 알리도록 사주했다. 나를 사회적으로 매장시키기로 작정한 것 아니었을까 한다. 그리고 새로 문희상 의장이 당선되고 유인태 사무총장이 임명되면서 의장실에까지 다시 나

않고는 불가능했다고 본다. 그런데 당시 정 의장 쪽 사람 중 우윤근 사무총장이나 김교흥 비서실장은 그럴 사람이 아니므로 결국 B 의원이 그렇게 했다고 본다.

를 세 번 이혼한 나쁜 놈이라고 알리고 인사 때 나를 해직시켜야 한다고 말했다.9) 그런데 단지 이혼한 것만 가지고는 해직 사유가 안 된다는 얘기가 나오게 되었다. 아마 유 사무총장이 그렇게 말했을 것이다.

그러나 B 의원은 뜻을 굽히지 않았다. B 의원은 어떻게든 나를 해직시키기 위하여 내 실력 평가를 조작하기로 했다. 그는 2017년 내 실력 평가를 사실상 꼴찌(19명 중 18등)로 만들었다. 특별위원회는 가장 한직이고 당시 연초에 새로 임명된 어느 수석이 그 자리에 있었기 때문에 그를 제외하면 내가 꼴찌가 된다. 그런데 내 실력 평가가 조작10)되지 않고 실제로 그

---

9) 2019년 5월 문희상 의장실의 어느 비서관을 만났는데 그는 2018년 7월 의장실에 오면서 내 이혼 전력 얘기를 듣게 되었다고 말했다.

10) 2017년 내 실력 평가가 조작이라고 보는 근거와 이유
   실력 평가는 전·현직 총·차장, 전직 (수석)전문위원, 전·현직 인사과장 등으로 총 20여 명이 했다. 이를 증명하기 위해 많은 각주를 할애한 점 양해하여 주셨으면 한다.

① 2017년에는 같은 전북 출신 정세균 의장과 대학 동문 우윤근 사무총장이 재임 중이었다. 2018년은 그들이 퇴임한 뒤이고 나를 제거하기 위한 모략이 본격적으로 자행되던 때인데, 2018년에는 16위인 반면 2017년에 18위가 되는 것은 불가능하다.

② 순위와 추천 위원회가 부합하지 않는다. 20여 명 중에 3명이 교문위를 추천했고 1명이 법사위를 추천했고 1명이 징보위를 추천했다면 나머지 15명 정도가 다 꼴찌를 주어도 18위가 될 수 없다.

③ 다른 평가와 비교해 봐도 그런 평가를 인정할 수 없다. 내 사생활에 관한 모략이 유포되면서 인식이 안 좋아진 상황에서도 2018년에 의원실 평가가 7위가 나왔고 노조 평가도 중간 정도가 나왔는데 2017년 평가가 그렇게 최악으로 나올 이유가 없다.

④ 2017년 7월 21일 부서 업무평가 포상에서 우리 위원회가 4개의 최우수 위원회의 하나로 선정되었고, 당시 우윤근 사무총장은 수석전

렇게 나오는 건 있을 수 없는 일이다. 따라서 원래 2017년 당시 실력 평가 때는 그렇게 나오지 않았는데, 2018년 7월 인사 직전에 그것을 조작했다고 본다. 그렇게 조작한 것을 유 사무총장에게 들이밀어 나를 해직시켜야 한다고 하니까 유 사무총장은 그것을 받아들일 수밖에 없었다.11)

문위원들이 잘 이끌었다고 생각한다고 말했다. 그런데 꼴찌라면 말이 안 된다.

11) ⑤ 2017년 성과연봉 평가가 A 등급으로 나왔는데 꼴찌는 말이 안 된다.

⑥ 2017년 5월에 정권교체도 이루어졌는데 그와 정반대로 호남 출신인 나에게 꼴찌를 줬다는 것은 조작이라는 것을 시사한다.

⑦ 2016년 8월 차장 인사 때 나는 내정 얘기까지 나왔었는데, 같은 의장과 사무총장 밑에서 1년여 후 실력평가가 꼴찌로 나온다는 것은 1년여 전 내정 얘기를 근본적으로 부정하는 것이 되어서 누구도 납득할 수가 없다.

⑧ 2016년과 2017년은 내가 업무 외에 부가적인 활동을 가장 활발하게 하던 시기였는데 그것과 정반대로 나온 평가이기에 믿을 수 없다. 2017년 상반기 활동만 보면, 2월 7일에는 「한겨레신문」에서 "정부 전횡 견제 위해 국회에 예산조정권 인정해야"란 제목의 내 기고문을 크게 내줬다. 3월 8일에는 내가 수석전문위원으로서 국회 역사상 최초로 의원실 직원들과 간담회를 개최했는데 의원실 직원 37명이 참석하여 성공적인 행사가 되었다. 어느 의원실 보좌관은 간담회 후 돌아가면서 내게 멋있었다고 말해줬다. 이후 나는 의원실 직원들과 예·결산 예비검토도 같이했다. 3월 초순부터 각 대학에 "국회의 기능과 전문위원의 역할"이란 주제로 특강을 나가서 국회를 홍보하는 일도 했는데 30년 국회 경험을 가지고 생생한 이야기를 들려주니까 반응이 좋았다. 몇 군데서 기사도 나왔다. 4월 24일에는 우리 위원회 직원 워크숍을 개최했다. 검토보고 업무의 개선점을 도출하기 위한 취지로 국회 최초로 내가 작성한 검토보고서의 입법반영결과를 분석하여 발표하도록 했고, 나도 공교육 정상화법 개정에 관하여 직접 발제를 했는데, 유성엽 위원장이 대선 기간이어서 바쁜데도 참석해서 축사를 해줬고 저녁도 대접해줬다. 6월 1일에는 한국일보에 "출신지역차별금지법 만들자"란 제목의 기고문이 실렸다. 6월 27일에는

당시 곽현준 인사과장은 인사 직전에 수석 일괄 사표를 나에게도 받으러 왔다. 정세균 의장 시절, 수석 재임 6년, 정년 전 6개월 기준으로 면직 인사를 했고 유 사무총장도 취임식에서 그런 관례를 존중하겠다고 밝혔는데, 나는 수석 재임 3년 반밖에 안 되었고 정년도 2년이나 남았으므로, 나를 해직시키려는 것이라면 동의할 수 없다고 보고 사표를 내지 않았다. 그러자 B 의원은 문 의장과 유 사무총장이 협의는 했지만 공식 결재가 나지 않은 면직자 명단 안을 유포시켜 나에게 사표를 내도록 압박하기에 이르렀다. 나는 나를 신임하는 의원들에게 부탁하여 구사일생으로 유임하게 되었다. 결국 B 의원은 허위사실을 유포한 범행을 저지른 것과 마찬가지가 되었다.12)

내가 유임하게 되자 이후에도 B 의원은 주류 패거리들과 함께 나에 대한 모략의 말을 더욱 유포시켜서 2019년 초에 나를 해직시키려 갖은 공작을 자행했다. 나를 신임했던 이찬열 교육위원장이 2019년 초에 갑자기 나를 냉대하게 된 것도 B 의원

한국입법학회 주최 세미나에서 내가 "출신지역에 따른 차별인사를 금지하기 위한 입법의 필요성과 쟁점"이라는 제목으로 발제했다. 유성엽 위원장과 김석기 의원이 축사를 해줬고 정세균 의장이 축전을 보내줬다. 여러 신문에서 보도했고 7월에도 내 기고문 등 관련 기사가 이어졌다.

12) ⑨ 국회 사무처 주류 패거리들도 내가 일 잘하는 사람이라는 것은 인정하기 때문에 절대 꼴찌가 나올 수 없다.

⑩ 내가 2019년 6월 17일 국회 전자게시판에 올린 호소문에서 내 실력평가가 엉터리라고 했더니, 어느 직원이 내 호소문을 보고 나를 조롱하는 글을 썼다. 그런데 그 직원도 국회 사무처 업무실적 평가는 공정하지 않다는 취지의 이야기를 했다. 그 직원마저도 내 평가를 그대로 인정하기 어렵다고 한 것이다.

의 소행이라고 본다. 그러나 나는 영문을 몰랐기 때문에 어떻게 할 수가 없어서 힘들어도 꿋꿋하게 지낼 수밖에 없었다. 그랬더니 그들은 내게 '4차원'이라는 별명까지 만들어줬다.

B 의원은 내가 지난 6월 페이스북에 자신을 겨냥한 글 몇 편을 올리자, 바로 내가 국회 사무처 재직 중 시작해서 퇴직 후에도 1년여간 쓰고 있던 『the Leader』의 칼럼 자리를 압력을 넣어 박탈시켜 버렸다.

당시 내 칼럼 담당 직원은 5월호 칼럼 내용이 너무 좋다고 온라인 메인에 걸기도 했고, 4월에도 편집장과 같이 내가 그 분야에서 독보적이고 정말 중요하다는 얘기를 나눴다고도 했다. 내 칼럼이 비하인드 스토리 같은 것이 들어가서 현장감도 넘치고 재미있게 읽힌다고도 했다. 나는 담당 직원에게서 『the Leader』는 '입법국정전문지'를 표방하고 있는데 입법에 관한 내용은 사실상 내 칼럼이 유일하기 때문에 빠지면 안 된다는 얘기를 몇 차례 들었다.13)

---

13) ⑪ 전완희 인사과장으로부터 내 실력 평가 결과를 받아본 뒤 그게 문제가 있다고 보고, 2017년 당시 인사과장을 했던 곽현준 전 인사과장을 2019년 5월경 불러 어떻게 이런 결과가 나왔느냐고 물으니, 그는 대답을 못하고 얼굴이 굳어졌다.
⑫ 국회 사무처에서 내 실력은 누구나 인정한다. 따라서 만약 조작이 없었는데 그렇게 형편없이 잘못 나온 것이라면 그 실력 평가에 대한 신뢰 문제가 제기되었을 것이다. 그러나 내가 곽현준 전 인사과장에게 물었을 때 아무런 답변을 하지 못한 것을 보면 그런 게 없었다는 것을 뜻한다. 그렇기 때문에 조작되었다고 볼 수밖에 없다.
⑬ 내가 퇴직하기 전에 나중에 고소를 진행하겠다니까 어느 전문위원이 그것을 궁금해 했고, 고소하기 전에 꼭 자기와 만나서 상의를 했으면 좋겠다고 했다. 그래서 2019년 7월 고소 직전에 만났는데 그는

그런데 담당 직원은 6월 22일 카카오톡으로 갑자기 7월호 칼럼을 24일까지 마감해 달라고 통보하고 이후 칼럼은 중단하겠다고 했다. 내가 원고료 때문이라면 무료로 쓸 수 있다고도 했지만 그것도 받아들여지지 않았다. 나는 이틀 만에 7월호 칼럼을 쓸 수도 있지만 사실상 그만두자는 통보였기 때문에 그렇게 정리를 했다. 압력을 받은 것이 아니면 설명이 안 되는 상황이었다. 나는 B 의원이 어리석게도 망나니 칼춤을 췄다고 생각한다.

그럼 도대체 B 의원은 왜 나를 제거하려 했을까? 지난 7월 가수 안치환은 '아이러니'란 노래를 발표했다. 안치환은 노래에서 "일 푼의 깜냥도 아닌 것이 눈 어둔 권력에 알랑대니 콩고물의 완장을 차셨네"라고 비판했다. 노래 소개 글에서 "권력은 탐하는 자의 것이지만 너무 뻔뻔하다. 예나 지금이나 기회주의자들의 생명력은 가히 놀라울 따름이다"라고 비판했다. 나는 안치환이 비판한 콩고물의 완장 찬 기회주의자가 대표적으로 B 의원이라고 본다. 어쩌면 안치환도 그를 염두에 두고 그 노래를 만들었을지도 모른다. 언젠가 안치환이 그 노래를 만들 때

고소 대상이 누구누구인지를 물었다. 나는 당시 내 이혼 전력을 모략한 사람을 타깃으로 하고 있었는데, 그가 그걸 물은 건 당시 내 이혼 전력을 모략한 사람 말고, 실력 평가를 조작한 사람이 불안함에 미리 알아보고 싶어서 부탁한 것이라고 본다.

⑭ 한 기 후배들뿐 아니라 두 기 후배들도 여러 명 수석전문위원이 된 뒤였기 때문에 연공서열에 전혀 안 맞는다.

⑮ 그때는 주류 패거리들도 나를 전면 배척하는 분위기가 아니었다, 그들의 두목 격인 어느 전직 사무차장은 그해 7월 인사 직전에 내게 몇 차례 전화를 했는데 나는 받지 않았다.

염두에 둔 사람이 누구인지 밝혀줬으면 좋겠다.14)

콩고물 완장 찬 기회주의자 B 의원에게 나 같은 존재는 자기가 콩고물 챙기는 데 방해되는 존재일 뿐이다. 나는 B 의원이야말로 사생활에 문제가 있다는 걸 아는데 그런 사람일수록 더욱더 남의 이혼 전력을 모략하게 되어 있다. 그래야 자신의 사생활 문제가 묻힌다고 생각한다. 그런 사람에게 국회 사무처 적폐 세력과 결탁하는 것은 아무런 문제가 안 된다. 어떻게든 콩고물을 더 많이 얻어낼 수 있다면 그것을 위하여 뭐든지 했을 것이다.

그래서 정세균 의장 시절 국회에 차관급 6자리15) 모두에 호

---

14) ⑯ 나는 이혼 등 전력에 대해 무려 6년여 간이나 모략 당했는데, 내가 진짜 실력이 꼴찌였다면 그렇게까지 할 필요가 없었다. 그냥 실력 없는 것 하나로 승진시키지 않을 수 있었기 때문이다.

⑰ 2020년 9월 15일, 정세균 의장 때 인사과장을 했던 곽현준 국제국장을 만났다. 그는 내가 만나자고 할 때 특별히 용건을 묻지도 않고 나를 만나줬는데 나는 실력 평가 조작이 없었다면 그가 나를 만날 이유가 없다고 본다. 그는 실력 평가 조작이 있었다는 내 주장에 대해 부인했지만 실력 평가가 왜 그렇게 잘못 나온 것인지에 대해서는 여전히 대답을 하지 못했다.

⑱ 2020년 9월 23일 우윤근 전 국회사무총장을 만났다. 그는 2017년 수석전문위원 평가 때 국회사무총장이었으므로 그 내용을 알고 있을 것 같은데 자신은 그 내용을 보지 않았다고 말했다. 그런데 그는 내 평가 결과를 알려주지는 않으면서 내가 그것을 묻는 이유에 대해서는, 내가 차장을 하지 못한 것에 미련이 있고 그 평가가 잘못 나와서 차장이 안 됐다고 보기 때문이라는 듯 말했다. 어떻게 그런 엉뚱한 말이 나오게 된 것인지 이해하기 어려운데, 나는 이것도 실력 평가를 조작해 놓고 진실을 덮으려는 B 의원이 그의 입을 막기 위하여 미리 그에게 그런 취지의 말을 했기 때문이라고 본다.

15) 입법차장, 사무차장, 의장 비서실장, 도서관장, 예산정책처장, 입법조사처장 등 6곳.

남 출신이 하나도 없는 진기록 인사를 했다. 8년 만에 국회 권력이 교체되었는데 차관급에 호남 출신이 하나도 없다는 게 말이 되는가? 이건 누가 봐도 잘못된 인사였다. 전임 정의화 의장 때도 차관급에 호남 출신이 없었기에 더욱 그래서는 안 되었는데 인사를 그렇게 한 이유가 무엇일까? 나는 그건 바로 차관급 인사 실무를 한 B 의원의 농간이 작용했기 때문이라고 본다.

이러한 사건은 추정컨대 호남 출신이 아니어야 콩고물을 챙길 수 있기 때문에 그렇게 한 것이라고 본다. 그것이 아니라면 호남 역차별 인사를 제대로 설명할 수가 없다. 실제로 나는 B 의원이 같은 동향 출신이면서 정말 친한 사이거나 선거 때 도와준 사람에게도 불명확한 이유로 인사에 관한 부탁을 거절한 일들이 있었다는 것을 알고 있다. 나는 그것이 콩고물 때문이라고 본다.

B 의원의 농간은 문희상 의장 시절까지 이어졌다고 본다. 문 의장실의 정무수석비서관실에 근무하는 직원들이 내가 실력 있는 사람인데 모략을 당해서 피해를 보고 있다고 말하고 내 억울함에 공감하면서 그것이 해소되기를 바랐다는 것은 무얼 의미하는가?

필자와 조기열 전문위원, 그리고 그 비서관 둘까지 넷이서 2019년 5월 3일에 식사를 한 데 이어, 내가 5월 17일 신문에 크게 진실규명을 원한다는 기고문을 내서 문제제기를 했고 문 의장이 그걸 묵살한 후인 6월 12일에도 식사를 같이했다는 것은 무얼 의미하겠는가? 적어도 나를 배척하는 것이 문 의장 비서실의 뜻은 아니었다는 걸 의미한다. 그건 인사를 농단하는 사람이 따로 있었다는 걸 시사한다. 그럼 그게 B 의원 아니고 누구였겠는가?

또한 국회 사무처에서 영남 출신 한공식 입법차장이 실세처럼 행세했는데 그것도 B 의원이 힘을 실어줬기 때문이라고 본다. 나는 B 의원의 농간은 차관급뿐 아니라 수석전문위원 등의 인사에까지 영향을 미쳤다고 생각한다. 그가 비선 실세였는데 그렇게 하지 않았다면 오히려 이상한 것이다. 한마디로 B 의원은 4년여 동안 국회 사무처를 말아먹었다. 나는 양심도 없이 내게 또다시 불이익을 가한 B 의원이 이 정권의 암적 존재라고 본다.

필자는 정세균 의장과 문희상 의장에게 묻고 싶다. B 의원에게 차장 인선의 실무를 맡겨 그가 월권을 하고 부정부패를 일삼았는데 그것을 전혀 몰랐다는 건가? 몰랐더라도 사무총장이나 비서실장을 놔두고 그에게 실무를 맡겨서 그런 큰 문제가 발생한 것인데, 그것에 대한 책임의식이 없는가? 책임을 인정한다면 지금이라도 사과하고 진실을 밝혀서 부정부패범죄가 드러나면 엄벌에 처해야 한다고 보는데 어떻게 생각하는가?

(2) 나는 어떤 사생활을 살았는가

나는 누구보다 가정적인 생활을 했다. 술도 마시지 못했고 골프도 안 했기 때문에 회식이 있을 때 말고는 퇴근 후 거의 바로 집으로 왔다. 사실 골프를 안 친 것도 가정을 더 챙기고 싶었기 때문이다. 아내와의 관계도 나쁜 편은 아니었다. 나는 91년에 태어난 큰애(딸)를 초등학교 6학년 때까지 집에서 샤워할 때 씻겨주기도 했다. 당연히 아이가 원해서였다. 내가 씻겨줄 때 큰애가 꾀꼬리처럼 노래 부르던 것을 잊을 수 없다.

그런데 내 나이 마흔넷이던 2003년에 뜻밖에 둘째(아들)가 태어났다. 그렇게 매우 늦게 태어난 둘째가 내 운명을 송두리째 바꿔놓았다. 나는 애교도 많고 귀여웠던 둘째를 마치 손자처럼 애지중지 키웠다. 주말에 둘째랑 놀이터에 가는 것은 내가 전담했다.

그런데 둘째가 초등학교 입학하던 해인 2010년 초에 나에게 이혼 위기가 왔다. 그때 가장 크게 고민한 것은 아들 교육이었다. 나는 이혼을 하든 하지 않든 전처가 아들을 제대로 교육시킬 수 없다고 봤다. 나는 1년여 동안 갈등과 고민의 시간을 보내다가 결국 2011년 봄에 전처와 이혼하게 되었다.

이후 친구의 소개로 만난 여성과 혼인신고를 했으나 희대의 사기극이 드러나 고통의 시간을 보내다가 1년여 만에 혼인관계가 종료됐다. 나는 2012년 8월부터 혼자 아들을 키우기 시작하여 9년째가 되어 간다. 중간에 2014년 6월 직장 동료의 소개로 만난 여성과 5개월여 동거한 적이 있었다는 건 이미 기술한 바 있다.

　그런데 나는 국회 사무처 재직 중 그런 내 사생활이 오랫동안 모략 당했다는 것을 뒤늦게 알게 되었다. 사실 그동안 이상한 일들이 많았었는데 나는 영문도 모른 채 비참한 시간을 보낸 것이다. 내 이혼 전력에 대한 모략은 거슬러 올라가면 2013년 1월 인사 때부터 시작되어 무려 6년여간이나 자행되었다. 그로 인해 나는 2013년 1월부터 2년여 동안 수석 승진을 못했고 2016년 8월 인사 때 차장에서 낙마했으며 2018년 7월 인사 때는 해직 위기에 몰렸다가 구사일생으로 살아남았다. 그런데 전처와의 이혼을 비롯해서 내 사생활의 일들은 모두 늦둥이 아들이 없었다면 상상하기 어렵다. 나는 그런 내 사생활에 무슨 문제가 있다는 것인지 알 수가 없다. 그래서 내 사생활을 만천하에 공개해서 객관적인 평가를 받아보고 싶다.

　돌이켜보건대 나는 고위 공직자로서 사생활에서 남들과는 다른 선택을 했다고 볼 수 있다. 나도 출세를 생각했다면 이사관 6년 차 52세에 이혼하지는 않았을 것이다. 나는 출세 욕심 없이 그저 늦둥이 아들의 양육과 교육을 전처에게 맡겨서는 안 되겠다는 내 소박한 생각에 충실했을 뿐이다. 그리고 그것에 전처나 딸도 동의했다. 나는 국회에서 30여 년 동안 원칙과 소신을 견지하며 '아무도 가지 않은 길'을 걸었기에 사생활에서 감히 그런 선택을 할 수 있었다고 생각한다. 그런데 이후 내 사생활에는 상상할 수 없는 불행한 일들이 설상가상으로 이어졌고, 직장에서는 인사 때마다 그 일들이 되풀이되면서 악용되었던 것이다. 심지어 나를 사회적으로 매장시키려는 만행까지 자행되었다.

가. 전 아내

전처와의 만남과 결혼

나는 전 아내와 1989년 12월에 결혼했다. 나는 전처의 객관적인 조건을 따지지 않고 그저 그녀의 마음 하나만을 보고 결혼을 결심했다. 우리가 1987년 5월 처음 만났을 때 전처는 외국어대 앞에 있던 집에서 대학생들에게 하숙을 치고 식사를 팔아서 생계를 유지하는 홀어머니를 도와주고 있었다.

당시 나는 남동생이 자취하는 방에 잠시 기거하면서 그 집에 가서 밥을 사 먹다가 전 아내를 알게 되었다. 그녀는 가정형편이 어려워 대학에 진학하지 못하고 대신 집안일을 거들고 있었는데, 사실 대학생들에게 밥상을 차려 주고 설거지하는 일은 미혼 여성에게 쉬운 일이 아니었다. 그러나 전처는 그런 일을 묵묵히 하고 있었다. 나는 그런 전처의 성품을 훌륭하게 보았다. 그리고 그녀를 행복하게 해주고 싶은 마음에 결혼을 결심하게 되었다. 전처도 나를 많이 사랑했다.

1차 이혼 위기

우리는 그렇게 순수한 사랑으로 결혼했고, 이후 어느 부부보다도 금실이 좋아 잉꼬부부로 소문이 날 정도였지만 흐르는 세월 속에 전처의 자기주장이 강해지면서 우리 사이에는 갈수록

틈이 벌어져 갔다. 부부는 일심동체라고 하는데, 우리는 더 이상 일심동체라고 할 수 없었다.

그러다 2010년 초에 이혼 위기가 시작되었다. 물론 더 멀리 보면 90년대 중반에 1차 이혼 위기가 있었다. 그즈음 전 아내는 재림 예수 행세를 하는 어떤 남자를 만나 현실도피적인 신앙관에 빠져들었고 잘못된 행동을 하기 시작했다. 당시 아내의 신앙 문제가 해결되지 않으면서 처가 쪽에서도 어쩔 수 없이 이혼을 수용하는 상황에 이르렀다.

하지만 이혼 직전, 그때까지만 해도 심각하게 고민하다가 유치원에 다니는 딸을 생각해서 문제를 봉합해 버리고 살아왔다. 물론 다시 찾아온 이혼 위기 때도 갈등상황을 외면하고 살 수는 있었을 것이다. 20여 년 살다 보면 다 그렇게 변하는데 그런 것 때문에 이혼하는 경우는 그리 많지 않을 것이다. 나도 단지 그 이유 때문이었으면 이혼하지 않았을 것이다.

전처의 현실도피적인 신앙관

그러나 전처에게는 1차 이혼 위기를 불러온 현실도피적인 신앙관이라는 근본적인 문제가 있었다. 전처는 아내나 엄마로서의 역할에 큰 관심이 없었다. 그 문제가 더 심화되었다. 나는 전(前) 처의 잘못된 신앙관을 고치기 위해서 기도원에 같이 가서 온몸에 멍이 들 정도로 안찰도 받아보고[16] 전처를 정신과

---

16) 내가 아내와 같이 멀리 기도원에 가서 온몸에 멍이 드는 안찰을 받은 것인데, 그건 내가 아내를 사랑하지 않았다면 할 수 없던 일이다.

병원에 데리고 가서 진찰17)도 받아보는 등 여러 가지 노력을 했으나 다 소용이 없었다.

나의 이러한 노력에도 불구하고 당시 아내는 오히려 자기는 멀쩡한데 내가 자신을 학대하는 것처럼 말하기도 했다. 나는 아내를 붙들고 울면서 "우리가 이혼하게 되면 지난 우리의 인생과 사랑의 추억이 모두 헛된 것이 되지 않느냐? 제발 가정에 충실해 달라"고 애원했다. 그러나 전처는 달라지지 않았다. 나는 큰애가 유치원 때 이혼 위기를 봉합했었지만, 요지부동인 전처를 보면서 이번에는 문제가 더 심각하다고 보고 그때와는 반대로 초등학교 1학년에 들어간 늦둥이 아들을 위해서라도 갈라서야 한다고 생각했다.

당시 아내는 아들이 학교에 잘 다닐 수 있도록 뒷바라지하기보다는 "왜 학교를 보내는 것인지 잘 모르겠다"라고까지 말했다. 이혼 후 알게 되었지만 아들은 학교에서 왕따를 당하고 있었다. 아들은 그것을 전처에게 얘기했지만 전처는 무심하게 방치했던 것이다.

그리고 나는 지금은 세상이 변해서 이혼이 금기시되는 시대가 아니기 때문에 나중에 이로 인해 무슨 문제가 생길 것이라고 생각하지 않았다. 설령 그런 게 있더라도 감수하겠다고 생각했다.18)

---

17) 병원에서는 전처에게 망상증이 있다고 진단했다. 그러나 전처는 그런 진단을 받아들이지 않았다.

18) 실제로 나는 2016년 8월 국회 사무처 인사 직후에 몇몇 선배들에게 식사를 대접하는 자리에서 내가 차장이 안 된 것에는 이혼도 영

친구들과 상의하다

나는 이혼을 고민하면서 친구들에게 상의를 했다. 정부 고위직에 있던 친구는 이혼하면 인사에서 문제가 될 수 있기 때문에 이혼하지 말고 애인을 두라고 했다. 그런데 내가 고민하는 것은 성욕이 아니었고 애인을 두는 것은 내 가치관에 맞지 않을 뿐 아니라 어린 아들을 생각한다면 선택할 수 없는 방안이었다.

심지어 김포의 어느 고등학교 교사인 친구는 내가 이혼 고민을 상의하자 자기에게 안수목사 자격이 있으니 전처를 고쳐보겠다고 며칠 찾아왔다. 그러나 전처의 신앙 문제는 그렇게 쉽게 고칠 수 있는 병이 아니었다. 결국 친구도 손을 들고 말았다. 대학생이 된 딸마저도 우리 이혼에 별다른 이의를 제기하지 않았다. 딸은 우리가 싸울 때마다 그럴 바에야 이혼하라고 말하곤 했었다. 가족 중에는 진즉 이혼했어야 했다고 말하는 사람도 있었다. 결국 나는 2010년 9월 27일 전처와의 이혼을 결심하고 집을 나서면서 마지막으로 말했다.

"지금이라도 당신이 현실을 중시하고 가정에 충실하겠다고 하면 난 집을 나가지 않을 거야."

그러나 전처는 묵묵부답이었다. 오히려 전처는 나를 붙잡지 않겠지만 어려운 일이 있으면 찾아오라고 당당히 말했다.

향을 준 것 같다고 말하기도 했다. 나는 사회적으로 나를 매장시키려는 모략과 만행을 저지른 것을 문제 삼는 것이지 인사 문제에 불만을 제기하는 게 아니다.

기막힌 이혼

누가 이런 이혼을 이해할 수 있겠는가? 이런 사정을 모르는 사람들은 내가 출세하더니 조강지처를 버렸다고 욕했을 것이다. 그러나 내 이혼은 내 이기심이나 불륜에서 비롯된 게 아니므로 내가 특별히 비난받아야 할 이유가 없다. 전처에게 신앙관의 문제가 있었지만 단지 그 때문만도 아니었다. 사실 늦둥이 아들이 없었다면 나는 그냥 살았을 것이다. 또 전처가 아들 양육권을 주장했다면 이혼하지 않았을 것이다. 그러나 전처뿐만 아니라 대학생 딸도 이혼 후 당연히 내가 아들을 키우는 것으로 여겼다. 나는 상식적으로 전혀 이해가 안 되는 이혼을 했다. 그런데 그게 엄연한 사실이다. 나는 전처와 이렇게 기막힌 이혼을 한 것이다. 그때 내 나이가 쉰둘이었다. 그러나 그때는 이후 내가 그보다 훨씬 더 기막히고 끔찍한 일들을 당하리라고는 꿈에도 생각하지 못했다.

나. 사기 혼인신고

그녀와의 만남

나는 법원으로부터 협의이혼의사 확인서를 수령한 후[19] 가

---

[19] 나는 숙려기간이 끝난 2011년 1월 말 법원에서 협의이혼의사 확인서를 수령했다. 구청에 신고를 해야 이혼이 최종 성립하지만 업무시간에 구청에 가기가 어려워서 3개월 내에 신고하면 되므로 미루고 있다가 4월 말에 신고를 마쳤다.

급적 서둘러 마땅한 배우자를 만나 재혼하고자 했다. 나는 내가 키워야 하는 아들을 위해서라도 그래야 한다고 생각했다.

아마도 아들이 없었다면 재혼을 그렇게 서두르지 않았을 것이다. 그래서 전처의 신앙관 문제를 고치려고 했던 친구에게 아는 여교사 중 이혼한 교사가 있으면 소개해 달라고 부탁했다. 친구는 여교사들에게 그런 얘기를 꺼내기는 어렵다고 했다. 그러더니 자기 아내가 아는 여자가 있다면서 소개해 줬다. 친구 아내는 그녀가 화가이고 예쁘고, 독실한 천주교 신자로서 천사처럼 착하다고 칭찬했다. 누구나 재혼할 때는 과거 결혼생활과 이혼사유가 상대방을 판단하는 중요한 근거가 되는데, 친구 아내는 그녀의 남편이 임신 3개월 때 바람피워서 바로 이혼하고 혼자 애를 낳아 키우고 있다고 전해 주었다. 좀 이상한 얘기지만, 사실 나는 친구가 소개해 준 여자를 만나기 전에 이미 웬만하면 그녀와 결혼할 마음을 먹고 있었다.

사실 필자가 이혼한 뒤 주위 사람으로부터 소개를 받아 여자를 만나는 건 그녀가 세 번째였는데,[20] 이 나이에 이것저것 따져서 여자를 여러 번 만난다는 것이 힘들기도 하고 그런다고 무슨 큰 차이가 있을 것 같지도 않았다. 오히려 내 도움이 필요한 사람이 있다면 그 사람과 결혼하여 도움을 주고받으며 사는 것에서 재혼의 의미를 찾을 수 있을 것 같다고 판단했다.

그녀를 만나 보니 소개한 친구의 말처럼 미인이었다. 그러나

---

[20] 첫 번째는 직장 여직원에게 소개받았고 두 번째는 사촌 여동생에게 소개받았다.

성격은 별로였다. 그녀는 처음 만난 나에게 과거에 맞선 본 사람들에 관하여 쭉 얘기했다. 자기를 기분 나쁘게 했던 어떤 사람 얘기를 하면서는, 노끈이 있었으면 그 사람 목을 칭칭 감아 죽였을 것이라는 끔찍한 말을 태연히 하기도 했다. 나를 앞에 놔두고 안면이 있는 찻집 종업원과 길게 얘기를 나누기도 했다. 나는 기분이 나빴지만 그녀가 나이 차이도 많이 나고 그저 한 번 보고 마는 사람인데, 하는 마음으로 참았다. 헤어지고 난 후 나는 그녀와는 끝난 것으로 생각했다. 그런데 다음 날 직장에서 일하는데 그녀로부터 계속 문자가 왔다. 직장이 어디냐, 무슨 일을 하느냐 등등……. 그러면서 그녀와의 인연이 다시 시작되었다.

내가 속게 된 이유

그러나 그녀와의 인연은 결국 끔찍한 악연으로 귀결되고 말았다. 첫 만남에서 그 인연의 위험성을 눈치챘어야 했는데 어리석게도 그러지 못했다. 요즘에도 이런 말을 하면 사람들은 쉽게 나의 경솔과 불찰을 말하곤 한다. 그러나 나는 그녀와 우연히 만나 그저 감정에 사로잡혀 인연을 만든 게 아니다. 친구의 소개를 통해 그녀를 만났다. 특히 같은 크리스천으로서 신앙적 공감대가 큰 역할을 하기도 했다. 나는 그녀를 하느님이 보내준 사람으로 생각했다. 그녀의 말을 그대로 믿고 남편과 아빠의 무책임한 행동으로 인하여 그동안 힘들게 살아온 모자에게 행복을 꽃피워주고 싶었다. 실제로 나는 그녀에게 몇 차례에 걸쳐 내가 전남편 대신 사과한다는 말을 하기도 했다. 내가 그녀를 신뢰한 데에는 그녀를 중매해 준 사람을 비롯해서 그녀 주변 사람들의 역할도 컸다. 그녀 주변의 신앙공동체가 나의 분별력을 앗아가 버렸다. 나는 그분들에게 식사를 대접하는 자리에서 그분들의 보증을 통해 훌륭한 배우자를 만날 수 있게 되어 감사하고 행복하다고 말했다. 그러나 나중에 알고 보니 그 모든 게 거짓이었다.

결혼식 없는 혼인신고

5월 28일경 그녀가 성당 혼배식에 필요하다며 내에게 요구한 혼인관계증명서를 가져다주었더니 2~3일후 그녀는 천주교리에 따르면 5월이 성모성월인데, 자신은 원래 5월에 결혼하는 것이 소원이라면서 그달 안에 결혼식은 못하더라도 혼인신고라도 하고 싶다고 했다. 5월은 며칠밖에 안 남아서 촉박했는데 그녀는 5월 31일, 출근한 내게 전화해서 주민등록증 사본을 보내달라고 요구했다. 내가 팩스로 보내주자 그날 그녀는 스스로 혼인신고를 했다.

그러나 나와 그녀는 혼인신고 외에 결혼식은 물론 양가 상견례 한번 갖지 않았다. 우리는 당시 성당을 다니면서 혼배식을 하고 결혼식을 하기로 했는데 혼배식도 하지 않았다. 나는 결혼식을 전제로 혼인신고에 동의한 것이었다. 하지만 이후 그녀의 사기가 드러나 결혼식이 이루어지지 않았으므로 나와 그녀의 혼인신고는 정상적인 결혼이라고 할 수 없다. 나는 결코 그런 재혼을 원하지 않았다.

　그녀가 서둘러 혼인신고를 한 것도 후술하겠지만, 성당 신부가 혼배식을 해달라고 하는 그녀를 야단치며 안 된다고 하자 모든 거짓이 탄로날까봐 위기감이 생겨서 그랬다고 볼 수 있다. 당시 나는 그녀의 거미줄에 걸린 한낱 먹잇감에 불과했던 것이다.

　내가 잠든 중에 혼자 와인 등 술을 마시고 나에게 집을 나가라는 등 험담을 하기도 하고, 사소한 것을 가지고 나에게 화를 내는 등 그녀의 정서적으로 불안정한 모습에 나는 실망하기도 했다. 하지만 그녀가 전남편의 무책임한 행동으로 큰 상처를 받고 그동안 혼자 아들을 키워온 삶의 무게가 너무 커서 그런 것이라 여기고 그녀의 성격상 단점을 최대한 포용하려고 노력하였다.

희대의 사기극

　나는 2011년 7월 24일 성당 미사를 다녀온 후 화장실 세면대에서 담뱃재를 발견했다. 나는 처음에는 도둑이 들어온 것으로 생각했다. 그러나 담뱃재가 발견된 것 외에 잃어버린 것이 전혀 없었다. 내가 그녀를 추궁했더니 자기가 피웠다고 실토했다. 나는 그녀가 나를 속이고 담배를 피워 왔다는 것을 알고 큰 충격을 받았다. 혼인신고 전에 그녀에게서 담배 냄새가 나서 혹시 담배를 피우는지 물었을 때 딱 잡아떼던 그녀가 나를 속이고 담배를 피워 왔다는 것을 알고 그녀에 대한 신뢰에 근본적 회의가 들었다.

그리하여 나는 다음 날 동사무소에 가서 그녀의 혼인관계증명서 및 제적등본을 발급받아 보았다. 그랬더니 그녀가 얘기한 것과 달리 그녀의 혼인기간은 1993. 3. 11~2000. 2. 15로 7년여간이었고, 2006년에 개명한 사실도 있었다.

다음 날 나는 그녀를 추궁한 끝에 그녀의 아들이 사실은 전남편의 아들이 아니라 전남편과 이혼한 이후에 일시적으로 만난 어떤 남자와의 사이에 생긴 혼외의 자이고, 전남편과는 7년여의 결혼기간에 딸을 하나 두었는데 당시 고등학생이라는 것을 알게 되었다. 또한 혼인신고는 하지 않았지만 2004년에 또 다른 남자와 성당에서 결혼식(혼배식)을 올린 적도 있다는 사실까지 알게 되었다.

그녀가 2009년 초에 인천에서 김포로 이사하여 성당을 옮긴 것도 과거 2004년에 한 혼배식이 교회법원에서 무효 판결이 나서 그때부터 재혼이 가능해지자, 자신의 과거를 모르는 곳에서 재혼 상대를 찾기 위한 의도였던 것으로 보였다.

그녀가 나에게 성당 교우로서 친하게 지낸다고 소개했고 그녀가 혼인신고를 할 때 증인을 섰던 어느 부부가 있었는데, 나중에 그 부부에게 들어보니 그녀가 나와 교제를 시작하기 전에는 서로 별로 친한 사이가 아니었고 그녀가 자기들을 이용하기 위해 의도적으로 접근한 것 같다고 말했다. 내가 그녀의 사기에 감쪽같이 속은 이유에는 특히 중매인의 역할이 컸다. 중매는 양쪽을 다 아는 한 사람이 선 것이 아니라 나와 그녀를 각

각 아는 사람이 선 것인데, 내 친구 아내와 그녀가 이모라고 부르던 여자(이하 '이모')가 그들이다. 이모는 그동안 그녀와 7~8년간 친분을 유지해 왔는데, 그녀는 이모와의 관계를 가족 이상이라고 말했다. 나는 이모가 그녀의 가족이 아니면서도 그녀의 사정을 속속들이 알고 있다는 점을 좋게 생각했다. 그러나 나중에 보니 그건 오판이었다. 이모는 무조건 그녀를 감싸고돌았다. 내가 사기당한 걸 알고 집을 나와 방황하는 동안, 그 이모는 내 직장에 쳐들어가 한번 휘저어버릴까 하고 말하면서 그녀를 충동질했다. 그녀가 협의이혼에 응하지 않아 내가 어쩔 수 없이 재판이혼을 신청한 상황에서도 이모는 나에게 이런 일로 직장생활 등이 시끄러워지지 않게 마무리하라고 겁을 주기도 하였다.

그런 어중에 그녀가 손목을 자해하여 병원에 입원하게 되자 이모는 나에게 돈을 내놓지 않으면 MBC 기자에게 전화하고 인터넷에 올려버리겠다고 협박했다. 이모에게서 중매인의 책임은 전혀 찾아볼 수 없었다. 이모는 돈을 목적으로 그녀와 작당하여 나에게 사기를 친 것으로 보였다. 실제로 이모는 그녀에게 수천만 원을 빌려줘서 돌려받아야 하는 상황이었다. 적어도 이모는 그녀가 데리고 사는 아들이 혼외의 자인지는 알고 있으면서도 이를 감추고 거짓으로 중매했다고 의심하지 않을 수 없다.

그녀는 성당 사람들에게 자신이 미혼모라고 말하여 거의 공개적으로 자기 아들이 혼외의 자임을 밝혔다는 것이 나중에 드러났는데, 가족 이상의 관계라는 이모가 그걸 모르고 있었다고 할 수가 없다. 이건 그냥 추정에 불과한 것이 아니다. 실제 그녀는 이혼소송 당시 위자료를 포함해서 모든 민·형사상 일체의 청구를 하지 않는 조건으로 이혼하자고 요구했다. 그 대상에 친·인척뿐 아니라 특이하게 지인까지 포함시켜달라고 계속 요구했으나 나는 끝내 그걸 수용하지 않았다. 아마 내가 이모 등을 상대로 고소할까봐, 그 이모라는 사람을 보호하기 위해서 그랬으리라고 본다. 중매인은 맞선 상대의 신뢰성을 보증하는 역할을 하는 것인데, 오히려 중매인이 사기를 치는 상황이라면 어느 누가 당하지 않을 수 있을까?

성당 신부의 조언

2012년 4월 11일 성당에 찾아가서 신부님과 상담했다. 신부님은 지난해 보니까 내가 뭐에 씌어 홀려 있는 사람처럼 보였다고 말했다. 신부님은 주위 사람들에게 그녀가 사랑이 아니라 호구지책으로 정략적인 결혼을 서두르는 것 같은데 그래서야 되겠느냐고 말했었다고 했다. 나이를 먹을 만큼 먹었을 텐데 척 보면 그녀가 어떤 사람인지 모르겠냐고 말하기도 했다. 내가 그녀의 과거 혼인관계에 대해서 얘기했더니 그녀가 결혼한 적이 있었느냐고 물었다. 신부님은 그녀를 미혼모라고 알고 있었던 것이다. 나도 신부님처럼 그녀가 미혼모라고 알았다면 난 그녀를 만나지도 않았을 것이다.

신부님은 그녀의 행실이 안 좋아 자기가 여러 번 야단쳤었고, 지난해 그녀가 서둘러 혼배식을 해달라고 할 때도 야단쳐서 돌려보냈다고 말했다. 신부님은 2011년에 남편이 전직 고위공무원인 부부가 그녀의 아들을 맡아주고 하는 것에 대해서 그건 그녀를 정말 도와주는 것이 아니니 그러지 말라고 한 적도 있다고 했다. 그녀에게 아무것도 기대하지 말라면서, 그녀는 결코 협의이혼을 해주지 않을 것이니 재판이혼을 하라고 했다.

최근에 그녀가 신부님에게 면담신청을 했는데, 자기와 상의도 없이 일을 저질러 놓고 이제 와서 상의한다고 하여 이혼 관련 사항이라면 할 말이 없으니 본인이 알아서 하라고 하면서 거절한 일도 얘기해 주었다. 그리고 세상 살다 보면 악연이란 것이 있는데, 나와 그녀는 그런 경우라면서 쉽지 않겠지만 어서 그 고통을 극복하길 바란다고 말했다.

그녀와의 결별

나는 그녀와의 만남과 결별의 기간 사이에 수없이 농락당했다. 그녀에게서는 정말 진실성을 찾아보기 어려웠다. 그녀는 과거 혼인관계를 완전히 속여 놓고도 내가 그걸 알게 된 후 거짓말했다고 지적했더니 자신은 말하지 않았을 뿐 거짓말하지 않았다고 호도했다. 그녀가 과거 결혼생활과 전남편이 데리고 사는 자식의 존재를 속인 것이 큰 문제라기보다는 그녀의 아들을 내 아들로 받아들이는 상황이었기에 그 아들이 정상적 혼인관계에서 태어나지 않았다는 점이 내겐 큰 충격이었다. 그녀는 성당 교우들에게 이미 자신이 미혼모라고 말해 놓고 나에게는 그걸 거짓으로 속였다.

즉 자기 아들이 혼외 자식이라는 사실을 주위 사람들이 알고 있는 상황에서 들통 날 위험부담을 감수하면서까지 아들이 혼인관계에서 태어났다고 했다. 심지어 전남편의 잘못으로 이혼했다고 나를 속인 일은 자신을 피해자로 위장하여 나의 동정심을 유도하기 위한 계략으로 볼 수밖에 없었다. 그녀는 모든 거짓이 드러난 후에는 수차례에 걸쳐 이혼해주겠다고 약속했다가 뒤집기를 반복했다.

나는 그녀와 결혼을 하게 되면 그녀의 아들까지 책임지고 키우려고 하였다. 그녀 또한 내 아들을 자기 자식처럼 잘 키우겠다고 약속했다. 그래서 나는 아들을 데려다 키울 생각으로 내 돈으로 넓은 평수(48평)의 전세 아파트를 마련하여 2011년 7월 15일 이사했다.

나는 그녀와 같이 살게 된 이후 당시 전처와 살던 아들을 몇 번 집에 데려와 같이 시간을 보낸 적이 있었다. 그러나 내 아들을 잘 키우겠다고 호언장담하던 그녀는 이후 내 아들을 데려다 키울 뜻을 내비치지 않았고, 내가 아들 양육 얘기를 꺼내면 들으려고 하지도 않았다. 나로서는 절대 받아들일 수 없는 상황에 봉착한 것이다.

나는 결국 대학생 딸과 고민을 상의했다. 딸도 단호하게 친엄마가 아니라 내가 아들을 키워야 한다고 말했다. 나는 아들 양육 문제가 아니더라도 그녀와의 혼인관계를 지속하기 어려운 상황에서 더욱이 아들 양육마저 어렵다는 걸 알고 마침내 결심을 하지 않을 수 없었다.

법원에 가서 재판을 받는다는 것은 누구나 내키지 않는 일이다. 그래서 나는 재판이혼만은 피하고 싶었다. 그러나 더 이상 어쩔 수 없었다. 그래서 나는 2012년 2월 9일 집을 나와 3월 15일 이혼소송을 제기했다. 그녀는 나의 이혼소송 제기에 처음에는 상호 간에 이혼 이외 일체의 청구를 하지 않는다는 전제로 이혼에 동의한다고 했다가 이를 뒤집고, 향후 위자료를 청구하기 위하여 귀책성을 다투겠다고 나왔다.

6월 13일과 6월 29일 재판이 열렸는데 그녀는 다시 친·인척뿐 아니라 지인까지 면책 범위에 포함시키는 조건으로 이혼하자는 제안을 했다. 나는 그녀의 요구를 받아들여 조정으로 끝내려는 판사에게 조정이 아니라 누구에게 이혼의 책임이 있는지를 가리는 진실과 정의의 재판을 해달라고 요구했다. 하지만 판사의 거듭된 양보 요청을 모두 배척하기는 어려워 면책 범위에 친·인척은 포함시키지만 지인은 절대 포함시킬 수 없다고 버텼다. 나는 그렇게 하면 조정이 성립되지 않을 것으로 생각했다. 설령 이혼이 늦어지더라도 책임을 따져서 이혼을 하고, 이후 그것을 가지고 위자료를 청구할 생각이었다. 그런데 뜻밖에 그녀가 지인은 빼고 친·인척에 대해서 모든 민·형사상 일체의 청구를 하지 않는 조건으로 이혼하는 것을 수용해버려서 그렇게 이혼하게 되었다.

친구 부부의 배신

이처럼 내 재혼은 누가 봐도 정상적인 혼인 관계가 아니다. 결혼을 위한 희대의 사기극, 그저 사기 혼인신고라는 표현이 맞을 것이다. 나는 이건 원인무효이기 때문에 결혼 무효가 가능하다고 생각했었다.

그런데 알아보았더니 서류를 조작한 것 등이 아니면 무효는 안 되고 취소할 수는 있었다. 그래서 나는 2011년 7월 25일, 내가 사기당한 것을 알게 된 직후 그녀를 소개해 준 친구 부부를 만나 이 모든 것에 대해 자초지종을 얘기하며 혼인신고를 취소할 수 있도록 도와달라고 부탁하였다.

하지만 그날 나는 배신을 느꼈다. 그날 친구 부부는 엄청난 내 얘기를 듣고도 전혀 놀라지 않고 미안하다는 말 한마디 없이 전혀 의외의 태도를 보였다. 친구는 그녀가 이혼을 한 번 더 한 것에 불과한데 너도 이혼해 놓고 그걸 문제 삼을 수는 없으니 그냥 살라고 말했다. 친구 아내는 내게 무슨 부귀영화를 누리려고 이혼을 했느냐고, 마치 내가 잘못한 것처럼 몰아붙이는 말까지 했다.

그들은 내가 이혼 고민을 상의했고 스스로 전처의 신앙관 문제를 고쳐보려고 우리 집에 몇 번 찾아와서 도와주려고 했던 그런 착한 친구 부부가 더 이상 아니었다. 사실 내 재혼이 그렇게 희대의 사기극이 된 데에는 그들의 책임도 있는데 그들은 모든 것을 외면한 것이다.

나중에 알고 보니 거기에도 이유가 있었다. 친구 아내는 이모 집에서 이모 손자들의 보육교사로 일하면서 그녀를 알게 되었는데, 친구 아내는 이모의 피고용인 신분이어서 그들의 입장을 두둔하지 않을 수 없었던 것이다. 그래서 친구 아내는 이후에도 그들과 한통속이 되어서 내게 그들의 주장을 대변하고 그들의 요구를 전달하는 일을 계속했다. 나는 친구 아내가 처음부터 이모와 사실상 작당하여 이모의 부탁을 받고 무책임하게 그녀를 포장해서 소개해 준 것이 아닌가 의심하기도 한다. 독실한 천주교 신자로서 천사처럼 착하다고 했고 남편이 임신 3개월 때 바람피워서 바로 이혼하고 혼자 애를 낳아 키우고 있다고 했던 소개말이 다 새빨간 거짓말로 드러났는데, 그것을 친구 아내가 전혀 몰랐다고 보기 어렵다.

성당 신부를 비롯해서 당시 그녀의 사기극을 알았던 다른 사람들과 달리, 친구 부부는 끔찍한 일을 당한 내 입장을 전혀 배려하지 않는 것이 이해되지 않는다. 내가 2019년 1월 뒤늦게 내 이혼 전력이 모략당한 것을 알고 억울함을 풀기 위해서 문희상 의장실에 내 재혼은 사기 혼인신고라는 것을 밝히는 편지를 써서 보내달라고 부탁했지만 친구는 그것마저 거절했다. 나는 친구가 소개해 준 여자의 사기 혼인신고 때문에 지금까지도 고통스런 시간을 보내고 있지만 결국 친구는 무엇 하나 도와주지 않았다. 고등학교와 대학까지 같이 나온 그가 내게 그처럼 끝까지 무책임한 행동을 했다는 게 정말 이해되지 않는다.

희대의 사기극이 두 번째 이혼으로 악용되다

이건 누가 봐도 결코 정상적인 결혼이 아니다. 사기 혼인신

고가 있었을 뿐이다. 그리고 희대의 사기극이 드러난 이후 그
것이 사실상 취소되었을 뿐이다. 그래서 나는 이혼소송을 추진
하면서 내가 근무하던 보건복지위원회의 김대현 수석전문위원
에게 이 희대의 사기극에 대해서 스스로 얘기했다. 내가 숨길
이유가 없었기 때문이다. 그런데 국회 사무처에서 어떻게 이
희대의 사기극을 두 번째 이혼이라고 모략할 수 있는 것인가?
피도 눈물도 없는 사람들 아닌가?

다. 동거

그녀와의 만남과 동거 경위

이후 몇 년이 지나고 2014년 6월 말경 나는 직장 동료의 소
개로 어떤 여자를 만났다. 대학교 동문인 그는 내가 부탁하지
도 않았는데 내가 힘들게 혼자 애 키우는 걸 안다면서 오래전
에 우리 직장에서 퇴직한 한 여자를 소개해 줬다. 같이 근무해
서 잘 안다고 했다. 동료는 그녀가 먼저 자신의 이혼 사실을
알리고 국회 사무처의 이혼한 남자를 소개해 달라고 부탁했다
고 했다.

나는 3년여 전에 희대의 사기극에 걸려 힘든 시간을 보내기
는 했지만, 그때는 친구 부인이 잘 모르면서 해 준 소개였다.
하지만 이 경우는 같이 근무해 봐서 잘 안다고 했고, 그녀가
국회 사무처에서 일했던 것도 나를 잘 이해할 수 있는 장점이
라고 생각했다. 그러나 그것은 선의로 만나 잘되었을 때 얘기

지, 나처럼 동거하다 헤어지게 되었을 때는 최악의 결과가 될 수 있다는 것을 그때는 깨닫지 못했다.

그녀는 만난 지 10일 만에 나를 신랑이라 지칭하고 15일 만에 '남편' 또는 '여보'라고 부르면서 심지어 나에게도 자신을 '여보'라고 부르라고 할 정도로 적극성을 보였다. 그러면서 관계가 깊어졌다. 그녀는 어느 지인이 만난 지 3개월 내에 결혼해야 헤어지지 않는다고 말했다면서 서둘러 결혼하자고 요구하였다.

그러나 나에게는 당시 초등학교 5학년짜리 어린 아들이 있어서 조심스럽게 접근할 필요가 있었다. 또 연애를 오래 하면서 즐거운 추억을 많이 쌓아 놓아야 결혼하면 그게 버팀목이 될 수 있기 때문에 서두르지 말고 단계적으로 접근하자고 생각했다.

당시 그녀는 용인 근처의 원룸에서 전세를 살고 있었다. 거리가 너무 멀어 만나기도 힘들고 해서, 나는 내가 사는 곳 근처 아파트에 그녀의 거처를 전세로 얻어 주었다. 그리고 가까이 살면서 교제도 하고 그녀가 가능한 범위에서 아들을 돌봐주기를 바랐다. 그러나 그녀는 그 아파트로 이사하고 주민등록 이전까지 해놓고 그 집에서 살기를 완강히 거부하면서 동거하지 않으면 헤어지겠다고 했다. 나는 어쩔 수 없이 내가 사는 아파트에서 동거를 시작하게 되었다.

나는 2014년 9월 하순경에, 무작정 동거를 시작한 그녀에 대한 배려와 동거하면서 지켜야 할 사항들을 담은 '동거계약서'를 작성하여 그녀에게 주었다. 나는 그걸 주면서 그녀의 의견도 같이 포함시켜 정식으로 계약서를 작성하자고 말했는데 그녀는 그것에 아무런 반응이 없었고 나중에 물어보니까 그걸 잃어버렸다고 말했다.

갈등의 원인

나는 2014년 10월 하순에 그녀의 뜻을 받아들여 내가 사는 아파트와 같은 동의 다른 집을 매입하게 되었다. 그런데 그 집을 계약할 때 그녀는 갑자기 그 소유권을 나와 그녀의 공동명의로 할 것을 집요하게 요구하면서, 그걸 들어주지 않으면 나중에 내가 후회하게 될 것이라고 말했다.

공동명의를 요구하던 그때, 무서울 정도로 강렬한 그녀의 눈빛을 나는 지금도 잊을 수가 없다. 그러나 나는 그녀의 요구를 수용하지 않았다.

그녀는 그 일이 있기 전까지만 해도 나를 존경한다는 말을 수시로 했는데, 내가 그녀에게 나를 존경한다면서 왜 그렇게 내 말을 듣지 않느냐고 했더니 그녀는 그 이후로는 존경한다는 말을 일절 하지 않았다. 그건 여태껏 그녀가 진정성 없이 그 말을 했었다는 것이기에 나는 마치 농락당한 기분이 들었다.

내가 그 아파트에 대한 소유권 등기를 하자 그녀는 자신의 짐을 대부분 그 집으로 옮겼고 주민등록도 그곳으로 이전하였다. 그녀가 내가 얻어준 전셋집에서 이사 나와 그 아파트로 들어갈 때까지 한 달여의 시차가 발생했기 때문에 그 기간 동안 그녀의 짐을 내가 사는 집에 갖다 놓을 수밖에 없었다.

당시 나는 그녀에게 주민등록을 남의 집에 그냥 놓아두기보다는 내가 사는 곳으로 이전하라고 권유했다. 하지만 그녀는 나와 주민등록상 섞이는 걸 원하지 않는다면서 그 기간 동안 여전히 이사 나온 집에 주민등록을 그대로 두었다. 돌이켜보면 내가 그녀의 요구대로 새로 산 아파트를 공동명의로 해주지 않자, 그녀는 그 즈음에 이미 나와 헤어질 생각을 하고 있었던 것 같다.

그리고 실제로 그녀는 2014년 10월 29일 나에게 서로 더 실망하기 전에 방법을 생각해 보라는 문자를 보내기도 했다. 그녀가 그 아파트로 이사했을 때도 나는 그녀에게 거기서 거주하라고 권유했으나 그녀는 이를 거부했다.

2014년 11월 하순에 그녀는 전남편이 키워온 대학생 아들의 내년 등록금 명목으로 450만 원을 요구해 왔다. 나는 내년 등록금을 벌써 요구하는 것이 이상하다고 생각했고, 계속해서 큰 돈을 요구하는 그녀에 대한 회의가 들어 그 문제를 직장 동료와 상의하는 등 심각하게 고민했다. 그 끝에, 한번 믿어보기로 하고 그녀의 요구대로 돈을 주었었다.[21] 그러나 그녀의 아들은 2015년 1학기에 끝내 등록하지 않고 휴학했다. 결국 그녀는 자기 아들까지 내세워 나에게서 돈을 가져간 것이다.

그녀는 2014년 12월 크리스마스 즈음에 어떤 여성이 무작위로 발송한 하트 문자 여러 개가 내 카톡에 들어온 것을 보고 며칠 동안 크게 화를 냈다. 그러나 그 문자는 일종의 스팸(spam)

---

21) 당시 직장 동료는 돈을 주는 게 좋겠다고 말했다.

문자에 불과한 것으로서 나는 그 여성에게 한 번도 답장을 한 적이 없었다.

그녀는 2015년 1월, 나와 사전 상의도 없이 자신의 대학생 아들을 그녀 주소지의 아파트에 데려와 살게 했다. 또한 그녀는 2015년 1월 하순에 내가 직장의 부서 직원들과 같이 뮤지컬을 보기로 했다고 말하니까 왜 직원들이랑 뮤지컬을 보느냐고, 마치 그것에 무슨 문제가 있는 것처럼 며칠 동안 따지면서 나와 크게 다투었다. 그녀는 자기도 대학생 아들이랑 그걸 보고 싶으니 표를 사달라고 조르기도 하였다.

동거 종료 경위

그녀는 내가 야근이 잦아지자 '나를 보모 취급한다, 당신은 결혼할 생각이 없고 즐기려고 하는 사람이다' 등의 말로 여러 번 나를 화나게 하거나 비난하였다. 그러면서 '당신과 결혼하지 않겠다, 마음이 떠났다, 혼자 살면서 돈이나 벌려고 한다' 등등의 얘기를 하기 시작했다.

그러더니 마침내 2015년 1월 하순경에 내가 돈에 집착한다고 비난하면서, 돈을 벌기 위하여 2월부터 강남에 있는 동생 사무실에 나가겠다고 했다. 나는 세상을 바르게 살고자 하는 나의 가치관에 그녀가 적극 공감을 표시하기도 하고, 스스로도 세태를 비판하는 말을 하기도 해서 가치관이 비슷하다고 생각했다. 또한 그녀가 아들을 잘 보살펴 주고 성경공부도 열심히 하는 것 등을 보고 그동안 그녀와의 동거를 긍정적으로 생각하고 있었다. 하지만 돌연 그녀의 근거 없는 비난이 계속되자 모욕감을 느꼈고 마음에 큰 상처를 받았다. 그리고 무언가 크게 잘못되어 가고 있구나 하고 깨달았다. 그녀의 요구로 동거를 하고 있는 것인데 그녀가 자신을 보모 취급한다고 나를 비난하면서도 동거를 계속하는 이유가 의아했다.

결혼 문제도 그랬다. 만난 지 3개월 만인 2014년 10월에 결혼하자고 그녀가 말했을 때, 나는 그건 어렵지만 대신에 2015년 1월로 결혼 얘기를 한 적이 있다. 하지만 그전에 그녀의 요구로 동거를 시작하면서, 서둘러 결혼할 필요가 없어졌다. 그래서 1년간 살아보고 결혼 여부를 결정하기로 합의하였었다. 그래 놓고도 그녀가 나에 대해 결혼할 생각이 없고 즐기려는 사람이라고 비난하는 것을 납득할 수 없었다. 뿐만 아니라 그때 우리에겐 비록 서로 사랑하는 사이라 하더라도 막대한 재산 요구 등에 따른 갈등이 있었다. 또한 사소한 일에도 크게 다투곤 하는데, 이혼의 아픔이 있는 우리가 서둘러 결혼하는 것이 능사가 아니라는 걸 잘 알면서 왜 나를 비난하느냐고 물었더니 그녀는 아무런 대답을 하지 못했다.

그녀가 그렇게 나를 비난하는 상황에서, 더구나 나와 결혼하지 않고 돈을 벌기 위하여 일을 하겠다고 하니, 애초에 그녀의 요구로 시작한 동거를 나로서는 계속할 이유가 없었다. 그래서 2015년 2월 초순에 그녀에게 동거를 끝내고 그 아파트에서 살도록 권유했고 그녀도 그걸 수용했다. 그때 그녀는 혼자 살면 외롭다면서 내가 키우는 새[애완조] 한 마리를 데려가기도 했

다. 다만, 당시 그녀는 2015년 2월 말까지는 동거를 유지하자
는 입장이었던 반면, 나는 바로 동거를 끝내자는 입장이었는데,
내가 설득하자 그녀도 내 뜻을 수용하였다.

그녀와의 결별

나는 그녀와 동거를 끝낸 뒤, 그전에 가사 일을 했던 도우미
에게 연락했다. 그 도우미가 2015년 2월 10일(화)부터 다시 일
하기로 했다. 그런데 그녀는 그 도우미를 자신이 한번 보겠다
고 하더니, 그날 아침 도우미가 오니까 할 일이 없는데 왜 왔
느냐는 식으로 말하면서 돌려보내 버렸다. 나는 종래 도우미를
썼을 때 아침 6시 직후 출근하고, 아들에게 아침밥을 주고 학
교에 보내는 것은 도우미에게 맡겼었다. 하지만 그녀의 훼방으
로 그 도우미를 쓸 수 없게 되었고 급하게 다른 도우미를 구할
수도 없었다. 나는 어쩔 수 없이 아들의 친엄마에게 부탁하여
친엄마가 2월 11일(수)과 2월 12일(목) 아침, 이틀 동안 아들
학교 보내주는 일을 하게 되었다.

그녀는 그 아파트에서 잠자고 지내다가 2월 12일(목) 이 사
실을 알게 되었는데, 그날은 그것에 대하여 별다른 반응을 보
이지 않았다. 그런데 2월 13일(금) 저녁, 내가 며칠째 기침을
하는 아들을 재워주려고 할 때였다. 그녀는 나에게 아들 교육
을 잘못 시킨다고 비판하였다. 또한 앞서 이틀 동안 아들 학교
보내는 걸 친엄마에게 맡긴 것은 자신을 무시한 것이라고 하면
서, 오빠들이 내 직장에 가서 나를 가만두지 않을 것이라고 큰

소리로 협박하였다.

그리고 그녀는 2월 14일(토) 오후 집에서 국회 사무처에 내용증명을 보내 내 옷을 벗기게 하겠다고 협박하였다. 실제로 당시 그녀는 고양시의 한 변호사 사무실에서 '내용증명서'를 발급받은 것으로 들었는데, 후술하겠지만 1년여가 지난 후에 그걸 내게 보냈다.

그녀는 전에 국회 사무처에서 근무할 때 알던 사람들이 많이 있었는데, 그런 상황에서 나와 휴대폰으로 통화할 수 있었는데도 내 직장 사무실에 일부러 유선으로 전화하여 직원들에게 마치 아내인 것처럼 행세하여 나에게 피해를 주었다. 그리고 나를 협박한 이후 직장에 찾아와 친분 있는 사람들을 만나서 내가 현직 직원 등 3명의 여자와 바람을 피웠고, 2014년 10월 아파트 집을 매입하면서 공동명의를 해주기로 약속해 놓고 이를 어겼다는 등 직장에 허위사실을 퍼뜨리고 내 명예를 훼손했다. 그로 인해 바람을 피웠다고 지목당한 한 여직원은 나 때문에 자신의 명예가 훼손되었다며 나를 배척하는 일까지 발생하였고, 또 다른 두 명의 여성도 그 사실을 알고 나에게 매우 불쾌함을 표명했다.

그녀는 동거를 시작할 즈음에 애 앞에서 싸우면 애에게 상처가 될 수 있기 때문에 자신은 이혼 전에 애 앞에서는 절대 전남편과 싸우지 않았다면서 우리도 그렇게 하자고 말했던 적이 있었다. 그랬던 그녀가 며칠째 아픈 애를 내가 재워주려 하고 있는데 거기다 대놓고 나를 협박했기 때문에, 나는 그녀가 관계를 끝낼 작정으로 그렇게 한 것으로 보았다. 더구나 그녀의 거듭된 협박에 큰 충격을 받아 나도 그녀와 결별하기로 결심했다.

실제로 그녀는 그 일 직후 변호사 사무실에 찾아가 상담을 받았다면서, 변호사가 자기가 유리하다고 말했다고 나에게 얘기하기도 했다. 그러나 당시 동행했던 도우미의 말에 따르면, 사실 그 변호사는 몇 개월 동거한 것을 가지고 무슨 돈을 요구할 수 있다는 것이냐 하면서 소송하기 어렵다고 했다는 것이다.

또한, 그녀는 2015년 2월 18일 한밤중에 내가 사는 아파트 집에 들어오겠다고 문을 두드리고 소리치며 열어달라고 요구했다. 그러나 내가 문을 열어주지 않자 112 신고까지 해서 경찰이 출동한 적도 있었다. 당시 출동한 경찰은 그녀의 기대와는 달리 그녀의 거주지가 나와 별도라는 것을 확인하고 그녀를 그곳으로 가도록 조치하고 돌아갔다. 그런데 그 이후 그녀는 당시 경찰이 자신을 내 집에 들여보내 주어서 나랑 같이 잠을 잤다고, 놀랍게도 거짓말을 했다. 나와 그녀는 주민등록지도 다르고 그녀의 거처가 따로 있는데 경찰이 무슨 근거로 그녀를 내 집에 들여보낼 수 있었겠나?

그리고 그녀가 경찰의 도움으로 내 집에 들어올 수 있었다면 이후 동거가 끝나지 않고 지속되었어야 하는데, 끝난 이유가 해명되지 않는다. 분명 경찰서에 가면 당시 출동 관련 기록이 있을 것이므로 그걸 확인하면 진실이 무엇인지 쉽게 밝혀질 텐데도 어처구니없게 그녀는 그런 것까지도 거짓말을 했다.

그녀의 불법 점유

그녀는 나와의 관계가 파탄 난 이후에 최소한 수천만 원의 돈을 요구하였다. 그리고 그녀가 살고 있는 아파트를 비워달라는 메시지를 보냈음에도 나에게 아무런 양해도 구하지 않고 그 아파트에 살면서 나와의 만남뿐만 아니라 대화 자체를 거부했다. 그녀는 동거를 끝낸 후 내가 그녀의 훼방으로 어쩔 수 없이 아침에 아들 학교 보내는 일을 친엄마에게 맡긴 것을 빌미로 관계를 파탄내고 이후 돈을 요구하면서 1년 2개월여간 그 아파트를 불법 점유했다. 사실 그녀는 2015년 6월 중순에 우리 직장의 지인에게 그 아파트에서 1년 살게 해주면 이사 가겠다는 의사를 피력했었고, 나는 그런 그녀의 입장을 배려하여 그걸 묵인했는데 그녀는 1년이 지난 후에도 이사를 가지 않아 지인과 나를 농락했다.

그녀의 정체

나는 그녀와의 관계를 순수한 사랑으로 생각했으나 관계가 파탄 난 후에 생각해 보니 그녀는 돈을 목적으로 나를 만나 동거를 요구한 것이라는 판단이 들었고 결국 나는 그녀에게 유린당한 것이라는 애통한 마음을 갖게 되었다. 나는 그녀가 동거를 강하게 요구했을 때 그녀가 정말 나를 사랑해서 그런 줄 알았다. 하지만 그건 나의 착각이었다. 그녀가 돈이 아닌 순수한 사랑으로 동거를 시작했다면 그 사랑이 깨질 수밖에 없었던 이유가 있어야 하는데 그런 이유가 전혀 없다. 외도(외박), 폭행,

성불구, 경제적 무능력, 사기 등 일반적인 연인 결별 사유에 해당하는 어떤 것도 없었다.

그녀가 나에게 전처가 어디 사느냐고 물었을 때 자동차로 10여 분 거리의 같은 시에 사는데도 사실대로 말하지 않고 서울이라고 말한 적이 있었다. 그녀는 그것을 문제 삼고 나를 두 집 살림했다는 식으로 비난했다. 그러나 그것은 그녀에게 불필요한 오해를 줄 필요가 없어서 그렇게 말했을 뿐, 그 외에 다른 악의적인 이유는 없었다. 동거 기간 동안 전처의 거주지가 문제가 되어 다툰 적도 전혀 없었다.

2015년 2월 10일 내가 사는 아파트에 일하러 왔다가 그냥 돌아갔던 도우미는 그 직후 그녀의 눈물과 거짓말에 속아 넘어가 그녀와 네 차례 정도 만나서 변호사 사무실도 동행하고 술자리도 가졌다고 했다.

그런데 나중에 나를 만나 정확한 사실을 듣고서는 어디까지가 진실인지 혼란스럽고 머리가 아프다고 토로했을 정도다. 그 도우미 말에 따르면 그녀는 나와의 관계가 파탄 나기 직전인 2015년 1월에 세 군데에서 점을 봤는데 나에게 돈이 없다는 얘기를 들었고 내가 앞으로 직장에서 오래 근무하지도 못할 거고 나이도 많아서 이미 그때 나와의 관계를 그만두기로 마음먹었었다는 말을 했다고 한다.[22] 내가 쉽게 돈을 주지 않으면 마지막 카드로 같은 교회에 다니는 국회의원의 사무실 직원과 변

---

22) 실제로 그녀는 2015년 1월 7일 나에게 태어난 시(時)를 알려달라고 문자를 보냈다.

호사 사무장을 이용하여 위장을 쓰고 압력을 행사하여 받아낼 생각이라고 말했었다는 사실도 전해줬다.

사실 나는 2015년 2월 그녀와의 관계가 파탄 나게 되었을 때 그 원인이 무엇인지 잘 이해되지 않고 어디서부터 잘못된 것인지 궁금하여 성찰과 고민의 시간을 갖기도 했다. 나는 부쩍 말수가 줄어든 어린 아들을 보면서 미안하기도 하고 앞으로 그런 일이 또다시 반복되어서는 안 되었기에, 지나간 일이라고 훌훌 털어버리고 그냥 잊어버릴 수는 없었다.

그러다가 이후 도우미의 덕택으로 그녀의 정체를 알게 되고 나서야 비로소 자욱한 안개가 걷히듯 의문이 풀렸다. 나는 잘 웃고 사소한 것에 대해서도 크게 감동하던 그녀가 그런 사람일 줄이야 꿈에도 생각할 수 없었다.

누가 피해자인가

그녀는 내가 자신을 농락했다면서 마치 피해자인 것처럼 행세했다. 그녀는 내가 동거하자고 해서 동거를 시작했고 자신은 결혼을 목적으로 내게 순정을 바쳤고 아들을 잘 돌봐서 수학 100점도 맞게 해주었는데 내가 자신을 이용해먹고 버렸다고 눈물을 흘리며 온갖 거짓말로 호소하여 사람들이 그녀를 피해자로 오해하게 했다.

그러나 동거의 시작은 그녀가 강하게 밀어붙였기 때문이고, 이후 그녀가 나에게 과다한 돈을 요구하는 등 돈에 집착하여 더 이상 동거를 지속할 수 없게 되었다. 그래서 서로 합의해서 동거를 끝내게 되었다. 동거가 끝난 상황에서 아침에 우리 집에 와서 일하고 아들을 학교 보내주는 도우미를 못 오게 그녀가 방해하는 바람에 내가 친엄마에게 그 일을 부탁하게 되었는데, 그녀가 그걸 핑계 삼아 나와 아들을 협박하고 내 명예를 훼손한 것이므로 피해자는 그녀가 아니라 오히려 나라고 할 수 있다. 동거를 끝낸 상황이라면 내가 아들 학교 보내는 일에 도우미를 쓰든 전처에게 부탁하든 그녀는 일방적으로 관여해서는 안 된다. 그런데 내게 무슨 잘못이 있다는 것인가?

그리고 그녀가 그렇게 노골적으로 돈을 요구할 줄 알았다면 나는 그녀를 만나지도 않았을 것이다. 나는 동거 기간 동안 그녀에게 신용카드를 주어 생활비 외에 그녀가 옷, 화장품, 건강식품 등을 사도록 해주었다. 뿐만 아니라 2014년 9월 하순부터 2016년 4월까지[23] 집을 두 채 유지한 데 따른 기회비용, 이사 관련 비용과 아파트 관리비[24], 내가 그녀에게 준 90만 원 상당의 상품권 등을 제외하더라도 그녀에게 5개월에 1,000만 원 정도를 현금으로 주었는데,[25] 그녀와 동거하기 전에 가사 일을 도우미에게 맡겨 월 60만 원 정도가 소요된 것에 비교하면 나는 많은 손실을 본 것이다.

---

23) 그녀가 내가 마련해준 전셋집에서 이사 나와 내가 매입한 아파트 집으로 들어가기까지 한 달여 기간은 제외

24) 그녀는 내 소유 아파트 집에 1년여 살다가 야반도주하면서 아파트 관리비를 거의 내지 않아서 내가 100여만 원을 부담해야 했다.

25) 그녀는 2015년 1월 중에 밍크코트를 사 달라, 신용카드 비밀번호를 알려 달라, 설 연휴에 자기 대학생 아들이랑 같이 중국여행을 가자는 등의 요구를 계속했으나 나는 그런 요구는 들어주지 않았다.

내 바로 옆집에 살면서 나와 그녀의 동거생활의 자초지종을 직접 목격하고 그녀와 여러 차례 애기도 나누어 봐서 사정을 잘 아는 당시 83세 할머니는 그녀가 지나친 욕심을 부린 것이지 나는 아무 잘못이 없다면서, 만약 소송을 하게 되면 자신이 증인을 서주겠다는 말까지 했다.

그녀는 내 소유의 아파트를 불법 점유하면서 2016년 3월 하순에 내용증명서를 보내 사실혼을 주장하고 막대한 위자료를 요구했다.[26) 내가 살림을 합치자고 했다, 내가 결혼식을 하기로 해놓고 자꾸 미뤘다, 자신이 김현미 의원의 동생을 잘 안다고 하니까 내가 김현미 의원을 만나게 해달라고 했다, 내가 새로 사는 아파트를 공동명의로 해주겠다고 약속했다, 전처가 내 아파트 집에 종종 들렀다, 내가 완력으로 그녀를 쫓아냈다, 내가 결혼할 생각이 없으면서 그녀와 성관계를 하고 초등학생 아들을 키우도록 하기 위하여 그녀를 기망했다는 등, 내용증명서는 거짓으로 가득했다.

그녀는 직장의 지인에게 그 아파트에서 1년간 살게 해주면 그 이후 이사 가겠다고 해놓고, 1년여 산 뒤에는 언제 그랬냐는 듯 또 내게 폭거를 자행한 것이다. 그녀는 정말 진정성 없는 행태를 보였다. 내용증명서를 보내려면 관계가 파탄이 났을 때 바로 보냈어야 했다. 그랬다면 나는 1년을 기다리지 않고 바로 건물명도 소송을 제기했을 것이다.

---

26) 내용증명을 보내서 사실혼을 주장했으면 당연히 소송을 제기해야 할 텐데, 이후 소송 제기는 없었다.

결국 나는 건물명도 소송을 제기해서 법의 힘을 빌려 그녀가 불법 점유한 지 1년 2개월여 만에 내 아파트를 되찾을 수 있었다. 법원의 집행관과 함께 그 집 문을 따고 들어갔더니, 그녀는 새로 산 내 냉장고를 포함해서 모든 것을 다 가지고 야반도주한 뒤였다.

그녀는 내게만 내용증명을 보낸 것이 아니라 20대 국회가 출범한 후 정세균 의장실에도 보냈다고 본다. 내가 그녀의 요구를 묵살했으니 안 보냈다면 그게 더 이상한 것이다. 2016년 8월 국회 사무처 인사 즈음에 김교흥 비서실장이 내게 인사 관련 투서가 들어왔다고 얘기했었는데 나는 둔민해서 그게 나에 대한 투서인지를 눈치채지 못했다. 투서가 들어왔다면 응당 내게 소명 기회를 주는 게 맞았을 텐데 왜 그렇게 하지 않았는지 알 수가 없다. 당시 나는 거짓으로 가득한 내용증명서를 발급한 변호사 사무실에 사실관계를 소상하게 답변했다.

그럼에도 불구하고 그 변호사 사무실에서 의장실에 내게 보낸 것과 같은 내용증명서를 보냈다면 그것은 변호사가 그녀의 범죄행위를 사실상 교사한 것이므로 그 잘못에 대한 책임을 져야 할 것이라고 생각한다. 그 진실이 밝혀지길 바란다. 왜 관계가 파탄 나고도 내 소유의 아파트 집에서 무단으로 1년여 거주한 후 그때서야 내용증명서를 보낸 것인지 그 이유도 밝혀지길 바란다. 또 2015년 2월 그녀와 변호사 사무실에 동행한 도우미에 따르면 당시 변호사는 몇 개월 동거한 것을 가지고 어떻게 돈을 요구할 수 있냐고 했다는데, 그래 놓고 나중에는 왜 막대한 돈을 요구하는 내용증명서를 보낸 것인지 그 이유도 밝혀져야 한다.

최악의 여자

그녀는 내게 협박죄, 명예훼손죄, 절도죄 등을 저질렀다. 관계가 파탄 난 후 1년여 동안 내 소유의 아파트 집에서 살고 나서 뒤늦게 내게 내용증명서를 보낸 것뿐 아니라 의장실에 투서를 보내서 모함도 했는데, 그런 그녀의 행태를 어떻게 봐야 하나? 너무나 심한 것 아닌가? 자신의 요구로 5개월여[27] 동거를 해놓고 어떻게 이런 일들을 자행할 수 있는가? 나와의 관계를 파탄 내면서 그녀가 자행한 일들은 나로서는 정말 상상이 안 되는 충격적인 일들이었다. 그녀가 벌인 그 모든 일들은 나를 조금이라도 사랑했다면 할 수 있는 것이 아니라고 생각한다. 전처나 사기 혼인신고를 한 여자는 그런 게 없었다. 그녀는 내게 최선을 다해서 악행을 저질렀다. 그녀는 내게 최악의 여자가 되고 말았다.[28]

그녀가 내 직장에 와서 온갖 허위사실로 나를 매도했기 때문

---

27) 그녀는 동거 기간도 7개월이라고 주장했는데 그녀가 동거를 요구한 2014년 9월 하순부터 2015년 2월 9일까지 5개월여가 정확하다.

28) 사기 혼인신고를 한 여자의 경우 오히려 순수했다. 그녀는 내가 사기당한 것을 알고 그녀에게 맡긴 내 통장을 회수한 후 그녀의 차용금 변제 등 부적절하게 쓴 돈을 돌려달라고 요구했더니 바로 1,200만 원을 돌려줬다. 또 나는 이혼을 결심하고 내 돈으로 마련한 전셋집에서 나온 후 이혼소송을 제기했고 그녀는 이혼 확정 한 달여 전인데도 미리 그 집을 비워줬다. 다시 생각해보니 내가 그녀에게 고마워해야 할 일이 되어버렸다.

에 나는 그것을 해명하기 위해서 2015년 봄에 우리 부서 직원들을 포함해서 몇몇 사람들에게 사실관계를 설명하기도 했고 2016년 봄에는 글을 작성해서 보내주기도 했다.

우리 직장의 여직원들 중에는 그녀가 돈을 요구했을 때 주지 않은 것은 잘못이라고 한 사람도 있었다. 그런데 나는 돈을 전혀 안 준 것이 아니다. 내가 준 현금만 보더라도 모두 합하면 매월 200만 원 정도였다. 그녀는 그게 부족하다고 한 것인데 나는 그걸 수용할 수가 없었다. 그리고 나는 그렇게 돈이 목적이 되는 동거를 받아들일 수 없었다. 그렇게 해서 동거하고 결혼한다는 것은 상상할 수 없었다.

돈을 목적으로 한 5개월 동거가 세 번째 이혼으로 둔갑하다

나는 앞서 사기 혼인신고의 아픔이 있었지만, 동료가 그녀를 소개해줬을 때, 같이 근무해 봐서 잘 안다기에 그걸 믿었다. 그런데 그게 낭패였다. 믿는 도끼에 발등이 찍혔다. 그리고 나는 그녀가 돈을 목적으로 동거를 요구하리라고는 꿈에도 생각하지 못했다. 그러나 놀랍게도 실제 그런 일이 벌어진 것이다.

그런데 더욱더 놀라운 것은 국회 사무처에서 바로 이 사건이 세 번째 이혼으로 둔갑했다는 것이다. 도대체 내게 무슨 잘못이 있다는 것인가? 나는 직장 동료의 소개로 만난 전직 직원의 동거 요구를 순진하게 사랑이라고 믿고, 막대한 재산 요구 등으로 그녀의 진정성이 의심되는 상황에서도 어리석게 5개월여 동거를 한 것뿐인데 그것에 무슨 잘못이 있다는 것인지 알 수가 없다. 이혼이든 동거든 나는 잘못이 없고 피해자인데, 그 횟수를 문제 삼는 이유는 무엇인가? 왜 이런 모략이 용인되는 것일까?

라. 아들 양육

나와 아들

나는 53세 때인 2012년 8월부터 9년째 혼자 늦둥이 아들을 키우고 있는데, 아들은 현재 고등학교 2학년이다. 나는 2012년 사기 혼인신고가 재판이혼을 통해서 종료될 즈음 화정동에 조그마한 아파트 집을 전세로 얻었다. 당시 아들은 초등학교 3학년이었고 행신동에서 친엄마랑 누나랑 같이 살고 있었다. 나는 주말에는 아들을 데려와 같이 놀아주었다.

그런데 어느 날이었다. 갑자기 아들이 나랑 같이 살고 싶다고 했다. 사실 나는 재혼해서 아들을 키울 생각이었지 혼자 살면서 아들을 키운다는 것은 상상할 수 없었다. 그러나 아들이 그렇게 얘기하니 생각이 달라졌다. 그래서 전처와 상의해서 내가 아들을 키우기로 하고 그러기 위해서는 아들이 내가 사는 집 근처 학교로 전학을 해야 하니 학교 담임 선생님을 만나서 의견을 들어보기로 했다. 담임 선생님은 아들이 심각하다고 하면서 전학 가는 것이 좋겠다고 말했다. 나중에 아들은 그때 왕따를 당했다고 말했다. 그렇게 해서 내가 아들을 키우게 되었고 아들은 초등학교 3학년 2학기에 화정초등학교로 전학을 오게 되었다.

처음 한동안 집안일은 내가 다 하고 아들이 하교하면 돌봐주면서 공부도 도와주는 사람을 썼다. 그런데 내가 아들을 등교시키다 보니 출근이 늦어지는 경우가 많았다. 청소와 빨래 등 집안일도 시간이 들어서 부담이 됐다. 그래서 나는 일찍 출근하고 나 대신 아침에 와서 아들 식사도 챙겨 주고 집안일도 하는 도우미를 구하고, 아들은 하교 후 공부방 등에 보내는 방법으로 바꾸었다. 학교에 찾아가서 담임 선생님께 혼자 아들을 키우고 있는 사정을 얘기하며 부탁드렸고 시험 감독도 지원했다. 빨래는 도우미가 했지만 내가 매일처럼 잊지 않고 한 것은 아들 실내화를 빨아주는 것이었다. 그래서 다른 애들은 실내화가 지저분한 편이였지만 우리 아들 실내화는 항상 깨끗한 편이었다.

나는 아들에게 공부를 강요하지 않았다. 그러자 아들은 중학교 2학년 때 아빠는 왜 다른 집 부모와 달리 공부하라고 하지 않느냐고 묻는 일도 있었다. 나는 공부는 자신이 하고 싶어야 하는 것이라고 생각했다. 나는 아들이 건강하게만 자라기를 바랐다.

그래서 나는 운동을 시켰다. 초등학교 3학년 여름 즈음까지는 태권도를 시켰는데 적성에 안 맞는다면서 그만두었다. 이후 수영을 시켜 보기도 하고 검도도 시키고 그랬는데 다 오래하지 못한 채 그만두곤 했다. 2014년부터 특공무술을 시작했는데 아들은 매우 좋다고 했다. 그래서 아들은 2019년 초까지 꾸준히

특공무술 운동을 했다. 승급 시험 때 도장에 가보면 우리 아들이 제일 멋있게 잘했다. 후술하겠지만 나는 아들과 같이 타기 위해서 2010년에 인라인스케이트를 배웠는데 이후 나는 아들과 집에서 아니라 주말에 아들을 데리고 가 직장 동료들과도 같이 인라인스케이트를 타기도 했다.

내가 아들을 키우면서 전처와 다르게 신경 쓴 것은 매일 아들을 씻기는 것이었다. 매일 씻는 것이 건강에도 좋기 때문에 그렇게 했다. 이혼 전에 아들은 한겨울에도 선풍기를 틀어놓고 잠을 잤다. 나는 그게 이상하기는 했지만 이유를 몰랐기 때문에 그냥 넘기고 말았다. 그런데 내가 아들을 키우면서 매일 씻겨주니까 그럴 필요가 없었다. 나는 그때서야 깨달았다. 열이 많은 아들을 자주 씻겨주었어야 했는데 오랫동안 씻지 않으니까 한겨울에도 선풍기를 틀어놓았던 것이다.

내가 국회 사무처 재직 중 아들을 키우면서 제일 힘들었던 것이라면 갑자기 회의 때문에 늦게까지 야근해야 하는 상황이 되면 아들 저녁밥을 챙겨줄 수 없는 것이었다. 그래도 전처가 2015년 8월 행신동에서 멀리 다른 곳으로 이사 가기 전까지는 그럴 때 부탁할 수 있어서 괜찮았는데 그 이후에는 힘들었다. 도우미가 그걸 해줄 수 있다면 다행이었지만, 그마저 어려울 때는 밤늦게 퇴근한 뒤에야 아들과 같이 밥을 먹을 수 있었다. 몇 번은 내가 저녁 시간에 잠깐 와서 아들 밥을 챙겨주고 다시 직장에 복귀하기도 했다. 중학교 3학년 때부터는 사 먹으라고 했다. 요새는 맞벌이 부부가 많아서 초등학교 때부터 혼자 밥사 먹는 애들이 있다는 걸 알게 되었는데 나는 그런 생각을 해 보지 않았다.

그동안 나는 아들과 행복하게 살았다. 아들도 그랬다. 당시 아들의 선택은 확고했다. 같이 살면서 아들이 말을 잘 듣지 않으면 가끔 혼자 사는 엄마에게 가라고 해도 가지 않았다. 아들에게 엄마의 부재가 주는 어두움 같은 것은 없었다. 아들은 초등학교 6학년 봄까지 나랑 같이 자면서 내가 팔베개를 해줬고, 초등학교 5학년 겨울까지 내가 매일 샤워하면서 아들을 씻겨줬다. 아들은 중학생 때까지 자주 아픈 체를 했는데, 특이하게도 아픈 곳이 머리끝부터 발끝까지 온몸을 돌아다녔다. 아들이 아프다고 할 때마다 나는 손으로 만져주곤 했는데 그러면 신기하게도 아들의 증상은 사라졌다.29) 아들은 나랑 사는 걸 행복해하면서 시간이 멈췄으면 좋겠다, 평생 같이 살고 싶다, 영원히 같이 있고 싶다30)고 말하곤 했다.

아들은 수시로 나에게 뽀뽀를 했다. 뽀뽀도 잠깐 하는 게 아니었다. 길게 했고 입술과 뺨, 이마 등 여기저기 했다. 아들의 뽀뽀는 스치고 지나가는 바람 같은 것이 아니라 한마디로 뽀뽀

---

29) 2017년 7월 19일에 있었던 일이다. 아들이 왼쪽 뺨 위쪽이 아프다고 해서 내가 손으로 정성스럽게 만져주었더니 아들은 괜찮아졌다고 했다. 그리고 아들은 한마디 덧붙였다. "다른 집은 엄마 손이 약손인데, 우리 집은 아빠 손이 약손이네."

30) 2018년 3월 18일에 있었던 일이다. 아들은 외식 후 집에 오는 길에 아파트 엘리베이터 안에서 내게 기대어 "아빠랑 영원히 있고 싶다"고 속삭였다. 그래서 내가 그러자고 했더니 아들은 아빠가 약속을 지켜야 한다고 말했다.

세례, 뽀뽀 융단폭격이었다. 아들은 뽀뽀를 고등학교 들어갈 때까지 했다. 내가 하자고 해서 한 게 아니라 난 싫다는데도 그랬다. 집에서만 그런 게 아니고 중학교 때 학교 교실에서 급우들이 보는데도 그랬고 거리에서도 그랬다. 우리는 같이 밖에 다닐 때 손깍지를 끼고 다녔다. 아들이 초등학교 6학년 5월 1일 학교에서 내게 편지를 썼는데 그 편지를 보면 아들과 나의 관계가 얼마나 깊었는지 잘 알 수 있다.[31]

2018년 3월 3일 딸과 아들과 같이 셋이 저녁 먹으면서 있었던 에피소드 하나를 소개하고 싶다.

그날 셋이 파주의 감악산 등산을 마치고 집 근처에 와서 삼겹살을 사 먹었다. 내가 구워줬더니 딸이 맛있다며 잘 먹었다. 내가 딸에게, 보통 아들이랑 둘이 삼겹살을 먹을 때 두 번에 걸쳐 굽기 때문에 아들은 먼저 먹게 하고 나는 삼겹살을 다 구

---

31) 당시의 아들 편지를 스캔하여 첨부한다. 독자들도 또 내 주변 친인척들도 이 사진을 보면 나의 아들사랑과 아들의 아빠사랑을 확인할 수 있을 거라고 믿는다.

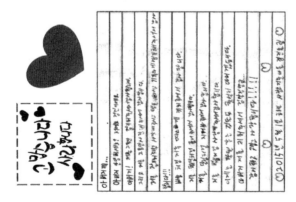

운 다음에 먹기 시작한다고 말했더니 딸이 "어미새네!"라고 말했다. 그래서 나는 "아빠샌데"라고 대꾸했다.

나는 아들을 재혼해서 키울 생각이었지만 두 번이나 재혼에 실패하게 되면서 생각을 바꿨다. 재혼해서 애를 키울 수는 없다는 것을 깨달았다. 나는 두 번째 실패 후에도 여자들을 만나서 교제를 했지만 애를 키우기 위해서 결혼을 서두르지 않았고 결혼하더라도 아들이 고등학교 졸업 이후에 하겠다고 생각하게 되었다.

나는 2019년 6월 말 퇴직 이후에는 내가 원하던 대로 아들을 뒷바라지하면서 보내고 있다. 이 경험은 내게 또 다른 깨달음을 줬다. 나는 국회 사무처 재직 중 7년여간 혼자 아들을 키워왔지만 대부분 도우미를 써왔기 때문에 애를 하루 종일 뒷바라지하는 부담을 크게 느끼지는 못했다. 그러나 퇴직 이후 도우미를 쓰지 않고 내가 매일 아들을 챙기면서 이게 무척 힘든 일이라는 것을 알게 되었다. 나란 존재가 다른 누구에게 지속적으로 종속되어 있는 것이어서 그 부담이 무척 크게 느껴졌다. 우리 남자들은 다들 밖에 나가서 일하는 것이 더 힘들다고 생각하고 여자들이 집에서 하는 일을 경시하는 편이다. 그러나 퇴직하고 전업주부 일을 하는 내 경험에 따르면 전혀 그렇게 볼 수 없다. 개인차가 있겠지만 전업주부 일이 결코 쉽지 않다는 걸 비로소 깨달은 것이다. 그래서 전업주부를 비롯해서 여자들의 노고를 더욱 이해할 수 있게 되었다.

(3) 이혼 모략은 위헌적 악폐

나는 국회 사무처 재직 중 2012년 8월부터 퇴직할 때까지 7년여 동안 '한 부모 가족'으로 살아왔다. 최근에는 나처럼 이혼하고 혼자 애를 키우는 한 부모 가족이 많아졌다. 그래서 한부모 가족이 안정적인 가족 기능을 유지하고 자립할 수 있도록 지원함으로써 한 부모 가족의 생활 안정과 복지 증진에 이바지하기 위한 목적으로 '한부모가족지원법'이 시행되고 있다.

이 법률의 연원은 1989년 제정된 '모자복지법'으로 거슬러 올라갈 수 있다. 이 법률이 '모부자복지법'이 되었다가 2007년 10월 '한부모가족지원법'으로 개명되었다. 이 법률을 보면 국가와 지방자치단체는 한 부모 가족에 대한 사회적 편견과 차별을 예방하고, 사회구성원이 한 부모 가족을 이해하고 존중할 수 있도록 교육 및 홍보 등 필요한 조치를 하여야 한다고 규정하고 있다. 또한 한 부모 가족에 대한 국민의 이해와 관심을 제고하기 위하여 매년 5월 10일을 '한 부모 가족의 날'로 정하고 있다. 이렇듯 지금은 과거처럼 한 부모 가족을 부정적으로 봐서는 안 되고, 한 부모 가족이 안정적으로 생활할 수 있도록 지원하는 것이 중요한 시대가 되었다.

그런데 내가 국회 사무처 재직 중 무려 6년여 간 자행된 내 이혼 등에 대한 모략을 어떻게 봐야 할까? 이것은 '한부모가족지원법'의 취지와 배치되는 것이다. 내게 아들이 없었다면 이혼도 없었을 것이다. 설령 이혼을 했더라도 사기 혼인신고나 동거 같은 일은 없었을 것이다. 아들이 없었다면 나도 재혼을 서두르지 않았을 것이고 배우자의 조건을 따져서 만났을 것이다. 나는 이혼 이후 아들과 같이 한 부모 가족으로서 힘들게 살아온 것인데, B 의원과 국회 사무처의 주류 패거리들은 그런 우리 부자에게 무려 6년여에 걸쳐 온갖 만행을 저지른 것이다. 따라서 그들은 반사회적 한 부모 가족 위해범이라고 하지 않을 수 없다.

나는 지난해 퇴직 후 아들에게 내가 사생활에 대한 모략을 당해 피해를 봤다고 털어놓았다. 이후 아들은 혼란스러워하고 있다. 아들은 나를 마냥 존경스러워했고 그동안 더없이 행복하게 살아왔는데 내가 직장에서 짓밟혔다고 하니 그럴 수밖에 없을 것이다. 나는 사실 무슨 욕심 같은 것이 없는 사람이다. 나는 국회 사무처에서 근무할 때 원 없이 하고 싶은 것을 다 했다고 생각하기 때문에 모략당한 것을 잊어버릴 수도 있다. 그러나 내가 지금 걱정하는 것은 아들이다. 모함을 당하여 이혼 이후의 내 삶이 부정당했는데 그것을 그대로 놔두면, 그런 나랑 같이 살아온 아들의 삶은 뭐가 되겠는가? 아들에게 그 문제는 평생 부담이 될 수 있다. 아들이 사회에 나가서 무슨 희망이 있겠는가? 그래서 나는 아들을 위해서라도 이 모략을 그대로 둘 수가 없다. 반드시 진실을 밝히고 정의를 세워야 한다.

그리고 이혼을 빌미로 삼는 것은 시대에 역행하는 것이다. 그렇기 때문에 내 문제를 떠나서, 이러한 구시대적 모략은 더

2. 이혼이 죄인가 93

이상 방치되어서는 안 되고 조속히 척결해야 한다. 무엇보다 이혼과 불륜은 같은 말이 아니다. 이혼의 원인을 무조건 불륜으로 몰아가서는 안 된다. 오히려 불륜을 저지르면서 남의 이혼을 문제 삼는 것은 불온한 것이다. 이제 양심 있는 사람들이 목소리를 내서 이런 불의를 척결해야 한다고 생각한다.

이혼 모략은 우리 사회의 이혼에 대한 편견이라고 할 수 있다. 이혼에 대한 편견 때문에 불륜이 조장되고 결혼제도와 양립할 수 없는 졸혼이라는 돌연변이까지 생겼다. 이것은 결코 건강한 삶이 아니다. 따라서 이제 이러한 편견을 타파하기 위한 사회적 운동이 필요한 시점이다. 이를 위해 이혼 전력이 있는 사람들도 적극 나서야 한다.

그런데 이혼 모략은 잘못된 것인데도 그것이 우리 사회에서 용인되는 원인은 무엇일까? 그 원인을 구체적으로 살펴보면 다음과 같다.

첫째, 우리의 전통적 관념에서는 사생활과 공생활을 구분하지 않기 때문이다. 대표적으로 '수신제가치국평천하'(修身齊家治國平天下)라는 말이 있는데, 이는 치국평천하(治國平天下)라는 공적인 일을 하기 위해서는 사생활에서 수신제가가 필수라는 개념이다. 따라서 남의 사생활을 지적하는 것에 대한 문제의식이 거의 없고 모략마저도 용인되는 풍토라고 할 수 있다. 지난해 친한 지인에게 내가 이혼 전력으로 억울하게 모함을 당했고, 그 지인도 아는 사람이 모함의 주동자가 누구인지를 내게 알려줬다고 말한 적이 있다. 그런데 그 지인은 내 억울함에 공감하고 나를 모략한 사람을 비판하기는커녕, 그걸 알려준 사람을 보호해줘야 한다고 말했다. 마치 그 사람이 무슨 잘못을 한 것처럼 말하는 것으로 들렸다. 모략은 별 문제가 아니라는 인식이 그만큼 강해 보였다.

둘째, 전통적으로 실적주의의 기반이 취약하다. 어느 조직이든 상위직으로 올라갈수록 실무와 실적보다는 자기관리와 인간관계가 더 중요하다. 그러니 사생활의 중요성이 더 커진다.

셋째, 이혼과 동거에 대한 편견이 있다. 지금은 이혼을 불온시하는 시대가 아니다. 이혼율이 40%를 넘어 50%라는 말이 나올 정도로 많아졌다. 동거도 결혼 전 동거나 순수 동거가 대중화되고 있지만, 아직도 편견이 남아 있다. 소수라도 편견의 목소리가 강하다 보니 오히려 다수가 위축되고 있다. 특히 복수 이혼에 대한 편견이 큰 것 같다.

넷째, 솔직하지 못한 문화 때문에 남의 눈치를 보고 그것에 맞추려는 행태가 있다. 그러다 보니 위선과 허위의식이 있다. 의복 등에 유행이 강한 것도 그 때문이다. 그것이 모략의 온상이 되고 있다.

다섯째, 우리는 지연, 학연 등을 고리로 뭉치는 파벌 문화가 있다. 개인과 개성이 존중되지 않는다. 파벌의 이익을 도모하기 위하여 모략이 자행된다.

여섯째, 남의 성공을 질시하고 흠이나 불행을 감싸주기보다는 나쁘게 보는 폐단이 있다. 경쟁이 치열하다 보니 남의 불행이 나의 행복이라는 잠재의식이 있다.

결국 무엇보다 이혼에 대한 편견이 강해서 이혼 모략이 용인되는 것이다. 그러나 그들이 이혼 모략에 어떤 문제점이 있는지를 안다면 생각이 달라질 것이다. 이혼 모략에는 다음과 같은 문제점이 있다.

첫째, 사생활 보호를 천명한 헌법 17조[32] 위반이고, 형법의 명예훼손, 국가공무원법의 임용 방해행위 및 인사에 관한 부정행위, 국가인권위원회법의 평등권 침해의 차별행위에 해당되어 가벌성이 있다. 한부모 가족의 이혼이나 동거 전력을 모략하는 것은 한부모 가족을 존중하도록 한 한부모가족지원법의 취지에 위배된다.

둘째, 법적으로나 도덕적으로 문제없는 이혼이나 동거 전력이 인사 등에 영향을 끼치는 것은 실적주의에 반한다. 사생활 모략으로 실력 있는 사람이 도태되고 실력보다는 인간성, 인간관계 등이 중시되는 부작용을 낳는다. 도덕성이나 청렴성은 중요하지만, 그저 품성 좋은 사람이라는 평판이 실력보다 더 중시되는 것은 부적절하다.

셋째, 과거에 사생활 중에 용인되던 것들이 지금은 거의 다 법으로 금지되고 있다. 현재 사생활 중에 법으로 금지되지 않는 것은 이혼과 동거가 대표적이라고 할 수 있다. 그런데 이혼이나 동거 전력은 당사자들에게 불행한 일인데, 그것이 편견 때문에 모략의 대상이 되는 건 문명사회에서 상상하기 어려운 것으로서 야만적이라고 할 수 있다.

---

32) 모든 국민은 사생활의 비밀과 자유를 침해받지 아니한다.

넷째, 절차적으로 볼 때도 공정성이 중요한데, 모략은 반칙을 허용하는 것으로서 공정하지 않다. 당사자에게 소명 기회도 주지 않는 것은 잘못이다.

다섯째, 현대는 가치의 다원화 시대이고 개인의 선택이 존중되는 시대이다. 제3자가 법적으로나 도덕적으로 문제없는 남의 이혼을 함부로 재단하는 것은 시대착오적이며 갈등을 유발한다.

여섯째, 성욕은 인간의 3대 욕구 중 하나다. 결혼과 이혼은 성욕과 깊은 관련이 있다. 사람에 따라 성욕이 해소되지 않아서 이혼할 수밖에 없는 경우도 인정되어야 하는데 현실은 그렇지 않다. 이혼 모략은 이혼을 통한 성욕 해소를 어렵게 하여 불륜을 조장하게 된다. 우리 사회에 불륜과 위선이 많은 것은 그 때문이다. 불륜은 범죄의 온상이다.

일곱째, 글로벌 스탠더드에 맞지 않다. 우리가 선진국이라면 잘못된 편견에서 벗어나야 한다. 어느 선진국에서도 개인적 불행에 대한 편견이나 모략은 상상하기 어렵다. 한 번은 괜찮고 두 번 이상은 안 된다는 것도 합리적이지 않다.

이렇게 문제가 많은 이혼 모략은 이제 척결해야 한다. 이는 우리 사회의 건강성을 회복하기 위한 것이다. 그러기 위해서는 다음과 같은 대책을 강구해야 한다.

첫째, 공직 인사에서 평판 조회에 사생활 보고를 금지시키고 이를 위반하면 징계조치하도록 한다. 근본적으로는 국가공무원법(44조 및 45조)과 지방공무원법(42조 및 43조)을 개정하여 인사에 영향을 미치기 위하여 이루어지는 '사생활에 관한 보고' 등을 금지시키고 이를 위반하면 형사처벌하도록 해야 한다. 사생활에 의혹이 있을 때는 감사 부서에서 따로 공식 조사를 실시하여 문제가 드러나면 그에 합당한 조치를 취하면 된다.

둘째, 수신제가치국평천하는 과거 첩이 인정되던 시대의 성리학적 윤리 관념인데 그것이 이혼에 대한 편견을 조장하는 것이라면 폐기해야 한다고 본다. 그걸 고수해야 한다면, 과거에는 평생 독신도 배척했는데 왜 그건 문제가 안 되는 건지 설명할 수가 없다. 수신제가의 기준으로 보더라도 지금은 사생활에서 이혼과 동거 외에는 거의 모든 것이 법으로 금지되고 있다. 이혼이나 동거 전력이 있으면 공직을 맡을 수 없다고 오해되는 윤리 관념은 옳지 않다.

셋째, 인터넷 공간에서 익명성에 의지한 범죄가 많이 발생하고 있다. 범죄가 발생하면 재발 방지 대책을 강구해야 한다. 특히 최근 코로나19 이후 비접촉이 강화되어 인터넷의 비중이 커지고 있다. '언택트'라는 신조어가 생겼을 정도로 온라인 시대로 가고 있다. 그에 부응하여 인터넷 실명제를 실시할 필요가 있다.

넷째, 직장에서 파벌 형성을 지양해야 한다. 지연, 학연 모임을 금지할 수는 없겠지만 그것이 파벌이 되어 직장의 여론을 왜곡하도록 방치해서는 안 된다. 감사 부서에서 그런 문제를 시정하려는 노력을 해야 한다.

다섯째, 근본적으로는 이혼과 동거에 대한 편견을 타파해야 한다. 우리 사회는 소위 정상 가정에 대한 고정관념이 너무 강해서 이혼 모략이 용인되는 것이라고 볼 수도 있다. 지금은 그 것이 시대착오적인 것이라고 볼 때, 동거를 지원하는 정책을 추진할 필요가 있다. 동거에 대한 지원은 이혼에 대한 부정적 인식을 크게 개선할 것이다.

토끼 한 마리가 도토리나무 밑에서 낮잠을 즐기고 있는데 도토리 하나가 토끼의 머리 위에 떨어졌다. 잠결에 놀란 토끼는 '무슨 일이 일어났구나!' 생각하고 무조건 뛰기 시작했다. 그것을 본 다른 토끼들 역시 무슨 큰일이 일어난 줄 알고 함께 뛰기 시작했다. 뛰는 토끼 무리를 본 산중의 다른 짐승들도 '무슨 변이 났구나!' 생각하고는 덩달아 뛰었다. 그렇게 일단 뛰기 시작한 짐승들은 영문도 모르고 그 순간의 기류에 함몰되어 서로 앞서기 위해 죽을힘을 다해 달렸다.

이때 이 광경을 목격한 그 산의 짐승 중의 왕인 사자가 그들을 그대로 두면 자칫 위험한 일이 일어나지 않을까 걱정한다. 아니나 다를까, 얼마 떨어지지 않은 곳에 낭떠러지가 있는 것 아닌가! 사자는 한달음에 달려 나아가 낭떠러지 앞에 우뚝 서서 크게 포효한 뒤 위엄 있는 표정으로 그들을 막았다.

그들은 사자 앞에서 겨우 달림을 멈추게 된다. 사자가 그 짐승들을 쳐다보며 묻는다. "너희들은 도대체 어디를 향해 그렇게 뛰느냐?" 토끼를 비롯한 짐승들은 서로를 물끄러미 번갈아 쳐다볼 뿐 말이 없었다. 이에 사자가 다시 묻는다. "그러면 왜 무엇을 위해 그렇게 뛰느냐?" 역시 아무도 대답할 수 없었다. 불전에 나오는 우화의 한 토막이다.

통계청에 따르면 한국의 고령인구비중은 2019년 14.9%에서 2067년 46.5%까지 전 세계에서 가장 빠른 속도로 커진다고 한다. 앞으로 25년 후인 2045년에 우리나라는 전 세계에서 고령인구비중이 가장 높은 국가가 된다. 이와 맞물려 15~64세 생산연령인구 감소 추세도 세계에서 가장 가파르다.

청와대 앞 분수대 근처에는 낙태 반대 1인시위자가 있다. 애를 안 낳아 나라가 망하게 생겼으니 낙태를 허용하면 안 된다고 주장한다. 그런데 그게 심각한 저출산 문제에 대한 맞는 해법일까?

내 사건은 어떤가? B 의원과 국회 사무처의 주류 패거리들은 아무 잘못 없이 오히려 내가 피해를 본 내 이혼 등 전력을 무려 6년여간 모략해서 온갖 불이익을 가하고 국회 내외에 유포하여 나를 사회적으로 매장시키려는 만행을 저질렀다. 더구나 나는 2012년 53세 때부터 한부모 가족으로서 혼자 힘들게 늦둥이 아들을 키워왔는데, 그런 나에게 끔찍한 일을 저질렀다.

그런데 내 사건은 그 영향이 개인적 피해에 그치는 게 아니다. 다른 한부모 가족들이 내 사건이 어떻게 처리되는지 숨죽여 지켜보고 있다.

나아가 우리 사회의 저출산 문제를 해결하려면 이혼과 동거에 대한 편견을 타파해야 한다. 과거에는 여성의 희생이 있었기에 문제가 있어도 혼인관계가 유지되었다. 그러나 지금은 더 이상 그걸 요구할 수 없다. 또 이제는 과거와 달리 결혼이 필수가 아니다. 그렇다면 이혼이나 동거에 대한 편견을 타파하여 순수 동거, 결혼 전 동거, 이혼 후 재혼 등을 자유롭게 할 수 있도록 해주는 게 필요하다. 대표적으로 프랑스가 2000년대 중반 동거 출산을 양성화함으로써 저출산 문제를 해결했다. 프랑스는 현재 비혼 출산의 비율이 혼인 출산율보다 높다.

그러나 우리 현실은 내게 심각한 모략이 자행된 것처럼 설령 아무 잘못이 없어도 두 번 이상의 이혼이나 동거 전력이 있으면 문제가 있다고 보는 편견이 강하다. 그런데 나는 묻고 싶다. 도대체 그게 왜 문제가 되는가?

과거 첩이 인정되던 시대의 시대착오적인 윤리 관념 때문에 그렇게 본다면, 애를 안 낳아서 나라가 망하게 생겼는데 다른 나라처럼 몇 번 재혼이든 동거든 해서 애를 낳도록 하는 것이 나라가 망하는 것보다는 낫지 않겠는가?

현재 우리의 저출산 문제는 불전에 나오는 우화와 같은 상황이라고 느껴진다. 국가적 위기 상황인데도 다 뒷짐만 지고 있다. 한심하고 무책임하다고 본다. 산중의 왕인 사자가 낭떠러지 앞에서 짐승들을 막아섰듯 국가적 결단이 필요하다. 그 결단은 빠를수록 좋다.

3. 포기할 수 없는 싸움

국회사무처

3. 포기할 수 없는 싸움

(1) 공작에 희생된 것을 알고 어떻게 싸워 왔는가

굴복되지 않는

나를 감싸고 있는 밤은
구덩이 속같이 어둡다.
어떤 신에게라도 정복되지 않는 영혼을
내게 주심을 감사하리라.

가혹한 상황의 손아귀 속에서도
나는 움츠러들거나 소리 내어 울지 않으리.
운명의 막대기가 날 내리쳐
내 머리가 피투성이가 되어도 나는 굽히지 않으리.

분노와 비탄 너머에
어둠의 공포만이
거대하고 절박한 세월이 흘러가지만
나는 두려움에 떨지 않으리.

지나가야 할 문이 얼마나 좁은지

얼마나 가혹한 벌이 기다릴지는 상관없다.

나는 내 운명의 주인
나는 내 영혼의 선장

윌리엄 어니스트 헨리

앞에 이미 기술하였지만 나는 2019년 1월 중순경에 비로소 2016년 8월 국회 사무처 인사 때 내 이혼 등 전력이 정세균 의장에게 모략 보고되었다는 사실과 그때부터 내가 오랫동안 모함당해 왔다는 것, 2018년 7월 인사 즈음에는 나를 사회적으로 매장시키려는 만행이 자행되었다는 것을 뒤늦게 깨달았다. 나는 그것을 알고 가만히 있을 수가 없었다. 도대체 내 이혼이나 동거에 무슨 문제가 있다는 것인가? 거기에 조금이라도 내 잘못이 있었다면 나 스스로 모든 것을 밝히고 그렇게 당당하게 살아왔겠는가? 내가 진짜 잘못이 있는데 그렇게 살아왔다면 나는 양심도 없는 파렴치한이 되는 건데 그게 말이 되겠는가? 그런데 심지어 나를 사회적으로 매장시키려고까지 했다니, 나는 그 모략과 만행을 결코 묵과할 수가 없었다. 그동안 정말 이해할 수 없는 일들이 너무 많았는데 그제야 그 의문들이 풀리게 되었다. 뒤늦게라도 진실을 호소해서 억울함을 풀고 싶었다. 그러나 내 문제는 주변 사람들에게 얘기하는 것만 가지고는 풀릴 수가 없었고 기관 차원에서 공식적인 조치가 필요한 것이었다. 그래서 나는 퇴직하기 전에 그러한 조치가 취해지도록 해야겠다고 마음먹었다.

나는 처음에는 국회 사무처 전·현직 주류 패거리들이 작당하여 나를 모략한 것으로 생각했다.[33] 그것만 해도 나로서는 상상할 수 없는 일이었다. 그래서 2019년 1월 말 황규상 감사관을 만나 얘기했더니 그는 내 억울함에 공감하면서 유인태 사무총장에게 보고하겠다고 했고, 2월 8일 보고했다. 2월에는 홍영표 여당 원내대표에게도 억울하다는 내용의 서신을 써서 찾아가 건네주고 왔다. 그러나 이후 홍영표 원내대표에게서는 아무런 반응이 없었다. 나는 4월 12일 『교육 분야 법률안 검토보고서』 책을 발간하면서 「내일신문」 등에 기사를 내줄 때 내 불행한 사생활이 악용되어 피해가 있었다는 사실을 포함하도록 부탁했고 그렇게 기사가 나왔다.

나는 4월 하순에 전완희 인사과장에게 나에 대한 평가 결과를 알려달라고 요구했다. 유 사무총장이 2018년 7월 인사 때 나에 대한 노조의 평가 결과가 매우 안 좋게 나왔다고 했는데, 그 직후 이은희 노조 위원장에게서 중간쯤 나왔다[34]고 들은 얘기와 크게 달라서 그것부터 확인하고 싶었다. 그리고 어느 의원이 문희상 의장에게 나를 차장으로 추천할 때도 문 의장이

---

33) 모략이 시작된 것도 그냥 2016년 8월 인사 때부터라고 생각했다. 그래서 2019년 5월에 「내일신문」 기고문에도 그렇게 썼다. 그런데 이후 다시 생각해보니 2013년 1월 인사 때부터 시작된 것으로 보였다. 당시 내가 승진하지 못한 이유가 무엇인지 밝혀지지 않았고 이후 나는 2년여 동안 승진에서 배제되었는데 그것은 내 이혼 전력 모략 때문이었다는 것을 비로소 깨달았다.

34) 당시 이 위원장은 내가 김수홍 사무차장과 거의 비슷하게 나왔다고 말했다.

국회 사무처가 보고한 수석전문위원 순위에서 나는 10위 안에 없다고 했다는 얘기를 들었기 때문에 도대체 실제 나에 대한 평가가 어떻게 나왔다는 것인지 궁금했다. 또 인사를 하면서 어떻게 노조 평가를 반영하는 것인지 이해하기 어려웠다.

사실 그동안의 국회 사무처의 노조 평가는 그냥 직원들에게 설문지를 돌려서 나중에 수거하는 방식으로 실시되어서 공정성이 의심된다는 지적이 있어 왔다. 국회 사무처가 공식적으로 평가해서 인사에 반영하지 못하고 노조 평가를 반영하는 것이 사실이라면 정말 한심한 일이 아닐 수 없다. 노조 평가는 그저 참고자료에 그쳐야지 주된 자료가 되어서는 안 된다.35)

그래서 정의화·정세균 두 전직 의장이 전문위원 평가시스템을 마련하라고 지시했는데 그걸 묵살해 버린 걸 도저히 이해할 수 없다. 전 인사과장은 노조 평가 결과는 없고 20여 명의 수석전문위원 평가단을 구성해서 실시한 평가 결과가 있는데, 나는 2017년에 수석전문위원 19명 중 18위, 2018년에 19명 중 16위라고 했다.

또 2018년에 우리 위원회 의원들(보좌진 포함)이 평가한 결과가 있는데 나는 19명 중 7위라고 했다. 내가 수석전문위원 평가단에 의한 평가에 문제가 있다는 취지로 얘기했더니 그건 당시 인사과장에게 물어보라는 취지로 말했다. 그래서 당시 인사

---

35) 종래 노조에서는 이것이 일종의 인기 평가이기 때문에 상위 몇 사람만 발표해 왔다. 그런데 당시에는 수석 등의 전체 순위를 전달했다는 얘기가 있었다. 그것은 전례 없는 것으로서 그것 자체가 잘못이라고 할 수 있다.

과장이었던 곽현준 국장을 불러서 왜 그렇게 나온 것인지 물었으나 그는 아무런 대답을 하지 못했다. 2018년 7월 인사 때 나는 미리 일괄사표를 제출하지 않았는데 공식 결재 전에 나를 면직자 명단에 넣어서 유포한 것은 잘못 아니었냐고 물었더니 그는 나중에 사표를 받을 생각이었다고 말했다.

4월 30일에 2015년 1월 수석전문위원 승진 이후 성과연봉을 확인해 봤더니 2015년 S등급, 2017년 A등급 외에 다 B등급이었다.[36] 나는 2015년에 S등급을 받은 것을 확인한 이후 알아서 잘 주겠지 하고 그동안 한 번도 확인해 보지 않았는데, 다른 걸 떠나서 연공서열에 대한 고려마저 없고 오히려 거꾸로였다.

5월 9일 전 인사과장을 통해서 유 사무총장에게 건의문을 전달했다. 나는 진상을 규명해서 가해자의 사과를 받고 싶다고 했고, 그게 어렵다면 가해자 대신 유 사무총장을 통한 간접 사과나 유감 표명 등을 원한다고 했다. 유 사무총장은 자신이 나를 유임시켜줬는데 사과를 요구한다며 기분 나빠했다는 얘기를 전 인사과장으로부터 전해 들었다. 나는 일종의 타협책으로 그걸 제시한 것인데 유 사무총장이 그것을 그렇게 감정적으로 받아들일 줄은 몰랐다. 이후 나는 유 사무총장을 직접 만나 내 입장을 알리고 싶었는데 쉽게 성사되지 않았다.

유 사무총장이 나를 만나주지도 않고, 내부적으로 나에 대한 유화책으로 아직 고등학생 아들도 있으니 2019년 말까지 근무

---

36) S등급 20%, A등급 30%, B등급 40%, C등급 10%

하게 한다는 얘기가 들리기도 했다. 내가 원하는 것은 진실규명인데 나의 요구를 묵살하려는 듯한 분위기가 감지되면서 나는 이 문제를 공론화하는 게 좋겠다고 생각했다. 그래서 5월 17일 「내일신문」에 '진실규명을 원합니다'란 제목의 기고문을 게재했다. 나는 이 기고문에서 세 번 이혼이라고 모략 당했지만, 나는 잘못이 없고 오히려 피해를 본 일들인데 그것이 악용되어 억울하다고 밝혔다. 이 기고문을 보고 직원들이 좀 더 진실을 알 수 있었다고 생각하지만, '세 번 이혼'이라는 모략 프레임이 전국적으로 알려지게 되었다. 국회 사무처 내부에서는 내가 자폭했다고 조롱하는 얘기도 들렸으나 나는 어차피 넘어야 할 벽이라고 생각했다.

5월 21일 정성호 기획재정위원장에게 찾아가 내 억울함을 호소하면서 신문에 기고문도 나왔으니 문희상 의장에게 건의를 드리고 싶은데 어떻게 하면 좋을지 자문을 구했다. 그랬더니 내가 직접 의장을 만나서 건의하고 자신도 문 의장에게 얘기하겠다고 했다. 나는 문 의장에게 찾아가 간략한 설명과 함께 건의문과 신문 기고문을 놓고 왔다. 그런데 문 의장의 반응은 호의적이지 않았고 무슨 이런 것을 가지고 왔나 하는 표정이었다. 아마 신문 기고문이 나온 지 이미 4일이나 되었기 때문에 보고를 받아서 알고 있었고, 내 문제를 묵살하기로 방침을 정한 것 아닌가 생각되었다. 내가 의장실에서 나온 후, 무슨 내용인지도 모르고 나를 들여보냈다고 문 의장이 비서실 직원들을 질책했다는 얘기가 나중에 들렸다. 내 억울함에 대해 공감하는 의장실의 비서관도 이후 만났더니 신문에 기고문이 나온 이후에는 내 문제에 대한 내부적 해결이 어렵게 되었다는 취지로 얘기했다. 나는 그것도 핑계라고 생각했다. 중요한 것은 진실인데, 신문에 안 나오면 해결되지만, 신문에 나와서 해결이 어렵다는 말은 선뜻 이해되지 않았다.

5월 27일 국회 개원 기념식이 열렸다. 그런데 이날 문 의장은 기념사에서 뜻밖에 한공식 입법차장과 김수흥 사무차장을 호명하며 그들이 자신이 추진한 국회 혁신에 크게 기여한 것처럼 말했다. 나는 그것도 의아하게 생각한다. 실제로 그들은 국회혁신자문위원회의 활동을 방해하기에만 급급했는데 혁신에 크게 기여했다니, 사실이 아니다. 그리고 국회 혁신은 별론으로 하더라도 국회 사무처 혁신은 특별히 내세울 만한 게 없었기 때문에 근거가 전혀 없는 말이다. 설령 그들이 뭔가 기여한 게 있더라도 의원들이 여러 명 참석하는 국회 개원 기념식에서 할 얘기가 아닌데 문 의장은 전례 없는 말을 한 것이다. 나는 이것도 국회 사무처 주류 패거리와 결탁한 B 의원이 내 문제에 쐐기를 박겠다는 생각으로 개입하여 격에 안 맞는 그런 해괴한 기념사가 나온 것이라고 본다.

나는 신경민 의원에게 유 사무총장 면담을 부탁한 적이 있는데 마침내 5월 31일 유 사무총장 면담 약속이 잡혀서 신 의원에게 전화를 했다. 신 의원은 유 사무총장이 모든 것을 알고 있을 것이라고 말했다. 그러나 유 사무총장은 내가 두 번 이혼한 것으로 알고 있다, 2016년 8월 인사 때 그것 때문에 차장에서 낙마한 것이라면 그것은 그때 인사를 잘못한 것이다, 억울한 것은 알겠지만 세상엔 억울한 일이 많기 때문에 참는 게 좋겠다 등의 얘기를 했을 뿐, 내 입장을 배려하려고 하지 않았다.

그런데 유 사무총장은 지난해 나를 유임시켜주면서 노조 평가가 매우 낮게 나왔다고 했던 얘기를 그날도 또 하는 것이었다. 나는 유 사무총장이 그 얘기를 반복한 것은 2018년 7월 당시 그것이 나를 면직시키기로 생각하게 된 결정적인 이유였기 때문이라고 본다. 그런데 유 사무총장은 노조 평가를 인사에 반영하는 것에 대한 문제의식이 전혀 없는 것 같았다. 나는 유 사무총장이 진짜 노조 평가 결과를 내 인사에 반영한 것인지, 그리고 노조의 내 평가 결과가 무엇인지 그 진실이 밝혀져야 한다고 본다. 나는 그것이 조작이라고 보기 때문이다. 유 사무총장은 임명된 지 10여 일 만에 인사를 실시한 것인데 본인이 내게 얘기했듯 그 짧은 기간에 제대로 파악해서 인사를 했다고 볼 수가 없다. 그건 문 의장이 7월 13일 당선되었기 때문에 의장 비서실도 별 차이가 없다. 그럼 당시 인사를 주도한 사람이 따로 있다는 것인데, 나는 그 사람이 B 의원이라고 본다. 이건 근본적으로 잘못된 일이 아닐 수 없다.

교육위원회에 같이 근무하던 조기열 전문위원은 전부터 내 문제 해결 차원에서 정세균 의원을 한번 만나 보는 게 좋겠다고 했었다. 그래서 나는 정 의원실의 강성룡 보좌관에게 연락해서 6월 1일 만났다. 나는 그동안의 자초지종을 다 얘기하고 정 의원이 진실을 알고 있으니 내가 가해자의 사과를 받을 수 있도록 해주거나, 아니면 한번 만날 수 있게라도 해달라고 말했다. 정 의장 시절에 정책수석비서관을 했던 분에게도 연락을 해서 도와달라고 했다. 그러나 이후 강 보좌관은 정 의원 면담을 비롯해서 아무것도 해줄 수 없다고 했다. 내가 이후 국회 앞에서 1인 시위를 시작한 후 전화를 했을 때도 강 보좌관은 우리가 무얼 잘못했느냐고 되물었다. 1인 시위 장소를 정 의원 지역구인 종로로 옮길 거라고 했더니 "협박하는 거냐?"라는 말도 했다. 정 의원은 1월에 조기열 전문위원을 통해서 의장 재임 중 나를 차장으로 발탁하지 못해서 안타깝게 생각한다는 말을 해 놓고, 정작 내가 억울하다고 호소하는데 만나주지도 않는 이유가 뭘까? 정 의원의 이런 갈지자 처신은 누가 봐도 의혹을 갖게 만든다. 그리고 정 의장이 내 사생활에 관한 모략 보고를 받았을 때 내게 소명 기회를 주었더라면 내가 그렇게 끔찍한 일들을 당하지는 않았을 텐데 그것에 대해 아무 책임감이 없다는 것인가? 그러나 나는 정 의원의 전혀 이해할 수 없는 그런 처신마저도 이후 내가 B 의원의 국회 사무처 농단을 깨닫도록 도와준 것이라고 보고 고맙게 생각한다.

나는 내가 사생활 모략 때문에 엄청난 피해를 당한 것에서 최대한 공익적 의미를 찾고 싶었다. 그래서 6월 3일 「머니투데이」 '더300'의 내 고정 칼럼 코너에 "공직 인사에 사생활 악용을 막으려면"이라는 칼럼을 게재했다. 직장에서 사생활이 악용되어 억울한 피해를 당하는 일이 많이 일어나고 있는데, 나는 그런 위헌적 악폐를 척결하기 위한 대책이 필요하다고 보고, 보통 인사에서 사생활 악용은 본인 모르게 비밀리에 이루어지기 때문에 가해자가 잘 밝혀지지 않으므로 법으로 가해자를 밝히도록 하면 된다고 생각했다. 그래서 위반 시에 형사처벌이 가능한 국가공무원법 45조에 "임용권자는 임용 대상자의 사생활에 관하여 진술·기재 또는 보고가 있을 때는, 본인이 요구하면 진술·기재 또는 보고한 사람의 신원을 알려주어야 한다"라는 규정을 신설할 필요가 있다고 봤다. 그것이 헌법 17조의 취지대로 직장에서 사생활의 비밀과 자유가 침해받지 않도록 하는 길이라고 생각했다. 그리고 그런 내용의 국가공무원법 개정안을 만들어서 유성엽 의원에게 전해줬다. 유 의원은 내게 개정안을 발의하겠다고 약속했으나 아쉽게도 임기 말까지 발의되지는 않았다.

그런데 이후 다시 숙고해 보니 그 개정안처럼 하는 것은 한계가 있다. 지금은 사생활에서 법으로 규율되지 않는 것은 사실상 이혼과 동거밖에 없기 때문에, 사생활 중 법적으로 문제가 되지 않는 것은 아예 보고 자체를 금지하는 것이 사생활을 보호하는 가장 확실한 방법이라고 생각하게 되었다.[37]

6월 중순에 어느 직원이 내게 이제 퇴직이 얼마 남지 않았으니 국회 전자게시판에 호소문을 올리는 게 좋겠다고 했다. 그래서 나는 6월 17일 호소문을 올렸다. 이를 통해 나는 6년여간

---

[37] 사생활 중 법적으로 문제가 되는 사항에 대해서 금지하자는 게 아니다. 법적으로 문제가 없는 이혼이나 동거가 모략 악용되고 있기 때문에 그것을 금지하자는 것이다.

이나 결백한 사생활로 모략 당하여 유린되었는데, 그런 끔찍한 일이 자행된 것은 조직에 심각한 문제가 있기 때문이므로 엄정한 조치를 취해야 한다고 했다. 그러자 「연합뉴스」 등 여러 언론에서 기사를 내줬다.

그런데 나는 너무 억울하다고 호소한 행동이었는데 국회 사무처 노조 홈페이지에는 나를 조롱하는 여러 건의 글이 올라왔다. 내게 인격수양이나 관리자로서의 능력을 돌아보라고 충고하기도 했다.[38] 그것을 본 어느 직원은 내게 전화해서 내가 억울하게 당하고 있는데 아무 도움이 되지 못해서 미안하다고 하면서 몇 번이나 울먹였다. 피해자인 나를 동정하기는커녕 오히려 헐뜯느라 혈안이 되어 있는 사람들을 보면서 괴로웠다고 했다. 한참 통화를 하면서 나도 울컥하는 마음이 들었지만 애써 그를 달랬다.

그렇게 해서 내가 청춘과 영혼을 바친 국회 사무처 근무 마지막 날인 6월 28일이 다가왔다. 우리 위원회에서 입법조사관으로 나와 같이 일했던 직원들과 법제연구회 총무를 했던 직원들을 비롯해서 나와 인연이 있는 직원들이 인사차 다녀갔다. 나는 문희상 의장에게 인사를 드리고 싶었지만 의장 비서실에서 기회를 주지 않아서 그러지 못했다.

유인태 사무총장에게 갔더니 그분은 실컷 한풀이했으니 속이

---

38) "사람이 환상에 빠지면 정신병이라고 합니다. 아무도 본인의 사생활에 관심이 없었는데 본인이 본인의 인격수양이나 본인의 관리자로서의 능력 등을 돌아보지 않고 자기합리화 시키는 이 태도는 지금부터라도 고쳐나가시기 바랍니다."— 사무처 노조 홈페이지 글 중 일부.

시원해졌다면 다행이지만, 30년 동안 근무했는데 떠나면서 그러는 것에 대하여 공감하는 사람은 없고, 그런 것을 문제제기한 것 때문에 나에 대한 평이 더 안 좋아졌다고 말했다. 그래서 나는 내부에서는 이해관계 때문에 그렇게 보는 것 아니겠느냐고 했더니 유 사무총장은 이해관계 없는 것이 어디 있느냐고 말했다.

나는 내 사생활에 아무 문제가 없다고 전 국민에게 공개하고 내부 전자게시판에 올려서 억울하다고 호소했으니 국회 사무처에서 뭔가 조치를 취해야 한다고 봤다. 그렇게까지 했는데 유 사무총장은 아무런 조치도 취해주지 않고, 시끄럽게 하고 떠난다며 오히려 나를 탓하기만 했다.

그것을 어떻게 봐야 하나? 직무유기 아닌가? 황규상 감사관도 처음에는 내 억울함에 공감하면서 유 사무총장이 지시하면 실효성 문제는 있겠지만 조사할 것이라고 얘기했다. 그러다 5월 즈음에는 유 사무총장이 지시해도 조사할 수 없다고 돌아섰다. 이건 무얼 의미하는가? 나는 이것도 B 의원이 묵살하라고 압력을 행사했기 때문이라고 본다. 나는 이 모든 것을 종합해볼 때 B 의원이 정세균 의장과 문희상 의장 시절 국회 사무처를 농단했다고 생각한다.

나는 국회 사무처가 나를 조사해서 문제가 있으면 징계를 하고, 아니면 내 사생활을 모략 악용한 사람을 징계해야 한다고 주장했다. 최소한으로 국회 사무처가 내게 '억울한 일이 있었다고 하는데 그런 일이 다시는 반복되면 안 된다'라는 정도의 유감 표시라도 해주기를 바랐다. 조기열 전문위원을 통해서 김수흥 사무차장에게 그런 제안을 했더니 긍정적인 반응을 보였다고도 했다. 그러나 그것은 성사되지 못했다. 국회 사무처가 그 것마저 묵살했다는 것을 도대체 어떻게 봐야 할까? '아무것도 해줄 수가 없으니 조용히 떠나라'가 전부였다. 그것마저 B 의원이 반대해서 그렇게 된 것 아닐까?

B 의원은 정말 나를 하찮게 본 것 같다. 내가 국회 사무처에서 30여 년 동안 들인 공로는 다 무시해 버리고 내가 수석전문위원으로서 차관보급이니 본인이 거부해도 해직시킬 수 있다고 생각한 것 같다. 그러나 헌법재판소는 별정직 공무원과 정무직 공무원이라 하더라도 자의적으로 직을 박탈당하거나 공무원 신분을 부당하게 박탈당할 수는 없다고 판시했다. 하물며 아무런 권한이 없는 B 의원이 그런 일에 관여했다면 그건 심각한 문제가 아닐 수 없다. 그 경우 B 의원은 엄정한 법의 심판을 면키 어려울 것이다.

돌아보건대, 나를 두고 벌어진 이혼 등 모략과 만행 때문에 나는 국회 사무처 30년 중 2019년 6월 말 퇴직하기까지 마지막 1년여를 비참하게 보내야 했다. 그 기간은 2018년 20대 국회 후반기 문희상 의장과 유인태 사무총장이 취임한 후에 해당한다. 2019년 1월 중순, 내 이혼 등 전력이 모략당했고 나를 사회적으로 매장시키려는 만행이 자행되었다는 것을 안 이후 나는 억울함을 풀어달라고 호소했지만, 그들은 내 호소를 철저하게 외면했다. 나는 그들에게 묻고 싶다.

내 청춘과 영혼을 바쳐 헌신한 30년이 그렇게 가볍게 보였나요? 그 긴 세월 동안 불이익을 감수하면서까지 원칙과 소신을 견지해 왔는데, 그런 내가 그렇게 하찮게 보였나요?

설령 무도한 B 의원이 관여하여 그렇게 되었더라도 자신들의 책임을 모두 B 의원에게 전가할 수는 없다. 혹시 그들은 2018년 7월 인사 때 나를 유임시켜 줬으니 오히려 내가 그들에게 빚을 진 것이라고 생각할지 모른다. 나는 그것 자체가 어불성설이라고 본다. 정년이 2년이나 남은 나를 원칙이나 기준에 안 맞게 찍어서 면직시키려고 했다가 1년 더 근무하게 했다고 그게 무슨 특혜라고 할 수는 없다. 그런 식이라면 정년 지나서 1년여 후까지 차장으로 근무한 어느 후배는 어떻게 봐야 하나?39)

오히려 인사 과정에서 내가 면직자로 유포되어 내 명예가 밑바닥으로 추락해 버렸고 그것이 나를 더욱 비참하게 만들었다.40) 수석전문위원의 정년은 그렇게 무시되는 파리 목숨 같은 것인가? 자의적인 인사권 행사는 불법이다. 나는 그들이 나를 하찮게 취급한 이유가 무엇인지 밝혀야 한다고 본다. 그들이

---

39) 그 후배야말로 특혜를 받았는데 나는 여기에 정말 문제가 있다고 생각한다. 그 특혜가 아무 대가 없이 주어졌을 이유가 없다고 본다. 본인 스스로 정년 때까지 차장을 1년만 하겠다고 밝혔었는데 어떻게 정년 후까지 1년 더 하게 된 것인지 그 내막이 밝혀져야 한다고 본다.

40) 설령 나를 면직시키기로 생각했더라도 내게 면담 기회는 한번 주었어야 했는데, 그런 기회도 주지 않고 나를 면직자로 유포한 것은 유 사무총장이 지적했듯 큰 잘못이다. 그렇다면 그런 잘못을 저지른 사람을 최소한 징계는 했어야 했는데, 왜 아무 조치도 취하지 않았는가?

나에 대한 평가를 공정성이나 정확성이 의심되는 자료에 의존해서 했던 것이라면 그것부터가 잘못이다.[41] 위원회 소속 의원이야말로 수석을 가장 잘 알기 때문에 의원의 평가를 중시해야 하고 당시 실제로 의원의 평가를 실시해 놓고도 그걸 무시해버린 이유를 알 수가 없다. 그것부터가 자의적이다.

내 호소는 완전히 묵살 당했고, 그런 채로 퇴직한 나는 그냥 잊어버리고 말 수는 없었다. 뭐라도 해야 했다. 청와대 국민청원도 했지만 별무소득이었다. 그래서 정공법으로 가기로 했다. 7월 하순에 내 이혼 등 전력을 정세균 의장에게 보고한 주범과 국회 사무처 노조 홈페이지에서 내가 6월 17일 국회 전자게시판에 올린 호소문에 대해 조롱 글을 쓴 익명의 직원들을 고소했다. 나는 주범과 노조 홈페이지에서 나를 조롱한 그들이 같이 작당한 사람들이라고 보고 그들을 수사하면 주범이 누구인지를 자백할 것이라고 봤다. 경찰은 10월 8일 국회 사무처 노조 사무실을 압수수색하기도 했다. 그런데 압수수색에서 아무런 소득이 없었고 이후 수사도 형식적으로 흘러가는 것같이 보였다.[42]

위기감을 느낀 나는 그대로 보고만 있을 수 없었다. 이제 1

---

[41] 사실 수석전문위원 평가단에 의한 평가는 조작이 없었더라도 그 자체가 문제가 있다. 20여 명의 평가단원 중에 현직은 소수이고 전직이 대부분이었을 텐데, 현직도 잘 모르는 수석전문위원의 실력을 전직이 정확하게 제대로 평가할 수가 없었다고 본다. 그렇게 만든 것을 인사에 반영하는 것 자체로 문제가 있다.

[42] 내 고소 건은 12월 30일 증거불충분 등으로 무혐의와 기소중지로 처리되었고 이후 항고와 재정신청도 했지만 같은 결과가 되었다. 모든 것이 무성의하게 처리된 것이어서 유감으로 생각한다.

인 시위밖에 없다고 생각했다. 그래서 우리 아들 생일인 10월 31일 국회 앞에서 첫 1인 시위를 했다. 내 1인 시위는 국회에서 화제가 되었다. "용기 있고 강단 있는 모습을 응원"한다고 문자를 보내준 직원도 있었다. 더운데 고생하니까 물이라도 갖다 주려고 갔었는데 안 보였다고 한 직원도 있었다. 그러나 나를 비난하는 사람이 대부분이었다. 수석까지 한 사람이 할 짓이 아니라는 것이었다. 내가 차장 자리에 미련이 있어서 그런다고 보기도 했다.

그러나 그건 재직 중 누구보다 욕심 없이 일만 열심히 해왔고, 한때 승포공을 자처했고, 2015년부터 4년 동안 성과연봉 등급이 어떻게 나오든 확인도 안 한 나를 모욕하는 말이 아닐 수 없다. 2019년 11월 23일에는 한 후배가 페이스북에 댓글로 "과거의 억울함에 얽매여 에너지를 쏟지 말고 떨쳐버리고 미래로 나아가길 바"란다는 취지의 글을 썼다. 나는 이 사건을 해결하지 않고는 아무것도 할 수 없다고 답변했다.

그런데 나는 1인 시위를 국회 앞에서 계속하는 것은 후배들에게 미안한 마음도 들고 국회는 꿀 먹은 벙어리처럼 아무런 반응도 없기 때문에 고민하게 되었다. 그래서 내 문제에 대한 책임은 문희상 의장보다 정세균 전 의장이 더 크다고 보고, 정 전 의장이 임종석 전 대통령 비서실장의 총선 불출마를 불러올 정도로 21대 총선 출마 의지가 강하다고 하니, 그의 지역구인 종로에 가서 하는 게 좋겠다는 생각을 하게 되었다. 그래서 나는 11월 21일 종로로 옮겼다. 종로에서의 첫 1인 시위 장소는

종로3가역 인근 익선동 갈매기살 골목 앞이었다. 이후 종로 일
대에서 하다가 12월 21일 청와대 앞 분수대로 갔다. 청와대 앞
경비 경찰들은 친절하게 대해줬다.

그런데 12월 17일 문재인 대통령은 정세균 의원을 신임 총
리 후보자로 지명했다. 나는 국회에서 정 총리 후보자 인사청
문회가 열리는 2020년 1월 7일에 「한겨레신문」 1면 하단에
'누명을 벗고 싶어 정세균 전 국회의장께 호소합니다'란 광고를
실었다. 그 광고에서 내 이혼 전력에 대해서 설명하고 나는 결
백하고 억울하니 누명을 벗겨달라고 호소했다. 사람들이 그 광
고를 많이 보기는 했겠지만 특별한 효과는 나타나지 않았다.

코로나 확진자가 증가하면서 2월부터 약 3개월은 1인 시위
를 하지 않았다. 그러다가 5월 4일부터 청와대 앞 분수대에 가
서 1인 시위를 재개했다. 피켓도 새로 준비했다. 사생활 보호를
천명한 헌법 17조를 준수하기 위해서 앞으로 공직 인사에서
평판 조회에 사생활 보고를 금지하고 이를 위반하면 징계조치
해야 한다는 내용과 53세부터 7년여간 혼자 늦둥이 아들을 키
워온 나에 대한 모략은 그 영향이 내 아들에게도 미쳤으므로
나를 모략한 사람들은 사실상 한부모 가정 파괴범이라는 내용
으로 썼다.

나는 정세균 총리에게 묻고 싶다. 정부에서 인사를 실시할
때 사생활에 관한 보고가 있을 텐데 여전히 소명 기회를 안 주
고 있는가? 그것은 모략을 묵인하는 것인데, 사생활 보호를 천
명한 헌법 17조 위반 아닌가? 헌법을 준수하기 위한 대책을

마련하자는 것인데, 왜 계속 침묵하는가? 반칙과 불의를 묵인하는 정권에 실망이 크다.

5월 21일에 청와대 앞 분수대에서 1인 시위를 하다가 조윤환 고아권익연대 대표를 만나게 되었다. 그는 청주 희망원이라는 고아원의 민원을 가지고 청와대 앞 분수대에서 1인 시위하는 청소년들을 도와주기 위해 거기 왔다고 했다. 그는 내 피켓 내용을 열심히 보더니 내 주장에 동의하면서 이혼 가정 아이를 비롯해서 고아도 시설보다는 가정에서 양육해야 한다고 했다. 그리고 내가 그 나이에 혼자 8년씩 애를 키운 건 오히려 표창을 주어야 한다고 말했다. 나는 조 대표와 얘기를 나누다가 한부모 가족을 돕기 위한 한부모 가족 단체가 활동 중이라는 것을 알게 되었다. 이후 나는 '**한부모가족지원법**'을 찾아보고 앞으로 내가 여생에 해야 할 일로 '한부모 가족 단체'를 만들어 부모만 해도 150만 명이나 되는 한부모 가족이 편견이나 차별 때문에 피해를 보지 않고 존중받으면서 애를 잘 키울 수 있는 환경을 조성하는 데 기여하겠다는 마음을 먹게 되었다.

2020년 6월 19일 「교수신문」과 「의회신문」 주최로 서교동 '다산북살롱'에서 "뒷담화와 모략의 시대, 이대로 좋은가"란 주제로 좌담회를 가졌다. 나의 "사생활 모략의 문제점과 척결방안" 기조발제에 이어 손애경 글로벌사이버대 교수, 박상병 시사평론가, 성봉근 서경대 교수, 이경선 서강대 교수가 각각 발제를 했고, 진행은 김만흠 한국정치아카데미 원장이 맡았다. 발제자 대부분이 내 문제제기에 공감을 나타냈다.

공생활과 사생활이 구분되지 않고 사생활이 강조되면서 무능력한 사람이 출세하는 부작용이 야기된다, 악화가 양화를 구축한다, 편견 때문에 용기를 내지 못하고 있는데 비겁해 보인다, 여기서 사회운동을 시작하자는 등의 의견이 나왔다.

이후 실제로 추진되지는 않았지만, 그날 하루로 그치지 말고 9월에 국회에서 크게 토론회를 열자고도 했다. 그날 좌담회에서 나는 기대한 것을 뛰어넘는 큰 성과를 거두었다. 어느 교수는 좌담회 후 귀가하면서 그 좌담회를 통해 나의 개인적 피해 문제가 사회적 의제로 전환되었다고 평했다. 사실 나는 처음부터 개인적 피해에 연연하지 않고 편견 타파라는 공익적 취지로 나섰다고 누차 밝혔다. 나는 그 좌담회가 내 사건 해결의 큰 분기점이라고 생각했고, 조만간 해결되리라는 기대를 갖게 되었다. 손애경, 성봉근 두 교수는 내가 마음고생을 많이 했겠다면서 위로의 말을 해줬다.

6월 초순에 국방대에 같이 다닌 지인과 통화를 했는데 그는 내 사건이 이해가 잘 안 된다고 했다. 내부 직원들이 모략을 하더라도 그걸 확인해서 바로잡으면 되는데, 그렇지 않은 것은 직원들만 작당해서 벌인 일이 아닌 것 같다는 취지였다. 듣고 보니 그 말이 맞는다는 걸 깨달았다. 내가 참 둔하다고 느껴졌다. 그리고 정세균 의장 때 차장 인선 실무를 한 B 의원이 떠올랐다. 하나하나 퍼즐을 맞춰 보니 이 모든 일은 B 의원이 저질렀다는 결론에 도달했다. 그래서 내 사건의 성격에 대한 인식이 완전히 달라졌다. 개인적 사건이 아니라 국회의 부정부패

사건으로 바뀌게 되었다.

또한 필자는 2019년 7월부터 Facebook에도 내 사건에 대한 문제를 제기하는 글을 계속해서 올렸다. 그리고 6월 14일부터는 Facebook에 B 의원을 타깃으로 글을 쓰기 시작했다. 그리고 B 의원에게 친구 신청을 했다. B 의원은 내 신청을 받아주지 않았다. 6월 18일에 청와대 앞 분수대에서 1인 시위를 하는데 경비 경찰들이 여러 명 내게 와서 내용을 물어보고 피켓을 가지고 다니는지 묻기도 했다. 지난 1월 초에 피켓을 분수대에 놔뒀다가 분실한 후 다시 찾은 적이 있었는데 그런 걸 확인하는 것도 이상하게 느껴졌다. 평소와 다르게 마치 나를 감시하는 것 같은 느낌이 들었다. 그리고 앞서 얘기한 것처럼 6월 22일 『the Leader』에서 연락이 와서 그동안 쓰던 칼럼을 중단하게 되었다. 나는 이것은 B 의원이 압력을 넣었기 때문이라고 본다. 나는 B 의원이 똥줄이 탔구나라고 생각했다.

내 사건의 성격과 의미가 전혀 달라졌기 때문에 나는 이제 내 활동의 초점을 개인적 억울함보다는 국회의 부정부패 문제에 맞춰야 한다고 생각하게 되었다. 국회에서 부정부패가 어떻게 시작되었고 구체적 내용이 무엇인지 밝히는 노력이 필요하다고 봤다. 그래서 그동안 해왔던 1인 시위를 중단하기로 했다. 원래는 올해 10월 말까지 1년은 할 생각이었기에 아쉬운 마음도 들었지만, 내 활동의 초점을 문제의 핵심에 맞추기 위해서는 그래야 한다고 생각했다. 마지막 1인 시위는 6월 23일이었다. 나는 다음에 다시 대외활동이 필요하게 되면 보다 고강도 투쟁수단을 선택할 것이다. 6월 28일에는 유성엽 전 위원장께서 내가 Facebook에 쓴 '이 나라에 법과 정의는 살아 있는가'란 제목의 글에 긴 응원의 댓글을 써줬다.[43]

7월 10일과 11일에는 모처럼 고향 고창에 다녀왔다. 부모님 산소에도 다녀오고 유기상 군수도 면담했다. 고창 읍내 현수막 게시대 8곳에 "국가는 권력형 부패범죄 혐의가 있는 정재룡 죽이기 공작(결백한 사생활 모략, 실력 평가 조작, 허위 면직 사실 유포)의 진상을 규명하고 범죄자를 의법조치하라"는 현수막을 걸었다.

7월 16일에는 오랜만에 내가 운영하는 시민단체「동서남북포럼」모임을 가졌다. 인사동에서 나까지 8명이 만났다. 분위기가 좋았다. 9월에 사생활 모략 문제에 대해 토론회를 갖자는 의견도 나눴으나 코로나 등 여러 사정으로 추진되지는 않았다.

나는 8월 초부터 이 책의 원고를 쓰기 시작했는데, 특히 8월 한 달 동안 집중해서 썼다.

9월 15일 정세균 의장 시절 인사과장을 했던 곽현준 국제국장을 여의도에서 만났다. 내가 현직 때인 지난해 5월 불러서 만나기는 했지만 퇴직해서 국회(사무처)를 상대로 싸우고 있는

---

43) "제가 2016년부터 2018년까지 2년간 교문위원장을 맡았을 때 정재룡 님은 수석전문위원을 맡아 전문위원실과 행정실을 빈틈없이 이끌며 저를 포함한 교문위를 훌륭하게 보좌해 주셨지요. 아주 정직하고 성실하게 또 발군의 실력으로 유능하게 뒷받침해 주셨습니다. 당시 그런 잘못과 아픔이 있었는지를 알지 못한 무심하고 무능한 위원장이었음을 고백하지 않을 수 없습니다. 이후 20대 임기 말에 애로를 들었습니다만 아무런 도움이 되지 못한 채 임기가 끝나버려 아쉬움이 너무 큽니다. 건강 잘 챙기시며 힘내서 분투하시기 바랍니다."

내가 만나자고 할 때 그는 특별히 용건을 묻지도 않고 나를 만나줬다. 나는 그것부터가 그에게 당시 업무상 무언가 문제가 있었기 때문에 그걸 무마하기 위해서 나온 것이라고 생각한다. 바로 실력 평가 조작이 그것이다. 그렇지 않고서야 그가 곤혹스럽고 만나는 것 자체가 문제가 될 수도 있는 그런 자리에 나올 이유가 없다.

그는 그 자리에서 내가 문제제기한 것 중에 일부는 화답해주기도 했다. 그도 노조 평가가 인사에 반영되어서는 안 된다고 했고 실제로 자신은 노조 평가 자료 자체를 유 사무총장에게 보고하지 않았다고 말했다. 또 이혼 전력은 보고 사항이 아니고 그것 때문에 차별이 있어서도 안 된다고 했다. 면직 인사 기준을 바꾸는 상황이라면 면직 대상자들에게 면담 기회는 주었어야 했는데 꼼꼼히 챙기지 못한 것 같다고 말하기도 했다.

그러나 정작 중요한 문제인 실력 평가 조작에 대해서는 부인했다. 그로서는 설령 조작이 있었더라도 당연히 그럴 수밖에 없었을 것이다. 그러나 내 실력 평가가 왜 그렇게 잘못 나온 것인지에 대해서는 별다른 대답이 없었다. 또 나는 내게 2016년 8월 인사 즈음부터 3년여간 자행된 모든 만행을 어느 의원이 주도했다고 본다고 말했는데 그는 잘 모른다는 취지로 답했다. 전문위원의 경우 구조적으로 업무상 상하관계에서 실력 평가가 어렵기 때문에 정의화·정세균 두 의장이 연이어 전문위원 평가시스템을 만들라고 지시했는데 그것을 묵살한 것은 잘못이라는 내 지적에 대해서도 그는 특별한 언급을 하지 않았다. 나는 더 애기하고 싶었지만 시간이 다 되어 그 정도로 끝냈다. 나는 그의 양심에 호소하여 진실을 밝힐 수 있도록 도와달라고 부탁했다.

내가 책을 내기 전에 국회 사무처의 입장이 어떠한지 알아볼 필요는 있다고 생각해서 9월 29일 조용복 사무차장과 통화를 했다. 그런데 조 차장은 내 사건에 대해서 전혀 알지 못하고 심지어 직원들도 거의 알지 못한다는 식으로 말했다. 마치 손바닥으로 하늘을 가리겠다는 말로 들렸다. 너무 뻔뻔한 말이 아닐 수 없었다. 나를 바보 취급하는 것처럼 느껴졌다. 심각한 불의와 부정부패에 눈감고 억울함을 호소하는 나를 철저히 외면하는 후배들에게 실망이 크다. 9월 28일 박병석 의장실의 최종길 정무수석비서관에게도 전화를 해서 박 의장을 한번 만나볼 수 있는지 물었지만 이후 연락이 없었다.

나는 Facebook에서 내 사건에 대한 문제제기를 계속하고 있는데, 많게는 200여 명의 친구들이 응원해주고 있고 개중에는 적극 응원하는 친구들도 있다. 내가 여기까지 온 데는 그분들의 응원이 큰 힘이 되었다. 그동안 많은 댓글이 있었지만, 9월 6일 '박해받는 시절은 아름답다'란 제목의 내 글에 어느 친구는 "불의에 맞서는 그 과정에 모두가 응원합니다. 힘내세요. 진실은 살아 있고 정의는 이깁니다."라고 썼다. Facebook은 우리 사회의 공론장으로서 큰 역할을 하고 있다고 생각한다. Facebook 친구들에게 고맙고 또 고맙다.

(2) 나는 여생을 어떻게 살 것인가

미국 오바마 전 대통령은 자타가 공인하는 '딸 바보'다. 그는 2015년 12월 백악관 인턴과의 대화에서 "내 인생 마지막 순간 기억할 일이 무엇이냐고 누군가 묻는다면 대답은 대통령으로서 한 어떤 일도 아니다. 딸의 손을 잡고 공원을 산책하고 해지는 장면을 감상하며 딸이 탄 그네를 밀어준 것"이라고 밝히기도 했다. 2016년 3월 캐나다 총리와의 공식 만찬에서조차 오바마는 첫째 딸 말리아가 가을에 대학에 가게 되었다며 딸들이 너무 빨리 커버린 걸 생각하니 갑자기 '울컥' 목이 멘다고 말한 바도 있다.

우리 한국 남자들 중에 오바마의 이런 마음에 공감하는 사람이 얼마나 있을까? 그러나 나는 백배 공감한다.

나는 2011년 봄에 전처와 이혼을 했고 지금까지 9년째 늦둥이 아들을 혼자 키우고 있다. 이혼과 재혼 실패 등 굴곡진 일들이 있었지만 이혼을 비롯해서 크게 후회스런 일은 없다. 오히려 나는 지금도 이혼하기를 잘했다고 생각한다. 나는 큰애를 키울 때는 거의 전처에게 의지했기 때문에 애를 직접 키우는 의미와 행복을 느낄 수 없었다. 그러다 이제야 둘째를 직접 키우면서 비로소 그 의미와 행복을 깨닫게 되었다. 그건 최고의 행복이다. 자식을 둔 사람이 자식을 키우는 의미와 행복을 모른 채 산다면 그건 반쪽 인생이라고 생각한다. 나는 오히려 온

전한 인생을 산 것이다. 이것도 전화위복이다. 기쁘고 자랑스럽다. 그래서 나는 나에게 애를 직접 키울 수 있는 기회를 준 전처에게 고맙게 생각한다. 전처도 내게 둘째를 잘 키워줘서 고맙다고 한다.

바로 이러한 이유로 재혼에 실패한 것도 결과적으로 긍정적으로 본다. 나는 내게 아픔을 준 여자들에게 아무런 원망이 없다. 그저 B 의원이 그걸 모략해서 사회적으로 나를 매장시키려는 만행을 저질렀으니 그것을 드러내서 객관적인 평가를 받아보고 싶을 뿐이다.

돌아보면 B 의원을 비롯해서 순간적인 감정이 아니라 오랫동안 내게 최선을 다해 악행을 저지른 사람들이 있다. 그런데 나는 그들이 왜 그렇게 사는 것인지 모르겠다. 내가 피해를 보기는 했지만 나는 그것도 내 인생이라고 생각한다. 그래서 이렇게 당당히 밝힌다. 그런데 그들은 나에 대한 오랜 악행을 나처럼 당당히 밝힐 수 있을까? 그들은 이 악행으로 과연 어떤 소득을 얻은 것일까? 그리고 그들은 그렇게 해서 얻은 소득으로 행복해졌고 지금도 행복한 것일까?

존 맥스웰은 "성공이란 인생의 목적을 깨닫고 자신의 잠재력을 발휘해 성장하고 다른 사람에게 유익한 씨앗을 뿌리는 것이다"라고 말했다.

나는 나의 경험을 살려 여생을 의미 있게 살고 싶다. 존 맥스웰의 말처럼 다른 사람에게 유익한 씨앗을 뿌려 성공적인 여생을 살고 싶다. 요새는 고아원에 부모를 알 수 없는 아이는 거의 없고 결혼한 부모에게서 태어났으나 이혼 때문에 맡겨진 애들이 90% 이상이라고 한다. 안타까운 일이다. 이혼할 때 엄마가 애를 키우는 경우가 대부분이고, 아빠가 애를 키우는 경우는 매우 드문 것이 현실이다. 그래서 나는 내 경험을 살려 이혼한 아빠들에게 애를 직접 키우는 의미와 행복을 전해서 애를 고아원에 맡기지 않고 직접 키울 수 있도록 독려하고 그런 한부모 가족을 돕고 싶다. 나는 '한 생명이 천하보다 귀하다'는 말을 명심하고 있다. 내가 나서서 이혼한 후 애를 고아원에 맡기지 않고 직접 키우는 한부모 가족이 조금이라도 많아지고, 그 가족이 행복하게 살 수 있도록 도와줄 수 있다면 그것이 내 여생에 가장 보람 있는 일이 될 것이다.

이미 나는 Facebook을 통해서 한부모 가족 단체를 만들어 그런 취지의 활동을 같이할 사람을 모집했고, 10여 명이 동참했다. 그래서 최근에 '**한부모가족권익연대**'라는 단체를 결성했고 11월에는 정식으로 출범식을 갖고 활동에 들어갈 예정이다. 나는 그 단체를 통해서 어느 정도 활동하다가 아들이 대학에 들어가면 단체의 법인화를 추진해서 본격적으로 활동할 것이다. 나는 국회 사무처 재직 중 '아무도 가지 않은 길'을 걸었듯 이처럼 퇴직 후에도 그런 길을 걸을 것이다. 나는 '**한부모가족권익연대**'를 통해서 한부모 가족들이 편견이나 차별 없이 애를 잘 키울 수 있는 환경을 만들고 조금이나마 그들을 돕는 것이 바로 내 운명에 가장 충실한 여생이라고 생각한다.

4. 30년 경험을 통해 본
국회의 민낯

국회사무처

4. 30년 경험을 통해 본 국회의 민낯

(1) 국회 사무처 입직과 전문위원 이전 시기

입법고시 합격

나는 1981년에 전남대 경영학과에 입학했는데, 당시는 대학생이 전혀 공부에 전념할 수 없는 분위기였다. 하지만 대학 졸업이 다가오면서 진로를 고민하지 않을 수 없었다. 나는 내 적성이 회사원보다는 공무원에 맞는다고 판단하고 1985년 초부터 행정고시 공부를 서서히 시작했다. 그리고 1986년 2월 졸업 후 본격적으로 공부에 매진했다. 그해 행정고시 1차에 합격했으나 다음해 2차에 낙방하게 되었는데 그러다가 시험과목이 같은 입법고시 시험이 있다는 것을 알게 되었다.

1988년 제9회 입법고시에 응시했는데 1차뿐 아니라 2차와 면접까지 동시에 합격하여 1989년 3월 국회 사무처에 입직했다. 당시는 국회의 위상이 매우 낮아서 행정고시 공부하던 사람이 국회 사무처에 들어가는 것이 쉽게 이해되지 않을 정도였고 그래서 주위에서 합격 축하도 별로 받지 못했다. 그러나 나

는 민주화도 되었으니 분명 국회도 위상이 향상될 것이고 국회
사무처 공무원들에게도 역할이 주어질 것이라고 생각했다. 이
점에 대해서는 민주화운동을 통해 고초를 당하신 분들에게 정
말 깊은 고마움을 표한다.

한직에서 기초를 다지다

나는 입직 후 오랜 기간 입법조사국과 법제예산실에서 근무
했다. 그 기간이 약 6년이나 되었다. 당시 그들 부서는 한직으
로 취급되었지만 내가 이후 위원회에서 실력을 발휘하게 된 것
은 그들 부서에서 기초를 다진 덕택도 있다고 생각한다.

당시 내가 스스로 한직에 그렇게 오래 있겠다고 선택한 것은
아니었다. 나는 전남대 출신에다가 사교성도 없어서 그런 시절
을 보낸 것이라고 본다. 선뜻 누구도 그런 나를 데려다가 쓸
생각을 하지 못했을 것이다. 그러나 단기적으로 불이익을 봤지
만 장기적으로는 이익이 되었기에 나는 그 시절을 긍정적으로
생각한다.

나의 황금기

나는 1995년 7월 인사에서 처음으로 위원회 입법조사관으로
일하게 되었다. 당시 '문화체육공보위원회' 권용태 수석전문위
원 밑에서 일하게 되었고 검토보고서 초안 작성 업무에서 실력
을 인정받아 그분의 신임을 얻게 되었다. 의원들이 내가 초안
을 작성해서 완성된 검토보고서의 품질을 높이 평가하여 내가

모시는 권 수석에 대한 예우가 달라지는 것이 느껴졌다.44) 그
것이 큰 보람이었다. 나는 그때 정말 행복한 시간을 보냈다. 나
는 지금도 그때가 내 인생의 황금기 중 하나라고 생각한다.

인생에서 중요한 것으로 지위나 명예가 전부는 아니다. 당시
나는 검토보고서 초안 작성자로서 내 일에 최선을 다했고 그
결과 그분의 절대적인 신임을 얻을 수 있었다. 누군가에게 절
대적인 신임을 얻는 것만큼 행복한 것은 없다. 권 수석은 국회
를 퇴직한 후에도 강남문화원장을 역임하고 이어서 전국 각지
의 문화원장들이 직선하는 「전국문화원연합회」 회장에 두 번이
나 연임될 정도로 활발하게 활동했다. 매년 가을에 국회에서
개최되는 '국회 시낭송의 밤' 행사도 그분이 박관용 의장에게
건의하여 시작한 것이다. 그분은 지금도 나를 신임하고 있고
나는 그분의 은혜를 잊을 수 없다. 나는 문화체육공보위원회에
있던 1996년 7월 서기관으로 승진했다.

재정경제부를 상대로 일하다

나는 1997년 8월 인사에서 갑자기 '재정경제위원회'로 가게
되었다. 당시 나를 신임했던 권용태 수석은 혹시 내가 전보를
원한 것 아닌지 의심하기도 했다. 인사 부서에서 아무런 협의
없이 인사를 해버려서 오해가 발생한 것이다. 나로서도 발길이
떨어지지 않았지만, 그분도 이미 발령이 나버린 것을 되돌릴

---

44) 당시 의원들이 대체토론에서 검토보고서를 인용할 때는 먼저 "존경하
는 권용태 수석전문위원님이 지적하였듯이……."라고 시작하곤 했다.

수는 없었다. 지금 생각해도 안타까운 일이었다.

다만 당시 그 인사는 경영학인 내 학부 전공과 내가 입직 후 입법조사국 등에서 경제 분야 업무를 해온 점을 고려한 인사라고 할 수 있다. 그곳에서 나는 먼저 유병곤 전문위원 밑에서 일하게 되었다.

당시 내가 재정경제원의 경제홍보기획단 운영 문제를 지적하는 결산 검토보고서 초안을 유 위원과 협의하여 준비했는데 유 위원이 막판에 나와 한 마디 상의도 없이 검토보고서 초안에서 가장 중요한 그 부분을 대폭 축소하고 내용도 그냥 봐주는 수준으로 완화해 버렸다.[45] 오히려 내가 뭘 잘못한 것처럼 몰아가는 일이 발생했다. 나로서는 도저히 납득할 수 없었다. 유 위원도 그 문제가 심각하다고 공감해서 그렇게 준비한 것인데 그걸 갑자기 일방적으로 삭제해 버려 정말 어리둥절하였다. 내가 무얼 잘못했다는 건가? 당시 재정경제원에서 담당 국장이 찾아와서 부탁하고 가기도 했는데 나는 유 위원이 그 부탁을 들어준 것이라고 본다. 그렇다면 더욱 내가 무슨 잘못을 한 것으로 몰아가면 안 될 일이었다.[46]

---

45) 초안과 최종 본을 비교할 때, 초안은 그 조직이 설치 근거가 없고 총무처장관과의 협의도 거치지 않았고 정원 외 인원을 포함하고 있어 법령을 위반한 점 등에 대해 구체적으로 지적하면서 경위조사와 시정조치가 필요하다고 했으나, 최종 검토보고서는 그 조직의 설치 근거를 명확히 하고 기능중복이 없도록 업무를 재조정함으로써 합리적으로 운영할 필요가 있다고 했다. 거의 맹탕 수준으로 바뀐 것이어서 차라리 그 꼭지를 삭제하는 게 나았을 정도로 변질되었다.

46) 그런데 놀랍게도 2016년 4월 20대 총선에서 야당이 승리하고 이후 내가 유력한 차장 후보로 떠오르자 국회 사무처에 이때 내가 잘

　그 일 이후 유 위원과 원만한 관계가 회복되지 않았다. 더욱이 유 위원은 호남에 대한 차별 감정이 너무나 심했다. 유 위원이 호남과 김대중 전 대통령을 노골적으로 욕하는 걸 듣는 게 너무 힘들었다. 거기서 유 위원과의 악연이 시작되었다. 다행히 그해 12월 최초로 여야 정권교체가 이루어져서 유 위원도 조심할 수밖에 없는 상황으로 바뀌었지만 나는 유 위원 밑에서 계속 일하기 어렵다고 판단했다. 그래서 나는 1998년 1월 인사 때 새로 입법조사관이 전보되어 들어오면서 유 위원에게 다른 업무를 해보고 싶다고 건의해서 같은 위원회의 맹정주 수석전문위원 밑으로 가게 되었다.

　맹 수석은 당시 재정경세원에서 온 사람으로서 수석으로서 자신의 역할에 별로 열의가 없었다. 자신이 돌아가야 할 재정경제원 눈치를 보는 입장이었기 때문에 열심히 할 이유도 없었다. 맹 수석은 내가 쓴 검토보고서 초안을 통째로 재정경제원에 넘겨줬다가 재정경제원의 입장을 그대로 반영시킨 것을 내게 넘겨주기도 했다. 그래서 내가 한번은 어느 법안 검토보고서가 그렇게 돌아온 뒤 그 문제점을 재정경제원 장태평 과장에게 조목조목 지적한 적도 있는데 그는 제대로 반박하지 못했다.

　맹 수석이 떠나간 후 박봉수 수석이 새로 왔다. 박 수석은 정권교체 전에 청와대에 있었으나 정권교체 후 재정경제원 복

못했다는 얘기가 들리기 시작했다고 한다. 19년 전 얘기이고 내가 잘못한 것도 없는데 유 위원 본인이 아니라면 누가 그런 얘기를 퍼뜨렸겠는가? 2016년 8월 차장 인사를 몇 개월 앞두고 이미 그때부터 나에 대한 모략이 시작되었던 것이다.

귀가 안 되어서 어쩔 수 없이 국회로 온 경우다. 그래서 그런 지 박 수석은 원칙대로 일하는 입장이었다. 박 수석은 나를 신임했기 때문에 일하기 편했다. 맹 수석과 달리 내가 작성한 검토보고서 초안이 거의 그대로 채택되면서 재정경제원은 부담을 느끼게 되었다. 1997년도 예산청 소관 결산 검토보고서는 너무 강하게 지적했다고 당시 정덕구 재정경제부 차관이 회의장 밖에서 박 수석에게 항의하는 일도 벌어졌다.

작지만 큰 승리

박 수석은 심지어 소위원회에서도 내게 검토보고 관련 설명을 하라고 했다. 박 수석은 전임 맹 수석과 비교할 때 자신의 친정인 재정경제부와 기획예산위원회를 상대로 검토보고서가 강하게 나갈 수밖에 없는 것에 부담을 느껴서 전체위원회는 자신이 부담하더라도 소위원회에서는 그 부담을 덜고 싶어서 그랬을 것이라고 생각한다.

이후 한번은 「상속세 및 증여세법」 개정안(정부, 1998.10.1.)의 문제점을 내가 설명했고 다른 의원은 그냥 지나가는데 변웅전 의원이 검토의견이 맞는다고 받아줘서 반영된 적도 있다.[47]

---

47) 당시 검토보고서 중 반영된 사항

개정안은 종래 國家 또는 地方自治團體가 증여하는 財産의 價額에 대해서 贈與稅를 賦課하지 않도록 하고 있던 것에 추가하여, 公共團體가 증여하는 재산의 價額, 國家·地方自治團體 또는 公共團體가 贈與받은 財産의 價額에 대해서도 贈與稅를 賦課하지 않도록 하고 있음(안 제46조).

國家·地方自治團體 또는 공공단체가 증여받은 재산의 가액에 대한 당시 세제실은 검토보고의 지적이 맞는다고 인정하면서도 자신들의 실수를 인정하지 않으려는 경향이 있어서 수정이 필요한 것인데도 원안대로 가되 집행상 문제가 없도록 하겠다는 입장이었는데, 다른 사람도 아닌 변웅전 의원이 그 문제점을 잘 판단한 것이다. 지금이야 상황이 많이 달라져서 유사한 사례가 더러 있겠지만 당시로서는 막강한 세제실을 상대로 일개 입법조사관이 작지만 큰 승리를 거둔 매우 이례적인 일이었다.

정부 제출 법안에 대한 이례적 대폭 수정

재경위에서 처리된 법안 중 가장 기억에 남는 것은 정부투자기관관리기본법 개정안(정부, 1998.11.14.)이다. 정부가 제출한 이 법안에 대한 검토보고서의 지적사항 중 거의 대부분이 반영되었는데,[48] 지금이야 다르지만 당시로서는 그렇게 지적을 많

贈與稅 非課稅는 現行法 第12條에서 국가·지방자치단체 또는 공공단체에 유증한 재산에 대해 相續稅를 非課稅하도록 하고 있는 바와 같이 公益目的을 위한 것으로서 바람직하다고 생각됨.

하지만 公共團體가 贈與하는 재산의 가액에 대한 贈與稅 非課稅조치는 공공단체의 증여가 公益目的에 항상 부합하는 것은 아닐뿐더러 때로는 악용의 소지가 있으므로 이 규정은 삭제되어야 할 것으로 판단됨.

※ 공공단체의 범위는 현재 상속세및증여세법기본통칙에 "공공조합(동종의 직업인 단체 등 적극적으로 영리를 목적으로 하는 개인 및 법인을 구성원으로 하는 조합을 제외한다), 도서관, 박물관 등 영조물법인을 말한다"라고 규정되어 있음.

48) 반영 내용 : 경영실적 보고서 및 경영실적 평가결과 등의 국회 제출 및 보고 의무화, 사장추천위원회 운영 규정 간소화, 사장이 비상임이사의 임면 제청 시 주무부장관과 협의 규정 삭제, 기획예산위원회위원장에게 임원의 보수기준과 지급방법 보고 규정 삭제, 물품구매와

이 하는 것도 어렵고, 지적사항이 그렇게 많이 반영되는 것도 이례적인 일이었다.

국세청은 다른 기관과 달리 국회 업무를 철저히 한다는 것이 느껴졌다. 국세청 직원들은 예산안이나 결산 검토보고서는 말할 것도 없고 국정감사 결과보고서마저도 표현 하나하나를 신경 써서 고쳐달라고 부탁하기도 했다.

신문에 최초로 내 기고문이 실리다

재경위 때 특히 기억나는 것은 외환위기 국정조사였다. 그 국정조사는 박 수석을 비롯해서 재경위 직원들이 주로 실무를 맡아 실시되었는데, 내가 결과보고서 초안을 작성하게 되었다. 그런데 초안을 거의 다 쓰고 있는 도중에 직원들 중에 내가 초안을 정부 여당 편향적으로 쓴다는 얘기가 나왔다. 그건 일종의 모략[49]인데 누가 그런 얘기를 했을지 짐작 가는 사람이 있지만 그걸 대놓고 문제 삼고 싶지는 않았다. 오히려 그 덕택에 나는 짐을 덜고 싶었다. 그런 얘기를 들으면서까지 그 일을 더 이상 계속하고 싶지는 않았다. 박 수석은 내게 계속해 달라고

공사계약 체결 시 조달청장과 미리 협의 규정 삭제, 기획예산위원회 위원장이 감사원과 협의하여 외부감사 실시 규정 삭제 등.

49) 내가 정부 여당 편향적으로 쓰지도 않지만, 설령 그런다고 하더라도 나는 초안을 쓰기 때문에 이후 얼마든지 수정할 수 있는데도 구체적으로 문제가 뭔지 지적하지 않고 내가 초안 쓰는 것 자체를 지적하는 얘기가 나왔다는 것은 문제라고 본다. 이는 당시 국회 사무처 직원들의 강고한 정치적 편향성을 보여준 것인데 이후 20여 년이 지났지만 그때나 지금이나 큰 차이가 없다고 생각한다.

했지만 꼭 나만 해야 하는 것은 아니므로 결국 다른 사람에게 넘기게 되었다. 나는 당시 국정조사 결과를 정리하여 국정조사의 성과, 외환위기의 원인과 대책 등을 주제로 글을 썼고 그 일부가 「한겨레신문」에 실리기도 했다.50)

관리자가 되다

1999년 6월 법제실 법제3과장으로 발령이 났다. 법제실에 그 과가 신설되면서 내가 그곳에 간 것이기에 모든 것을 새로 준비해야 했다. 그리고 종래 내가 말단으로서 초안을 쓰던 입장에서 이제는 관리·감독을 하는 입장이 되었다. 직원들과 호흡을 맞춰서 내 경험과 노하우를 전수하는 일을 하게 되었다. 당시 현행법령 개선과제라는 책을 발간했고 15대 국회가 끝나는 시점이어서 15대 국회 입법활동을 결산하는 내용의 책을 발간하였다. 또한 주요내용을 같이 작업한 직원의 이름으로 「국회보」 2000년 3월호에 기고하기도 했다.

당신만 애국자냐

그런데 15대 국회가 끝나가는 2000년 5월이 되자 각 언론에서 15대 국회의 입법활동이 매우 부진한 것으로 매도하는 기사가 나오기 시작했다. 특히 어느 신문은 너무 심해서 놀고먹은 의원들, 충격적, 허송세월, 손가락질 등 필요 이상의 자극적인 표현들이 너무 많았다. 나는 사실 왜곡이 너무 심하다고 여

---

50) 「한겨레」 1999.5.10.

겨져 수수방관하기 어려웠다. 그래서 사실에 입각해서 글을 써야 한다고 지적하는 내용의 '언론의 국회의원 평가에 할 말 있다'란 제목의 글을 써서 그 신문의 정치부장에게 전화를 하고 그 글을 팩스로 보냈다. 내가 그렇게 한 일을 누군가 당시 법제실장에게 보고한 것 같다. 아마 그 신문사에서 항의했을 수도 있다. 법제실장은 내게 전화해서 "당신만 애국자냐"라고 하면서 호통을 쳤다.

전혀 새로운 세계를 경험하다

2000년 6월부터 2년간은 미국 인디애나 대학에 직무연수를 다녀왔다. 아내 및 딸과 같이 다녀왔는데 딸은 당시 초등 4~6학년 기간이었다. 나는 유학 준비를 따로 하지 않은 상태에서 직무연수를 간 것인데, 그 기간을 그냥 보내기는 아깝다고 보고 거기 가서 로스쿨에 입학하여 석사학위(MCL)를 받았다.

미국 로스쿨 석사과정은 1년에 마칠 수 있기 때문에 그것이 가능했다. 미국 생활은 생각보다 좋았다. 나는 일부러 대도시보다 내 취향에 맞는 시골 쪽을 선택한 것인데, 시골 분위기의 그곳 생활환경도 마음에 들었고 미국 사람들도 대부분 친절해서 좋았다. 외국 생활의 장점은 일정한 기간 동안 문화가 완전히 다른 나라에서 살아보는 것이라고 생각한다. 나는 미국에서 살면서 내가 사는 세계와 전혀 다른 새로운 세계가 있다는 것을 깨달았다. 하나의 문화 안에서만 사는 것은 마치 우물 안 개구리처럼 사는 것이 아닐까 그런 생각을 하게 되었다. 내가

갖고 있던 고정관념에 집착하는 것은 어리석다는 것을 깨달았
고 좀 더 유연한 사고를 하게 되었다.

40세에 영어회화를 터득하다

또 나는 재미 중 열심히 노력해서 영어회화를 어느 정도 할
수 있는 경지까지 오르게 되었다. 그래서 수업 중 교수의 말을
거의 이해하게 되었고 질문도 하게 되었다. 내가 미국에 갈 때
나이가 40세였으니 그걸 고려한다면 그건 결코 아무나 할 수
있는 일이 아니었지만 난 그걸 해냈다. 그래서 귀국 후 영어회
화를 터득한 내 경험을 글로 정리하여 직원들에게 전수하기도
했다. 나는 재미 중 교회도 한인 교회가 아닌 미국인 교회에
다녔다. 그것이 영어회화 향상에도 도움이 될 뿐 아니라 미국
에 왔으니 하나라도 미국 문화를 더 배우는 것이 국비 지원의
취지에 맞는다고 생각했다. 당시 가까이 지냈고 친절을 베풀어
주던 미국인들을 잊을 수 없고 시간이 되면 그곳에 다시 방문
할 생각이다.

짧게 끝난 법제1과장 시절

나는 2002년 6월 귀국 후 법제실 법제1과장을 맡게 되었다.
몇 개월 후 인사가 있었는데 당시 법제3과장이 부이사관으로
승진했다. 나는 귀국 후 몇 개월 되지 않았기 때문에 개의치
않았다. 다음해 초에 승진하면 된다고 생각했다. 그런데 나는
다음해 초에도 승진하지 못했다. 심지어 멀리 외국에 주재관으

로 나가 있는 동기는 승진시켜주고 나는 승진시켜주지 않았다. 설상가상으로 나는 8개월여 만에 갑자기 기획조정실 입법정보화담당관으로 전보되었다. 황당한 일이었다. 당시 법제실장이 나를 그렇게 인사조치했다. 내가 승진하지 못한 것에 대해 섭섭하다는 얘기를 했었는데 아마 그것 때문에 그렇게 한 것이 아닌가 싶다. 조직의 인사권이 어떻게 그처럼 남용될 수 있는지 이해되지 않았다.

국회에서 색다른 업무

입법정보화담당관은 국회 사무처에서 내 경험상 이질적인 업무라고 할 수 있다. 나는 주로 국회의 본연의 기능에 관한 업무를 한 반면, 그 업무는 국회의 정보화에 관한 업무이기 때문에 대상과 내용이 완전히 다른 것이다. 특히 그 부서의 업무는 예산을 집행하는 일이었다. 당시만 해도 예산이 수십억 원이었다. 나는 국회 사무처에서 쉽게 해볼 수 없는 일을 하게 된 것이다. 그래서 나는 그 일을 하게 된 것을 오히려 긍정적으로 생각하게 되었고 열심을 다해서 하게 되었다. 그 경험은 이후 예산안이나 결산을 검토하는 일을 할 때 많은 도움이 되었다.

나는 그 일을 1년 정도 하다가 2004년 1월 인사 때 스스로 나오게 되었다. 예산을 집행하는 업무를 오래 하는 것은 내 적성이나 취향에 맞지 않고 1년 정도 경험하는 것으로 충분하다고 생각했다. 그렇지만 나는 이후 후배들에게 그 업무를 한번 경험해 보는 것은 좋다고 권유하곤 했다.

부이사관 승진 때 청탁해야 했던 부끄러운 이야기

나는 2003년 7월 인사 때 부이사관으로 승진하게 되었다. 나는 6개월 전 인사 때 승진하지 못한 것에 대해 인사가 공정하지 못하다고 생각하고 있었는데 내가 법제실에 있을 때부터 나를 아껴주던 정진용 입법차장이 나를 챙겨주겠다고 했으니 잘될 것으로 기대했다. 그러나 막판으로 갈수록 나는 승진이 불투명한 것으로 얘기가 나왔다. 그래서 정진용 입법차장에게 상의하면서 당시 국회운영위원장이 고등학교 선배라고 했더니 그분에게 부탁을 드리는 것이 좋겠다는 것이었다. 사실 내가 일찍 승진하고 싶었으면 그분이 이미 1년 전부터 국회운영위원장을 하고 있었으므로 진즉 그분에게 부탁했을 것이다. 나는 그런 부탁 없이 공정하게 승진하기를 바랐지만 마지막까지도 공정한 것은 없었다. 그래서 나는 어쩔 수 없이 그분께 부탁하게 되었다. 내가 승진을 위하여 누구에게 먼저 부탁을 한 것은 그것이 처음이자 마지막이었다. 그 부탁은 효과를 발휘하여 강용식 사무총장이 내 승진을 직접 챙겨 국회운영위원장에게 보고하는 일까지 벌어졌다. 그러나 나는 그때 내가 승진할 때여서 승진한 것이지 청탁 때문에 특혜를 받은 것은 아니라고 생각한다. 그래도 청탁을 한 것이니 부끄러운 이야기이다.

입법정보화담당관으로 재직 중 한 가지 재미있는 일이 있었다. 당시 필자는 2003년 '을지연습' 기간 중 상황실장을 하게 되었는데 국회 사무처 최초로 당시 박관용 의장을 모시고 사이버 정

기사입력 2003.04.16

누구를 위한 '호남 소외론'인가

왜냐면?(고정물)   정재룡/경기도 고양시 행신동

최근 광주지역의 일부 언론인과 국회의원에 의해 이른바 호남 소외론이 제기되고 있다. 현 정부의 인사와 지역개발 정책에서 호남이 소외되고 영남 편향적이란 것이다.

나는 호남 소외론이 지난 대선에서 호남의 선택의 의미를 훼손하고 왜곡하는 현상을 우려한다. 호남은 영남 패권주의에 따라 장기간 차별을 받아왔음에도 지난해 민주당 대선후보 경선에서 부산 출신인 노무현씨를 후보로 선출하는 데 크게 기여했다. 또 대선에서는 90% 이상의 몰표를 주어 그를 대통령으로 당선시키는 데 큰 몫을 했다. 지역주의로 얼룩진 우리 현대 정치사에서 호남이 영남 출신 노무현씨를 대선후보로 선출한 것은 감동의 드라마이자 위대한 정치혁명이었다. 차별에 따른 피해의식을 과감히 벗어던지고 이제는 지역주의를 끝장내자는 숭고한 결단이었던 것이다.

보 보안 대책에 대하여 보고하게 되었다. 그런데 박 의장이 내가 보고를 잘했다고 칭찬하면서 승진은 했느냐고 물어보고 군에 있었으면 출세했을 것이라고 말했다. 그러니까 옆에 있던 강용식 사무총장이 그래서 지난달에 승진시켰다고 대답했다.

　입법정보화담당관으로 있을 때인 2003년 노무현 정부 초기에 '호남소외론'이 크게 일어났었다. 난 그것이 명분이 약하다고 보고 '호남소외론'을 비판하는 글을 작성하여 「한겨레신문」에 기고했다.51)

---

51)「한겨레신문」2003.04.16.

전문성 함양의 길에 들어서다

2004년 1월 인사 때 나는 법제사법위원회 입법조사관으로 가게 되었다. 당시 나는 문화관광위원회 입법조사관으로 가기를 희망했지만 여의치 않았다. 그렇지만 나중에는 그곳에 간 것이 결국 내게 더 잘 된 것이라는 생각을 갖게 되었다. 국회에서 내가 누구보다 법제 등에 대한 전문성을 인정받게 된 데는 당시 내가 법사위 입법조사관으로 간 것이 크게 기여했다고 볼 수 있기 때문이다.

법사위에서는 김대현 전문위원 밑에서 일하게 되었다. 김 위원은 나를 신임했기 때문에 잘 보낼 수 있었다. 2004년 3월 당시 한나라당 등 야당은 노무현 대통령을 탄핵 소추했다. 그 결과 당시 김기춘 법사위원장이 탄핵 소추 위원을 맡게 되어 법사위 직원들이 실무를 맡게 되었다. 당시 나도 일부 일을 나눠서 하게 되었다. 그런데 당시 헌법재판소의 탄핵심판에 변호사들이 대거 참여하였는데 그들이 준비해야 할 일까지도 모두 우리가 해야 하는 것처럼 진행되기에 나는 그런 것까지 우리가 맡는 것은 적절하지 않다고 문제를 제기하기도 했다.

당시 한나라당 등 야당이 탄핵 소추 직전에 사과를 요구했으나 노무현 대통령이 사과를 거부했는데, 나는 선거관리위원회가 대통령과 언론에 보낸 공문을 각각 따로 만들어 언론플레이를 해서 혼란이 야기되었기 때문에 선거관리위원회의 책임이 크다고 봤고 그런 내용의 내 기고문이 「한겨레신문」에 실리기도 했다.[52]

한겨레
hani.co.kr

기사입력 2004.03.17

대통령 법위반 여부 공문, 선관위 이중 작성 큰문제

독자기자석?(고정물)

대통령 법위반 여부 공문 /선관위 이중 작성 큰문제

우리 헌정사 미증유의 이번 대통령 탄핵사태의 발단은 노무현 대통령이 2004년 2월24일 방송 기자클럽 초청 기자회견에서 행한 발언에 대한 선거관리위원회(선관위)의 선거법 위반 여부 유권해석에서 비롯되었다. 이에 근거하여 두 야당은 대통령에게 사과를 요구했고 대통령이 사과하지 않았기 때문에 탄핵소추가 불가피했다는 입장이다.

이와 관련하여 민주당은 "열린우리당이 표를 얻을 수만 있다면 합법적인 모든 것을 다 하고 싶다"는 노 대통령의 발언이 선거법 제9조에서 규정한 공무원의 중립의무를 위반했다고 적시한 선관위의 공문을 증거로 제시하고 있다.

나는 2004년 3월 밀양의 어느 동물병원 원장이 자신이 차량 충돌 교통사고 피해자인데 가해자의 인척이 경찰인 관계로 가해자로 뒤바뀌었다면서 억울함을 호소하는 민원을 맡아서 검토하게 되었다. 어떻게든 진실을 밝혀 민원인을 돕고자 나는 백방으로 노력했으나 여의치 않았고, 마지막으로 법무부에 의견서를 보내는 방안을 추진했으나 그것마저 당시 김기춘 법사위원장이 국회가 정부 일에 관여하면 안 된다는 해괴한 이유로 결재를 해주지 않아 좌절되고 말았다. 당시 그 내용을 글로 정리하여 언론사에 보내기도 했으나 보도되지도 않았다.53) 나는

---

52)「한겨레신문」 2004.03.17.

국회가 그런 억울한 민원 사항을 소홀히 취급해서는 안 된다고 보고 미국처럼 민원을 제대로 조사해서 해소할 수 있도록 민원 조사청문회 활성화 방안에 관한 글을 써서 「국회보」 2004년 6월호에 게재하기도 했다.[54]

국회법제연구회 창립

나는 2004년 6월 「국회법제연구회」를 창립했다. 우리가 법안을 검토함에 있어 법제 지식이 중요하므로 그것을 함양할 필요가 있다고 봤고 많은 직원들이 동참해서 처음에는 활발하게 운영했다.

그러나 「국회법제연구회」는 처음 몇 년 활발했을 뿐 이후 긴 침체기를 거치게 되었다. 특히 나의 출신지역이 영향을 끼쳐 2007년 정권교체와 2008년 한나라당의 18대 총선 압승 후 더욱 그런 상황에 빠지게 되었다. 나는 그만둘까도 고민했고 누구라도 맡을 사람이 있다면 물려주려고 했지만 회원들이 「국회법제연구회」는 국회 사무처의 대표 직원연구모임이기 때문에 계속해야 한다면서도 정작 맡겠다고 하는 사람은 아무도 없어서 내가 십자가를 지는 마음으로 계속 운영했다.

그러다가 내가 2015년에 수석전문위원으로 승진하게 되자 참여자가 늘면서 다시 활성화되었다. 나는 수석 승진 후 1년여 운영을 한 후 어느 후배에게 물려주었다. 법제연구회는 2006

---

53) 5. 우리사회의 법과 정의는 살아 있는가? 참조.

54) 「국회보」 2004년 6월호 참조.

년부터 매년 활동실적을 『법제와 입법』이라는 책으로 발간했는데 2015년 9호까지 나왔다.[55]

나는 2000년에 15대 국회 '의원입법 실적 평가'에 이어 '2004년'에도 '16대 국회'의 입법활동을 평가하고 성과와 과제를 살펴보는 글을 작성하여 「국회보」 2004년 8월호에 게재하였다.

워싱턴 주재관은 내 자리가 아니었다

2005년 4월에 워싱턴 주재관 선발이 공모로 진행되었다. 나와 어느 후배 두 사람이 그렇게 지원을 했는데, 그 후배는 같은 전북 출신이었다. 그는 수완이 좋은 사람으로 알려졌다. 그런데 당시 김원기 의장실의 정무수석비서관이 그 일에 관여하고 있

---

55) 2015년 9호까지 나왔던 「법제와 입법」 전9권.

고 후배를 밀고 있다는 소문이 들렸다. 나도 가서 인사는 하는
게 좋겠다는 생각이 들었다. 정무수석은 나를 반갑게 맞아 주
었다. 그런데 나는 정무수석을 만나서 나를 밀어달라고 부탁하
지 못하고 당시 남궁석 국회사무총장을 언급하면서 그는 공정
한 사람으로 알고 있는데 그가 공정하게 선발할 수 있도록 해
달라고만 하고 나왔다. 당시 정무수석의 안색이 굳어지는 것이
느껴졌다. 그 일에서 손 떼라는 식의 얘기로 들렸을 것이다. 나
도 일부러 그렇게 말하려고 간 것은 아니었지만 의장실에서 그
런 것까지 관여하는 것은 잘못이라는 생각이 나도 모르게 그렇
게 표현되어 버린 것이었다. 결국 그 자리에는 후배가 선발되
었다.56) 나중에 나를 밀어달라고 했으면 그렇게 했을 텐데 그
러지 않아서 후배를 선발했다고 정무수석이 말했다는 얘기가
들렸다. 나는 그랬다 한들 어차피 후배가 선발되었을 것이라고
생각했고 미련을 갖지 않았다. 후배를 축하해 주었다. 그 자리
처럼 모두가 선망하는 자리는 내게 맞는 자리가 아니라고 생각
했다.

　2004년 17대 국회 첫 국정감사에 대한 실망이 컸다. 매년
그렇듯 몰아치기식, 주마간산식, 수박겉핥기, 폭로와 한건주의
등의 문제점이 부각되었다. 그래서 나는 국정감사를 정기회로

---

56) 당시 과연 공모제라는 것이 공정하게 적임자를 선발하는 제도적
　　취지를 제대로 구현하고 있는 것인지 의문이 들기도 했다. 공모제임
　　에도 불구하고 면접 한번 없었고, 심사기준이 무엇인지 공개되지 않
　　았으며, 두 사람이 경쟁하여 한 명이 선발되었다면 적어도 탈락자에
　　게 그 이유가 제공되어야 할 것 같은데 아무런 설명이 없어서 불합
　　리해 보였다.

한정하지 말고 정기회와 임시회로 나눠서 실시하는 것을 주 내용으로 하는 국정감사제도의 개선방안을 「국회보」 2005년 5월호에 게재했다.

입법심의관이 되다

2005년 7월 농림해양수산위원회 입법심의관으로 발령받았다. 국회 위원회에서 입법심의관 자리는 사실 특별히 할 일이 없다. 검토보고서 작성은 입법조사관과 전문위원이 협력해서 작성하는 것이기에 중간에 입법심의관이 개입할 여지가 거의 없다. 수석전문위원이 무언가 역할을 주지 않으면 하는 일 없이 보낼 수도 있다. 나도 농해수위에서 1년여간 거의 그렇게 보냈다고 할 수 있다. 다만 막판에 권오을 위원장 취임 후 한미 FTA 관련 농어업 분야 피해 대책 강구를 위한 토론회를 추진할 때 내가 실무를 담당했다. 나는 토론회뿐 아니라 그 결과를 정리해서 기자회견문 초안도 준비했는데, 권 위원장에게 좋은 평가를 받았다.

2006년 1월 나는 당시 정부가 검·경 수사권 조정을 추진하는 상황에서, 법사위 시절 맡았던 민원이 끝내 해결되지 못한 근본 원인은 검찰의 수사지휘권 때문에 검·경이 상하관계로 운영되는 것에 있다고 보고, 따라서 이를 감안할 때 검·경 수사권 조정 방안으로 검찰의 수사지휘권을 폐지하는 것이 필요하다는 내용의 글을 써서 「한겨레신문」에 기고했다.[57]

---

[57] 「한겨레신문」 2006.01.16.

2006년 7월 나는 이사관으로 승진하여 기획예산처에 파견 나가게 되었다. 보통 다른 기관에 파견 나가면 별로 할 일 없이 지내다 오는 경우가 일반적이다. 그러나 나는 TF를 포함하여 무엇이든 기획예산처 일을 하면서 배우고 싶었다. 나는 당시 장병완 장관에게 무슨 일이든 좋으니 일을 할 수 있게 해달라고 두어 차례 직·간접으로 부탁했지만, 국회와 기획예산처 협력에 관한 몇 가지 일을 한 것 외에 기획예산처 본연의 업무와 관련한 일은 끝내 주어지지 않았다. 당시 기획예산처는 재정전문가 과정이라는 강의 프로그램을 일과 후에 운영하였는데 거기에 참석해서 토론도 하고 했던 것이 소득이라면 소득이라고 할 수 있겠다.

기획예산처 파견 중이던 2006년 7월 12일 이효선 광명시장이 "전라도 놈들은 이래서 욕먹어"라는 발언을 해서 큰 파문이 일었다. 그는 결국 약 한 달 뒤인 8월 3일 「한나라당」을 탈당했고 이후 「한나라당」 강재섭 대표는 과거 보수정권 시절의 호남차별을 공식 사과했다. 나는 호남차별은 단순히 사과로만 끝날 문제가 아니라고 보고 호남차별을 척결할 수 있는 방안을 고민하여 2006년 9월 '우리 사회의 호남차별 그대로 둘 것인가'란 제목의 글을 「한겨레신문」에 실었다.[58]

나는 1년의 파견 기간을 마치고 2007년 7월 국회운영위원회 입법심의관으로 복귀했다. 그러나 앞서 농림해양수산위원회에서 1년간 입법심의관으로 보냈을 때처럼 운영위에서 입법심의

---

58) 「한겨레신문」 2006.09.18.

관이 특별히 할 일은 없었다. 이사관 직급에 맞게 당연히 전문위원이나 국장 자리에 보내줘야 하는데 무슨 이유인지는 몰라도 운영위에서 1년 반을 더 입법심의관으로 보내게 되었다.

그래서 기획예산처 파견까지 더하면 무려 3년 반이나 귀중한 시간이 낭비되었다. 이 기록은 아마 전무후무할 것이라고 본다. 이것은 잘못된 인사라고 하지 않을 수 없고 2008년 인사 때 나를 전문위원 임명에서 제외한 유병곤 사무차장의 책임이 크다고 본다. 그러나 나는 당시 유 차장에게 항의 한마디 하지 않았다.

(2) 전문위원 시절

갑자기 수석전문위원보다 많아진 업무 범위

2009년 1월 나는 정무위원회 전문위원으로 발령이 났다. 국가보훈처와 경제·인문사회연구회 및 23개 출연연구기관 소관 업무를 맡게 되었다. 내 밑에서 두 명의 입법조사관이 일하게 되었다. 그런데 8월에 당시 수석이 비리 혐의로 구속되는 일이 벌어졌다. 정무위에는 나 말고 다른 전문위원이 한 명 더 있었는데 수석의 업무를 나눠서 같이 맡아야 하는 상황이 되었다. 그런데 금융위원회 소관 업무를 맡고 있던 그 전문위원은 수석 업무 중 총리실 소관만 맡고 나머지 공정거래위원회와 국민권익위원회 소관 업무는 내게 맡겨버렸다. 그에 따라 내 밑에 입법조사관 숫자도 3명이 더 늘어났다. 업무 범위가 전문위원이 아니라 어느 수석보다도 넓어져 버렸다. 갑자기 과부하가 걸려 버렸다. 그래서 매일처럼 12시 가까이까지 야근하고 주말에도 출근하게 되었다.

환 청

하루는 차로 퇴근 후에 집 주차장에 차를 세워 시동을 껐는데도 엔진 소리가 나는 것이었다. 이상하다고 생각했지만, 그냥 집에 가서 자고 다음 날 아침에 다시 차를 몰고 출근했다. 그리고 주차장에 차를 세워 시동을 끄고 사무실로 가려는데 어젯밤처럼 또 엔진 소리가 들렸다. 그래서 진짜 차에 뭔가 이상이 있다고 생각하고 카센터에 연락해서 차를 좀 봐달라고 했다. 그런데 카센터 직원이 내 차를 검사하고 운전도 해봤지만 아무 이상이 없다고 연락이 왔다. 나는 비로소 과로 때문에 환청이 들렸다는 것을 깨달았다. 다행히 환청 증상은 그것으로 그쳤다. 물론 그 일 이후 내가 너무 무리하지 않도록 주의하기도 했다.

검토보고서 품질에 대해 극찬을 받다

이전에 3군데의 위원회에서 입법조사관으로 근무했을 때 비록 내가 검토보고서의 초안을 썼지만 검토보고서가 모두 전문위원 이름으로 나갔기 때문에 검토보고서에 대한 의원들의 평가를 내 것이라고 할 수는 없다. 나는 정무위에서 비로소 내 이름으로 나간 검토보고서에 대해 의원들의 평가를 받게 되었다. 검토보고서에 대한 평가는 무척 높았다. 한번은 이성남 의원에게 간 적이 있는데 검토보고서가 훌륭하다고 칭찬하고 또 칭찬하는 것이었다. 극찬을 받았다. 유원일 의원도 마찬가지였다. 그는 특히 예산안과 결산 검토보고서가 훌륭하다고 했다. 국가보훈처 결산 검토보고서의 경우 전체 회의석상에서 김용태 의원, 이진복 의원 등 여러 의원들이 이를 인용하면서 질의를 했다.

최근의 입법경향이 중요하다

나는 2009년 11월 상습적으로 법을 위반하는 사업자의 명단과 위반 내용을 공표하도록 하는「하도급거래의 공정화에 관한 법률」개정안(김동철, 2009.9.21.)에 대한 검토보고에서 명단만 공표하도록 하는 등의 내용으로 수정의견을 냈다. 11월 26일 개최된 소위원회에서 대표발의자인 김동철 의원은 내가 제시한 4가지 수정의견에 모두 동의한다고 말했다.[59] 그러나 다른 의

---

59) ⦿ **전문위원 정재룡** 전문위원입니다.
먼저 하도급거래 공정화에 관한 법률 김동철 의원 법안을 봐 주시기 바랍니다. 검토보고서 3쪽입니다.
　개정안은 하도급법 위반 사업자에 대한 기존의 제재수단이 충분한 효과를 발휘하지 못하고 있다고 보고 상습 법위반 업체의 명단과 위반 내용을 공표하도록 하는 제도를 도입하여 하도급 거래에 있어서의 불공정 관행을 타파하기 위한 것으로 그 타당성은 인정되나 입법화 과정에서 다음과 같은 사항을 보완하여야 할 것으로 판단됩니다.
　첫째, 개정안은 최근 3년간 경고 또는 시정조치를 3회 이상 받거나 벌점이 기준을 초과하는 사업자를 대상으로 하고 있으나 이를 '경고 또는 시정조치를 3회 이상 받은 사업자 중 벌점이 기준을 초과하는 사업자'로 수정할 필요가 있습니다.

원들이 그중 공표 의무화를 재량행위로 수정하는 것에 대하여 그러면 실효성이 없으니 의무화하자고 하니까 김 의원도 의무화로 선회했다. 나는 그 법의 시정조치나 과징금 부과가 재량행위이고 상습체납자의 명단 공표를 규정하고 있는 국세기본법과 요양급여 허위청구 요양기관의 명단 공표를 규정하고 있는 국민건강보험법 등 유사 입법례도 재량행위로 규정하고 있다고 설명했으나 의원들은 오히려 그 법률을 의무화로 바꿔야 한다고 말했고 그래서 그렇게 통과되었다.

나는 그 사례를 보면서 종래 일반적 입법례만 보면서 일하면 안 된다는 것을 깨달았다. 일반적 입법례보다 오히려 최근의 경향이 더 중요하다. 일반적 입법례만 중시하다 보면 변화와 발전을 기대하기 어렵다. 최근의 경향은 재량권의 남용 · 일탈을 통제하기 위하여 입법단계부터 행정청에 과다한 재량을 부여하지 않도록 하거나 재량을 부여하더라도 그 행사를 투명하게 하는 방안을 강구하고 있었다. 그래서 취소의 경우 일부 엄격한 통제가 필요한 경우에는 임의적 취소를 필요적 취소로 전환하

둘째, 개정안은 상습 법위반 업체의 명단과 그 내용 공표를 의무화하고 있으나 시정조치나 과징금 부과가 재량행위로 규정되어 있는 점, 유사 입법례의 경우 이를 재량행위로 규정하고 있는 점 등을 감안할 때 이를 '공표할 수 있다'로 수정할 필요가 있습니다.

셋째, 개정안은 상습 법위반 업체의 명단뿐만 아니라 위반 내용까지 공표하도록 하고 있으나 우선 명단을 공표할 수 있도록 하고 제도의 실효성 등을 확인하여 추후 내용 공표를 검토하는 것이 바람직할 것으로 보입니다.

넷째, 이 제도 운영의 공정성과 절차적 합리성을 제고하기 위해서는 대상자 선정을 위한 심의위원회 설치, 이의제기 절차, 공표방법 등에 대하여도 법률에 규정할 필요가 있습니다.

고 있었고 정부가 그해 7월 제출한「방문판매 등에 관한 법률」개정안에도 다단계판매업자의 정보 공개를 재량행위에서 의무화로 전환하는 내용이 포함되었다. 이후 나는 일반적 입법례에 연연하지 않고 최근의 경향이나 발전적 방향을 중시하여 일하게 되었다.

구타나 가혹행위 등 때문에 자살한 군인에 대한 처우 문제

군인은 복무 중 전사 또는 순직으로 사망한 경우에만 국립묘지에 안장될 수 있다. 그런데 종래 국방부는 자살로 사망한 경우는 순직으로 인정하지 않았다. 그래서 2009년 9월 고승덕 의원은 매년 많게는 80명에 달하는 군 복무 중 자살자에 대한 민원 대책의 일환으로 자살자 중 국립과학수사연구소 등 전문기관에서 구타나 가혹행위 등 때문에 자살한 것으로 인정된 경우에는 국립호국원에 안장될 수 있도록 하는 내용의「국립묘지의 설치 및 운영에 관한 법률」(이하 '국립묘지법') 개정안을 대표발의했다. 고승덕 의원은 내게 개정안을 전향적으로 검토해달라고 부탁하기도 했다. 당시 군의문사진상규명위원회의 윤원중 위원장도 내게 찾아와 법안을 설명하면서 부탁했다.

나는 검토보고에서 징병에 의한 의무복무자의 군내 자살에 대한 최소한의 국가 책임으로 개정안을 긍정적으로 봤다. 자살했다는 군인의 시신을 유가족이 인수하지 않아 오랫동안 군 병원 냉동실에 안치되어 있는 경우도 많이 있었는데, 가혹행위 등 때문에 자살한 경우는 국가가 그 정도 처우는 해줘야 한다고 봤다. 외국의 사례를 봐도 자살자도 국립묘지에 안장하는 나라들이 많았다. 이미 경찰 등에서는 자살자를 순직으로 인정한 경우도 있는 상황에서 개정안은 자살자를 순직으로 인정해 달라는 것도 아니고 단지 국립묘지의 하나인 국립호국원에 안장할 수 있도록 하는 것에 불과했다. 물론 나는 검토보고서에 명예와 추앙의 공간이라 할 수 있는 국립묘지에 윤리적 논란의 대상이 되는 자살자를 안장시키는 것에 대하여는 아직 국민적 공감대가 형성되어 있다고 보기는 어렵다는 부정적인 측면도 적시했다. 고승덕 의원은 내 검토보고서에 대해서 자기가 했더라도 이 이상 더 잘할 수 없을 정도라고 높이 평가해주었고 쟁점 및 관련 자료를 꼼꼼히 분석하고 정리해줬더니 우리 직원들이 이렇게 열심히 일하는지 미처 몰랐다고 하면서 거의 90도로 고개를 숙이고 인사를 했다.

그러나 개정안은 11월 26일 개최된 소위원회에서 군에서 일어난 사고이므로 국방부에서 수사나 감정을 통해 해결해야 할 일이라는 의견이 대세가 되었고, 국방부나 독립유공자단체 등이 반대하는 것 등이 고려되어 보류하기로 결정되었다. 이에 고승덕 의원은 소위원이 아닌데도 12월 28일 개최된 소위원회에 직접 참석하여, 법안은 자살자의 유족들이 국가유공자, 순직, 보상 등 어떤 것도 원하지 않고 다만 구타나 가혹행위 등 때문에 자살한 경우 국가의 최소한의 조치로 호국원 안장을 원하는 것이라고 호소하면서 반전을 노렸다. 박선숙 의원은 이에 화답하여 '군의문사진상규명위원회'의 요청으로 이미 경찰청이

나 법무부는 자살자를 순직 인정한 경우가 있어서 형평성 문제도 있다고 했다. 고 의원의 적극적인 노력으로 무언가 해법을 찾아야 한다는 쪽으로 분위기가 바뀌기는 했으나 법안은 끝내 통과되지 못했다.

이후 그 문제는 당시 소위원회에서 고승덕 의원의 호소에 가장 전향적이었던 박선숙 의원이 의외의 돌파구를 열었다. 당시 법원은 「국가유공자 등 예우 및 지원에 관한 법률」(이하 '국가유공자법'이라 함)에 자살자는 '국가유공자'에서 제외하도록 하고 있음에도 불구하고 자살이 우울증이나 심신상실 내지 정신착란 상태에 빠져 자유로운 의지가 완전히 배제된 상태에서 이루어진 경우에는 국가유공자로 인정하는 판결을 이미 해왔다. 이에 2011년 4월 박선숙 의원은 그러한 판결의 취지에 부합하도록 그러한 경우에는 재판을 거치지 않고도 국가보훈처의 심사만으로 국가유공자로 등록할 수 있도록 하는 내용의 국가유공자법 개정안을 대표 발의했다. 이 개정안에 대한 심사과정에서 국가보훈처는 그 취지를 수용하기로 하되 개정안을 그대로 받아들이는 것은 보훈심사과정에 오히려 부담이 될 수 있다고 보고, 그 대신에 자살자는 국가유공자에서 제외하도록 한 규정 자체를 삭제하는 방안을 제시했고 '국가유공자법'은 그해 9월 그렇게 개정되었다.

그런데 국가유공자법이 개정된 후 다시 군 복무 중 자살자에 대한 처우에 큰 변화가 발생하게 되었다. 개정법이 2012년 7월 시행되기 직전인 2012년 6월 18일 대법원 전원합의체는 기존 판례를 변경하는 판결을 내려버렸다. 즉, 대법원은 종래 군인의 교육훈련 또는 직무수행과 자살 사이에 상당인과관계가 인정되더라도 그 자살이 자유로운 의지에 따른 것이거나 또는 심신상실 내지 정신착란 상태에 빠져 삶을 포기할 정도에 이른 상태에서 이루어진 것이 아니면 국가유공자 적용 대상에서 제외된다는 취지의 종전 대법원 판결을 변경하여, 군인의 교육훈련 또는 직무수행과 사망 사이에 상당인과관계가 인정되는데도 그 사망이 자살로 인한 것이라는 이유만으로, 또는 자유로운 의지가 완전히 배제된 상태에서의 자살이 아니라는 이유로 국가유공자에서 제외되어서는 안 된다고 판결했다. 이 판결은 엄밀히 보면 국회의 국가유공자법 개정의 취지를 벗어나는 것이다. 그 결과 자살자의 유가족이 자살자를 국가유공자로 인정해 달라는 행정소송에서 승소할 수 있는 가능성이 대폭 확대된 것이다. 개정 국가유공자법이 시행되더라도 국회가 군 복무 중 자살자의 국가유공자 인정 범위의 확대를 예정한 것은 아니었다. 그러나 법원은 국회의 그런 입법 취지에 구속되지 않고 전향적인 판결을 해버린 것이다. 앞서 살펴본 것처럼 국회는 종래 판례를 법에 반영하는 정도로 생각했을 뿐인데, 법원은 거기서 한 걸음 더 나간 것이다.

사실 엄밀히 볼 때 종래 판례는 모순적인 측면이 있었다. 국가유공자법의 관련 규정이 자해행위를 '자유로운 의지에 의한 자해행위'라고 정의하고 있지 않았을 뿐 아니라, 정도의 차이는 있을지언정 자살은 모두 어느 정도 자신의 자유로운 의지에 따른 것이면서 그와 동시에 완전한 의미의 자유의지, 즉 이성적이고 합리적인 인식과 판단 아래 이루어지는 행위가 아니라는 점에서 타당하지 않았다. 정신착란이나 의식이 없는 상태에서의 자해행위로 인한 사망을 자살이라고 할 수 있는지도 의문이다(대법원 2012.6.18. 선고 2010두27363 전원합의체 판결의 보충의견). 한마디로 종래 판례는 자살자는 국가유공자에서 제외하도록 한 법 규정을 우회하기 위한 억지 논리밖에 안 되었는데, 법원은 그렇게 해서라도 국가가 자살자와 그 유가족에 대한 책임을 외면하지 않도록 했던 것이다. 그리고 법원은 국회가 국가유공자법에서 자살자를 국가유공자에서 제외하는 규정을 삭제하자 그런 모순을 극복하기 위해서라도 판례를 변경하는 조치를 취한 것이라고 본다.

앞서 언급했듯 종래 국방부는 「전공사상자 처리 훈령」에 따라 자살자를 순직으로 인정하지 않았으나 국회의 국가유공자법 개정과 이후 대법원의 판례 변경에 따라 이를 훈령에 반영하여 군인의 순직 인정 범위를 대폭 확대했다. 2012년 7월 훈령을 개정하여 공무 관련 정신질환으로 인한 자살도 순직으로 인정하고, 2014년 3월 다시 훈령을 개정하여 자살의 순직 인정 기준을 '정상적인 판단능력이 저하된 상태'로 확대했다. 순직 인정 조건도 '공무와 상당한 인과관계가 인정되는 경우'로 고쳤다. 마침내 고승덕 의원이 2009년 9월 국립묘지법 개정안을 통해 군에서 구타나 가혹행위 등으로 인해 자살로 목숨을 잃은 사람들의 억울함을 해소하고자 했던 취지가 제도적으로 실현된 것이다. 군내 자살을 군대라는 특수한 여건을 무시하고 모두 개인의 의지박약이나 나약함 탓으로 보는 국민 여론을 고려한 다면 결코 쉽지 않았던 것인데 고승덕 의원과 박선숙 의원이 적극적으로 노력한 끝에 4년여 만에 당초 국립묘지법 개정안의 취지보다 더 전향적인 내용으로 결실을 보게 된 것이다.

영업정지 갈음 과징금 제도의 문제점

나는 정무위에서 「할부거래에 관한 법률」(권택기 의원, 2009.3. 16.) 개정안을 검토하면서 과징금 제도의 문제점을 알게 되었다. 이 개정안은 공정거래위원회가 시정조치를 명할 수 있는 사유를 포괄적으로 규정하고 이와 연계하여 영업정지처분의 사유를 포괄적으로 규정해 놓고 영업정지처분에 갈음하여 과징금을 부과할 수 있도록 하고 있었다. 이는 공정거래위원회가 과징금을 부과할 수 있는 사유가 너무 과다하다는 문제가 있었다. 그런데 이 개정안은 어느 날 갑자기 튀어나온 게 아니었다. 공정거래위원회 소관 법률 중에 이미 「방문판매 등에 관한 법률」과 「전자상거래 등에서의 소비자보호에 관한 법률」에 이 개정안과 유사한 규정을 두고 있어서 이 개정안은 사실상 그들 법률에서 가져온 것이라고 볼 수 있었다.

영업정지처분을 대신하는 과징금 제도의 취지는 그 사업을 이용하는 일반 국민에게 불편을 끼치는 것을 막기 위한 것이므로 이 제도는 영업정지처분을 명하기에 부적절한 사업, 즉 공익성이 있는 사업을 대상으로 입법하는 것이 적절하다. 하지만 이 제도는 점점 더 도입이 확장되면서 차츰 행정편의적 측면[60]도 고려되어 영업정지처분을 하더라도 국민에게 그다지 불편을 주지 않는 사업, 즉 비교적 공익성이 덜한 사업에까지 도입되어 왔다. 이는 국회가 법안심사를 소홀히 한 데 따른 결과라고 할 수 있다. 따라서 이 제도는 공익상 필요를 기준으로 타당성을 검토하여야 하고 행정편의나 사업자의 입장을 고려하여 영업정지처분보다 상대적으로 경미한 제재수단을 마련하려는 목적으로 이를 도입하는 것은 지양해야 한다.

이에 나는 개정안에 대한 검토보고에서 수정의견을 마련하여 시정조치를 명할 수 있는 경우를 법에 하나하나 적시하고 영업정지처분의 사유는 이 중 일부의 경우만을 제한적으로 규정함으로써 영업정지처분에 갈음하는 과징금 부과에 있어서 행정편의성이 최소화되도록 했다. 더불어 과징금 부과의 요건으로서 영업정지사유 외에 공익성에 관한 요건으로 "영업정지가 소비자에게 심한 불편을 주거나 공익을 해할 우려가 있으면"이라는 문구를 추가하여 과징금이 보다 엄격한 요건하에 부과되도록 했다. 2013년에 구미 불산사고, 삼성전자 화학물질 유출사고 등이 잇따라 발생하여 인명피해가 야기되고 주변 환경이 파괴되면서 화학물질 관리의 중요성이 부각되어 국회는 화학물질의

---

60) 최근 공정거래위원회가 부과한 과징금에서 환급 및 감액이 과다하게 발생하고 있는바, 이는 법령상 과징금 부과에 관한 행위의 요건 및 유형이 불명확하여 공정거래위원회가 편의적으로 과징금을 부과하면서 초래된 문제라고 할 수 있다. 일선기관에서는 행정편의적인 입장에서 영업정지보다는 상대방과의 마찰이 적은 과징금을 부과하는 경향이 있고, 일부에서는 의무위반자에게 과징금 부과와 영업정지처분 중 택일하도록 하는 경우도 있다.

체계적 관리로 화학사고를 예방하기 위하여 '화학물질의 등록 및 평가 등에 관한 법률'을 제정하고 '화학물질관리법'을 전면적으로 개정했다. 당시 두 개의 입법에 포함되어 있던 과징금 규정이 기업의 존립 자체를 위협할 수도 있는 과잉 입법이라는 지적이 있어서 법사위 심사에서 두 개의 입법에 포함되어 있던 영업정지 갈음 과징금 규정 이외에 행정명령 위반 등 행정상 의무위반에 대한 과징금 규정을 모두 삭제(일부 사항은 영업정지 갈음 과징금 부과 대상으로 전환)하고 과징금 부과 수준도 대폭 하향했는데, 이에 대해 「환경노동위원회」에서 월권행위라고 반발하기도 했다. 나는 이 사례를 가지고 2018년 9월 '영업정지 갈음 과징금 제도의 문제점'이라는 칼럼을 썼다.61)

머니투데이

≡ 뉴스   증권   정치   법률   TOM   칼럼   자동차   연예   이슈   MT리포트

영업정지 갈음 과징금 제도의 문제점

머니투데이 | 정재룡 국회 수석전문위원

2018.09.17 18:24

| [the300][정재룡의 입법이야기]

2013년 국회는 화학물질의 체계적 관리로 화학사고를 예방하기 위하여 '화학물질의 등록 및 평가 등에 관한 법률'을 제정하고 '화학물질관리법'을 전면적으로 개정했다. 당시 구미 불산사고, 삼성전자 화학물질 유출사고 등이 잇따라 발생하여 인명피해가 야기되고 주변 환경이 파괴되면서 화학물질 관리의 중요성이 부각되어 국회는 그러한 차원에서 입법조치를 취한 것이었다.

61) 「머니투데이」 '더300', 2018.9.17

뜻밖에 국방대에 교육파견 나가다

나는 이사관 승진 후 3년 반을 기다려 겨우 전문위원이 되어 실력을 인정받았고 환청까지 들릴 정도로 열심히 했는데 어이없게도 2010년 1월 8일 임인규 사무차장으로부터 국방대학교 안보과정 교육파견을 통보받았다. 나는 이미 이사관으로 파견을 다녀왔다. 한 번도 파견 나가지 않은 사람도 있는데 같은 직급에서 두 번씩이나 파견을 보내는 것은 부당하다.

그래서 나는 당시 김영선 정무위원장에게 계속 근무할 수 있게 해달라고 부탁했다. 김 위원장은 내 부탁을 받고 임인규 사무차장을 불러 이유를 알아보기는 했지만 그 결정을 되돌릴 수는 없었다. 김 위원장이 일 잘하는 사람을 왜 교육 보내느냐고 물었더니, 임 차장은 국회를 대표해서 파견 보내는 것이기 때문에 특별히 실력 있는 사람을 선발한 것이라 대답했다고 전해 주었다. 그건 전혀 엉뚱한 대답으로서 국회 사무처 인사가 그처럼 원칙 없이 실시된다는 것을 보여준다고 생각한다. 나중에 들은 얘기로는 임 차장이 우리 입법고시 9회 동기 중 한 명을 국방대에 보낼 생각으로 나를 뺀 동기들을 불러서 물었더니 다 안 간다고 해서 나를 보내게 되었단다. 그런데 그런 의사결정 과정도 이상하다. 다른 사람들이 다 싫다면 내가 독박을 써야 한다는 것이 말이 되는가? 어쨌든 내가 그렇게 부당하게 파견을 다녀온 게 문제가 되어서인지 다른 동기들도 결국 다음해에 여기저기 파견을 다녀오게 되었다.

4.30년 경험을 통해 본 국회의 민낯 165

건설적인 토론을 즐기다

그렇게 해서 나는 2010년 2월 초부터 약 10개월간 국방대 안보과정에 다니게 되었다. 안보과정 동기들은 현역 대령급 군인 80여 명과 각 부처와 공공기관 등에서 참여한 120여 명 등 총 200여 명이었다. 교육 내용은 국방에 관한 것뿐 아니라 국정 전반에 관한 것으로 구성되었다. 약 9일간의 해외여행을 비롯해서 독도와 울릉도, 제주도, 백령도 등을 여행하는 것도 포함되었다. 학내에 골프 연습장이 있고 2만 원 정도의 비용으로 군 골프장을 이용할 수 있어서 안보과정은 '골프 아카데미'라고도 불렸다. 고위 공무원들의 인맥형성에 유리하다고도 할 수 있다. 그러나 나는 골프도 안 치고 인맥형성에 관심이 없기 때문에 별 매력을 못 느꼈다. 그저 공부나 열심히 하겠다는 자세로 다녔다.

10여 명으로 한 개의 분임이 구성되는데 처음 시작되는 뿌리 분임에서 분임원들이 내가 국회에서 왔다고 나를 분임장으로 선발했다. 그런데 다음 날 학교에 갔더니 뿌리 분임장은 자체적으로 선발하는 것이 아니라 학교에서 군인으로 이미 내정되어 있었는데 그걸 모르고 나를 분임장으로 잘못 선발한 것으로 드러났다. 그래서 나는 하루 뿌리 분임장을 하고 끝나고 말았다. 이어서 몇 개월 후 줄기 분임부터는 분임원들이 분임장을 선출하게 되었는데 그때 분임원들이 나를 선출해줘서 내가 정식으로 분임장을 하게 되었다. 나는 해외여행 나갈 때 열매 분임장도 하게 되었는데, 하루 뿌리 분임장까지 하면 나는 국방대에서 분임장을 3개나 하게 되었다.

나는 내가 분임장을 오래 한 줄기 분임에 제일 애정이 간다. 나는 우리 줄기 분임을 공부하고 토론하는 분위기로 만들었다. 분임실에서 종종 토론 시간을 가졌는데, 나는 해군에서 온 강희승 제독과 서로의 입장을 존중하는 건설적인 토론을 가진 것이 너무나 좋았고 이따끔 추억으로 되새기곤 한다. 또 인라인스케이트를 잘 타시는 분이 우리 분임의 지도교수가 되어 내 제안으로 인라인스케이트를 배우게 되었고 다른 분임과 시합해서 우리 분임이 이기는 일도 있었다. 나는 우리 분임 가족들과 같이 방학기간에 고창을 비롯한 담양, 보성, 순천 등 호남 여행을 기획하여 10여 명이 2박 3일 동안 즐거운 시간을 가지기도 했다. 우리 분임원들은 이후 만날 때마다 그때 너무 좋았다면서 다시 호남 여행을 하자고 말하곤 한다.

주한 일본대사와 맞장 떴다?

내가 국방대 시절 자랑스럽게 생각하는 것이 있다. 그해 3월 말에 주한 일본대사가 와서 우리 200여 명의 학생들에게 일본의 외교안보정책에 대한 특강을 했는데, 마침 그 특강 며칠 전에 일본 정부가 모든 초등학교 역사교과서에 일본의 독도 영유권 주장을 기술하기로 결정한 상황이었다. 나는 특강을 들으면서 그 문제를 그냥 묵과할 수 없다는 생각이 들어 특강이 끝난 후 질의 답변 시간에 일본의 독도 영유권 주장의 부당성에 대

하여 역사적 연원 등을 거론하며 조목조목 지적했다.62)

나는 당시 이 질문을 별 준비 없이 그 자리에서 거의 즉흥적으로 한 것인데, 끝나고 분임실에 돌아왔더니 한 사람은 내가 일본대사와 맞장을 떴다고 말했고, 다른 사람은 내 질문이 논리적으로 매서워서 일본 대사가 답변할 때 쩔쩔매는 모습이 보였다고 얘기해주기도 했다. 다른 분임의 한 사람은 문자 메시지로 "깊이 있고 조리 있고 점잖게 하신 질의 감동 먹었어요"라고 칭찬해주었다. 더욱 놀라운 것은 당시 특강에 참석했던 국방대 박창명 총장(육군 대장)이 내가 수준 높은 질의를 해 국방대의 품격을 높여주었다고 평가했다는 얘기를 듣기도 했다. 다음 날 오전에 우리 안보과정 학생회의 총무가 전체 학생들에게 그런 내용을 전달하기도 했다.

---

62) 올해는 한일강제병합 100주년이 되는 해입니다. 우리 한민족은 모두 일본에 의한 식민지배를 치욕으로 생각하고 있는데, 한일강제병합에 대해서 일본은 어떻게 생각하는지 모르지만 우리는 이를 일본의 한반도 무력침탈이라고 봅니다. 따라서 한·일 간의 우호협력관계를 구축하기 위해서는 한일강제병합에 대해서 일본의 진정한 반성이 필요하다고 봅니다. 그런데 최근에 일본정부는 모든 초등학교 역사교과서에 독도 영유권 주장을 기술하기로 했는데, 이는 매우 유감이라고 생각합니다. 일본의 독도 영유권 주장의 근거는 역사적으로 연원이 깊지 않고 러일전쟁 등 20세기 초의 한반도 무력침탈 시기와 연계되어 있습니다. 따라서 일본이 독도 영유권을 주장하는 것은 그 자체가 문제일 뿐만 아니라 한반도 무력침탈을 정당화하는 것으로서 우리는 이를 도저히 받아들일 수 없는 것입니다. 정권교체로 새로 출범한 일본의 하토야마 정부는 한일 과거사 문제를 전향적으로 접근하겠다고 했는데, 어찌하여 잘못된 독도 영유권 주장을 강화하는 것인지 이해할 수가 없습니다. 답변 부탁드립니다.

국회의 행정입법 통제제도의 발전방향

나는 국방대학교 안보과정의 논문으로 「국회의 행정입법 통제제도의 발전방향에 관한 연구」를 작성했다. 그때나 지금이나 국회는 행정입법을 검토해서 문제가 있으면 의견을 통보하는 수준에 그치고 있는데, 보다 발전된 방안을 강구할 필요가 있다. 2015년에 유승민 의원이 의견 통보가 아니라 시정 요구하는 내용의 국회법 개정안을 발의하여 통과되었으나 박근혜 대통령의 거부권 행사로 무위로 돌아갔고 지금도 마찬가지 상황이다. 나는 새로운 행정입법 통제방안으로 사전협의방식을 제시했다. 2008년 8월 가축전염병예방법을 개정하여 광우병이 발생한 나라의 쇠고기 수입 위생조건에 대하여는 미리 국회의 심의를 받도록 한 것이 사전협의방식의 대표적 사례이다. 이처럼 위임사항이 중요한 경우에는 행정입법 제정 전에 국회와 협의하도록 법률에 명시하자는 것이다. 이는 현재처럼 법적 구속력은 없지만 협의과정에서 상당한 토론이 이루어지고 그 과정에서 행정입법안의 문제점이 인정되거나 국회의 요구가 타당하다면 행정부는 이를 반영하게 될 것이므로 상당히 실효성이 있을 것이라고 본다.

이성남 의원과의 즐거운 식사

정무위원회에서 내 검토보고서를 극찬했던 이성남 의원은 내가 국방대에 파견 나갈 때 안타까워하면서 혹시 식사를 살 일이 있으면 자기를 부르라고 했었다. 그래서 나는 그분에게 연락해서 나랑 같은 분임원들에게 식사 한번 사줄 수 있는지 물었더니 흔쾌히 수락해 줬다. 그래서 우리는 그 의원과 즐거운 식사 자리를 가질 수 있었다. 지금도 고맙게 생각한다.

전문위원 컴백

나는 국방대 안보과정을 마치고 2011년 1월에 보건복지위원회 전문위원으로 발령 났다. 거기서 2004년에 내가 입법조사관일 때 전문위원으로 모셨던 김대현 수석전문위원과 다시 만나게 되었는데, 나는 식품의약품안전청 소관 업무를 맡았고 그 외에 보건복지부의 건강정책국 등 일부 부서의 법안 업무를 맡게 되었다. 내 밑에 입법조사관은 4명이었다.

의약품 등에 관한 것이니 전문지식이 필요한 분야이기는 하지만 내가 맡기에 큰 어려움은 없었다. 2년 차 전문위원으로서 서서히 경험과 노하우를 축적할 수 있었다. 식품의약품안전청의 예산 집행에 있어서 부적절한 관행을 지적하고 개선을 추진하는 의미가 있었다. 보건복지부 소관 업무는 내가 몇 개 부서의 입법 사항만 맡아서 부담이 크지 않았다. 보건복지부 차관과 어느 의원은 내가 수석전문위원보다 실력이 낫다는 덕담을 해주기도 했다. 어느 보좌관은 수석전문위원의 검토보고서와 비교할 때 내 검토보고서가 차원이 다르다고 말하기도 했다.

원칙허용 인·허가 법제의 문제점

종래 인·허가법제는 주로 "어떠한 영업·행위 등을 하려는 자는 요건을 갖추어 인·허가를 받아야 한다"는 방식으로, 개념적으로 기본권이 제한되어 있는 상태를 전제로 하고, 예외적으로 자유를 풀어주는 구조라고 할 수 있다. 그러나 헌법상 기본권은 우선 보장되어 있으며, 국가안전보장, 질서유지, 공공복리 등을 위하여 필요한 경우에 한하여 예외적으로 제한이 가능한 구조이다. 따라서 어떠한 행위를 할 자유는 원칙적으로 허용하는 것이 당연하며, 필요한 경우에 한하여 예외적으로 인·허가나 등록 등의 규제를 설정할 수 있도록 하되, 법정요건을 충족하면 반드시 인·허가를 해 주도록 법문을 구성하는 것이 헌법상 기본권 보장체계에 보다 충실한 방식이라 할 것이다.

이에 법제처는 인·허가 법제의 방식을 종래 "원칙금지"에서 "원칙허용"으로 전환하기로 하고, 소관부처와 협의를 거쳐 법률 개정대상 83건 중 2011년 말 기준으로 76건(의원발의 포함)을 국회에 제출했고, 제출된 법안 중 총 11건(법률 4개)이 국회 본회의를 통과했다.

법제연구회는 2011년에 법제처의 신상환 기획조정관을 초청하여 "인·허가 제도에 대한 원칙허용 입법"에 대하여 간담회를 가졌다. 법제처는 최소한의 인·허가 금지사항을 명시하고 그 외에는 모두 인·허가를 받을 수 있도록 함으로써 다양한 업종에 대한 인·허가에서 진입규제를 완화하고, 공무원의 재량 영역에 숨어 있던 불분명한 인·허가 기준을 국민 앞에 투명하게 제시하여 명시적 기준을 충족하면 반드시 인·허가를 하도록 규정함으로써 국민의 예측가능성을 제고할 수 있을 것이라고 밝했다. 이러한 긍정적 취지를 놓고 본다면 국회는 법제처에서 일괄하여 추진하는 이 법안들에 대해서는 깊이 들여다볼 필요도 없을 것으로 보인다.

그러나 어떤 일이든 명분과 실제가 부합하는 것이 중요하다. 아무리 그 의의가 훌륭하다고 하여도 실제로 법안의 조문이 그 의의를 잘 반영하고 있지 않다면 속 빈 강정에 불과할 것이다.

그런데 내가 2011년에 정부가 마련하여 국회에 제출한 76건을 살펴봤더니 무려 61건의 인·허가 금지사항에 "이 법 또는 다른 법령에 따른 제한에 위반되는 경우"란 조문이 들어가 있었다. 이는 포괄적인 규정으로서, 최소한의 인·허가 금지사항만 명시한다는 원칙허용 인·허가 법제의 취지에 부합하지 않는다. 법제처는 다른 법령의 제한 위반으로는 주로 「건축법」상의 무허가 건축물, 용도제한의 위반이나 「학교보건법」상의 학교환경위생정화구역에서의 제한 위반 등으로서, 모든 법령의 제한사항을 분석하여 열거하는 것이 곤란한 경우에는 그러한 규정이 필요하다고 설명했다. 설령 법제처의 설명을 받아들여 "다른 법령"의 경우는 인정하더라도 무려 61건에 "이 법"의 제한 위반도 구체적으로 열거하지 않고 포괄적인 인·허가 금지사항으로 규정하고 있는 것은 납득하기 어려웠다. 법제처는 금지사항을 최대한 구체화함으로써 불투명한 재량기준이 양산되지 않도록 해야 한다고 하면서도 이러한 포괄적 규정이 허용되는 이유를 알 수 없었다.

정부가 제출한 법안을 보면 보통 맨 마지막 호에 이러한 포괄적 규정을 두면서 그 앞에 구체적 인·허가 금지사항을 열거하고 있는데, 이러한 포괄적 인·허가 금지 규정은 구체적 인·허가 금지사항을 열거하는 의미를 퇴색시켜 버린다. 따라서 국회는 법안심사에서 적어도 "이 법(에 따른 제한에 위반되는 경우)"이란 조문의 필요성 여부를 엄정 검토해야 하고, 가능한 한 이 법의 제한사항을 모두 찾아 포괄적 인·허가 금지 규정 없이 직접 모두 열거하는 방식으로 수정할 필요가 있다. 또한, "이 법 또는 다른 법령에 따른 제한에 위반되는 경우"라는 조문은 설령 그 취지를 인정한다 하더라도 인·허가 금지사항에 대한 판단을 행정청의 재량으로 일임하는 방식이어서 문제가 있다. 따라서 적어도 대통령령 등에서 그 개념을 최대한 구체화할 수 있도록 위임하는 방식으로 수정하는 방안도 강구할 필요가 있다.63)

인·허가 법제의 방식을 원칙금지에서 원칙허용으로 전환하는 효과를 적극 확보하기 위해서는 그 대상을 적극 확대해야 할 것이다. 법제처는 당시 확정된 법률 개정대상 83건 이외에도 현행 인·허가 제도를 지속적으로 검토하여 그 범위를 확대할 예정이라고 했다. 그런데 당시 제출된 법안 중에는 그 법률의 중요한 사항의 인·허가는 제외하고 비중이 낮은 사항만 원칙허용으로 전환하고 있는 경우도 포함되어 있어, 정부가 원칙허용

---

63) 인·허가 금지사항에 대한 구체화를 하위법령에 위임하고 있는 사례를 보자면 「어선법」 개정안의 경우에는 "제1호부터 제3호까지의 경우 외에 어선의 효율적 관리를 저해하는 중대한 공익적 사유가 있는 경우로서 농림수산식품부령으로 정하는 경우"를 규정하고 있다.

인·허가 법제의 확대에 지나치게 소극적인 것이 아닌가 하는
의문을 갖게 했다. 예를 들어 「담배사업법」 개정안의 경우는
담배제조업의 허가는 제외하고 담배소매인의 지정만 원칙허용
으로 전환하고 있었다. 「사회복지사업법」 개정안의 경우는 사
회복지법인의 설립허가는 제외하고 사회복지법인의 기본재산
매도 등의 행위에 대한 허가만 원칙허용으로 전환하고 있었다.
따라서 국회는 법안 심사 시에 그 법률의 중요한 사항의 인·허
가를 원칙허용으로 전환하는 내용이 포함되어 있지 않다면 그
적절성을 엄정 심사할 필요가 있다.

왜 미용사법안은 통과되지 못했는가

보건복지위원회에서 가장 기억에 남는 일은 신상진 의원이
18대 국회 임기 1년여를 남겨둔 시점에(2011.5.16.) 발의하여
적극 추진했던 미용사법안에 관한 것이다. 그 법안은 공중위생
관리법에 포함되어 있던 미용사에 관한 사항을 분리하여 독립
법으로 추진하는 것이었다. 당시 법안심사소위원장이던 신상진
의원은 그 법안을 2011년 6월에 상정한 직후 관련 법안인 뷰
티산업진흥법안(이재선 의원, 2011.2.8.)은 제외하고 바로 소위원
회에 상정하여 속전속결로 통과시키려고 했다. 그러나 심사 도
중 미용사협회와 피부미용사협회의 갈등 문제가 제기되면서 불
발되고 말았다. 미용사법 단독 입법 추진이 여의치 않게 되자
신상진 의원은 이후 10월에 가서는 뷰티산업진흥법안과 통합
대안을 마련하여 미용사협회와 피부미용사협회의 갈등도 해소

하고 이용사도 포함하여 입법 추진하기로 방향을 선회했고 11
월 9일 오전부터 오후까지 대안을 계속 심사하여 의결까지 끝
냈다.

그런데 문제가 발생했다. 당일 심사과정에서 위임을 받아 입
법조사관이 보건복지부 관계자와 협의하여 체계자구를 정리하
다가, 미용기기 정의 규정에서 "질병의 진단 · 치료 목적이 아
닌"이라는 구절을 삭제한 안을 마련했었는데 그걸 보고할 시간
도 없이 소위원회가 종료되었다. 따라서 그 안은 법안으로 성
립되지 않은 것이다. 그런데 입법조사관의 실수로 그 안이 신
상진 의원실 비서관에게 전달되고 그것이 의료계에 넘어가는
일이 벌어졌다. 그렇지 않아도 의료계는 그 법안에서 미용기기
를 합법화하는 것을 반대하고 있었는데 거기다가 그 구절이 삭
제된 안이 전달되자 그것을 강력히 문제 삼았다. 일이 그렇게
되자 신상진 의원은 아예 미용기기 관련 규정을 모두 삭제하고
통과시키려고 했지만 의원들이 그건 실익이 없다고 반대했고
나도 반대 의견[64]을 내놓았다. 당시 내가 나서서 반대 의견을

---

64) ⦿ **전문위원 정재룡** 만약에 오늘 논의 결과 미용기기 제도를 삭제
하는 방안으로 해서 법이 제정이 된다면, 지난 6월에 제가 검토보고
시에 신상진 위원장님과 손범규 의원님 법안에 대해서 검토보고 드
린 것처럼 종래 공중위생관리법에서 미용사 또는 이번에 이용사까지
포함해서 별도 입법을 지금 만드는 그런 상황이 됩니다.

그 부분에서 제가 그때도 반대의견을 개진했고요. 지금 이와 관련
해서는 지난 6월에 법사위원회에서 특별법이나 개별법 형태의 입법
을 자제하는 대신에 기존 법질서 체계에 편입하는 방향의 입법이 필
요하다, 만약에 그렇게 개별법이 많이 방대해지면 법규범의 산재로
국민들의 불편과 혼란이 초래될 우려가 있다, 이런 입법 방향을 전
체 각 위원회에 주었고요.

애기한 것은 통과 가능성이 있다고 보았기 때문인데, 결국 그 법안은 통과하지 못했다.

심사과정에서 셀프 심사는 문제가 있다는 애기도 나왔다. 이 사례는 소위원장이라 하더라도 자기가 발의한 법안을 모두 통과시킬 수 있는 것은 아니라는 점을 보여주는 대표적인 사례라고 할 수 있다. 내용이 타당하고 여러 의원들의 공감을 얻을 수 있어야 입법이 가능하다고 볼 수 있다. 그런데 현재 국회 입법과정에서 보면 자기가 발의한 법안을 셀프 심사하는 문제가 다수 발생하고 있다. 그래서 나는 그런 문제에 대한 개선책을 강구할 필요가 있다고 보고 2017년 10월 '법안심사의 이해충돌 방지대책'이라는 칼럼을 썼다.65)

신상진 의원은 19대 총선에서는 낙선했지만 2015년 4월 재보궐 선거에서 당선되어 19대 의원이 되었는데 국회 재입성 이후 그해 6월 6일 현충원 참배식에서 우연히 나를 만나서 일성으로 그때 미용사법 때문에 19대 총선에서 낙선했다고 말하는 것이었다. 그렇다면 신상진 의원은 나 때문에 낙선했다고 나를 얼마나 원망했을까 그런 생각이 들기도 했는데 포용력이 있어서 그런지 이후 내 부탁도 들어주고 그런 것을 보면 나에

또 지금 의료계에서도 아까 행정부에서 애기한 것처럼 간호사법이라든가 각 직역별로 개별법 입법 요구가 있고, 공중위생관리법이 형해화되는, 무용지물이 되는 그런 우려가 있다는, 그래서 단지 이미용 기기 삭제만이 이 문제의 해결책은 아니다라는 게 또 의료계의 입장입니다.

65) 「머니투데이」 '더300' 2017.10.20.

대한 원망 같은 것은 없는 것 같았다. 그리고 그 법안이 진짜 필요한 법안이었으면 다시 입법을 추진할 수도 있었을 텐데 이후 재발의하지 않은 것을 보면 당시 입법이 안 된 것은 맞는 결과였다고 보인다.

머니투데이

법안심사의 이해충돌 방지대책

| [the300][정재룡의 입법이야기]   정재룡 국회 수석전문위원

[편집자주] 정재룡 국회 교육문화체육관광위원회 수석전문위원이 머니투데이 더300(the300)을 통해 전하는 국회와 입법 스토리

국회의 각 상임위원회에서 가결된 법안은 본회의에 부의되기 전에 법제사법위원회에서 체계·자구심사를 받는다. 필자는 2013년 1월부터 2년간 법제사법위원회에서 전문위원으로 일한 적이 있는데, 당시 농림해양수산위원회로부터 「도서지역 대중교통 육성 및 지원에 관한 법률안」이 회부되어 법안심사소위원회에서 세 차례 (2013.12.17., 2014.2.24., 2014.5.1.) 심사되었으나 가결되지 못하였고, 그 법안은 결국 임기만료로 폐기되었다.

이 법안의 쟁점은 적용 범위에 제주도와 연륙 도서를 포함할 것인지 여부였다. 원안에는 이 양자가 모두 제외되어 있으나 농림해양수산위원회의 심사과정에서 이 양자를 포함하는 것으로 수정되어 법제사법위원회에 회부되었다. 이는 소관 부처인 해양수산부의 입장이 반영된 것이라고 할 수 있다. 이에 대하여 기획재정부는 양자 모두 제외하여야 한다는 입장이었다.

빼자, 넣자, 바꾸자 7시간

내가 담당한 것은 아니지만 당시 보건복지위원회에서 있었던 재미있는 법안심사의 한 사례를 소개하기로 한다.

보건복지위원회는 2011년 3월 두 건의 한의약육성법 개정안 (윤석용 의원, 2009.12.21/최영희 의원, 2010.11.2.)을 상정하여 심사하게 되었다. 두 건 모두 그 법률 2조의 한의약에 대한 정의 규정에서 "한의학을 기초로 한"을 "한의학을 기초로 하거나 이를 현대적으로 응용·개발한"으로 개정하는 것이 주 내용이었다. 그런데 이 간단한 개정안에 대하여 한의업계와 양의업계 간에 첨예한 이해대립이 형성되어서 소위원회 심사를 4월과 6월 2번 했는데 총 6시간이 소요되었다. 쟁점은 "현대적으로"를 '빼자, 넣자, 바꾸자'였다. 소위원회에서 치열한 심사 끝에 "현대적으로"를 "시대발전에 맞게"로 바꾸게 되었다. 한의사들은 어떻게든 현내에 살아 있는 모습을 보이고 싶지만 의사들은 한의가 전통 속에 갇혀 있기를 바라기 때문에 "현대적으로"라는 표현을 수용하기 어려웠다고 할 수 있다.

그런데 그 법안은 2011년 6월 전체위원회에 와서도 다시 '빼자, 넣자, 바꾸자'가 반복되어서 1시간이 소요되었다. 이해봉 의원은 "시대발전에 맞게"가 법률 용어로 적합하지 않기 때문에 "과학적으로"로 바꾸자고 수정 동의했다. 현재 정가의 주역으로 활약하고 있는 이낙연 대표와 추미애 법무부장관도 당시 전체위원회에서 이 사안의 심의에 나섰다. 이낙연 의원은 "시대발전에 맞게"를 넣는 것보다는 빼는 것이 법률스럽고 시비의 소지를 최소화한다는 이유로 빼는 방안을 수정 동의했다. 추미애 의원은 약물의 오남용을 최소화시키는 것을 고려해야 하는데 그런 측면에서 "시대발전에 맞게"보다 수정동의안으로 나온

"과학적으로"가 더 낫다고 했다. 결국 빼자는 수정 동의와 "과
학적으로"로 바꾸자는 수정 동의를 놓고 표결한 결과 15명 재
석에 2 대 13으로 후자로 하기로 결정되었다. 이는 간단한 표
현이지만 이해관계가 개입된 사안이어서 오랜 시간 심사하게
되었고 그 결과 합리적인 절충점을 찾은 사례라고 할 수 있다.

일은 잘하는데

2012년 봄으로 기억나는데, 김대현 수석 방에 갔더니 유병곤
전 차장이 와 있었다. 그런데 그는 나를 보더니 "정재룡은 일
은 잘하는데…"라고 말하는 것이었다. 그래서 "내가 직장에서
일 잘하는 것이 제일 중요한 것 아닙니까?"라고 대꾸했더니 기
분 나빠하는 표정이었다. 나는 대수롭지 않게 넘기고 말았다.
그런데 이후 내게 무려 6년여간이나 끔찍한 모략과 만행이 자
행되었다는 것을 알게 된 후 돌이켜 보니 그날의 일이 뭔가를
암시하는 것 같다는 느낌을 지울 수가 없다.

인라인스케이트 동호회 창립

나는 앞서 얘기한 것처럼 50이 된 늦은 나이에 국방대에서
인라인스케이트를 배웠다. 2011년 국회에 복귀하면서 인라인스
케이트가 직원들과 일과 후 같이할 수 있는 좋은 운동이라고
보고 인라인스케이트 동호회 회원을 모집했더니 30여 명의 직
원들이 호응했다. 그즈음 과학기술부 장관 출신의 이상희 국립
과천과학관장이 70이 넘은 나이에도 불구하고 출퇴근은 물론

사무실에서도 인라인스케이트를 타는 모습이 방송된 적도 있다.

처음에는 점심시간 등에 국회 운동장에서 강사로부터 강습을 받는 시간을 가졌다. 어느 정도 탈 수 있는 상태가 된 후, 주중에는 퇴근 후 직원들과 서강대교 밑 인라인스케이트장에서 탔고 주말에는 가족들도 데리고 와서 같이 탔다. 나도 아들을 데리고 와서 함께 즐겼다. 물론 집에서도 마찬가지였다. 2013년 5월과 2014년 6월 두 번은 인천에서 열린「세계인라인스케이트대회」에 직원 및 가족들과 같이 참가했다.66)

중부일보

도심속 가족·친구와 즐거웠던 라이딩...
인천월드인라인컵 이모저모

○…'국회 인라인스케이트 동호회' 회원들이 인천월드인라인컵 2014 대회에 10km 비경쟁 부문에 참가, 송도국제도시 해안도로를 질주.

66)「중부일보」 2014.06.02.

당시 우리는 기록이 아니라 11km 완주가 목표였고 그것을 달성했다. 인라인스케이트를 탈 수 없는 겨울에는 가족들이랑 스키장에 갔다. 나는 원래 스키를 못 탔지만 인라인스케이트를 배운 후에는 스키도 배우게 되었다. 인라인스케이트부터 다 내 나이 50이 넘어서 시작한 것인데 아들과 같이하겠다는 생각 아니었다면 엄두를 내지 못했을 것이다. 아들은 스키 실력이 늘어 중급 코스도 잘 탔지만 나는 초급에서나 겨우 타는 수준에 머물렀다.

십자가 정신

2013년 1월 인사에서 동기들뿐 아니라 후배도 2명이나 수석이 되었는데 나는 승진하지 못했다. 심지어 특별위원회 수석 자리를 비워 놓고도 나를 승진시키지 않은 것이기 때문에 사실상 나는 수석 부적격자가 되어 버렸다. 인사 전에 주위에서 나를 도와주겠다는 사람이 있기도 했는데 그런 상황이 되어 버려서 이해할 수가 없었다. 동기 중 나이가 가장 어리고 외국에 있어서 3월에나 귀국하는 사람이 있었는데 그는 당겨서 승진시키기도 했다. 이후에도 승진 인사가 있었지만 나는 2년여간 승진하지 못했다.

나는 주위 사람들에게 내가 승진하지 못하는 이유를 물어보기도 했지만 아무도 대답해주지 않았다. 물론 그들도 이유를 몰랐을 수 있다. 이제 생각하니 내가 사무차장에게 찾아가 그 이유를 물었어야 했다는 생각이 들기도 하는데 난 그러지 않았다. 그러나 설령 물었어도 알려주지 않았을 것이다. 나는 아무 잘못 없는 내 이혼 전력 때문에 승진하지 못한 것이라고는 꿈에도 생각하지 못했다.

나는 내가 승진하지 못한 것은 이명박근혜 정권 때 극심했던 호남차별 때문이라고 생각했다. 당시 인사는 공공연히 호남 배제가 원칙이었다. 그것은 박근혜 정권 때 더 심화되었다. 온라인을 중심으로 호남 혐오 현상까지 나타났다. 그래서 어떤 사람은 박근혜 정권은 극심한 호남차별 때문에 성공하지 못할 것이라고 단언하기까지 했다.

나는 생각했다. '어차피 호남차별이 있다면 누군가 희생양이 필요하다. 그렇다면 누가 적임자일까? 호남 출신이라도 서울에서 대학을 나왔다면 그것이 탈색이 되는데, 나는 호남에서, 그것도 전남대를 나왔다. 그렇다면 내가 희생양이 되는 것이 맞다.' 행정부를 봐도 전남대 출신들이 승진도 못 하고 다 한직을 전전하고 있는 것이 보였다. '국회에서 나도 십자가를 지겠다.' 나는 그런 마음이 들었기 때문에 사무차장에게 찾아가 왜 승진시켜 주지 않느냐고 따지고 싶지 않았다. 이런 내 생각은 그저 막연한 추측이 아니었다. 내가 승진하지 못하는 이유가 고분고분하지 않기 때문이라는 얘기를 몇 사람에게서 듣기도 했기 때문에 그렇게 생각한 것이다.

나는 승진을 위하여 나의 철학을 내던지고 영혼을 팔아 굴종하고 싶지는 않았다. 비록 승진하지 못하더라도 공무원으로서 국가와 국민에 대한 봉사의 책무는 어느 직급에나 막중한 것이기에 오직 일에서 의미와 보람을 찾고 싶었다. 이순신 장군은 "장부가 세상에 태어나 쓰이게 되면 죽기로 임할 것이요, 쓰이지 못하면 들판에서 농사짓는 것으로 만족할 것이다. 권세 있는 곳에 아첨하여 한때의 영화를 훔치는 것 같은 것은 내가 제일 부끄럽게 여기는 것이다."라고 했다.

이후 나는 사무실 벽에 윤동주의 시 「십자가」를 붙여 놓고 아예 승진 포기 공무원(승포공)을 자처했다. 누가 내게 와서 승진 얘기를 하면 그런 얘기 하지 말라면서 화를 냈다. 난 이사관으로 정년퇴직한다고 말했다. 그것으로 충분하다고 생각했다. 나는 어차피 욕심 없는 사람이니 괜찮다고 생각했다. 그렇게 2년여를 보냈다.

법제사법위원회 전문위원으로 발탁된 사연

나는 2013년 1월 수석전문위원으로 승진하지는 못했지만 법제사법위원회 전문위원으로 발령이 났다. 법사위는 선호하는 곳은 아니지만 아무나 보내는 곳은 아니다. 처음에 나는 당시 임중호 수석이 새로 그곳으로 가면서 나를 원한 것으로 생각했다. 임 수석이 내게 전화를 했고 배종학 행정실장도 내게 찾아와서 그런 취지로 말했다. 이병길 사무차장에게 전보 후 인사차 갔더니 그는 중요한 자리이기 때문에 중량감 있는 사람으로 보냈다고 말했다.

그런데 나중에 들리는 얘기는 그게 아니었다. 박영선 위원장이 전임 이한규 수석을 신임했는데 그를 면직시키고 법사위에 처음으로 비고시 출신을 수석으로 발령 내니까 굉장히 부적절하다고 보고 당시 정진석 사무총장에게 항의했고 이후 전문위원은 실력 있는 사람으로 보내기로 한 끝에 내가 발탁되었다는 것이다. 그런데 이 인사가 이상한 것은 무슨 이유인지 나를 승진은 안 시키면서 실력은 있다고 인정한 것 아닌가? 아무튼 나는 승진은 못했지만 실력은 인정받아 중요한 위원회에 배치된 것이니 기쁘게 생각하고 열심히 일하기로 했다.

야당의 면죄부를 받은 황교안 후보자

법사위는 2013년 2월 28일 법무부장관 후보자 황교안에 대한 인사청문회를 개최했다. 황 후보자는 법무법인 태평양에서 17개월 동안 16억여 원의 급여를 받은 점, 장남에 대한 전세금 증여와 관련해서 차용증 작성과 후보자 지명 후에 증여세 납부는 모순되는 것으로 애초부터 증여한 것 아닌지에 대한 의문, 병역 면제와 관련한 의혹, 종교 편향성 등에 대한 지적을 받았다. 이 정도 문제는 다른 후보자라면 낙마도 가능하다고 볼 수 있었다. 그러나 황 후보자는 철저하게 낮은 포복으로 일관했고 그래서 그런지 야당은 예봉이 보이지 않았다. 종래 맹활약하던 박남매(박지원·박영선 의원)가 여전히 있었지만 박영선 의원은 위원장이어서 한계가 있었다. 연휴가 끝난 3월 4일 적격과 부적격 의견67) 병기 형식으로 경과보고서도 채택되었다. 내가 보

_____
67) 검사로 근무하는 동안 안기부 'X파일' 사건 등의 수사에서 재벌총수

기에 황 후보자는 전략을 잘 짰고 야당은 황 후보자의 전략에 넘어갔다. 야당은 그에게 사실상 면죄부를 주었다. 황 후보자는 그렇게 해서 무난하게 법무부장관이 되었지만 이후 국회에서 야당과 대립각을 세웠고 그 덕에 국무총리까지 올라가고 박근혜 대통령 탄핵 때는 대통령 권한대행까지 했다. 나는 이후 청문회에 서는 사람들에게 황교안처럼 하라고 조언했다.

제일 큰일을 했다

법사위에 가서 얼마 후 새 정부가 출범하면서 법률 정비에 필요한 입법조치가 추진되었다. 그해 3월 22일 정부조직법을 비롯해서 40여 건의 개정안이 전체위원회에 상정되었다. 당시

및 검찰 측에 대한 봐주기로 국민의 법 감정을 거슬러 편파수사를 했다는 지적과 후보자의 과거 수사경력 등을 볼 때 새 정부에서 공안정국 조성이 우려된다는 지적이 있었고, 공직을 떠나 법무법인에 근무하면서 많은 급여를 받은 부분은 전관예우로서 공직에서 쌓은 이력을 이용하여 부당한 사익을 취한 것으로 국민들이 바라는 공직자의 상에 부합하지 않으며, 지나친 종교 편향적 입장으로 공공성을 담보하지 못할 우려가 있다는 지적이 있었고, 투명한 사건처리 여부가 중요함에도 불구하고 법무법인에 근무하는 동안 담당한 사건 및 수임내역 등 관련 자료 제출 요구에 대하여 명확한 자료제출을 해태함으로써 의혹의 해소를 회피한 점, 5·16 쿠데타에 대하여 명확한 입장표명을 하지 않다가 추궁이 이어지자 교과서에 5·16 군사정변으로 나와 있는 것에 공감한다는 취지로 답변하는 등 역사관이 부족한 점, 다섯 번에 걸쳐 과태료를 체납하여 차량이 압류되는 등 준법의식이 결여된 점, 장남에게 대여한 전세자금에 대하여 후보지명을 받은 후 갑자기 증여로 전환하게 된 배경을 충분히 해명하지 못한 점, 병역면제 사유에 대한 구체적인 소명자료를 제출하지 못한 점 등을 고려해 볼 때 법무부장관으로서 필요한 준법성, 도덕성 등의 덕목을 갖추지 못한 것으로 부적격 판단된다는 의견이 있었습니다.

수석전문위원을 비롯해서 다른 3명의 전문위원이 대부분의 개
정안을 검토했고 나는 「정부대표 및 특별사절의 임명과 권한에
관한 법률」(정부대표법) 개정안과 다른 1건만을 검토했다. 정부
대표법 개정안은 외교부와 산업통상자원부 간 이견이 있어서
신중 검토가 필요하다고 보고했다.68) 심사가 급박하게 진행되

---

68) ◉ **전문위원 정재룡** 정부대표 및 특별사절의 임명과 권한에 관한
법률 일부개정법률안 검토보고를 드리겠습니다.

　개정안은 통상교섭사무를 외교통상부에서 산업통상자원부로 이관
하는 정부조직법 개정에 맞추어 통상교섭 목적의 정부대표 임명 및
통상교섭에 관한 지휘·감독 권한의 일부를 산업통상자원부장관에게
부여하는 것으로 체계와 자구에 대하여 검토한 결과를 보고 드리면,
정부대표 지휘·감독 시 외교부장관 경유 규정과 관련하여 당초 개정
안은 산업통상자원부장관이 정부대표가 진행하는 통상교섭을 지휘·
감독하도록 하면서 별도의 제한규정을 두지 않았는데, 소관위원회
심사에서 산업통상자원부장관의 지휘·감독 시 외교부장관을 경유하
도록 하는 내용이 추가되었습니다.

　외교통상부는 이에 대하여 '경유'는 산업통상자원부장관이 지휘·감
독권을 행사하는 구체적인 방법을 명시하는 것으로서, 지휘·감독에
있어서 기존의 외교정보통신망 등을 활용하도록 해야 하고, 통상교
섭 목적의 경우에도 정부대표의 활동에는 외교부와의 의사교환이 필
요하기 때문에 이러한 규정이 필요하다는 입장이고,

　지식경제부는 기존의 통신망 등을 활용하도록 하는 사항은 외교부
정보화업무처리지침 등 훈령을 통해 규정할 기술적인 것으로서 이를
법률에 규정하는 것은 적절하지 않다는 입장입니다.

　산업통상자원부장관이 '외교부장관을 경유하여' 통상교섭을 지휘·
감독하도록 하는 부분은 '경유'한다는 규정의 의미가 명확하지 않을
뿐만 아니라 지휘·감독마다 항상 외교부를 경유하도록 하고 있어 통
상기능을 총괄하는 산업통상자원부의 권한이 지나치게 축소될 수 있
고, 동등한 지위인 각 장관 간에 업무의 지휘·감독에 있어서도 경유
하도록 한 입법례를 찾아볼 수 없다는 점을 고려하여 신중하게 검토
할 필요가 있습니다.

　그 밖에 경미한 자구 수정은 표를 참조하여 주시기 바랍니다.

는 상황이기 때문에 나는 그 개정안에 대한 외교부와 산업통상
자원부 간의 이견을 절충할 수 있는 안을 미리 준비했고, 그날
회의에 참석한 두 장관이 회의 도중 위원장실에 가서 협의할
때 그 안을 제시해서 바로 타결이 되도록 했다.69) 회의에서 김
도읍 의원은 왜 검토보고서에 그 대안을 적시하지 않았느냐고
했다. 전체위원회에서 수정하는 급박한 상황이어서 나온 얘기
지만 사실 그것은 단순한 체계자구 문제가 아니어서 당시 그렇
게까지 하는 것은 어렵다고 봤다. 회의에서 의원들은 수정이
잘 되었다고 말해주었고 회의가 끝난 후 박영선 위원장은 오늘
내가 제일 큰일을 했다고 칭찬해주었다.

원칙과 소신

나는 검토보고에 있어 항상 원칙과 소신을 견지했다. 그래서
박영선 위원장이 2013년 1월 발의하여 그해 4월 상정한 사면
법이나 출입국관리법 개정안의 경우도 나는 원칙에 입각해서
시시비비를 가려서 의견을 제시했다. 특히 출입국관리법 개정

---

69) ◉ **위원장 박영선** 조금 전에 외교통상부와 지식경제부 사이에 약
간의 이견이 있었던 정부대표 및 특별사절의 임명과 권한에 관한 법
률 수정안이 마련되었습니다.
　말씀을 드리면 법사위에 회부된 그 개정안은 제11조 3항입니다.
'제6조 전단에도 불구하고 제1항에 따라 임명되는 정부대표가 진행
하는 경우에 통상교섭의 경우에 산업통상자원부장관이 외교부장관을
경유하여 지휘·감독한다'라고 되어 있었는데 지금 두 장관님께서 이
3항을 이렇게 합의를 해 오셨습니다. '산업통상부장관이 지휘·감독
한다. 이 경우 산업통상부장관은 미리 외교부장관에게 지휘·감독의
내용을 통보하여야 한다'라고 수정을 해서 오셨습니다.

안의 경우 박영선 위원장이 검찰이 출입국기록을 수집한 본래 목적 외로 악용하여 피해를 본 일이 있어서 제도적 보완이 필요하다고 발의한 것이지만, 나는 개정안처럼 출입국기록이 이용 또는 제공된 모든 경우에 일일이 해당 개인에게 서면으로 통지하도록 규정하는 것은 적절하지 않다고 보았다. 따라서 대안으로 출입국기록이 수사기관을 비롯한 다른 기관에 제공된 경우에 그 제공내역 등을 해당 개인이 열람할 수 있도록 규정하는 한편, '수사기관 외'의 기관에 출입국기록이 제공된 경우에는 그 제공내역을 지체 없이 해당 개인에게 통지하도록 하는 방안을 제시했다.

이러한 내 검토보고에 대하여 전체회의에서 최원식 의원은 내 의견이 인권보호 측면에서 접근하는 개인정보보호법의 취지와 어긋나게 기존 관례에 치우친 해석이라고 지적했고, 박영선 위원장은 개인정보보호법에 따르면 로그인 기록을 요청하면 해당 개인에게 주도록 되어 있는데 검토보고는 마치 그것이 안 되는 것처럼 오해의 소지가 있다고 지적했다. 둘 다 내 의견이 잘못되었다기보다는 관점의 차이라고 할 수 있다.

그런데 의아한 것은 소관 위원회 위원장이 발의했고 그만큼 의미 있는 개정안인데 발의 이후 소위원회 심사를 한 번도 하지 않고 임기 말 폐기되었다는 것이다. 그 이유는 잘 모르겠지만 아무튼 나는 내 검토보고에 큰 문제는 없었다고 생각한다.

차문호 사법등기국장과의 원원관계

법사위에서 법안 업무는 고유법과 체계자구 심사를 위한 다른 위원회 소관 법(타위법)으로 구분되는데 고유법은 대부분 법무부 소관이기에 전문위원들이 그것을 나눠서 맡고 타위법은 위원회별로 몇 개씩 나눠서 맡는다. 기관은 전문위원별로 하나 이상씩 나눠서 맡는데 나는 2013년에 대법원을 맡았고 2014년에는 감사원이 추가되었다. 내 밑에 입법조사관은 2명에서 시작해 4명으로 늘었다.

처음 가서 대법원 상대로 결산 검토를 서서히 시작하면서 내 업무 상대로 대법원의 차문호 사법등기국장을 만나게 되었다. 그는 부장판사였는데 나는 속으로 판사가 재판을 해야지 왜 이런 일을 하는 걸까 하는 생각이 들었지만 내색하지는 않았다. 그런데 나에 대한 그의 태도가 왠지 좀 가볍게 느껴졌다. 나를 경시하는 듯한 느낌이 들었다. 한번은 차문호 국장 일행과 회식을 하게 되었는데, 술이 좀 들어가서 그런지 우리 입법조사관 중 한 명도 차문호 국장이 굉장히 높은 분이니까 예우를 해줘야 한다는 듯 말했다. 어이가 없었다. 내가 이런 상황을 타개하려면 일로 승부할 수밖에 없다고 생각했다. 검토보고서를 충실히 작성하겠다고 작심했다. 물론 나는 설령 그에게 경시당하지 않았더라도 당연히 그렇게 했을 것이다.

나는 2012년도 대법원 소관 결산 검토보고서를 그해 결산심사가 11월까지 늦어지면서 무려 5번이나 수정해서 완성했는데, 그전 검토보고서보다 분량도 많이 늘었지만 내용을 훨씬 깊이 있게 작성했다. 나는 검토보고서 작성과정에서 소관 부처와 충분히 협의하되 확정 전에 최종본을 보내주지 않는 것이 맞다고 생각한다. 나는 입법조사관 때 그렇게 일했다. 그러나 내가 전 문위원이 된 후 내 밑의 입법조사관들은 나와 생각이 다른 경 우가 많았다. 그 경우 나는 입법조사관들의 의견을 따랐다. 그 래서 2012년도 대법원 소관 결산 검토보고서도 확정하기 전에 차 국장에게 보내주게 되었다. 밤늦게 보내줬는데 다음 날 차 국장이 새벽같이 쫓아왔다. 한숨도 못 잤다고 했다. 나를 경시 하던 태도는 사라지고 애걸복걸 매달리면서 어떻게든 대법원의 입장을 반영하기를 원했다. 나는 지적한 것이 너무 많았기 때 문에 차 국장이 원하는 것 몇 가지는 들어주기로 했다.70) 그것 들을 제외해도 내 검토보고서는 여전히 충실했다. 우리가 열심 히 일해서 많은 것을 갖고 있으면 그만큼 여유가 생기는 것이 다. 2년 동안 대법원 소관 예산안과 결산 검토 업무를 하면서 그런 기조로 일했다. 차 국장도 내게 최선을 다했다. 내 검토보 고서가 여러 가지 지적사항이 많아 충실한데도 우리가 좋은 관 계를 유지할 수 있었던 것은 그 때문이었다. 나보다 앞서 대법 원 소관 업무를 했던 전문위원 중에 대법원과 관계가 안 좋아 1년여 만에 옮기게 된 사람이 있었다. 그는 자기가 검토보고서 에서 지적을 많이 해서 그런 일이 벌어졌다고 했지만 그를 비 롯하여 어느 누구와 비교해도 내 검토보고서가 양도 많고 질도 우수하다고 자부한다. 차 국장은 차한승 법원행정처장이 내 검 토보고서를 예산 교과서라고 칭찬했다고 전해줬다. 차 국장은

---

70) 대신 그 문제점을 개선하기로 약속을 받았다.

내가 대법원의 예산행정의 개선에 크게 기여했다고 말했다. 차국장은 실력 있고 인품이 훌륭하고 업무에 최선을 다했다. 그는 내 검토보고서의 내용뿐 아니라 내가 전체 회의에서 구두로 검토보고할 때도 표현 하나하나를 신경 써서 좀 더 완화된 표현을 써주기를 부탁했다. 나는 그것이 단지 법원행정처장에게만 좋은 것이 아니라 내 검토보고서의 가치를 살리는 의미가 있기 때문에 긍정적으로 생각하고 반영해 주곤 했다.

양승태 대법원장의 입법 로비가 의심되다

2013년 6월 20일 사법정책연구원을 설립하는 내용의 법원조직법 개정안(김학용 의원, 2013.5.27.)이 법사위에 상정되었다. 이건 누가 봐도 대법원의 청부입법이라고 할 수 있다. 그런데 기획재정부, 법무부 등에서 반대하고, 2달 전까지 발의한 법안만 상정하는 것이 원칙인데도 한 달도 채 안 된 법안을 서둘러 상정하는 것을 볼 때 의원들이 이미 통과시켜주기로 합의한 것 같았다.

하지만 나는 그런 것에 개의치 않고 그 법안의 여러 문제점을 지적하여 신중히 검토할 필요가 있다는 의견을 냈다. 내 검토보고서를 본 어느 법무부 간부가 나를 찾아와서 자기들도 반대하지만 목소리를 내기가 쉽지 않은데 내가 조목조목 문제점을 지적해줘서 매우 고맙다고 인사하고 갔다. 매우 이례적인 일이었다.

당시 소위원회 회의록을 보면 전해철 의원은 내가 지적한 4

가지 문제점71)이 다 맞는다고 했지만 적극 반대하는 입장은 아니었다. 다른 의원들은 통과시키는 것은 이미 정해졌고 혹시 나중에 너무 졸속으로 통과시켜줬다는 비난을 면하기 위하여 일부러 충실히 심사하는 모양새를 갖추려는 정도였다. 실제로 이 개정안은 법사위 상정 10여 일 만인 그해 7월 2일 본회의를 통과했다. 발의를 기준으로 하더라도 한 달여 만이기 때문에 극히 이례적인 일이다. 사소한 내용의 법안이나 국가적으로 중요한 법안 등 사례가 없지는 않겠지만 이처럼 반대가 있는 법안이 졸속 처리된 것은 찾아보기 어려울 것이다.

문재인 정부에서 양승태 대법원의 사법농단이 드러나 현재

---

71) ● **전문위원 정재룡** 검토보고 요지요? 말씀드리겠습니다.

4쪽을 보시면 첫째, 사법부에 의한 사법정책연구의 위험성 부분이 되겠습니다. 사법부가 직접 연구기관을 설립해서 운영하는 부분이 되기 때문에 객관성과 공정성 부분, 연구의 독립성과 중립성에 의심 되는 부분이 초래될 수도 있고 만약에 중장기적인 사법정책 변화를 주도하는 방식으로 연구기관이 운영된다면 정치적 논란에 휘말릴 가능성도 제기될 수 있겠습니다.

둘째로 종래의 사법연수원 또는 계속 운영되고 있는 법원공무원교육원 이런 기관들이 있는데 사법부에 지금 연구기관을 별도로 설치하면 교육과 연구기관이 3개가 운영되는 좀 과다한 측면이 있고요. 미국의 예를 지금 벤치마킹하는 의미가 큰데 연방사법센터(Federal Judicial Center) 같은 경우도 3개 기능, 연구와 법관 그다음에 공무원 교육, 이 3개 기능을 다 FJC에서 통합해서 운영하고 있는 그런 측면이 있습니다.

또 인력운영 문제 같은 경우에 보면 일단 안 형태입니다마는 저희가 보기에 판사 중심으로 운영이 되는 그런 측면이 보이기 때문에 그 경우에 특히 더 연구기관으로서의 중립성과 독립성에 대한 우려와 염려가 제기될 수 있겠습니다.

네 번째로 연구영역의 중복 문제는 앞에서 반대 의견에 나온 내용과 같은 사항이 되겠습니다.

재판을 받고 있는데, 나는 이 법원조직법 개정안도 그 일종으로 본다. 당시 양승태 대법원장이 직접 나서서 로비를 하지 않고는 거의 불가능한 일 아닌가 한다. 그게 사실이라면 이것도 심각한 문제가 아닐 수 없다. 소위원회 심사 때 소위원장이 유달리 나중에 졸속으로 통과시켜줬다는 비난을 피하고 싶다는 언급을 하면서 모양새를 갖추려고 한 것부터가 의심스럽다. 무언가 매우 부적절한 것이 개입되지 않았다면 그럴 이유가 없다. 만약 대법원장이 직접 의원들에게 입법 로비를 했다면 어떻게 재판의 공정성이 담보될 수 있겠는가? 또 하나의 재판거래가 아닐 수 없다.

전문위원 서열을 조정하다

당시 법사위에는 검찰과 법원에서 각각 부장검사와 부장판사가 와서 전문위원을 하고 있었다. 그래서 수석전문위원을 제외하고 전문위원이 나까지 세 사람이었다, 그런데 전문위원 간의 서열이 부장검사 전문위원, 국회 사무처 전문위원, 부장판사 전문위원 순서로 정해져 있었다. 나는 이게 문제가 있다고 봤다.

실제로 당시 부장검사 전문위원은 서열을 의식해서 나를 무시하는 행동을 하기도 했다. 나이도 어리고 외부에서 오는 부장검사에게 제1전문위원 자리를 양보할 이유가 뭔지 알 수가 없었다. 과거 2002년에 검찰에서 수석전문위원이 오던 것을 전문위원 자리로 강등시키면서 그렇게 된 것인데, 이후 오랜 세월 동안 그것에 아무도 이견이 없었다는 것이 의아했다. 나는 조정이 필요하다고 봤다. 그래서 임중호 수석에게 건의했고 임 수석이 내 건의를 받아들여 2014년 2월 부장검사가 검찰로 복귀한 후 내가 제1전문위원 자리로 이동하게 되었다. 나는 그 일을 추진할 때 검찰에서 반대했을 뿐 아니라 심지어 당시 부장판사 전문위원도 반대했었다는 얘기를 나중에 임 수석에게서 들었다. 나는 혹시 당시 여당에 많이 포진하고 있던 검찰 출신 의원들에게서 무슨 얘기가 나올지도 모른다고 생각했는데 그런 일은 없었다. 쉽지 않은 일이라고 생각했지만 무난히 성사된 것이다.

전문성이 탁월하다

「서울신문」에 '공직열전'이라는 코너가 있는데, 2014년 5월 22일 국회 상임위원회 전문위원들을 소개하는 기사가 나왔다. 내가 기자에게 기본적인 자료는 주었지만 생각보다 잘 나왔다. 내가 대법원의 차 국장에게 그 기사를 자랑삼아 얘기했더니 자기 생각에는 그 정도는 약하게 나온 것이고 자기를 취재했다면 기사가 더 잘 나왔을 것이라고 나를 띄워주었다. 기사 중에 '버티고'라는 표현이 있는데 그것은 내가 동기들 다 승진할 때 승진도 못 하고 있는 상황을 그렇게 표현한 것이라는 생각이 들었다. 이후 나는 '버티고'라는 표현을 좋게 생각하게 되었고 사람들에게 나는 고등학교를 고창고와 버티고 두 군데 나왔다고 말하곤 한다. 2018년과 2019년에 책을 발간할 때도 그 표현을 사용했다. 기사 내용은 다음과 같다.

"국회 사무처 출신으로 법사위에 버티고 있는 정재룡 위원은 재경위와 법사위에서 조사관으로, 법제실에선 과장으로 일했다. 국회 업무의 양대 축인 법제와 예산 분야를 모두 거쳤다. 과묵하면서도 명쾌한 결론을 제시하는 검토보고서 등 법제 분야의 전문성이 탁월하다. 꼼꼼함과 균형 감각으로 연구모임인 법제연구회를 이끌어 왔다. 지난해 만든 대법원 소관 예산안 및 결산 검토보고서는 대법원에서 '예산 교과서'란 호평을 받았다."

폭로로 배 째라 감사원을 굴복시키다

2014년부터는 내가 감사원도 맡게 되었는데 내 업무 상대인 문호승 기획조정실장은 업무 협조가 원만하지 않았다. 자료를 달라고 하면 잘 주지를 않았다. 그래서 나는 내가 지난해부터 대법원을 맡고 있는데 대법원처럼 서로 윈윈하는 방향으로 가자고 설득했다. 그런데 사실 감사원은 의원들이 국정감사 때 자료를 요구해도 잘 안 주는 것으로 유명했다. 그러니 전문위원은 무시해도 된다고 생각한 것 같았다.

나는 이왕 감사원을 맡았으니 감사원의 주된 기능인 감사가 체계적으로 실시되는지를 점검해 보고 싶었다. 감사계획이 충실하게 수립되어야 감사가 잘 실시될 수 있고 그렇게 해서 감사가 실시되고 나면 그 결과가 잘 이행될 수 있도록 해야 한다. 그래서 감사원에 전년도 감사계획을 제출해 달라고 요구했다. 감사계획이 잘 수립되었는지 그리고 감사가 그것을 준수해서 실시되었는지 점검하기 위한 것이었다. 그런데 감사원은 감사정보 보호 등을 이유로 차일피일 미루면서 자료를 제출하지 않았다. 마지막에 가서는 전화도 받지 않았다. 배 째라 행태를 보인 것이다. 입법조사관을 통해서 분명히 경고했는데도 그랬다. 나는 도저히 묵과할 수 없었다. 2014년 7월 7일 2013년도 감사원 소관 결산을 전체위원회에 상정했는데 나는 회의에서 그 문제를 다음과 같이 폭로했다.

"감사계획 등 자료 제출 거부 문제입니다. 감사원은 아래 표에서 보는 바와 같이 감사정보 보호 등을 이유로 감사계획 등 관련 자료의 제출을 거부하고 있는 상황이나 이러한 감사원의 입장은 관계 법령에 부합하지 않으며 국회의 결산심사권을 침해하는 것입니다. 감사원은 성과보고서상의 실적치 등의 정확성을 확인할 수 있는 자료도 전혀 제출하지 않고 있습니다. 전문위원의 예·결산 검토는 실무상 긴밀한 협력관계에서 진행되는 것이고 이와 같은 자료 제출 거부는 전례가 없습니다. 이에 대해서는 유감스럽게 생각하며 오늘 회의 모두에서 위원장님께서 말씀하신 것처럼 시정조치가 있어야 할 것입니다."

나도 이와 같은 일은 처음이라 내 폭로가 어떤 파장을 낳을 지는 알 수 없었다. 그러나 나로서는 완전 무시당하는 상황에서 그냥 넘어갈 수는 없었다. 문 실장이 내게 찾아와서 봐달라고 양해라도 구했으면 그렇게까지 하지는 않았을 것이다.

그런데 놀랍게도 회의장 분위기가 완전히 내 편을 드는 방향으로 전개되는 것이었다. 이상민 위원장과 야당 의원들뿐 아니라 여당 의원 중에 이한성 의원도 자료 제출을 거부해서는 안 되고 투명하게 해야 한다고 나를 거들었다.72) 감사원을 두둔하고 나를 비판하는 의원은 아무도 없었다. 황찬현 감사원장은 무척 당황한 표정이었다. 아마 직원들이 자신에게 보고도 하지 않고 특별히 제출하지 않을 이유가 없는 자료를 제출하지 않아서 사달이 난 것이니 이해하기 어려웠을 것이다. 결국 감사원은 백기를 들었고 당일 회의 도중에 전년도 감사계획을 제출했다. 나는 감사원이 자료를 그렇게 빨리 제출하리라고 예상하지는 못했다.

나는 감사원으로부터 전년도 감사계획을 제출받아서 더 철저하게 결산 검토를 진행할 수 있었다. 그러나 전년도 감사계획을 제출받기 전후로 크게 달라진 것은 없었다. 그래서 문 실장이 전년도 감사계획을 순순히 제출하지 않은 이유가 잘 납득되지 않았다. 그저 그동안 감사계획을 편의적으로 운영해 왔는데 국회에 전년도 감사계획을 제출하면 그게 어려워질 것 같아서 그런 것 아닌가 생각되었다. 예를 들면 감사계획을 세워놓았다가 로비를 받고 제외해 주는 경우도 있었을 것이다. 실제로 그해 7월 한 감사관이 평택 포승2 산업단지 감사 무마 대가로

---

72) ● **이한성 위원** 그래서 이런 것은 투명하게 하면 다 일이, 오해를 받거나 이런 일은 없을 것으로 생각이 듭니다. 너무 처음부터 강한 질타를 받은 데 대해서 적절한 시정을 해 주시면 감사하겠습니다. 그리고 전문위원께서는 감사계획을 세워 놓고 또 나중에 한 40% 정도가 계획에 맞지 않게 다른 임시감사를 했다, 특별감사를 했다 이런 지적을 뒤에 적어놨대요. 그런 것을 질책을 받는 것도 좀 부담스럽고 또 피감기관이 빠져나간 데 대한 해명도 어렵고 이래서 아마 이런 계획을 제출하지 않은 것 같은데 앞으로 시정 잘 하시리라 믿고.

뇌물을 받고 구속되었다. 7월 7일 전체 회의 때 이한성 의원이 피감기관이 빠져나간 것에 대한 해명이 어렵다고 한 것은 그런 점을 시사한 것이라고 볼 수 있다.

그날 김도읍 의원도 2013년 4월 8일~19일 '대형재난 예방 및 대응 실태' 특정감사에서 감사원이 해양재난의 경우 선박안전 점검 및 특별 점검의 적정성에 대해서 감사를 하기로 계획해 놓고 실제는 하지 않아서, 감사원의 이런 엉터리 부실 감사가 세월호 참사를 불렀다고 지적하였다. 그러면서 이에 대해서 감사가 돼야 하고 아니면 수사가 이루어져야 한다고 했다.[73] 과거에 그렇게 해온 것까지 내가 문제 삼는 것은 나로서는 한계가 있다고 보고 더 이상 들어가지는 않았다. 앞으로는 그런 문제가 크게 개선되리라고 생각했다. 따라서 그동안 아무도 생각하지 못했거나 아니면 감사원의 거부로 제출받지 못했던 전년도 감사계획을 내가 과감하게 공론화해서 제출받은 것 자체가 의미 있는 일이었다. 이번 일이 감사원이 감사계획 수립부터 감사를 충실히 할 수 있도록 하는 계기가 되었을 것이기 때문이다. 감사원은 감사계획을 수립할 때는 감사위원회의의 의결을 거치지만 이를 변경할 때는 그런 절차를 거치지 않는 것으로 드러나서, 나는 변경할 때도 감사위원회의의 의결을 거치도록 요구했다. 이틀 후 소위원회 심사에서 임내현 의원이 전문위원이 지적을 잘 했다면서 특히 감사계획과 성과감사에 대

---

73) 감사원이 제출한 2013년 감사계획 중 미실시 리스트에 "해운 및 해양안전 관리실태"가 포함되어 있다.

한 지적이 의미가 있다고 언급했다.

감사원 관계자가 후임 전문위원을 걱정한 이유

나는 2015년 감사원 소관 예산안에 대해서도 충실히 검토해서 양과 질에서 모두 압도적인 검토보고서를 내놓았다. 감사원의 기획예산담당관은 내가 모든 것을 다 포함시켜놔서 내 뒤에 오는 전문위원은 뭘 지적해야 할지 어려워질 것 같다고 말했다. 우리가 최선을 다해 일하면 그것 자체로 좋은 것이지 후임자를 위해서 적당히 일한다는 게 말이 안 되는데 아무튼 그는 너무 지적을 많이 받다 보니 그런 말까지 하게 된 것 같다. 아마 탈탈 털렸다는 생각이 들었나 보다. 11월 10일 전체위원회에서 우윤근 의원은 내가 감사위원의 독립성 문제 등에 대하여 지적을 잘 했다고 거듭해서 칭찬했다.74)

---

74) ◉ **우윤근 위원** 혁신위원회에서, 국회 전문위원도 검토보고서 총론 부분에 보니까 지적을 제대로 잘하고 있다고 생각해요. 저는 혁신위원회에서 감사원의 기능이 독립성을 제대로 구축해야 된다고 봅니다. 이게 원장의 가장 중요한 일입니다. 권력형 비리를 제대로 가감 없이 도려내고 감사원이 추상같은 기능을 갖지 않으면 어렵다고 보여져요.

그런데 감사위원 구성을 여기 너무, 저도 지적하려고 했는데 전문위원이 잘 지적했어요. 감사위원들의 대부분이 감사원에서 그대로 올라가는, 물론 연속성과 전문성이 있다고 하지만 독립성을 갖출 수 있겠느냐 또 감사위원이 차관급입니다마는 하는 일은 굉장히 중요한데 국회 동의 없이 그냥 감사원장이 제청해서 대통령의 임명만으로 되는 시스템 같으면 제대로 독립성을 갖추기 어렵다 이 지적을 하고 있거든요. 이거는 우리 국회 전문위원이 제대로 본질적인 부분을 짚고 있다…….

감사 운영 전 과정의 투명성 제고에 기여하다

감사원은 2014년 국정감사에서 여야 의원들로부터 호되게 당했다. 거의 융단폭격을 받았다. 먼저 야당 의원들은 국정감사 시작 전에 기자회견을 갖고 감사원이 자료를 제출하지 않아 국정감사를 할 수 없도록 했다고 규탄했다. 감사원의 자료 미제출은 연례적인 것이었지만 그해는 특히 심했기 때문에 그런 일이 벌어졌다. 이춘석 의원은 20여 일 전 요구한 90여 건의 자료를 하나도 제출하지 않다가 국정감사 전날 일부를 가져와서 모두 수령을 거부했다고 밝혔다. 우윤근 의원은 당일에야 제출했다고 말했다. 야당 의원들은 이를 국정감사 방해 행위라고 규정했다.

여당 의원들은 그해 7월 보도된 두 명의 감사관의 수뢰 사건을 비판했다. 한 명은 철도시설부품 업체들로부터 6년 동안 2억 2,000만 원의 뇌물을 받았고 또 다른 한 명은 평택 포승2산업단지 감사 무마 청탁과 코스닥 상장과 관련해서 5억여 원의 뇌물을 받았다. 의원들은 이 두 건이 6년에서 3년에 걸쳐서 자행된 것으로서 구조적인 유착관계가 원인이라고 봤다. 박민식 의원은 감사관이 다리, 철도, 도로, 철거 등 각 업체마다 문

또 감사위원회, 감사위원회가 저희들이 보면 감사계획 변경도 수시로 그냥, 어떻게 보면 자의적으로 이루어지는 감이 있고 또 감사위원회가 투명하지 않고, 공개를 원칙으로 하면서도, 여러 가지 문제가 있는데 제가 이거 지적하려고 했는데 국회 법사위 전문위원들이 검토보고에 지적을 해 놨더라고요.

어발식으로 뇌물을 받았는데, 인·허가권도 없는 감사원의 공무원이 피감기관 공무원이 아니라 민간인, 민간기업으로부터 거액의 뇌물을 받은 것은 충격적인 일이라고 말했다.

그래서 여야 의원들은 감사원이 이대로는 안 되고 특단의 대책이 필요하다며 법사위에 감사원 개혁을 위한 특별소위나 TF를 설치해야 한다고 주장했고, 감사원에 특단의 기구를 설치해서 쇄신을 추진해야 한다고 요구했다. 종합감사 때는 감사원에서 선제적 조치를 해달라고 요구하기도 했다. 이에 감사원은 그해 12월 1일 감사과정의 투명성과 직원의 청렴성 강화 등을 추진하기 위하여 감사혁신위원회를 구성하여 1년여 동안 운영했다. 이 감사혁신위원회에서 가장 중요하게 다뤄진 것이 내가 결산 검토 때 지적한 감사 운영 전 과정의 투명성 제고이다. 감사원은 이 감사혁신위원회 운영을 통해서 감사계획(연간감사계획서)을 감사원 홈페이지를 통해 공개하기로 했고 감사계획의 수립과 변경 과정에 모두 감사위원회의의 의결을 거치도록 했다.

공용수용 관련 입법에 대한 통제체계 구축에 기여하다

나는 2014년 2월, 민간사업자가 어항의 육역(陸域)에 관한 개발사업에 필요한 제3자의 토지 등을 사용·수용할 수 있도록 하는 내용의 어촌·어항법 개정안(정부, 2013.12.27.)에 대하여 수정의견을 냈다. 토지 등의 사용·수용은 헌법이 보장하는 재산권에 대한 중대한 제한으로서, 사업의 공익적 목적과 그로 인해 제한되는 사익 사이의 비교형량에 따라 정당화될 수 있는 경우에만 허용된다고 봐야 한다. 그런데 민간사업자가 수행하는 '어항개발사업'이 가지고 있는 공익적 목적은「공익사업을 위한 토지 등의 취득 및 보상에 관한 법률」(이하 '토지보상법')에서 규정하고 있는 여타 공익사업들과 비교해 볼 때, 사업대상 토지 소유자의 사익 침해를 정당화할 만큼 크다고 단정하기 어렵다. 나는 법안에 문제가 있다고 봤지만 그렇다고 그 사항에 대한 전면적인 삭제 의견을 내기는 어렵다고 보았다. 대신 민간사업자에 대하여는 국가 등의 경우에 비해 토지 등 사용·수용요건을 강화하고 있는 연안관리법 등의 입법례를 참조하여, 민간사업자는 "어항개발사업 대상 토지면적의 3분의 2 이상에 해당하는 토지를 소유하고 토지 소유자 총수의 2분의 1 이상에 해당하는 자의 동의를 받아야" 토지 등을 사용·수용할 수 있도록 하는 내용을 추가하는 의견을 냈다. 소관 부처인 해양수산부도 내 수정의견을 수용하였고 나아가 해양수산부는 해당 토지 소유자의 이주대책 등의 문제가 있는 경우 갈등의 여지를 최소화할 수 있도록 수정의견과 같이 사전 동의를 요건으로 할 필요가 있다고 밝혔다. 그 개정안은 그렇게 통과됐다.

공용수용은 공익사업을 위해 개인의 토지 등 재산권을 강제적으로 취득하는 제도인데, 21세기 들어서 공익적 필요성이 인정되기 어려운 민간 수익사업에까지 수용권이 부여되는 입법이 양산되어 왔다. 이로 인해 한 해에 추진되는 토지수용을 통한 개발사업이 2만여 건에 달하고, 수용에 반대하는 주민들의 저항과 공권력의 강제집행에 따른 사회적 갈등이 증가하게 되었다. 언론은 공용수용제도를 '합법적인 국민재산권 강탈제도'라고 비판하기도 했다.

그런데 2014년 10월 헌법재판소는 고급골프장 등의 조성을 위한 수용권 부여에 대하여 헌법불합치 결정을 했고, 2015년 3월 대법원은 휴양주거단지 개발을 위한 인가처분과 수용재결을 무효 판결했다. 이들 판결은 종래 개발편의 위주의 공용수용제도의 패러다임을 국민의 재산권 보호를 강화하는 방향으로 전환하는 획기적 의미가 있다.

2014년 2월 어촌·어항법 개정안 검토보고를 통해 민간사업자에게 공용수용권을 허용하는 입법에 대한 문제의식을 갖게 된 나는 2015년 9월 법제연구회의 세미나를 통해 이 문제를 논의했다. 이어서 추가 연구를 통해 공용수용 입법에 대한 통제체계를 구축할 필요가 있다고 판단했다. 나는 그 내용을 「내일신문」에 기고했다.이어 나는 신문 기고문 등 자료를 준비해서 당시 국토교통위원회 야당 간사인 정성호 의원에게 찾아가서 이 문제에 대한 입법조치가 필요하다고 말했다. 정 의원은 자신도 그 문제를 고민하고 있었다고 하면서 내 애기를 긍정적으로 받아들였다. 정 의원은 그해 10월 토지보상법 개정안을 발의했고 그해 12월 통과되었다. 개정안은 개별법에서 수용권을 신설할 때 그 사항을 토지보상법 별표를 개정하여 명시하지 않으면 효력이 없도록 했다.

공용수용권 입법에 대한 이러한 통제체계가 2015년 12월 도입된 이후 5년 가까이 지난 지금까지 '공용수용권' 입법현황을 살

ⓝ 내일신문

뉴스 | 오피니언 | 내일스페셜 | 자료실

정재롱 국회 교육문화 체육관광위원회 수석전문위원

[기고] 공용수용 입법에 대한 통제체계 구축해야

2015-09-11 10:51:17 게재

공용수용이란 특정한 공익사업의 시행을 위해 법률에 근거하여 개인의 토지 등 재산권을 강제적으로 취득하는 제도인데. 현재 공용수용권은 이에 관한 기본법인 '공익사업을 위한 토지 등의 취득 및 보상에 관한 법률'(이하 '토지보상법') 이외에 113개 법률에 방만하게 허용되고 있고 이들 법률의 집행업무는 거의 대부분의 부처에 나뉘어져 있다.

토지보상법 이외의 다른 법률에 의한 공용수용권 부여는 1970년 1월 '해저광물자원 개발법'에서 시작되어 1990년대까지 46건이었으나 2000년 이후에는 현재까지 67건에 이를 정도로 최근에 급증하고 있다.

2000년 이후 공용수용 입법의 급증은 의원입법의 급증과 긴밀히 맞물려 있다. 국회의 법률안 제출 건수(정부 제출 포함)는 특히 17대 국회(2004.5~2008.5)에 폭발적으로 증가해 16대 국회(2000.5~2004.5) 2466건보다 무려 200%가 증가한 7,400건에 이르렀는데,

펴보면 개별법 이외에 토지보상법 별표까지 개정한 입법은 전무한 상황이다. 다만, 토지보상법 개정 없이 개별법에 수용권을 규정한 사례로는 19대 국회 말인 2016년 5월 가결된 '해양산업클러스터의 지정 및 육성에 관한 특별법'이 있는데, 이 법률의 수용권은 토지보상법의 취지에 따라 효력이 없다. 현 상황은 그동안 매년 4~5건씩 있었던 공용수용권 입법에 제동이 걸린 것인데, 이는 통제체계가 효과를 본 것이다. 그것은 국민의 재산권 보호를 위하여 바람직한 일이다.

위헌 소지 입법의 최소화를 위해 노력해야 한다

나는 변호사시험법 개정안(김용남 의원, 2014.9.18.) 중 변호사
시험에 응시한 사람에게 본인의 변호사시험 성적을 공개하는
것에 대하여 긍정 검토의견을 냈다. 당초 2009년 5월 변호사
시험법 제정 당시에는 변호사시험 성적을 공개하도록 하고 있
었다. 그런데 2년여 후인 2011년 7월 변호사시험법 개정으로
비공개로 바뀌었다. 변호사시험 성적의 비공개는 성적에 따른
합격자의 서열화를 방지하고 학교별 특성화 교육을 장려하려는
목적에서 비롯된 것이었다. 그런데 성적 비공개로 인해 합격자
의 성적에 따른 서열화는 없지만 학교에 따른 서열화가 발생하
게 되었다. 그래서 개정안은 다시 원래대로 공개로 전환하자는
내용이다. 나는 변호사시험 합격자의 학교에 따른 서열화보다
는 차라리 성적에 따른 서열화가 더 낫다고 봤다.

그런데 헌법재판소도 2015년 6월 25일 변호사시험법 제18
조 제1항 성적 비공개 조항에 대하여 위헌결정을 내렸다. 이는
헌법재판소가 내 판단이 옳다고 확인해 준 것이기에 기쁘기는
했지만, 이는 2011년 국회의 변호사시험법 개정과정에 문제가
있었다는 것을 시사하는 것이다. 그래서 나는 2015년 7월 「법
제연구회」 주최 세미나를 통해 2011년 변호사시험법 개정과정
을 분석해 보고, 전문위원이 법안의 위헌 소지를 최소화하기
위하여 어떻게 해야 하는지를 고민하여 그 내용을 「한겨레신문」
에 기고했다. 나는 당시 입법과정에서 전문위원이 부실 검토보
고를 했을 뿐만 아니라 절차적으로도 이해관계자의 반대 의견
을 청취하지 않은 것은 잘못이라고 봤다.[75]

국선변호제도의 기형적인 이원화 체제를 지적하다

나는 2015년도 대법원 소관 예산안 검토보고 때 일반 국선 변호인과 국선전담변호사로 이원화되어 있는 국선변호제도를 일원화하고 관리·감독을 강화할 필요가 있다는 의견을 냈다. 대법원이 2004년에 국선전담변호사 제도를 도입한 취지는 변호사들이 국선변호 사건을 기피하거나 설령 국선변호를 담당하더라도 부실한 변론활동을 하는 상황에서, 피의자 및 피고인의 기본권 보장을 위해 불가결한 국선변호제도의 존속을 도모하기 위한 것이라고 할 수 있다. 국선전담변호사 수는 2004년 11명에서 시작하여 2014년 3월 37개 법원에서 총 229명까지 늘어났다. 국선전담변호사의 수와 국선전담변호사를 위촉하는 법원이 크게 증가한 이유는 국선전담변호사가 꼭 필요해서라기보다는 국선전담변호사 지원자들이 쇄도한 데 따른 것이라고 볼 수 있다.

그러나 현재는 국선변호 사건을 맡으려는 변호사가 과거와 비교하여 폭증하고 있는 상황이어서 이 제도는 소수의 변호사에게 특혜를 부여하는 제도로 변질되었다. 특히 변호사 자격을 취득한 지 얼마 되지 않은 청년변호사들은 사건을 수임하기도 어려워 국선변호를 통해 경험을 축적하기를 희망하는 경우가 많은데, 국선전담변호사라는 제도로 소수의 변호사에게 사건을 몰아주는 현 체제는 청년변호사의 실업을 가중시킬 뿐이다. 그

---

75)「한겨레신문」 2015.08.04.

렇다면 국선전담변호사 제도는 이제 그 수명을 다했다고 봐야 한다. 대법원은 국선변호인 선정 사건 수 및 각 법원의 사정을 고려하여 국선전담변호사를 증원하고 있을 뿐, 정작 향후 국선전담변호사의 수를 어느 정도까지 확대할 것인지에 대하여는 아무런 계획을 갖고 있지 않다고 한다. 이는 국선전담변호사 제도가 지극히 편의적으로 운영되고 있다는 것을 시사한다. 우리나라 말고 외국 어디에도 이렇게 이원화로 운영되는 나라는 없다. 그해 국정감사에서 의원들도 변호사들에게 국선변호사건을 담당할 수 있는 동등한 기회를 부여하고, 더불어 법원의 부당한 간섭으로부터 국선전담변호사의 독립성을 보장하기 위해서는 국선전담변호사 선발과정에서의 투명성 및 공정성을 확보하는 것이 시급하다는 의견을 내기도 했다. 최근에는 국선전담변호사의 절반이 재판연구원 출신으로 채워짐으로써 이 제도의 운영상의 중립성과 변론의 독립성에 부정적 영향을 줄 수 있다는 비판이 제기되고 있다.

대법원은 국선전담변호사 제도가 일반 국선변호인 제도에 비해 질적 수준이 높고 효율적인 제도라고 주장한다. 그러나 사선 변호인과 일반 국선변호인 및 국선전담변호사가 각각 담당한 사건의 무죄 비율을 비교해볼 때, 사선 변호인 담당 사건의 무죄 비율이 국선변호인 담당 사건의 무죄 비율에 비해 2배 이상 높을 뿐, 일반 국선변호인 담당 사건과 국선전담변호사 담당 사건의 무죄 비율은 유의미한 수준의 차이를 보이지 않는다. 따라서 나는 현행 일반 국선변호인 제도와 국선전담변호사

제도의 이원적 구조를 유지하기보다는 일반 국선변호인 제도로 일원화하되, 국선변호인에 대한 관리·감독을 충실히 하는 것이 바람직하다고 봤다.

나는 당시 이 사안을 검토하면서 일본에서 국회에 연수 온 변호사를 만나서 일본의 국선변호제도를 참고하게 되었다. 일본은 국선전담변호사 제도가 없고 일반 국선변호인 제도만 있다. 그런데 「종합법률지원법」에 따라 설립되고 법무대신의 감독을 받는 정부출연기관인 사법지원센터에서 법원에 대한 국선변호인 후보 지명·통지 업무, 국선변호인 관리·감독업무 및 국선변호인 계약체결 업무를 수행하고, 법원은 개별 사건마다 국선변호인을 선정하는 업무만 담당하고 있어서, 일본은 우리나라와 달리 국선변호인의 법원으로부터의 독립성이 보장되고 있다.

이 검토보고 내용은 「한국일보」에서 크게 보도를 했다. 다른 신문에서도 기사가 나왔다. 다만 「한국일보」 기사 중에 내가 독립적인 국선변호인 관리·감독 기구를 법무부 산하에 두자고 했다는 것은 사실이 아니다. 오히려 나는 법무부 산하로 둔다면 검찰과 국선변호인 관리·감독 기구가 모두 법무부의 감독을 받는다는 점에서 피고인의 방어권이 제대로 보장되지 못하는 문제가 발생할 우려가 있기 때문에 국가인권위원회 같은 독립기구가 바람직하다고 했다. 「주간한국」은 2017년 3월에도 내 검토보고를 크게 보도했다. 당시 나를 따로 만나 이 검토보고 내용을 입법 추진하고 싶다고 한 의원도 두 명이 있었다.

이는 전례 없는 일이었고 이후에도 내게 유사한 일이 없었다. 그래서 나는 국선변호제도 문제가 조만간 개선될 것으로 봤다.

그러나 나는 2015년 1월 승진하고 법사위를 떠나면서 이 문제에 대한 관심을 계속 갖지 못하게 되었고 아쉽게도 6년여가 지난 지금도 이 문제는 여전히 별다른 변화가 없는 상태로 남아 있다. 이 사례에서 보듯 문제가 있는 제도라도 누군가 의지를 갖고 노력하지 않으면 쉽게 개선되지 않는다. 나는 대법원이 국선변호제도의 기형적인 이원화 체제를 여전히 고수하고 있는 이유를 이해할 수 없다. 대법원은 국선전담변호사 제도를 도입할 당시 지금처럼 이원화 체제를 예정한 것이 아니라면 조속히 그 문제를 해소하는 방안을 강구해야 할 것이다.

예산안의 부대의견 채택의 활성화에 앞장서다

나는 2009년 1월 정무위 전문위원 때부터 예산안 검토에서 부대의견의 중요성을 인식하고 부대의견(안)을 적극 발굴해서 채택되도록 했다. 그것이 국회가 예산 집행에 관여하여 재정민주주의를 실현할 수 있는 효과적인 방법이라고 생각했다. 그래서 정무위에서 소관 부처의 2010년도 예산안을 의결할 때 채택한 18건의 부대의견 중 내가 맡은 부처의 부대의견이 17건이었다. 법사위에서도 2015년도 예산안을 의결할 때 채택한 18건의 부대의견 중 내가 맡은 부처의 부대의견이 15건이었다.

내가 예산안의 부대의견 채택에 적극 나서게 된 데는 국회가 2008년도 예산에 첨부하여 "방위사업청이 추진 중인 제주해군기지 사업예산은 민군복합형 기항지로 활용하기 위한 크루즈선박 공동활용 예비타당성 조사 및 연구용역을 완료하고 그 결과를 토대로 제주도와의 협의를 거쳐 집행한다"는 부대의견을 채택한 것이 많은 영향을 주었다. 그것은 오랫동안 반대와 논란이 많았던 강정마을의 해군기지가 국회의 예산심사과정에서 부대의견을 통해 민군복합형 기항지로 바뀌게 된 것이기에 큰 의의가 있었다.

예산의 부대의견은 주로 개별 예산사업의 집행방법 등에 관한 일종의 지침(guideline)이라고 할 수 있다. 현재 예산에 첨부하는 부대의견은 국회법상 근거를 갖고 있지 않기 때문에 기획재정부를 비롯한 중앙행정기관은 부대의견에 대해서 기피하려는 태도를 보이기도 한다. 그러나 국회가 수백조 원에 달하는 예산에 대해서 어떤 사업에 얼마를 쓸지만 결정하고 그 사업의 집행방법에 대해서는 아무런 의사 표시 없이 전적으로 집행기관의 재량에 맡겨버리는 것은 진정한 재정민주주의라고 하기 어려울 뿐만 아니라 예산집행의 투명성과 효율성을 담보하기도 어렵다. 그런 이유로 미국에서는 집행방법에 관한 사항을 예산근거법(authorization acts)이나 세출법뿐만 아니라 심사보고서에도 적시하여 이를 준수하도록 하고, 예산을 요구할 때 제출하는 예산설명서(budget justifications)도 준수하도록 하여 행정부의 예산 집행상 재량의 여지를 최소화하고 있다. 우리 헌법은 비록 미국과 달리 예산은 법률이 아니라는 예산특별형식주의를 채택하고 있다. 그렇기에 역설적으로 더욱 예산집행에 대한 국회의 의사를 부처에 전달하여 이를 준수하여 집행하도록 할 필요가 있다. 바로 여기에 부대의견의 중요성이 있다. 일본을 제외한 대부분의 선진국에서 예산법률주의를 채택하여 예산 집행에 대해서 의회가 관여하고 있지만, 우리는 예산이 법률이 아니어서 한계가 있는데 부대의견은 그것을 보완하는 수단이라고 할 수 있는 것이다.

나는 2011년에 법제연구회 간담회에 한국법제연구원의 김세진 부연구위원을 초청하여 "국회 부대의견의 법적 성격"에 대하여 논의하는 시간을 가졌었다. 당시 김 위원은 부대의견이 무분별하게 양산되고 있다고 하는 등 부대의견에 대한 부정적 인식이 강했다. 김 위원은 강정마을 해군기지 사례를 들면서 그것은 국회가 부대의견을 통해 사실상 예산의 용도를 변경한 것으로서 행정부의 예산편성권에 대한 과도한 개입이라는 비판을 받을 수 있다고 말했다. 그 사안이 이례적인 일이기는 했다. 그러나 나는 그 일은 오히려 국회가 잘한 것으로 생각해 왔고 나뿐 아니라 국회에서는 누구도 그 의견에 동의하기 어려울 것이다. 당시 국회가 그런 부대의견을 채택하게 된 것은 제주 해군기지를 반대하는 목소리가 분출하는 가운데 이 사업의 방향에 대한 국회 내외의 공론화 과정에서 이를 민군복합형 기항지로 변경하기로 공감대가 형성되고 방위사업청도 이를 수용하기로 하면서 국회가 이를 부대의견으로 정리한 것이라고 할 수 있다. 물론 당시 방위사업청 등 행정부는 국회에서 그 예산을 전액 삭제당하는 것보다는 일종의 타협책을 선택했을 수도 있다. 그렇다고 하더라도 그것은 행정부의 선택이라고 보는 것이 맞지 국회가 월권한 것이라고 볼 수는 없다.

그리고 최근 부대의견이 활성화되면서 김세진 위원처럼 마치 부대의견이 무분별하게 양산되고 있다고 보는 시각이 있다. 그러나 부대의견이 채택되는 과정을 보면 예산안에 대한 대체토론이나 검토보고를 통해서 어떤 타당성 있는 지적이 있을 때 그 내용에 대하여 소관 부처와 협의과정을 거쳐서 하나의 부대의견(안)이 마련되고 그 사항에 대하여 소위원회와 전체위원회가 의결하는 경우에 비로소 부대의견이 성립하는 것이다. 때문에 소관 부처가 수용할 수 없는 전혀 부적절한 사항이 부대의견으로 채택되기는 어렵다.

부대의견의 활성화는 국회의 결산심사를 용이하게 하는 효과도 거둘 수 있다. 국회가 예산심사 때 부대의견을 채택한 경우에는 그 예산이 집행된 후 결산심사에서 부대의견의 준수 여부가 중요한 심의 기준이 되기 때문에 결산심사가 용이해지고 실질화될 수 있다.

당시 간담회에서 내가 그런 의견을 피력했더니 김 위원도 수긍하면서 자기가 국회 부대의견에 대해 많이 오해하고 있었다고 말했다. 그래서 나는 부대의견에 대한 오해를 해소하고 부대의견의 활성화를 도모하기 위하여 "예산의 부대의견에 대한 오해와 진실"이라는 글을 써서 「국회보」 2014년 12월호에 게재했다.

내가 2014년에 그 글을 작성하면서 보니까 예산결산특별위원회는 각 상임위가 채택한 부대의견을 거의 채택하지 않고 있었다. 각 상임위가 채택한 2014년도 예산의 부대의견은 총 256건인데, 예결위가 채택한 부대의견은 49건에 불과했다. 예결위에서는 2009년도 예산에 첨부된 부대의견이 56건으로 역대 최고를 기록한 이후에 채택 건수가 그 이상 증가하지 않고 있는데, 예결위가 채택한 2020년도 예산의 부대의견도 50건에 불과했다. 만약 예결위가 부대의견의 건수를 제한하고 있는 것이라면 이는 매우 부적절한 것이다. 예결위가 결산 심사 때 각 상임위가 채택하는 시정요구사항은 거의 다 수용하면서 부대의견은 수용하지 않는 것은 잘못이다. 특히 각 상임위에서 채택한 부대의견 중에는 예산 증액을 요구하는 사항, 소수의견, 부처 간 협의 조정이 필요한 사항 등 그대로 부대의견으로 채택하기에는 부적절한 사항들이 포함되어 있으므로 예결위는 이러한 사항들을 여과하기 위해서라도 상임위의 부대의견을 검토하고 정리하여 국회 전체의 부대의견을 채택하는 절차를 밟을 필요가 있다.

(3) 수석전문위원 시절

기적 같은 일이 일어나다

2015년 새해가 되어서 국회 사무처의 양 차장을 비롯해서 수석전문위원 승진 발표가 임박한 상황이었는데 나는 승진에 관심 없었지만 그래도 그동안 수고한 양 차장에게 인사를 드리는 게 좋을 것 같아서 1월 2일 입법조사관과 같이 인사를 갔다. 그런데 양 차장이 내가 수석전문위원으로 승진할 것처럼 말했다. 사무차장은 늦게 승진하는 것이 오히려 좋은 것 아니냐는 투로도 말했다. 나를 걱정해주는 어느 동료가 당시 야당 원내대표였던 우윤근 의원에게 찾아가서 부탁하는 게 좋겠다고 몇 번 얘기했지만 나는 그렇게 하지 않았었다. 나는 그만큼 마음을 비우고 있었는데 승진한다니 뜻밖이었고 기뻤지만 반신반의하면서 주말을 보냈다. 그리고 다음 주 월요일 내 승진이 발표되었다. 기적 같은 일이었다.

당시 임중호 수석도 나에 대해 안 좋은 얘기가 들린다는 식으로 내 승진에 부정적으로 말했고, 업무를 통해 알게 되었지만 내 실력을 인정하고 나를 아꼈던 대법원의 차 국장도 내 승진에 도움을 주려고 노력했지만 승진이 어려울 것 같다고 말했었다.

정의화 의장은 다음 날 임명장 수여식 때 내게 임명장을 주면서 "내가 부산 출신 호남 국회의원인 거 알지? 그 덕에 된 거야."라고 말했다. 그때 수석전문위원이 된 호남 출신이 나 혼자가 아니라 후배도 한 명 있었는데 나한테만 그렇게 얘기해서 좀 의아하기는 했지만, 아무튼 나는 영호남 화합을 중시하는 정의화 의장 덕택에 승진한 것이다. 나는 2006년 7월 이사관이 된 후 8년 6개월여 만에 승진했다.

나는 승진 자체보다는 내 정체성과 신념을 지키면서도 승진하게 된 것을 뜻깊게 생각한다. 나도 남들처럼 아부하고 청탁하고 영혼을 팔았다면 보다 빨리 승진할 수도 있었을 것이다. 그러나 나는 그렇게까지 하면서 승진하고 싶지는 않았다. 오히려 호남차별의 희생양으로 그냥 2급 정년퇴직도 나쁘지 않다고 생각했다. 단지 한 직급 높고 낮은 게 중요한 게 아니라 무슨 일을 하고 그 일을 얼마나 잘 하느냐가 중요하다고 봤다. 나는 퇴직하기 전까지 후배들에게 계속 그것을 강조했다. 내가 승진하자 「전북일보」에서 크게 기사를 내줬다.76) 송하진 전북도지사는 그 기사를 코팅해서 보내줘서 나는 지금도 갖고 있다.

정의화 의장은 2014년 6월 취임 직후 국회 사무처 간부회의 때 60여 명 간부 중에 호남 출신이 몇 명인지 확인해 보고 4명에 불과하자 이건 호남차별이라고 했다는 얘기가 들렸었다. 사실 나는 그때까지 정의화 의장과 특별한 인연은 없었다.

2009년에 정운찬 총리 '인사청문특별위원회'에서 정 의장이 위원장을 했고 내가 전문위원이었지만 당시 내가 무슨 실질적 역할을 한 게 없기 때문에 정 의장과 어떤 인연을 쌓았다고 하기 어렵다. 정 의장이 '호남 국회의원'으로 불린다는 것도 그날 처음 들었다.

정의화 전 의장의 각별한 호남 사랑

그런데 수석이 된 후 정 의장으로부터 『이름값 정치』란 저서를 선물 받아서 보니까 그동안 정 의장이 동서화합을 위해서 기울

---

76) 「전북일보」 2015.02.05.

全北日報

이슈 정치 경제 사회 문화 교육 스포츠 지역 사람들 오피니언 특

고창출신 정재룡 국회 교육문화체육관광위 수석전문위원
"고향 전북 발전 위해 언제든 적극 돕겠다"

▌지난달 인사서 1급 승진 / 법제·예산업무 두루 거쳐 / "정상적인 교육 틀 만들 것"

"국민들이 내는 소중한 세금으로 월급을 받고 있는 만큼, 그 소중한 세금이 허투루 쓰이지 않고 있다는 것을 일로써 보여드리도록 최선을 다하겠습니다."

국회 교육문화체육관광위원회 정재룡 수석전문위원(차관보급)은 4일 "공무원은 국가와 국민을 위해 봉사하는 직업이다. 떠날 때까지 본분을 잊지 않도록 할 것"이라며 이같이 밝혔다.

정 수석은 지난 1월 단행된 국회 사무처 인사에서 1급으로 승진했다. 당시 인사발령 사항을 접한 국회 구성원들은 정 수석의 승진소식에 놀란 눈빛이 역력했다. 국회의장이 여당 출신인 상황에서 전북출신이 승진 할 것이라고는 예상치 못했기 때문이다.

정 수석은 "아직까지 우리 사회에서는 승진을 위해서는 일만 열심히 해서는 안 되는 경우가 적지 않다"면서 "사실 국회에서 20여 년 동안 근무하면서 일 밖에 몰랐기 때문에 승진이 쉽지는 않을 것으로 생각하고 있었다"고 말했다.

인 노력이 무척 크다는 것을 알 수 있었다. 정 의장은 2004년에 본인의 제안으로 한나라당 내에 만든 지역화합발전특별위원회 위원장을 맡아서 호남 예산 지원을 위해 적극 노력했고, 2006년에는 국회 2012년 여수엑스포 유치 특별위원회 위원장을 맡아서 2007년 11월 유치에 성공했고, 2008년에는 박광태 광주시장의 요청으로 2015년 광주 하계유니버시아드대회 유치 위원장을 맡아서 2010년 5월 유치에 성공했고, 이후 그 대회 조직위원장까지 맡았다. 호남 국회의원이라는 말이 허울뿐이

아니었다. 책에 보면 정말 정 의장의 호남에 대한 사랑이 크다는 것을 알 수 있고 특히 여수엑스포와 광주 하계유니버시아드 대회는 유치와 예산지원에 크게 기여한 것을 알 수 있다. 정 의장은 「아시아문화중심도시 조성에 관한 특별법」 제정과 2008년 예산심사 때 아시아문화의전당 건립 예산 확보에도 큰 기여를 했다. 나는 호남 사람들이 정 의장에게 큰 빚을 지고 있다고 생각한다.

교육부를 맡다

나는 수석으로 승진하고 보직은 교육문화체육관광위원회로 발령 났다. 사실 법제사법위원회도 임중호 수석이 퇴임하였기 때문에 그 자리를 맡는 것이 순리일 텐데도 인사는 다르게 났다. 교육문화체육관광위원회는 교육부와 문화체육관광부 두 개 부처를 소관으로 하는 중요한 위원회이고 의원들의 선호도가 국토교통위원회와 1·2위를 다투는 곳이다. 나로서는 승진만 한 것도 감사한 일인데 더욱 감사한 일이 아닐 수 없었다.

나는 「교육문화체육관광위원회」(이하 '우리 위원회')에서 교육부 소관 업무를 맡게 되었다. 내 밑에 행정실을 제외하면 입법심의관 1명, 입법조사관 5명과 입법조사관보 1명까지 6명이 같이 일했다. 「문화체육관광부」는 2명의 전문위원과 5명의 입법조사관이 맡았다. 전임 김한근 전문위원이 법제실장으로 가면서 내게 교육부 한 곳 전체를 맡는 것보다는 두 개 부처의 몇 개 부서를 나눠서 맡는 것이 좋겠다고 조언을 해줘서 나는 처음에 전문위원들과 그런 방안을 상의했으나 전문위원들이 다 내게 한 부처를 맡는 것이 좋겠다고 해서 그 뜻에 따르기로 했다. 대신 내년에 새로 업무분장을 협의하기로 했다.

검토보고서 과외 선생님

국회 사무처의 풍토는 위로 올라갈수록 검토보고서를 소홀히 한다. 그건 입법조사관들이 쓰는 것이라는 인식이 강하다. 그러나 나는 수석이 되었어도 여전히 검토보고서가 중요하다고 생각했다. 검토보고서보다 달리 더 중요한 일이 없다. 나는 우리 위원회에 입법조사관이 10여 명이 되는 상황에서 그들에게 내 검토보고서 작성법을 강의하여 전수해 주는 것이 좋겠다는 생각이 들었다. 그래서 소회의실에서 강의를 하겠다고 했더니 전문위원들과 입법심의관도 참석했다. 강의가 끝난 후 입법조사관들뿐 아니라 전문위원들도 많이 배웠고 업무에 많은 도움이 되겠다고 호평해줬다. 「머니투데이」에서는 그런 소식을 듣고 나를 '검토보고서 과외 선생님'이라고 기사를 내보냈다.[77]

드라마틱한 변화

2월 국회를 대비하여 87건의 법안을 검토해야 했다. 이 중 2014년 12월에 상정하기 위해 전임 수석이 준비한 검토보고서가 배포까지 된 것이 70건이었다. 나는 그 검토보고서를 그대로 쓸 수 없다고 보고 전면적 수정 작업을 했다. 그 결과 긍정

---

[77] 「머니투데이」 2015.3.4.

의견이 부정의견으로 바뀐 것도 있지만 결론이 없거나[78) 부정
의견인 전임 수석의 검토보고서 11건(15.7%)이 긍정의견으로
바뀌었고 그중 2건은 심사를 거쳐 바로 통과되었다. 약 30%가
결론 제시가 없었는데 다 결론을 제시했다.

당시 우리 위원회를 취재하던 「머니투데이」의 어느 기자는
내 검토보고서를 보고 나서 "드라마틱한 변화"라면서 "핵심 쟁
점이 뚜렷하고 결론도 명확해서 제대로 된 검토보고서를 읽는
감동"이라고 평가하면서 "정말 감동", "진짜 최고"라고 극찬했
다. 전부터 우리 위원회를 취재해 온 그 기자는 전임 수석 때
는 결론 제시가 없어서 소위원회에서 회의가 비효율적으로 진
행되었고 "그래서 도대체 어떤 게 맞는다는 거예요?"라는 반문
이 나왔다고도 했다.

여야 협상의 막후에서 절충안을 제시하다

2014년 12월 우리 위원회가 파행을 겪게 된 것은 '아시아문
화중심도시 조성에 관한 특별법' 개정안 때문이었다. 당시 소위
원회는 "제27조의2 제1항 국가는 제27조 제4항에 따라 위탁을
받은 아시아문화원이나 관련 법인 또는 단체에 매년 인건비,
경상적 경비, 사업비 등 문화전당의 안정적 운영에 필요한 경
비를 지원하여야 한다."고 규정하고 있는 개정안을 그대로 의
결하였다. 그런데 정부와 여당은 소위원회 의결 직후 그걸 잘

---

78) 결론이 없는 경우는 마지막 부분을 "~를 고려하여 입법정책적으로
결정하기 바람" 같은 형식으로 처리한 경우가 대표적인데, 이를 부정
의견이라고 말하는 전문위원들도 있다.

못된 입법이라고 지적하면서 이후 모든 법안심사가 중단되고

머니투데이

'검토 보고서 과외 선생님' 정재룡 국회 수석전문위원

2015.03.04 06:14

| [피플]국회 교육문화체육관광위원회 소속...전문위원들에게 보고서 강의

국회 교육문화체육관광위원회 정재룡 수석전문위원./사진=황보람

지난 1월 차관보급인 국회 교육문화체육관광위원회 수석전문위원
으로 승진한 정재룡 수석(55)은 국회에서 '검토보고서 과외선생님'
격이다.

이 문제로 여·야 간에 엄청난 논란이 야기되었다

당시 정부와 여당은 예산 지원을 강제하는 것은 정부의 예산편성권을 침해하기 때문에 안 된다고 주장했다. 결국 그 개정안은 소위원회 의결 이후 전체위원회에 상정도 하지 못하고 있다가 2015년 2월 임시회에서 여·야 지도부의 협의를 통해 "지원하여야 한다"를 "지원한다"로 수정하여 타결되었다. 그 "지원한다"는 규정은 그 과정의 막후에서 내가 제안한 것으로서, 여당의 "지원할 수 있다"와 야당의 "지원하여야 한다"를 절충한 타협안이었다.

국회의 입법권이 정부의 예산편성권보다 우위에 있다

그런데 당시 정부와 여당의 주장처럼 정부의 예산편성권 때문에 국회는 입법에서 예산 지원을 강제하는 것은 불가능한 것일까? 만약 그렇다면 정부의 예산편성권이 국회의 입법권보다 우위에 있다는 것인가? 법치주의와 국회의 국민대표기관성을 생각한다면 기본적으로 국회의 입법권이 정부의 예산편성권에 구속된다는 것은 부적절하다. 정부가 국회의 입법에 대해 이견이 있다면 이송된 법안에 대하여 헌법 제53조에 따라 재의요구권을 행사하면 된다. 국회는 그러한 재의요구에도 불구하고 재적의원 과반수의 출석과 출석의원 3분의 2 이상의 찬성으로 그 법안을 확정할 수 있다.

헌법 제54조는 새로운 회계연도가 개시될 때까지 예산안이 의결되지 못한 때에는 정부는 국회에서 예산안이 의결될 때까지 전년도 예산에 준하여 집행할 수 있는 경비로서 '법률상 지출의무의 이행'을 규정하고 있는데, 이는 당연한 것이지만 법률로 지출의무를 부여할 수 있다는 것이므로 예산편성권보다 입법권의 우위를 시사하는 것이라고 할 수 있다. 따라서 정부는 오히려 법률의 규정을 준수하여 예산을 편성해야 한다.

현재 예산 지원 또는 지출 관련 입법례를 보면 임의 규정이 대다수지만 강행 규정도 존재한다. 2010년 12월 제정된 '국립대학법인 서울대학교 설립·운영에 관한 법률' 제30조와 2015년 1월 제정된 '인성교육진흥법' 제15조에도 강행 규정을 두고 있다. 그런데 유독 '아시아문화중심도시 조성에 관한 특별법' 개정안 제27조의2의 강행 규정만 문제가 된 것은 무엇 때문일까?

당시 동 개정안에 대한 소위원회 심사에서 이종훈 의원이 예산 절감, 방만한 경영 자제 등에 대한 동기 부여가 되지 않을 수 있다는 우려를 제기하며 강행 규정을 임의 규정으로 변경해야 한다는 의견을 제시하자, 개정안을 발의한 박혜자 의원은 국가기관 운영의 일부를 법인 등에 위탁하는 대신에 그 법인 등이 안정적으로 운영할 수 있도록 재원을 지원해주어야 할 의무가 있기 때문에 강행 규정이 적절하다고 말했다.

입법에서 예산 지원을 모두 강제하는 것은 적절하지 않지만, 예산 지원을 강제하는 것을 모두 문제가 있는 것으로 보는 것도 적절하지 않다. 따라서 사안별로 구분해서 살펴볼 필요가 있다. '아시아문화중심도시 조성에 관한 특별법' 제27조의2를

같은 시기에 심사절차를 거쳐 제정된 '인성교육진흥법' 제15조
와 비교해 볼 때 전자는 위탁에 따른 비용을 부담해야 할 의무
가 있다고 볼 수 있으므로 예산 지원을 강제할 만한 이유가 인
정된다고 할 수 있다. 반면, 후자는 인성교육 지원, 인성교육프
로그램 개발·보급 등 인성교육 진흥에 필요한 비용을 국가와
지방자치단체가 예산의 범위에서 지원하도록 하는 것인데, 이
경우는 굳이 예산 지원을 강제해야 할 이유를 찾기 어려워 보
인다. 그런데도 전자는 엄청난 논란이 야기되고 끝내 절충안으
로 처리되었고, 후자는 아무런 논란 없이 통과되었다.

결국 이 양자를 비교할 때 논란의 대상이 뒤바뀐 것으로 볼
수도 있다. 그리고 그저 반대의 논리로 '정부의 예산편성권 침
해'가 이용된 것은 아닌가 하는 생각이 든다.

국회의 입법권보다 정부의 예산편성권을 중시하는 것은 종래
정부 주도 입법 시대의 논리다. 현재 의원 주도 입법 시대에서
그런 주장은 지양되어야 한다고 본다. 국회의 입법 기능은 국
회 스스로 그 권한을 중시해야 비로소 제대로 작동될 수 있을
것이다.

파리 목숨 같은 차관 인사

2015년 2월에 갑자기 문화체육관광부 김희범 차관이 임명 6
개월여 만에 경질되었다. 그 이유가 소위원회 심사에서 이 문
제에 대해 대처를 잘못했기 때문이라고 알려졌는데, 앞에서 살
펴본 것처럼 박 차관은 특별히 잘못한 게 없기 때문에 잘못된

인사가 아닐 수 없다. 더욱 이해할 수 없는 것은 교육부 김신호 차관도 같은 시기에 알 수 없는 이유로 취임 5개월여 만에 경질된 것인데, 이는 박 차관 경질의 유탄을 맞은 것으로서 차관 인사가 마치 파리 목숨처럼 취급되어 버렸다.

소위원회에서 잘못 의결된
초·중등교육법개정안을 번안하도록 하다

2015년 4월에 소위원회에서 외국인학교 입학자격을 개정하는 내용의 초·중등교육법 개정안을 심사할 때 있었던 일이다. 개정안의 조문은 외국인학교 입학자격에 외국인과 귀화자의 자녀를 추가하는 것이었다. 개정안의 제안이유를 통해 개정 취지를 살펴보면 외국인 부모의 사정상 자녀와 같이 국내에 체류하기 어려운 경우에도 그 자녀가 외국인학교에 입학할 수 있도록 하는 것이었다.

그것이 개정안의 취지인데, 그에 따라 마련된 개정안의 조문은 '국내에 체류 중인 외국인 및 외국인의 자녀'로 규정하고 있어 중복적 측면이 있었다. 문제의 핵심은 '체류' 요건이므로 이를 삭제하면 되는데, 굳이 그렇게 중복 규정할 필요는 없었다. 이에 나는 체류 요건을 삭제하면서 외국인의 자녀만 놔두고 '외국인'도 삭제하는 수정의견을 제시했다. 외국인학교는 초·중·고 학교이기 때문에 입학자격에 '외국인의 자녀가 아닌 외국인'을 별도로 둘 필요도 사실상 없다고 봤다.

그런데 소위원회 심사에서 한 의원이 '외국인'을 삭제해서는 안 되고 그대로 두어야 한다고 반복적으로 주장했다. 그러니까 또 다른 의원도 가령 고아 같은 경우라면 외국인의 자녀라고 할 수 없기 때문에 '외국인'을 그대로 두어야 한다고 말했다. 교육부 차관도 처음에는 내 수정의견에 동의했다가 결국에는 '외국인'도 두어야 한다고 말했다. 그렇게 해서 결국 '외국인'을 두는 것으로 해서 개정안이 의결되었다.

소위원회 심사가 끝난 직후 나는 외국인학교 입학자격에 '외국인'을 두게 되면 내국인의 복수국적이나 외국국적 자녀도 외국인에 포함되어 원정출산을 부추기는 문제가 초래될 수도 있다는 것을 뒤늦게 알게 되었다. 자료를 보니까 지난해 그 법안의 전체위원회 상정 때 대체토론에서도 그 문제가 지적되어 있었다. 그대로 둘 수는 없었다. 그래서 곧바로 교육부와 협의를 거쳐 개정안을 다시 수정해야 한다는 데에 의견을 모으고, 간사들과 협의도 거쳤다. 방법은 국회법 91조 번안을 활용하면 되고 재적위원 과반수의 출석과 출석위원 3분의 2 이상의 찬성으로 의결할 수 있다.

이틀 후 소위원회에서 나는 의원들에게 그 문제를 설명하여 번안이 필요하다고 말했다. 당초 '외국인'을 두어야 한다고 주장했던 의원은 여전히 이를 삭제하는 것은 논리적으로 맞지 않다고 주장했지만 결국 삭제하는 것에 동의하여 만장일치로 번안 처리되었다.

논리적으로만 볼 때는 그 의원 지적처럼 외국인학교 입학자격에서 '외국인'이 빠지는 것이 이상하기는 하지만 입법을 단순히 논리만으로 접근할 수는 없다. 입법의 부작용이 염려되면 그걸 해소할 수 있는 방안을 찾아야 한다. 나는 지금도 의문이 든다. 물론 내가 사전 검토과정에서 놓친 잘못이 있지만 별 쟁점 없는 개정안이 번안절차까지 밟게 된 것은 당초 개정안이 제안이유에서 제시한 취지와 다르게 입안되었기 때문인데, 왜 그렇게 입안되었을까? 그 경우 부작용이 야기될 수 있다는 것을 정말 몰랐을까? '외국인'을 개정안 그대로 두어야 한다고 주장했던 의원은 논리적인 것 외에 어떤 경우를 상정해서 그렇게 주장한 것일까? 이 사례는 법안의 조문 하나하나에 의외의 복병이 숨어 있을 수 있다는 것을 잘 시사해 주고 있다. 따라서 법안심사는 부실입법을 방지하기 위하여 조문 하나하나를 심사숙고하여 어떤 문제가 없는지 살펴보는 노력이 그만큼 필요한 것이다.

본회의 토론 활성화를 위한 지원체계 구축방안

2015년 3월 3일 본회의에서 어린이집의 CCTV 설치를 의무화하는 내용의 '영유아보육법 개정안'이 별도의 찬성토론 없이 제안설명과 반대토론만 실시된 가운데 표결이 이루어진 결과, 재석 171인 중 찬성 83인(48.5%), 반대 42인, 기권 46인으로 부결되는 상황이 발생했다. 본회의에서 1인의 반대토론으로 안건이 부결되는 경우가 가끔 발생하기는 한다. 그 경우 반대토론을 한 의원은 의원들과 언론 등으로부터 주목을 받게 된다.

하지만 그날의 사례는 특이한 점이 있었다. 당시 반대토론자는 정의당 정진후 의원이었는데, 법안이 부결되자 엄청난 후폭풍이 몰아쳤고, 정 의원 본인도 CCTV 설치는 아동학대의 해결책으로는 매우 부족하다는 것을 지적한 것이었을 뿐, 실제로 부결을 기대한 것은 아니었다는 얘기까지 들렸다. 사실 그 법안은 그해 1월 국민적 분노를 야기한 인천 어린이집 아동학대 사건이 계기가 돼 여·야 합의로 추진된 것이었기 때문에 당연히 부결의 후폭풍이 클 수밖에 없었다.

그 법안의 부결 직후 당시 여당인 「새누리당」 김무성 대표는 찬성토론을 하지 않은 게 부주의였다고 말했다. 또한 「새정치연합」 박완주 원내대변인도 여·야 합의 법안이 부결돼 매우 유감이라고 밝혔다. 결국 학부모들의 반발이 빗발치는 가운데 여·야는 다시 신속하게 '영유아보육법 개정안'을 발의하게 됐는데, 그 내용은 어린이집의 CCTV 설치를 의무화하는 것뿐 아니라 부결된 법안에는 없던 것으로서, 보호자 및 교직원 전원의 동의를 받아 CCTV의 실시간 중계도 가능하도록 했고, 교직원의 기본권 침해를 예방하기 위한 준수사항을 구체화했으며, 보육교사의 근무여건을 개선하기 위해 보조교사와 대체교사를 배치하도록 했다.

법안은 그해 4월 30일 본회의에서 재석 190인 중 찬성 184인, 기권 6인으로 통과되었다. 앞선 회기에서 반대토론을 해서 '영유아보육법 개정안'을 부결시켰던 정 의원은 아예 참여하지도 않았다.

나는 3월 3일 영유아보육법 개정안이 부결된 직후 그것은 찬성토론 없이 반대토론만 실시되어서 야기된 문제라고 보고 이준화 입법조사관과 같이 검토하여 개선방안을 마련했다. 나는 반대토론이 있으면 그에 대응해 찬성토론을 실시해야 한다고 본다. 한 사람만 얘기하는 것은 토론이 아니고, 두 사람 이상이 찬반 의견을 제시해야 비로소 토론이 된다. 그래서 본회의에서 반대토론이 신청되면 소관 위원회의 전문위원이 찬성토론문을 작성해 제공하도록 할 필요가 있다. 위원회에서 의결된 의안에 대해서는 오랜 기간 논의가 이루어진 소관 위원회의 전문위원이 가장 효과적으로 관련 정보를 제공하고 반대의견에 대응할 수 있다. 반대토론에 대응해 찬성토론을 실시하는 것은 형식화돼 있는 본회의를 활성화하는 의미가 있다.

내가 이런 내용의 개선방안을 마련하여 우리 위원회 직원들의 의견수렴에 나섰더니 대부분의 직원들이 업무부담을 걱정했다. 그러나 반대토론이 실시되는 의안 자체가 많지 않고 반대토론이 실시되는 경우에도 모두 찬성토론문을 제공하는 것이 아니라 쟁점법안 등 주요법안에 한해 제공하는 것으로 하면 업무 가중 문제는 크지 않을 것이다. 현재 전문위원은 법안의 심사보고문은 작성해주고 있는데, 심사보고문은 되고 찬성토론문은 안 된다고 할 수는 없다고 본다. 전문위원은 기본적으로 소관 위원회에서 가결된 법안이 법사위를 거쳐 본회의를 통과할 때까지 계속 후속지원을 해줄 필요가 있다고 본다.

나는 2015년 3월 이러한 내용의 업무개선 방안을 당시 박형준 국회사무총장 등에게 건의해 긍정적 언급을 듣기도 했다.

머니투데이

the **Leader**

전재기사 국회in 지자체 기관장 초대석

본회의 활성화를 위한 상임위원회 지원체계 구축 방안
정재룡의 입법의 현장

전 국회 교육위원회 수석전문위원 정재룡 입법 칼럼니스트 | 입력 : 2020.03.02 13:37

▲정재룡 입법 칼럼니스트 전 국회 교육위
원회 수석전문위원

2015년 3월 3일 331회 국회 8차 본회의에서 어린이집의 CCTV 설치를 의무화하는 내용의 '영유아보육법 일부개정법률안'이 별도의 찬성토론 없이 제안설명과 반대토론만 실시된 가운데 표결이 이루어진 결과, 재석 171인 중 찬성 83인(48.5%), 반대 42인, 기권 46인으로 부결되는 상황이 발생했다. 본회의에서 1인의 반대토론으로 안건이 부결되는 경우가 가끔 발생하기는 한다. 그 경우 반대토론을 한 의원은 의원들과 언론 등으로부터 주목을 받게 된다.

하지만 그날의 사례는 특이한 점이 있었다. 당시 반대토론자는 정의당 정진후 의원이었는데, 법안이 부결되자 엄청난 후폭풍이 몰아쳤고, 정진후 의원 본인도 CCTV 설치는 아동학대의 해결책으로는 매우 부족하다는 것을 지적한 것이었을 뿐, 실제로 부결을 기대한 것은 아니었다는 얘기까지

그러나 이후 나의 건의는 명확한 이유 없이 실현되지 못하고 오늘에 이르고 있다. 안타깝게도 국회 사무처는 관행과 타성에 안주하고 있는 조직이라고 할 수 있는데, 그런 풍토에서는 나의 건의를 적극 추진하기 어려웠을 것이다. 국회는 지금이라도 결코 토론이라고 볼 수 없는 일방적인 반대토론을 지양하고 본회의를 활성화하기 위한 업무개선 조치를 적극 강구하기 바란다. 이에 관한 내용을 칼럼으로 썼다.79)

---

79) 『the Leader』, 2020.03.02.

검토보고서에 문제가 많다고 지적당하다

입법과정의 시행착오를 최소화하려는 나의 충정은 엉뚱한 결과를 낳았다. 내가 위와 같은 개선방안을 제시했다는 내용의 기사가 나가자 이를 본 정진후 의원이 나를 오해하게 되었다. 그러나 기사에 나오는 "정보왜곡, 부정확" 등의 표현은 내가 말한 것이 아니다. 내가 찾아가서 해명했는데도 정 의원은 화를 풀지 않았다. 당시 정 의원은 우리 위원회 소속이었는데, 영유아보육법 개정안 부결 때문에 곤경에 처해 있는데 소관 위원회 수석이 자신을 더 난처하게 만든다고 생각한 것 같았다. 급기야 정 의원은 2015년 4월 17일 법안을 상정하는 전체위원회 때 내 검토보고서의 문제점을 조목조목 지적하는 발언을 쏟아 냈다.[80] 검토보고서 결론에 타당하지 않다고 단정적으로 적시

---

80) ● **정진후 위원** 이 전문위원 검토보고를 들으면서 제가 좀 이해가 되지 않아서 이것을 의사진행발언으로 할 수밖에 없습니다.

　　금방 지금 한 것만 보더라도요 정부 제출 사립학교법 일부개정법률안 결론, '타당성이 부족하다', 류성걸 의원이 대표발의했던 부분에서도 '타당하지 않다', 류지영 의원님 대표발의에도 '타당하지 않다', 부좌현 의원 대표발의에도 '개정 당위성은 크지 않다'. 전문위원의 검토보고에 이렇게 보고되는 게 맞습니까?

　　그리고 제가 지금까지 법안이나 법률안을 심사하면서 신중하게 검토해야 된다, 혹은 입법취지에 맞추어서 타당하다, 그리고 논의가 필요하다, 이런 보고의 내용은 들었습니다마는 이렇게 단칼에 '타당성이 부족하다' 이렇게 지적하는 것은……, 그러면 정부는 지금까지 무슨 검토를 해가지고 법률안을 제출했는데 이렇다는 것이고, 타당성이 없는 법률안을 냈다는 것이고 법안을 발의하거나 개정안을 발의했던 의원들은 그러면 지금 헛짓거리를 하고 있다는 겁니까?

　　뿐만 아니라 제가 보니까요 이 검토보고서 곳곳에 '교육부도 동일한 의견이다' 이렇게 되어 있어요. 아니, 법안을 심의하면 법안심사소위에서 교육부 관계자가, 차관님 참석하셔서 교육부의 입장과 의

한 것과 각주에 "교육부도 동일한 의견이다"라고 적시한 것 그리고 오해가 야기될 수 있는 신중치 못한 표현이 있다는 것 등이었다. 나중에 보좌진들 쪽에서 내가 긍·부정 판단의견을 제시하는 것을 문제 삼는 얘기도 들렸다. 사실 여당 의원들은 미온적이었는데 야당 의원들 중에 정 의원이 지적한 것처럼 각주에 교육부 의견도 동일하다고 적시하는 이유가 뭔지 묻는 의원들이 3명 더 있었다. 설훈 위원장도 정 의원의 지적에 동감하는 부분이 있다고 말했다. 내가 답변을 하려고 했는데 설훈 위

견을 듣고 거기에서 최종적으로 소위원회에서 가결하고 이러는 절차를 거치는데 지금 우리 상임위가 그리고 혹은 법안소위가 교육부의 의견과 동일하게 교육부의 '문제없다' 하면 그냥 따라가는 겁니까?

그뿐만 아니라 보니까요 굉장히 신중치 못한 표현도 눈에 띄어요. 존경하는 이상일 의원님께서 대표발의하신 취업 후 학자금 상환 특별법 일부개정법률안, 이게 그 내용을 보면 이렇게 되어 있어요. "취업 후 상환학자금대출제도는 소득연계형제도로서 근로소득, 자영업자 소득 또는 자산소득 등에 대한 고의적인 정보 누락이나 추적의 어려움이 있고 저소득층 학생이 이용하는 대출제도의 채무불이행 문제, 고의적으로 기준소득 이하의 직업에 머물면서 상환을 불이행하는 도덕적 해이가 발생하면" 이런 표현들이 있습니다. 보기에 따라서는 저소득층 학생들을 무조건 채무불이행자로 본다는 전제를 하고 이 법안을 검토했구나 하는 그런 오해를 받을 수 있는 겁니다. 그리고 '잠재적·도덕적 해이' 이게, 저소득층 학생들이 이런 대상입니까?

……(중략)…… 그런데 오늘 지금 검토보고서 법률안에 대한, 개정안에 대한 검토보고서 올라온 것 보니까 대단히 큰 문제가 있어서 이 문제를 지적하지 않을 수 없고, 이런 형태로 검토보고서가 보고된다면 의원들이 신중하게 검토의 검토를 거치고 의견을 듣고 입법조사처의 견해까지를 반영해서 법률 개정안을 내거나 제정안을 내는데 이렇게 단칼에 규정해 버리면 그러면 위원회 위원들은 뭡니까?

이것 문제가 심각한 거고요. 위원장님께서 이 문제에 대해서 검토를 하셔서 가지고 어떤 조치를 취해 주시든지 어떤 기준을 마련해 주시든지 이래야 될 것 같습니다. 이상입니다.

원장이 말렸다. 회의가 끝난 후 위원장실에 갔는데 야당 의원들이 나를 교체해 달라고 요구했다고 말했다. 그렇다고 설훈 위원장이 나를 야단치거나 그러지는 않았다. 지금도 고맙게 생각한다. 나는 발단이 된 것으로 영유아보육법 개정안 부결과 관련해서 내가 개선방안을 마련하기 위하여 적극적으로 나서다가 이런 일이 생긴 것이라고 해명했다. 그리고 문제를 풀기 위해서 노력하겠다고 말했다.

나는 사무실에 돌아와서 내 검토보고서의 문제가 뭔지를 점검해 보기로 했다. 나는 우리 위원회에서 2월에 87건과 당일 57건의 법안에 대해 검토보고 했다. 전체적으로 다 점검해 본 결과, 진짜 문제가 있다고 본 것은 그날 지적당한 것처럼 '타당하지 않다'는 표현을 쓴 검토보고서로, 그런 것이 여러 개 있었다. 나는 입법조사관들에게 결론에서 긍·부정이 분명하게 드러나는 표현을 사용하되 부정의 경우에는 '타당성 부족, 타당성을 인정하기 어려움' 등으로 하라고 지침을 줬었다. 나는 실제 종래 '타당하지 않다'는 표현을 써 본 적이 없다. 물론 기본적으로 모든 법안은 나와 입법조사관이 사전에 협의해서 긍·부정과 수정의견, 대안을 정한다. 입법조사관은 그 협의 결과를 바탕으로 초안을 작성하고 나는 그것을 수정·보완 지시해서 최종본이 완성된다. 부정 판단의견에 대한 표현의 문제는 사실 입법조사관이 그렇게 썼더라도 내가 꼼꼼히 보고 수정 지시했으면 문제가 없었을 텐데 한꺼번에 많은 검토보고서를 준비하는 과정에서 놓친 것이다.

반면, 각주에 '교육부도 동일한 의견이다'라고 쓰는 것은 내가 검토보고서를 작성하는 방식의 하나인데 나는 그것이 잘못되었다고 생각하지 않는다. 오히려 검토보고서에서 소관 부처의 의견이 뭔지 전혀 알 수 없는 것이 문제라고 본다. 전문위원은 법안에 대해서 소관 부처의 의견과 같은지 다른지, 다르면 왜 다른지 설명할 수 있어야 한다고 본다. 만약 소관 부처의견을 적시하더라도 왜 각주에 쓰느냐고 묻는 사람이 있다면 의견이 같은데 굳이 본문에 중언부언할 필요가 없다고 보기 때문이다. 검토보고서는 통일된 형식이 있는 게 아니다. 전문위원마다 작성 방식이 다를 수 있다. 그 정도 차이가 문제될 것은 없다.

마지막으로, 오해가 야기될 수 있는 신중치 못한 표현이 있다고 지적받았는데, 그게 큰 문제가 야기될 정도로 부적절한 표현은 아니라고 봤다. 2월까지 포함하면 150여 건의 검토보고서 중 오해의 소지가 있는 표현으로 지적된 게 그 정도라면 오히려 검토보고서에 별 문제가 없다고 보는 게 맞겠다는 생각도 들었다.

아무튼 나는 결론에서 부정 판단의견을 너무 단정적으로 쓴 건 잘못이라고 보고 설훈 위원장께 찾아가 회의할 때 사과하겠다고 했더니 오히려 설훈 위원장이 그럴 필요 없다고 했고, 웬일인지 이후 회의에서 정 의원을 비롯해 더 이상 그 문제를 지적하는 의원은 아무도 없었다. 오히려 6월에 소위원회에서 결산심사 때 정 의원은 언제 그랬냐는 듯 내게 수고가 많다면서 우호적으로 대해주기까지 했다. 나는 정 의원이 임기 끝날 때까지 날 냉대할 것으로 생각했는데 그렇게 빠르게 화를 풀어줘서 고마웠다. 내가 너무 단정적인 표현을 쓴 것은 잘못이지만 그것에 무슨 악의가 있었던 것은 아니고 특히 오히려 나는 검토보고서를 작성할 때 폭넓게 자료를 수집·분석하고 의원들의 발언, 보도자료, 관련 기사 등이 있으면 이를 검토보고서의 각주 등에 적시하는데 우리가 그렇게 적극적으로 일하는 것을 설명했더니 그런 것도 고려되었을 것이라고 본다.

3 대 1?

보좌진들이 내가 긍·부정 결론 제시하는 것을 반대하는 것에 대해서는 말이 안 된다고 봤다. 그들은 전임 수석이 긍·부정 결론을 제시하지 않은 것을 문제 삼았다. 그래 놓고 내가 와서 막상 긍·부정 결론을 제시하니까 그걸 반대하는 게 말이 되겠는가? 그건 자신들의 입지가 축소되니까 싫어하는 것일 뿐 아무런 설득력이 없었다. 내가 실제로 그렇게 하면 전임자처럼 의원들뿐 아니라 그들에게도 무시당할 게 뻔했다.

그런데 우리 위원회 전문위원 중 한 사람이 갑자기 보좌진들의 주장에 동조하여 긍·부정 결론을 제시하면 안 된다고 주장하고 나섰다. 그는 1월에 내 강의를 듣고 적극 공감을 표시해 놓고 이제 와서 전혀 다른 얘기를 하게 된 것이다. 그는 한번 돌아서더니 아무리 설명을 해도 막무가내였다. 그는 우리 위원회 직원회의에서도 대놓고 그렇게 주장했다. 근거나 이유도 없이 설득력 없는 주장을 반복하는 그를 이해할 수 없었다.

나중에 알아보니까 그는 검토보고서보다 소위자료를 더 중시하면서 소위자료에서 결론을 선택형으로 제시하는 방식으로 일하고 있었다. 그런데 선택형이라는 게 긍정과 부정 두 개만 있는 게 대부분이고 그렇다면 그건 전문위원은 의견을 제시하지 않는 방식일 뿐이다. 얼마 후 임인규 전 차장을 만났는데 누가 무슨 얘기를 했기에 심지어 그도 내가 잘못해서 전문위원 제도에 부정적인 영향을 끼칠 수 있는 것처럼 말했다. 곤경에 처해 있는 나를 흔드는 행동으로 보일 수밖에 없었다. 그래서 직원 회의를 소집해서 그 문제에 대해서 협조를 구했다. 정운경 입법심의관이 내 말에 동조하는 말을 해줘서 고마웠다. 나는 입법조사관과 법안 검토보고서 작성방향을 협의할 때 정 심의관도 같이 하도록 했었는데 정 심의관이 충실하게 준비했고 또 법안의 문제점을 잘 지적하는 것을 보고 실력이 있다는 것을 알게 되어 그를 신임하게 되었다.

사실 이 일은 야당 보좌진들이 작당해서 벌어졌다고 볼 수 있다. 그들이 내 검토보고서를 낱낱이 파헤쳐서 문제 삼을 만한 것을 정진후 의원에게 바친 것 같다는 생각도 들었다. 그들을 만나서 얘기도 나누고 협조도 구할 필요가 있다고 봤다.

그래서 저녁 식사 자리를 마련해서 만났다. 내가 그동안 국회에서 어떻게 일해 왔는지를 설명하고 협조를 구했다. 보좌진들은 전문위원이 긍·부정 결론을 제시하면 정부 여당 편을 들기 때문에 3 대 1이라는 말도 했다. 그러나 그건 나를 모욕하는 말이다. 난 누구보다 원칙과 소신을 갖고 일하는 사람인데 그런 나를 무조건 정부 여당 편드는 사람으로 보는 것은 잘못이다. 내가 나서서 시시비비를 가려주면 그게 법안심사가 효율적으로 될 수 있도록 도와주는 것이다. 그렇게 잘 설명하고 앞으로 잘 지내자고 당부했다. 그리고 곧 결산 검토를 시작하는데 결산 검토보고서를 작년의 두 배 정도로 만들겠다고 말했다. 그랬더니 그들은 우리는 뭘 먹고 살라고 그러느냐는 식으로 말했다. 난 너무 뜻밖의 반응에 어이가 없었다. 다른 위원회의 야당 보좌진들은 우리가 그렇게 열심히 해주면 좋다고 할 텐데 우리 위원회의 야당 보좌진들은 역시 다르다는 것을 알 수 있었다. 그렇다고 내가 그들 때문에 일을 소홀히 할 수는 없었다. 야당 보좌진은 우리 위원회 구성원의 일부일 뿐이고 그들의 생각이 야당 의원들의 생각과 반드시 일치하지도 않는다. 나는 그냥 알아서 각자 자기 일을 열심히 하면 된다고 생각했다.

전북향우회 창립

수석이 된 나는 오랜 생각을 실현하고 싶었다. 내가 보기에 국회 사무처의 우리 호남 출신들은 너무 위축되어 있었다. 당당하게 소신을 펼치는 것은 말할 것도 없고 같은 호남 출신들끼리 같이 식사 한번 편하게 하지 못하는 분위기였다. 그 이유는 영남 출신들이 주류를 형성해서 그들의 눈치를 보기 때문이었다. 2011년에 어느 호남 출신이 사무차장을 하고 있었는데 내가 그에게 식사 한번 모시겠다고 한 적이 있다. 그런데 그가 말하기를 본인과 내가 모두 광주 출신이어서 안 된다는 거였다.[81) 사실 나와 단둘이 하자는 것도 아니고 법제연구회 회원들과 같이하자고 했었는데도 그렇게 얘기했다. 그 정도로 심각했다. 나는 그런 분위기를 깨고 싶었다. 나는 그런 취지로 10여 년 전에 어느 전북 출신 선배에게 국회 사무처에 전북향우회를 만들자고 건의했지만 그도 눈치를 봐서 그런지 실현되지 않았다. 내가 1년여 파견 근무한 기획예산처를 비롯해서 청와대에도 전북향우회가 있다. 나는 수석전문위원도 됐으니 내가 앞장서서 전북향우회 결성을 추진하기로 했다. 혹시 그것 때문에 내가 불이익을 보더라도 감수하겠다는 각오였다.

먼저 박종우 부이사관에게 의견을 구했더니 좋다고 했다. 그래서 박 부이사관이 실무를 맡아서 추진하기로 했다. 그런데 3월에 첫 모임을 갖기로 했는데 그냥 시간이 흘러갔다. 박 부이사관이 좀 늦추자고도 했으나 나는 굳이 늦출 필요가 없다고 보고 4월 초라도 좋으니 빨리 하자고 했다. 다행히 수석 중에 김요환 수석이 같이하기로 해서 드디어 2015년 4월 6일(월) 국회 사무처 「전북향우회의」첫 모임을 갖게 되었다.[82)

필자는 오랜 뜻을 이룬 것이니 매우 기뻤다. 당시 어느 수석을 비롯해서 전북 출신인데도 이 모임을 외면하는 사람들이 있

---

81) 나는 전북 고창이 고향이지만 그는 내가 전남대를 나왔기 때문에 광주 출신이라고 한 것 같다.

82)[부록] 참조.

었다. 특히 잘 나가는 사람들이 그랬다. 그들은 보수 정당이 대통령과 국회를 장악하고 있는 상황에서 그런 모임을 추진하는 것에 선뜻 동참하기 어려웠을 것이다. 사실 그들은 그런 모임의 필요성도 느끼지 못했을 것이다. 그러나 항상 잘나가는 본인들이 필요하지 않다고 해서 다른 향우들마저 필요하지 않은 것은 아니다. 개인적인 유불리를 떠나서 구조적인 문제를 외면해서는 안 된다. 그리고 변화를 위해서는 모험이 필요하다. 그동안 국회 사무처의 편향적인 분위기를 타파하기 위하여 누구도 나서지 않아서 아무런 변화가 없었다고 봐야 한다. 나는 이제 곧 떠나겠지만 우리 호남 출신 후배들이 좀 더 편안하게 일할 수 있는 여건을 만들어주고 싶어서 내가 총대를 멘 것이다. 그런데 만약 2016년 4월 20대 총선에서 여당이 승리했다면 내게 어떤 일이 벌어졌을까? 아무튼 관련된 이야기는 뒤에 자세히 밝히겠지만 내가 온전하지는 못했을 것이다.

초대 회장은 김요환 수석이 맡았다. 나는 김요환 수석이 동참해서 초대 회장을 맡아준 것을 지금도 고맙게 생각한다. 예정대로 1년 후인 2016년 3월에 내가 2대 회장을 맡았다.[83] 그런데 하늘이 도운 것인지 20대 총선에서 다행히 야당이 다수당이 되었다. 예상 밖의 일이 벌어졌다. 우리 모임의 정치적 환경이 갑자기 좋아져 버린 것이다. 2016년 6월에는 전북 출신 의원들까지 초청해서 크게 모임을 가졌다. 당시 전북 지역구 의원이 10명이었는데 7명이 참석했고 전북 출신이면서 지

---

83) [부록] 참조.

역구가 전북 아닌 다른 지역이거나 비례대표인 의원들 4명까지
해서 총 11명이 참석했다. 참석 의원들이 다 좋은 모임이라고
했고 진즉 이런 모임이 만들어지지 않은 것이 아쉽다는 말도
나왔다. 의원 11명 중 몇 사람 외에는 자리를 끝까지 지킨 것
만 봐도 분위기가 좋았다는 것을 알 수 있다. 나는 회장 재임
중 1년에 1~2회 모임을 가졌다. 참석자 수는 의원까지 참석한
2016년 6월을 제외하면 10여 명에서 많게는 20여 명이었다.
나는 2019년 1월에 마지막 모임을 가졌다. 당시 후임자를 정
해서 넘겨주려 했는데 모두 고사하는 바람에 그러지 못하고 말
았다. 좋은 취지의 모임이 이어가지 못하고 외면되는 상황이
안타깝다.

국회에 아들을 데리고 가서 정의화 의장과 사진을 찍다

2015년 5월 5일 어린이날에 아들과 함께 국회에 갔다. 정의
화 의장이 국회 앞 잔디광장에서 어린이를 위한 행사를 개최하
여 수천 명이 참석했다. 우리 아들에게 의장님이 국회에서 제일
높은 분이라고 했더니 아들은 의장님이랑 사진을 찍고 싶다고
말했다. 그래서 정 의장께 부탁하여 나랑 셋이 사진을 찍었다.

당시 사진을 찍을 때 나와 아들 사이에 정 의장을 가운데 두
고 찍으려고 했는데 정 의장이 아들을 가운데로 하고 찍자고 해
서 그렇게 찍었다. 아들은 이미 정 의장과 사진을 찍었으면서
도 이후 무대 위에서 정 의장과 단체사진 찍는 시간이 시작되
자 무대에 올라가 다른 어린이들이랑 같이 단체사진도 찍었다.

사진을 찍고 무대에서 내려오니까 주최 측에서 선물도 주었다. 아들은 기뻐하면서 선물도 받았으니 또 찍기를 잘한 거라고 말했다.

5·18 전야제 참석

2015년 5월 17일 광주로 내려가 금남로에서 개최된 5·18 전야제에 참석했다. 모처럼 눈물을 쏟았다. 대학시절 시위현장에서 느꼈던 전율을 다시 느낄 수는 없었지만, 그 시절이 그리웠다. 가장 순수하고 뜨거웠던 시절… 훌륭하신 윤상원 선배를 생각했다. 우리는 과연 목숨을 바친 그분의 고귀한 희생을 본받고 있는지 의문이 든다.

전남대 후배들에게 특강

2015년 5월 21일 전남대에서 후배 학생들에게 특강을 했다. 특강 요지는 다음과 같다.

"나는 국회 사무처에서 전라도 출신으로 그것도 전남대 출신으로서 많은 차별을 겪어야 했다. 그러나 나는 그런 차별에도 불구하고 전라도 출신으로서 내 정체성과 신념을 지키면서 마침내 수석전문위원이 되었다. 나는 호남차별에 대해서 침묵하지 않고 어떤 방식으로든 문제제기를 하고 발언을 했다. 신문기고도 했고 직장 내에서 그게 지적될 수 있도록 했다. 그러는 것이 개인적으로 손해가 될 수 있지만 다른 호남 출신들에게는 도움이 될 수 있다.

인생은 백 미터 달리기가 아니라 마라톤이다. 너무 단기적인 유불리에 집착하지 말고 크게 멀리 볼 필요가 있다. 우리 후배들도 사회에 나가서 호남 출신이라는 이유로 차별을 받을 수도 있을 것이다. 그렇더라도 나는 우리 후배들이 그런 상황을 의연하게 감당하고 잘 대처하기를 바란다. 그러면 마침내 좋은 날이 올 것이다."

특강이 끝나자 한 학생이 사인을 해달라고 하기도 했다.

부산시 예산 반영에 기여하다

나는 2015년 5월 하순에 갑자기 우리 위원회 소속 부산 출신 여당 서용교 의원에게 오찬 초대를 받았다. 오찬 자리에는 부산시청의 기획관리실장 등 간부들이 와 있었다. 그러면서 부산시의 문체부 소관 주요 사업에 대한 예산 반영을 부탁했다. 사실 내가 이런 일까지 꼭 나서야 하는 것은 아니지만 이렇게 예의를 갖춰서 부탁을 하니까 뭐든 하지 않을 수 없었다. 그런데 내가 도와줄 수 있는 것은 예산안이 국회에 제출된 이후보다는 오히려 기획재정부의 편성 단계가 더 효과적이라고 판단되었다. 그래서 문체부의 송수근 기조실장 등에게 부탁하고 기획재정부는 예산실의 박춘섭 예산총괄심의관에게 부탁하고 6월 초순에 문체부 예산을 담당하는 문화예산과장에게 저녁 식사 자리를 마련하여 부탁했다.

이후 계속해서 진행상황을 확인하였고 그 결과 공모로 전환된 것을 제외하고 신청한 모든 사업의 예산이 반영되었다. 특히 한류 페스티벌 예산은 내가 문체부에 얘기해서 기획재정부

에 5억 원을 요구하기로 하면서 반영되었고 이후 국회 심사과
정에서도 4억 원이 증액되었다. 서용교 의원과 부산시로부터
고맙다는 얘기를 들었다.

법제사법위원회의 실수를 의장 의안정리권으로 정정하다

우리 위원회는 2015년 5월 1일 교육감의 권한 강화 등을 내
용으로 하는 '지방교육자치에 관한 법률' 개정안(대안)을 의결하
여 법사위로 보냈는데, 나는 이 법안이 5월 6일 체계자구 심사
과정에서 취지와는 반대로 자구가 수정된 채 본회의에 올라간
것을 법사위의 수정본(주서본)을 통해 알게 되었다.

당초 대안 42조는 "교육감협의체는 교육부장관에게 의견을
제출할 수 있으며, 교육부장관은 필요한 경우 제출된 의견을
관계 중앙행정기관의 장에게 '통보하여야 한다'"는 의무조항이
었다. 이는 지방자치법에도 유사한 입법례가 있는 만큼 우리
위원회 소위원회에서도 이견 없이 가결됐다. 그런데 법사위의
심사과정에서 법안 42조에 재량을 인정하는 '필요한 경우'와
의무적 형태인 '통보하여야 한다'는 표현이 상충한다는 이유로
임의적 표현인 '통보할 수 있다'로 수정되었다.

그러나 법안의 본래 취지가 '교육감 의견 제출권'을 강화하는
내용이기 때문에 수정을 하더라도 그 방향은 '필요한 경우'를
삭제하고 '통보하여야 한다'를 유지해야 했다. 유사입법례로 든
지방자치법 165조 4항을 보면 "제1항에 따른 협의체나 제2항
에 따른 연합체는 지방자치에 직접적인 영향을 미치는 법령 등

에 관한 의견을 행정자치부장관에게 제출할 수 있으며, 행정자치부장관은 제출된 의견을 관계 중앙행정기관의 장에게 통보하여야 한다"고 규정하고 있다.

나는 오류를 확인하고 설훈 위원장과 대표 발의한 박혜자 의원에게 보고하고 의사국에 수정을 요구했다. 그런데 이 사항은 내용을 수정하는 것이 아니고 실수가 발생하여 원안으로 환원하는 것이기 때문에 굳이 본회의에서 수정할 필요 없이 의장의 '의안정리권'을 통해 수정하기로 했다. 그렇게 해서 그 개정안은 원래 취지대로 환원되었다. 이 사례는 각 위원회 전문위원실은 법안을 의결한 이후에도 법사위 등에서 실수가 발생할 수 있기 때문에 계속 주시할 필요가 있다는 것을 시사한다. 이 사항에 대하여 「머니투데이」가 보도했다.84)

'자랑스런 전남대인상' 수상

나는 2015년 6월 8일 모교 전남대에서 '자랑스런 전남대인상'을 받았다. 모교에서 개교기념일에 단 두 명에게만 주는 상이기에 내가 너무 과분한 상을 받은 게 아닌가 하는 생각도 들었다. 아마 모교에서는 내가 아직 부족하지만 성장 발전을 독려하는 차원에서 상을 준 것 같았다.

또한, 내가 국회에서 원칙과 소신을 지키고 전라도 출신으로서의 정체성을 고수하다가 수석 승진이 늦어진 것을 보상해준 게 아닌가 하는 생각도 들었다. 나는 비록 동기들에 비하면 수

---

84) 「머니투데이」 2015.06.03.

석 승진이 많이 늦었지만, 나에게 가장 맞는 시기에 승진한 것이라고 생각했다. 살다 보면 일시적으로 부침이 있을 수 있지만 본분에 충실하면 언젠가는 인정을 받게 되는 게 인생이라고 생각했다.

절충안을 제시하여 교육부 결산 의결에 기여하다

우리 위원회의 2014년도 교육부 소관 결산이 한 가지 사항 때문에 의결되지 못하는 상황이 발생했다. 누리과정 예산 부담과 관련하여 법적 갈등을 해소하기 위한 법령 정비의 필요성에 대하여 여·야 간에 인식 차가 있었다. 그게 필요 없다는 여당은 결산 시정요구사항으로 '유아교육·보육 통합과 관련한 법령정비 방안을 마련할 것'을 주장한 반면, 그게 필요하다는 야당은 '유아교육·보육 통합을 포함한 법령정비 방안을 마련할 것'으로 하자고 주장했다. '관련한'이냐 '포함한'이냐, 이게 좀 웃기기는 하지만 아무튼 여당은 법령정비는 유아교육·보육 통합에 관한 것만 필요하다는 것이고, 야당은 유아교육·보육 통합 외에 다른 것, 즉 누리과정에 관해서도 법령정비가 필요하다는 뉘앙스를 담고 싶었던 것이다.[85] 야당이 좀 억지를 쓴 것인데, 아무튼 여야의 입장이 한 치의 양보도 없이 팽팽해서 문화체육관광부 소관 결산은 이미 7월 6일 의결이 되었는데, 교육부 소관 것은 7월을 넘겼는데도 의결 기미가 보이지 않았다.

---

85) 여·야가 이런 것을 가지고 싸우는 사례를 보면 과연 할 일을 제대로 하는 것인지 의문이 들 수밖에 없다. 극단적인 사례지만 여·야 대결정치가 이렇게 한심하다.

그래서 내가 교육부 차관과 협의해서 절충안으로 시정요구사항 대신 부대의견으로 '유아교육·보육 통합을 포함한 법령정비 방안 마련을 검토할 것'을 채택하는 방안을 마련했고 이 방안에 대해 당시 우리 위원회 야당 간사인 김태년 의원에게 동의를 구했다. 당초 야당 요구보다는 좀 완화된 표현이 들어가기는 했지만, 김태년 의원이 시정요구사항이 아니라 부대의견으로 처리하는 것을 동의해 줘서 교육부 소관 결산도 마침내 2015년 8월 24일 의결될 수 있었다.

국회 최초로 영상회의장에서 회의를 진행하도록 건의하다

국회 내 영상회의장은 정부 부처와 공공기관의 지방 이전에 따른 업무 비효율을 줄이기 위해 2014년 설치됐으나 그 활용도가 낮다는 지적을 받아 왔다. 그동안 직원들은 이용한 적이 있었지만, 위원회의 정식 회의에는 이용되지 않았다. 그래서 내가 박주선 위원장에게 건의를 드려 2015년 8월 24일 교육부 소관 결산을 의결할 때 영상회의장에서 하기로 했다. 그래서 국회 본관 220호 영상회의장에서 정부세종청사를 연결, 영상회의 형식으로 전체위원회를 진행하게 되었다. 황우여 사회부총리 겸 교육부 장관 등 교육부 관계자들은 여의도 국회가 아닌 정부세종청사 영상회의장에 출석하여 회의가 진행되었다. 국회에서 우리 위원회가 처음으로 영상회의를 실시한 것이다. 전체적으로 볼 때 평가가 나쁘지는 않았다. 앞으로도 짧게 하는 회의는 영상회의를 이용해도 괜찮다고 봤다.

다만 이날 회의는 교육부 결산 의결이 목적이었으므로 짧게 끝날 수 있었는데, 부산대 고현철 교수의 투신자살과 관련하여 정부의 대학 총장직선제 폐지 추진에 대한 문제제기가 계속돼 결국 박주선 위원장은 결산 의결 후 별도의 현안질의를 진행했다. 이 과정에서 영상회의는 한계를 드러냈다. 현안질의를 하기에는 영상회의의 집중도가 떨어졌다. 화면이 지지직거리고 목소리도 들렸다 말았다 하는 일부 기술적 문제도 있었다.

국립대학 혁신지원 사업에 대해 절충안을 제시하다

2015년 8월 17일 부산대 고현철 교수는 총장직선제와 대학 자율화, 민주주의 수호 등을 요구하며 투신했다. 앞서 언급한 것처럼 8월 24일 우리 위원회에서 교육부 소관 결산을 의결할 때 야당 의원들은 고현철 교수의 투신을 불러온 총장직선제 폐지 추진에 대해서 반대 목소리를 높였다. 관련하여 재정지원사업과 총장임용제도를 연계해서는 안 된다고 주장했다. 이게 뜨거운 쟁점이 된 것이다. 일반적으로 나도 쟁점 사안에 대해서는 내 의견을 제시하지 않는 게 원칙이다. 그러나 어느 교수가 목숨까지 던진 이 문제에 대해서는 내가 뭔가 개선책을 제시할 필요가 있다고 봤다. 야당 주장처럼 재정지원사업과 총장임용제도의 연계 폐지가 아닌 절충안을 제시할 수 있다면 괜찮다고 봤다. 재정지원사업 중 국립대학 혁신지원 사업은 총장직선제를 채택하면 사업에서 배제하도록 하고 있었다. 그래서 나는 그렇게 배제하는 것은 문제가 있으므로 배제 대신 점수를 깎자고 절충안을 제시했다.

이런 내용의 검토보고서 초안을 교육부에 보냈더니 교육부는 이를 여당 간사인 신성범 의원실에 얘기하여 신 의원이 내게 전화를 해서 묻는 일이 벌어졌다. 그래서 교육부와 잘 협의를 하겠다고 얘기했다. 그리고 교육부 한석수 대학정책실장을 불러서 검토보고서 초안에 무슨 문제가 있는지 물었다. 어느 교수가 그 문제 때문에 자살까지 했는데 개선이 좀 필요한 것 아니냐고 했다. 한 실장은 그 내용에 무슨 잘못이 있다는 건 아닌데 너무 민감한 문제니까 뺐으면 좋겠다고 말했다. 나는 그런 거라면 내게 직접 말을 했어야지 의원실에 얘기를 한 게 잘못이고 이제 와서는 오히려 빼주기가 어렵게 되었다고 얘기했다. 한 실장은 처음에는 완강하더니 나중에는 잘못을 인정하고 고개를 숙였다. 그리고 자기가 여당 간사 의원실에 가서 오해 없도록 하겠다고 말했다.

그렇게 해서 그 문제는 10월 28일 전체위원회 때 초안 그대로 검토보고를 했다. 회의에서 강은희 의원은 내 검토보고를 지적하면서 재정지원사업을 수정하면 안 된다는 취지로 질의를 했다. 그러나 황우여 교육부장관은 강은희 의원의 요구와는 다르게 좀 개선이 필요하다는 취지로 답변을 했다.

그날 회의가 끝나고 인사하는 시간에 이례적인 일이 벌어졌다. 평소에는 교육부와 산하기관 간부들이 의원들에게만 악수 인사하고 가는데 그날은 평소와는 다르게 대거 내게 악수 인사를 하고 갔다.

머니투데이

"타협하고 절충하는 게 정치 아닌가요"

| [the300](피플)국회 교육문화체육관광위원회 정재룡 수석전문위원

지난해 12월 국립대학 총장임용제도 보완방안이 나오기 전 교육부 관계자들이 국회 본청 513호실을 찾았다. 이 방의 주인은 국회 교육문화체육관광위원회 정재룡 수석전문위원. 당시로 국회 근무 경력 26년의 베테랑 전문위원이었다.

임용제도 보완책을 내놓기까지 교육부는 야당과 수개월째 격론을 벌였다. 줄세우기로 대표되는 총장 직선제의 폐단을 막기 위해 간선제와 대학재정지원사업을 연계하겠다는 게 교육부의 입장이었다. 야당은 재정수단으로 대학 자율성을 침해해선 안 된다고 맞섰다. 평행선을 그리는 시간이 길어지면서 여야 이견이 없는 수십개 법안 처리가 밈출 판이었다

정대룡 국회 교육위 수석전문위원

□「머니투데이」 2016.04.01.

이후 교육부는 12월 15일 '국립대학 총장임용제도 보완 방안'을 발표했는데, 거기에 내가 제시했던 방안이 포함되었다. 언론에서는 교육부의 발표 내용 중에 총장직선제 폐지가 포함되자 그것을 비판하는 쪽에만 초점을 맞춰 보도했는데, 총장직선제 폐지는 교육공무원법 개정 없이는 불가능하다는 점을 감안하면 재정지원사업의 개선이 재대로 평가받지 못한 것이 아쉬웠다. 2016년 4월 1일 「머니투데이」 인터뷰에서 그것을 얘기했더니 크게 보도해 줬다. 온라인과 다르게 지면에는 '총장임용제 충돌

막은 법안 심의 조력자'라는 타이틀을 붙여줬다.86) 사실 그 사안은 법안이 아니라 예산안 검토에서 나온 것인데 기사는 그렇게 나왔다.

[2015년 10월 28일 교육문화체육관광위원회 회의록 발췌]

○ **수석전문위원 정재룡** 국립대학 혁신지원 사업은 37개의 국립대학을 4개 유형으로 나누어 각 유형별로 해당 연도의 혁신계획과 전년도의 혁신실적을 함께 평가하여 지원대학을 선정합니다.

교육부의 사업시행계획에 따르면 동 사업은 사업비 지원 조건으로 총장직선제 개선 관련 규정을 유지하지 않는 대학이 우수대학으로 선정된 경우 사업 선정을 취소하고 사업비를 교부하지 않거나 교부된 사업비 전액을 회수하도록 하고 있습니다.

교육부는 총장을 중심으로 대학 구성원의 역량을 결집하여 의사결정 구조 등 대학 운영체제를 개선하고 국립대학의 자발적인 혁신을 이루기 위해서는 대학 구성원의 갈등 유발 요인이 많은 총장직선제를 폐지하는 것이 필요하고, 이를 유도하기 위해 사업비 지원과 총장임용후보자 선정방식을 연계하는 것이 효과적이라는 입장입니다.

그러나 올해 국정감사 등에서 총장임용후보자 선정방식과 정부의 재정지원 사업을 연계하는 것은 헌법이 보장한 대학의 자율성을 침해하는 것이라는 비판이 제기되었는바, 연계를 인정할 수도 있지만 총장직선제를 채택하였다고 하여 해당 대학이 혁신계획과 성과에 대한 적절한 평가를 받지 못하고 이미 사용한 사업비를 반납해야 하는 것은 합리성이 부족하다고 봅니다.

---

86) 「머니투데이」 2016.04.01.

동 사업은 그 자체로 각 국립대학이 교육부가 원하는 방향으로 혁신계획을 수립하도록 유인하는 체계로 구성되어 있어 총장임용후보자 선정방식을 강제하지 않더라도 대학의 자발적인 혁신을 유도하는 것이 어렵지 않다고 보이고, 만약 교육부의 주장처럼 총장직선제가 국립대학의 혁신에 부정적인 영향을 주는 부분이 있다면 혁신 우수대학 선정을 위한 평가에서 그러한 부분이 반영될 것이므로 직선제를 채택한 대학에 대해서도 간선제를 채택하고 있는 대학과 동일한 기준에 따라 평가를 실시하고, 그 결과에 따라 지원 여부를 결정하는 것이 합리적입니다.

그러나 이러한 방식이 아닌 단순히 총장직선제를 채택하였다는 이유만으로 사업비 지원 대상에서 배제하는 현재의 방식은 합리적이지 않으므로 재검토할 필요가 있습니다.

○ **강은희 위원** 그리고 지금 또 한 가지 문제가요 우리 교과서 문제도 그런 부분이 있지만 국립대 총장직선제 부분이 있습니다. 오늘 수석께서 예산 검토를 했는데 총장직선제 할 때, 우리가 정책을 시현하려면 대학에서 어느 정도 정책을 시행할 수 있는 메커니즘이 있어야 됩니다. 그런데 이것을 만약에 대학에 일방적으로 지금까지 맡겨 뒀다면 총장직선제가 교수님들에 의해서 계속 주장되게 됩니다. 그렇게 되면 결국은 그 피해가 어디로 가겠습니까? 총장직선제에 의한 폐해는 1~2년 동안 나온 문제가 아닙니다. 수년 동안 나와서 마침내 어렵게 합의를 한 건데 이 부분에 대해서 교육부가 제도적인 장치를, 메커니즘을 통과하지 못한다면 또다시 학교는 더욱더 많은 혼란으로 빠져들 수밖에 없습니다. 그래서 정책의 일관성을 위해서라도 이 부분에 대해서 제대로 집행해 주시기 바랍니다.

○ **부총리 겸 교육부장관 황우여** 수단 자체에 대해서는 법원에서는 저희들이 합법이라는 판결을 받아서 사법 판단은 마친 상황이기

때문에 그 자체에 위법성이 있다고 생각하지는 않지만 보다 좀 더 나은 제도는 없나 해서 저희가 지금 그것을 심의 중에 있기 때문에 그 결과를 보아서 하는데, 직선제의 폐해가 워낙 컸더래서 오랜 기간 동안 논의해서 나오는 결론을 모아서 또 국제적인 기준에 맞게 만들어 보려고 노력하고 있습니다. 이 부분에 대해서는 대학들과 함께 교육부가 심도 있게 검토해서 정리를 하겠습니다.

강사법 시행은 장고 끝에 악수?

2011년 12월 대학 강사의 신분보장과 처우개선을 골자로 하는 고등교육법 개정안이 국회를 통과했다. 이른바 '강사법'이라고 한다. 시간강사에게 교원의 지위를 부여하고, 1년 이상 임용하는 것을 주요 내용으로 한다. 이 법률은 이해당사자인 대학과 강사 대부분이 입법 당시부터 반대해서 시행되지 못하고 두 번의 유예조치가 있었다.

우리 위원회는 2015년 12월에 이 법률의 3차 유예안을 의결하게 되었는데 그때 부대의견을 통해 교육부에 대학 및 시간강사와 협의체를 구성해 현장에서 수용 가능한 보완입법안을 마련하여 제출하도록 요구했다.

당시 3차 유예안은 2년간 유예하는 것이었지만, 정부의 보완입법안의 제출 시한은 2016년 8월까지로 명시했다. 이는 내가 강사법의 시행을 또다시 2년이나 유예하는 것은 부적절하다고 보고, 가능하면 조속히 유예를 끝내고 강사법을 보완 시행할 수 있도록 제시한 의견이 반영된 것이다. 사실 나는 3차 유예안에 대한 검토보고에서 일정한 전제조건하에 강사법의 폐지를 적극 고려해야 한다는 의견을 제시했다. 시간강사의 실직 우려 및 대학의 재정부담 가중 문제 등을 합리적으로 해소하면서 실질적인 처우개선방안을 도출하기 위한 논의를 조속히 시작한다는 것이 그것이었다. 당시 대학과 시간강사들 대부분도 내 의견과 같은 목소리를 냈다.

이후 정부는 1년 미만 임용을 허용하는 예외 조항을 두고, 임용기간이 만료되는 경우 당연히 퇴직하도록 하며, 강사의 임무를 학생 교육으로 한정하도록 하는 것을 주요 내용으로 보완 입법안을 마련해서 2017년 1월 24일 국회에 제출했다. 그러나 이 법안도 강사 대부분이 강사법보다 후퇴한 개악이라고 반대할 뿐만 아니라 대학 측도 특별법 제정을 요구하는 등 조건부 찬성에 그쳐 우리 위원회는 공청회 외에 소위원회 상정조차 하지 않았다.

나는 강사법이 오랜 기간 시행되지 못하는 것은 강사법에 근본적으로 결함이 있기 때문이라고 봤다. 나는 강사법이 기본적으로 우리 현실에 맞지 않다고 본다. 우리나라는 교수의 사회적 지위가 너무 높다. 그러니 '보수'가 목적이 아니라 그 사회적 '지위' 때문에 유사 교수라 할 수 있는 강사의 공급이 너무 많다. 반면 최근 학령인구 감소로 대학에서 강사의 수요가 축소되고 있다. 이런 상황에서 강사의 신분보장과 처우개선을 위한 내용의 강사법이 시행되기는 어려운 일이다. 특히, 강사법은 한 대학에서 전업으로 강의하는 경우뿐만 아니라 복수의 대학에서 겸업으로 강의하는 경우까지 모두 법률로 신분을 보장해

주는 것이다. 정부는 강사법의 적용을 전업으로 제한하면 강사의 생계유지가 불가능하다고 말한다. 그러나 겸업은 일종의 프리랜서라고 볼 수 있다. 그 경우에도 신분을 보장해주는 것은 일반적인 원칙에서 벗어나는 것이다.

결국 강사법은 시간강사들의 법적 지위를 확보해 주고 고용 안정성을 높여서 경제적 처우에도 기여하려는 목적에서 만들어진 것인데, 강사의 경제적 처우를 위해 신분보장이 수단처럼 사용되면서 그런 불합리성을 잉태하게 된 것으로 보인다. 그것이 강사법이 시행되지 못하는 근본적인 이유라고 봤다.

나는 2017년 7월 그런 내용의 칼럼을 썼다. 교육부도 그해 11월 강사법 폐지 추진 방침을 밝히기도 했다. 그러나 국회는 12월에 다시 1년간 유예하는 법안을 의결하게 되었다.[87] 우리 위원회는 12월 1일 4차 유예안을 의결하면서 다시 교육부에 보완방안을 요구했고 그에 따라 교육부가 제출한 보완방안을 이찬열 의원이 대표발의하여 2018년 11월 강사법을 개정하게 되었다.

유예 강사법은 △1년 이상 임용 원칙(예외 사유 : 방송통신대 강사는 일 단위 계약 가능) △전임교원 임용절차 준용(기초·전공·면접심사, 대학인사위원회 심의·동의 등) △재임용 절차 보장 등을 규정하고 있었다. 방학기간 중 임금, 겸임 교원과 초빙교원 자격, 교수시간 등은 별도 규정되지 않았다.

---

87) 4차 유예를 의결한 12월 1일 회의에서 유성엽 위원장은 "국회든 정부든 아주 대단히 잘못을 했다"고 말했다.

반면 개정 강사법은 고용 유연성 향상, 교수시간 제한 등을 통해 유예 강사법의 대학 부담 급증과 강사 대량해고 문제를 완화하는 데 초점을 맞췄다. 이를 위해 1년 이상 임용 원칙에서 학기 도중 발생한 6개월 미만 병가·출산휴가·휴직·파견·징계·연구년과 퇴직·면직·직위해제에 따른 대체 강사도 예외 사유로 포함됐다. 전임교원 임용절차 준용은 공개임용원칙, 심사위원회 구성 등으로 간소화됐다. 재임용 절차 보장은 신규 임용 포함 3년까지로 구체화됐다. 또한, 방학기간 중 임금 지급, 겸·초빙교원 등에 대한 제한 규정(자격요건·사용사유 등), 교수시간 등의 규정이 신설됐다.

당초 강사법이 2011년 12월 처음 국회를 통과한 이후 무려 4차례, 7년여 간의 유예 끝에 이런 내용의 개정 강사법이 2019년 8월 시행하게 되었는데, 결국 현재 상황에서 전체적으로 볼 때 강사법은 강사의 대량해고를 야기하여 강사를 살리는 게 아니라 죽이는 결과가 되었다고 할 수 있다. 강사법 시행 1년이 지났지만 신분안정이나 처우 모두 불만족이라는 보도가 나오고 있다. 강사법이 악법이라면 시행하지 않고 폐지했어야 했는데 왜 끝내 시행할 수밖에 없었는지가 의문이다. 폐지 타이밍으로는 2017년 11월 교육부가 폐지 추진 방침을 밝혔을 때이다. 2017년 12월 1일 우리 위원회 회의록을 보면 김상곤 교육부장관은 폐지 입장을 밝히고 있는데 우리 위원회에서 그때 왜 정부 입장과 다르게 4차 유예안을 의결한 것인지 잘 이해되지 않는다.

지난밤에 꾼 꿈에 관한 이야기(2015년 11월 29일)

간밤에 악몽을 꾸었다. 꿈에서 일본은 독도를 침탈하고 북한에까지 진입했다. 아마 북한 정권이 붕괴되면서 미국과 중국 등이 북한에 진입했는데 일본도 동참한 것 같았다. 현재 일본은 미국을 등에 업고 있으니 전혀 불가능한 일이 아니다. 사실 아베가 국민들의 강력한 반대에도 불구하고 헌법을 위반하는 안보법제를 만든 목적이 무엇이겠는가? 바로 한반도 침탈이라고 봐야 한다.

과거 일본은 한반도를 침탈하기 위해 16세기 말에 임진왜란을 일으켰고 20세기에는 약 35년 동안 우리나라를 식민지배하기도 했다. 현재 우리 민족은 남북이 나뉘어 대결하고 있고 국내적으로도 영호남 지역대결로 사분오열되어 있다. 일본이 보기에 한반도는 구한말처럼 손쉬운 먹잇감이다. 나라가 풍전등화의 위기에 처해 있지만, 나라를 걱정하는 사람들을 찾기는 어렵다. 그러니 더욱 위기가 아닐 수 없다. 구한말까지만 해도 나라를 구하기 위해 의병도 일어났지만, 오늘의 세태는 모두 일신의 안위와 영달에만 급급하고 있다. 내가 보기에 나라가 망할 수밖에 없어 보이니 암담한 마음 금할 길이 없다.

의원입법의 발의 전(前) 절차적
제도 도입과 입법실무의 개선 세미나 개최

나는 그동안 법제연구회를 통해서 우리 직원들의 전문성 함양을 위해서 노력해 왔다. 법제연구회에서 2015년 9월과 11월 두 차례 세미나를 개최했다. 하나는 공용수용 입법 관련한 것이었고 또 하나는 성폭력범의 처벌 입법에 관한 것이었다. 그런데 그 두 가지 사항을 분석해 보니까 현행법에 문제가 많다는 것이 드러났다. 그런데 그 문제 사항들이 모두 의원입법에서 비롯된 것으로 드러났다. 또 정부의 지속적인 규제개혁에도 불구하고 오히려 규제 건수가 계속 증가하는 것은 규제심사가 의원입법을 제외하고 정부입법에만 실시되기 때문이다. 그래서 나는 의원입법과정에 문제가 있다면 그 원인을 규명하고 대책을 강구할 때가 되었다고 생각했다. 또 정진후 의원을 비롯해서 우리 위원회 의원들이 내가 검토보고서에 소관 부처의 의견을 적시하는 것에 대한 지적이 있었고, 검토보고서에서 긍·부정 결론 제시에 대한 찬·반론이 있으므로 그것도 같이 논의해 보고 싶었다.

그래서 2015년 12월 16일 법제연구회 주최 세미나를 열어서 내가 발제를 맡았고 지정토론은 내가 법사위 전문위원 시절인 2013년 2월 19일 검토보고서의 문제점을 강하게 지적했던 박범계 의원[88]과 진정구 수석전문위원, 송수근 문화체육관광부

---

88) ● **박범계 위원** 제가 우리 수석전문위원의 검토보고서를 죽 보니까요, 일정한 패턴이 있는 것 같습니다. 그래서 제가 초선 의원이라 우측에 계시는 우리 박지원 전 원내대표님께 한번 여쭤봤는데요.

　보니까 정부안은 전부 다 '타당합니다' 이렇게 되어 있네요, 정부안. 우리 수석전문위원안의 검토보고서인데. 그다음에 우리 국회의원들이 낸 개정안이나 그런 것은 대체로 한 세 가지 패턴이 있네요. '입법정책적으로 결정할 사항이라 생각합니다, 신중한 추진이 요망됩니다, 신중한 판단이 필요하다고 생각됩니다'······

　저는 국회가, 지금 국민들이 개혁하라고 그러는데 국회가 개혁해

기획조정실장이 맡았다. 정의화 의장이 축전을 보내줬고 정갑
윤 부의장이 축사를 해줬다. 사회는 홍완식 건국대 교수가 맡
았고 국회 사무처 양 차장, 국회입법조사처장 등이 참석했다.
박주선 교육문화체육관광위원장과 황우여 교육부장관 등이 화
환을 보내줬다. 직원연구모임이 의원을 토론자로 모시고 세미
나를 개최한 것은 전례가 없는 일이다. 특히 진정구 수석은 내
가 찾아가서 부탁할 때 자기는 검토보고서의 기능이 긍·부정
결론 제시보다는 단순 정보제공이라고 얘기해서 그럼 세미나
때 열띤 토론이 될 수 있겠다고 얘기했다. 그래서 나는 발제문
에서 특히 그 부분을 더 연구해서 긍·부정 결론을 제시해야
하는 이유를 12가지나 제시했다. 그런데 막상 세미나에서 진
수석은 정작 그 문제는 특별히 언급하지 않고 넘어가서 싱거운
토론이 되고 말았다. 아마 박 의원이 토론에서 결론을 제시해
야 한다는 취지로 얘기하니까[89] 그와 다른 얘기를 할 수 없었

___

야 될 첫 번째 과제가 이것인 것 같습니다. 국회가 정말로, 여기에
파견 나와 있는 검사·판사분도 계시고 전문위원도 계시지만, 국회가
독자적인 힘으로 독자적인 능력으로 이러한 의원입법안이든 정부안
이든 제대로 검토해서 그 보고서가 나와야 되는 것이 급선무라는 생
각이 듭니다.

89) 박범계 의원 토론 요지
  ◦ 발제 내용에 상당 부분 동의하고, 좋은 문제의식이라고 생각함.
  ◦ 정부의 입법절차에 입법예고 및 부처 간 협의가 있고, 법제처를
  최종적으로 통과해야 하는 절차가 있는데, 국회도 국회의 자율적인
  권능과 권한하에 그러한 절차를 두는 것이 필요하다고 봄.
    ◦ 의원입법의 남발을 시정하기 위해서 국회 입법조사처, 예산정책
  처, 법제실의 역할을 강화하고 전문 인력을 보강하며, 국회 내부적
  으로 의원입법 관련 절차와 내규를 세밀화할 필요가 있음.
  ◦ 많은 전문위원 검토보고에서 의원 발의 법안에 대해 일단 긍정적으

는지도 모른다.

나는 세미나가 성공했다고 생각했다. 나는 세미나 결과를 가지고 현재 관행과 타성에 안주하고 있는 풍토에 뭔가 변화를 추진할 필요가 있다고 생각했다. 그래서 세미나가 끝나고 얼마 후 김대현 사무차장을 찾아가서 검토보고서 작성법에 대해서 얘기를 나눴다. 그런데 김 차장은 세미나 결과와는 전혀 다른 얘기를 했다. 원래 김 차장은 보건복지위원회에서 같이 근무할 때도 전문위원은 마치 심판 보는 일을 하는 것처럼 말하곤 했는데, 그날도 그런 식으로 말하면서 검토보고서는 여·야 어느 편을 드는지 잘 모르게 구렁이 담 넘어가는 듯 써야 한다고 말했다. 내가 입법조사관들에게 검토보고서 작성법에 대해서 특강을 할 기회를 달라고 했더니 수석 경력이 짧다면서 고참이 되면 하라는 식으로 말했다.

나는 그 세미나에서 헌법재판소에 의한 법률의 위헌결정이나 입법내용에 대한 언론의 비판 보도 등에 대해 대처하기 위한 기구(가칭 '입법실무연구회')의 운영을 제안했다. 그래서 구기성 입법차장에게도 찾아가서 그 자리를 맡아줄 것을 부탁했다. 그

로 검토하면서 ~등을 고려하여 입법정책적으로 결정할 사항이라고 결론을 맺는데, 그것은 여·야 간 협의로 통과시킬 수 있으면 통과시키고 아니면 그만두라는 것이나 마찬가지로, 조속히 시정될 필요가 있음.

◦ 전문위원의 검토보고는 정치적 중립성과 객관성, 독립성을 갖고 전문위원의 깊은 전문성과 고뇌가 녹아들어 있어야 하며, 그 경우 의원들이 전문위원 검토보고의 권위를 인정해주는 풍토가 반드시 조성되어야 함.

러면 법제연구회는 그 기구에 통합·합류할 것이라고 했다. 구차장은 한번 생각해보겠다고 하더니 얼마 후 맡지 않겠다고 했다.

돌아보면 내가 좋은 취지의 세미나를 개최했지만 아쉽게도 이후 그 결과가 추진된 것은 특별히 없었다고 볼 수 있다.

2016년 1월 14일(목) 19:00 국회방송(생방송) '투데이 브리핑'에 2015년 12월 세미나의 주제와 같은 '의원입법의 발의 전 절차적 제도 도입과 입법실무의 개선'을 주제로 출연했다. 다음에 그 원고를 싣는다.

1. 최근의 입법과정을 보면 의원발의 법안의 비중이 압도적이라고 할 만큼 많아지고 있습니다. 하나하나의 법안이 만들어지기까지 여러 과정들이 있을 텐데, 관련해서 지난 연말에 국회법제연구회 회장으로서 <의원입법의 발의 전 절차적 제도 도입과 입법실무의 개선> 세미나를 개최하셨습니다. 이 세미나를 개최한 배경에 대해서 소개 말씀 부탁드립니다.

법률을 하나의 제품으로 본다면 국회에는 2개의 생산라인이 있음. 하나는 정부입법 생산라인이고 또 하나는 의원입법 생산라인임. 그런데 최근에 우리 연구회가 세미나를 통해서 파악한 바로는 이 두 개의 생산라인을 구분하여 비교해 보니까 정부입법 생산라인에 비하여 의원입법 생산라인에서 생산되는 제품으로 볼 수 있는 법률에 문제 사항이 많이 있는 것으로 드러났음. 그래서 그 원인을 규명하고 개선대책을 강구할 필요가 있다고 보고 세미나를 개최한 것임. 일부 오해하기로는 최근에 의원입법의 폭증에 따라 임기 말 폐기되는 법안이 많아졌다는 언론의 지적이 있고 저희가 그것 자체를 문제로 보고 세미나를 개최한 것으로 알고 있는데, 기본적으로 법안이 제출되면 모두 상정되어 검토보고, 대체토론 등 최소한 위원회 단계의 심사를 다 거치기 때문에 그것 자체를 문제 삼는 것은 아니라는 점을 말씀드림.

저도 평생 국회에서 일하면서 누구보다 국회의원의 입장을 헤아려서 일해 왔음. 단순히 의원입법이 많아진 게 문제라는 것에 절대 동의하지 않음. 그러나 앞서 살펴본 사항들을 놓고 볼 때 이제는 의원입법에 문제가 있다면 그 원인을 규명하고 대책을 강구할 때가 왔다고 봄. 그리고 제가 여기서 논의하는 대상은 모두 국회의원 차원의 큰 틀의 입법정책에 대한 것이 아니고 실무적으로 우리가 일을 더 잘해 보자는 쪽에 해당하는 것임.

2. 의원입법이 정부입법에 비해 전체적인 완성도 면에서 부실하거나 문제가 되는 경우가 많다는 말씀이신데, 상대적으로 의원입법에서 부실입법이 많은 이유는 뭐라고 보십니까?

정부입법은 소관부처에서 입안 이후 관계부처협의, 입법예고, 규제심사, 법제처심사 등의 절차를 거쳐 문제 사항들을 삭제하거나 수정·보완하여 완성도를 높여서 국회에 제출함. 그러나 의원입법은 정부입법에 유사한 절차가 전혀 없고 입안만 하면 바로 발의할 수 있음. 따라서 의원입법에 문제 있는 사항들이 포함되어 발의될 가능성이 더 높을 수밖에 없음. 의원입법의 발의 이후 국회심사과정에서 그 문제들을 수정·보완할 수 있으면 그런 것이 별 문제가 안 되겠지만 현실적으로 법안의 폭증 속에서 그게 한계가 있음.

3. 발의하기 전 검토절차가 미비해서 내용적으로도 문제가 될 수 있다고 하셨는데요. 구체적으로 어떤 문제가 생길 수 있는지, 사례들이 궁금합니다.

헌법재판소는 2014년 10월 고급골프장 등에 대한 수용권 부여에 대하여 헌법불합치결정을 선고했는데, 그 취지는 공익적 필요성이 인정되기 어려운 민간의 사업에 대하여는 공용수용이 허용되어서는 안된다는 것임. 그런데 현행법상 민간수용 규정은 총 57건에 달하는데 이를 제안자별로 구분하면 정부 30건, 의원 27건이고, 이를 15대 국회까지와 2000년 5월 시작되는 16대 국회 이후로 나눠 보면 정부는 20건 대 10건인 반면, 의원은 3건 대 24건임. 개별 법률상 공용수용 규정의 특징 중 하나는 「공익사업을 위한 토지 등의 취득 및 보상에 관한 법률」에 따른 사업인정 절차를 생략할 수 있도록 한 '사업인정 의제' 조항임. 사업인정은 개인의 재산권을 강제로 취득하는 것을 정당화할 정도로 공익적 필요성이 인정되는 사업인지 여부를 확인하는 절차임. 그런데, 개별 법률에서 공용수용을 규정하면서 이러한 사업인정 절차를 거치지 않고도 사업시행에 대한 행정처분이 있는 경우 사업인정을 받은 것으로 간주하는 조항을 함께 둔 경우가 대부분인데, 이에 따라 사업인정 절차가 유명무실화되고 있음. 이처럼 사업인정 의제는 사업시행의 편의에 지나치게 치우쳐진 제도로서 공익성 검증을 면탈하는 수단으로 악용되고 있다는 비판이 있음. 특히 문제가 되는 것은 민간수용에 사업인정 의제가 허용된 경우인데, 앞서 57건의 민간수용 중 사업인정 의제가 허용된 것은 총 47건에 이름.

성폭력범죄 처벌 입법의 경우도 사회적으로 이슈화된 사건에 대응한 급조된 대중요법식 의원입법의 양산으로 형법 이외에 특별법이 무려 10여 개에 달하면서 문제가 큰 것으로 지적되고 있음.

또한, 역대 정부의 지속적인 규제개혁에도 불구하고 오히려 규제건수가 계속 증가하고 있는데, 18대 국회 출범 후 3년간 분석에 따르면 의원입법을 통한 규제의 신설·강화가 82%인 것으로 나타났음.

4. 그렇다면 그런 문제들이 발생하지 않도록 의원입법 발의 전에 구체적으로 어떤 절차를 도입해야 한다고 보시는지 설명 말씀 부탁드

럽니다.

앞서 말씀드린 것처럼 정부입법과 달리 의원입법은 발의 전에 아무런 절차가 없음. 따라서 의원입법에도 국회 내의 법제실, 입법조사처 등의 기구를 활용하여 관계부처협의, 입법예고, 규제심사, 법제처심사 등 정부입법에 있는 것과 유사한 절차를 도입하는 방안을 생각해 볼 수 있음. 그런데 여기서 저는 정부입법과 똑같은 방식의 절차를 도입하자는 게 아님. 정부입법처럼 각 절차마다 강제적 수정 권한을 부여하자는 게 아니고 각 절차를 이행하고 그 결과보고서를 첨부하여 발의하도록 하자는 것임. 또 소요기간도 정부입법은 각 단계를 순차적으로 진행하여 4개월에서 길게는 6개월까지 많은 시일이 소요되는데 저는 동시에 진행하여 약 40~50일이면 가능하도록 하자는 것임. 의원입법에 이러한 절차를 도입하는 의미는 단순히 문제 사항들의 여과에만 있는 게 아니라 법안을 개선·보완하여 완성도를 높여서 발의하도록 하자는 의미도 포함되는 것임. 그런 절차를 거쳤는데도 문제 사항들이 여과되지 않고 의원입법이 발의된 경우에는 국회심사과정에서 각 절차를 거쳐 작성된 결과보고서를 참고하여 효율적으로 심사할 수 있음. 또한 정부가 입안한 것인데도 정부입법으로 추진하지 않고 편법적으로 의원입법으로 추진하는 것도 많은데, 이런 절차를 도입하면 어느 정도 그런 것에 대한 규제도 가능한 것으로 보임.

5. 입법 발의 전의 검토절차도 중요하지만, 발의가 된 이후에 제대로 심사가 이뤄지는 것도 중요하지 않을까 생각됩니다. 현재 교문위에서 수석전문위원으로 일하고 계신데요. 의원입법의 경우, 입법 실무과정에서는 어떤 부분들이 보완이 돼야 한다고 보시는지 마지막으로 여쭙겠습니다.

저희 전문위원 업무의 핵심수단은 검토보고서임. 검토보고서가 충실하게 작성되어야 법안심사가 합리적이고 효율적으로 실시될 수 있음. 그런데 제가 보았을 때 전체적으로 검토보고서가 미흡한 것으로 보임. 제가 검토보고서 작성에서 개선이 필요하다고 보는 사항은 두 가지임. 먼저 의원입법 검토보고서 작성에서 소관부처와 협의는 필수적인데도 일반적으로 검토보고서에 소관부처의 의견을 명시하지 않고 있음. 저는 소관부처와 충실한 협의를 거쳐 소관부처와 의견이 같을 때는 검토보고서에 그 점을 명시하고 소관부처와 의견이 다를 때는 필히 논증과정을 거쳐서 전문위원 의견의 설득력을 제고할 필요가 있다고 봄. 또한 검토보고서 중에 주요사항에 대한 결론을 제시하지 않는 경우가 많은데, 긍·부정 의견과 수정의견, 대안 등을 적극적으로 제시함으로써 법안심사의 합리성과 효율성을 높일 필요가 있음.

나를 제거하려는 음모가 느껴지다

2016년이 되어서 나는 우리 위원회 수석 1년이 되었고 1월 인사에서 전문위원 변동이 있었다. 그래서 나는 지난해 시도했으나 전문위원들의 반대로 안 되었던, 두 개 부처의 부서를 1개 이상씩 맡는 방안을 다시 한번 협의했다. 그러나 이번에도 전문위원들과 협의가 여의치 않았다. 그래서 내가 아예 문화체육관광부를 맡기로 했다. 그런데 그다음 날 아침 구내식당에서 식사를 하는데 다른 위원회 어느 수석이 그렇게 업무 조정하기로 했다는 걸 알고 언급하는 것이었다. 그 전날 오후 늦게 협의된 것인데 그걸 어떻게 그리 신속하게 알 수 있었다는 것인지 좀 의아했다. 직원회의에서 업무분장을 협의할 때 어느 입법조사관이 4월 총선 끝나고 20대가 시작되면 인사를 새로 할 텐데 지금 그럴 필요가 있느냐고 했던 얘기도 생각났다. 이게 뭔가 이상하다는 생각이 들었다. 새 국회가 출범했다고 그 직후 수석 인사를 한 경우는 없었는데 그는 좀 이상한 말을 한 것이다. 당시에는 새누리당이 총선에서 압승할 것이라는 전망이 있었다. 나를 제거하려는 음모 같은 것이 진행되고 있다는 느낌이 들었다. 아무래도 교육부를 그대로 맡는 게 좋겠다는 생각이 들었다. 그래서 업무 조정을 하지 않고 종래처럼 내가 교육부를 계속 맡기로 했다. 결과적으로 나는 그렇게 하기를 잘했다고 생각한다.

국회의 입법권이 심각하게 유린된 대표적 사례

'공교육 정상화 촉진 및 선행교육 규제에 관한 특별법'(이하 '공교육 정상화법')은 2014년 3월 제정되고 그해 9월 시행되었는데 정부는 시행 1년도 안 된 2015년 8월 방과후학교의 선행교육을 허용하는 취지의 공교육 정상화법 개정안을 제출했다. 우리 위원회에서 2015년 11월 이 개정안을 상정할 때 나는 검토보고에서 개정안은 방과후학교에서 한 학기 범위를 벗어나서 선행교육이 가능하도록 하는 것으로서, 학교 교육과정에 선행학습을 부추기는 결과를 초래하여 선행교육 및 선행학습 근절이라는 이 법의 취지에 저촉되는 문제가 발생할 수 있으므로 신중한 논의가 필요하다고 지적했다. 그런데 상정 이후 다시 살펴보니 개정안에는 체계상 문제도 있었다. 방과후학교에는 선행교육을 허용하려는 개정안의 취지와는 달리 개정안처럼 8조 1항 후단 "방과후학교 과정도 또한 같다."를 삭제해 버리면

법조문에서는 방과후학교 과정은 어떻게 한다는 것인지가 불분명해지는 문제가 있었다. 방과후학교 과정도 학교교육과정에 포함되는 것이라고 본다면 오히려 개정의 의미를 찾기 어렵게 될 수도 있었다.

교육부는 웬일인지 이 개정안을 통과시키기 위해 전력을 기울였다. 사교육비 경감을 내세웠지만 명확한 근거가 없었다. 2월에 소위원회가 개최되기 전에 과장부터 국장·실장이 찾아와서 설득하고 그래도 잘 안 되니까 마침내 이영 차관까지 찾아왔다. 전례 없는 일이 벌어진 것이다. 나는 이 차관에게 내용보다는 주로 체계 문제를 얘기했는데 막무가내였다. 무조건 원안으로 가야 한다는 것이었다. 일방적으로 자기주장만 하니 너무 힘들었다. 그래서 난 빠지고 입법심의관과 입법조사관에게 얘기하라고 했더니 그제야 이 차관도 조용해졌다. 나는 이 문제에 나서지 않는 게 좋겠다는 생각을 하게 되었다. 나는 2월 25일 개최된 소위원회에서 개정안을 전면 부정하지는 않고 체계 문제 위주로 보고했다.[90]

90) ◉ **수석전문위원 정재룡** 검토의견을 보시면 개정안에 의하는 경우 방과후학교에 대한 본 법 적용 여부에 관한 조항이 삭제되는 것으로 입법의 불비상태가 발생한다는 점에서 법체계상 타당하지 않고, 방과후학교에서 선행교육을 전면적으로 허용하는 것이 개정안의 취지라면 공교육에서는 선행교육을 하지 않겠다는 본 법의 제정취지에 부합하지 않고 방과후학교 과정을 통하여 우열반을 운영하거나 선행교육이 편법적으로 이루어지는 등의 부작용이 발생할 수 있으므로 이러한 문제점을 최소화하려면 방과후학교에서 선행교육을 실시할 수 있는 경우를 법에 명시하거나 법에 구체적으로 명시하기 어렵다면 대통령령 등에서 규정하도록 위임하여 제한적으로 실시할 수 있도록 하는 것이 타당하다고 봅니다.

그런데 그날 소위원회는 교육부의 요구대로 그 법안 하나만 가지고 심사하다가 아무것도 의결하지 못하고 끝나고 말았다. 총선 이후 5월 11일 개최된 소위원회에서도 교육부의 요구에 따라 이 법안을 심사하게 되었는데 두 번의 소위원회를 거쳐서 개정안을 수정하여 마침내 방학 중 모든 고등학교와 중·고등학교 중 농산어촌 지역 학교 및 도시 저소득층 밀집 학교 등에서 방과후학교의 선행교육을 한시적으로 2019년 2월 말까지 허용하는 것으로 타결되었다.

그러나 국회는 그 시한이 되자 법률 개정의 취지인 사교육비 경감의 효과를 제대로 검증해 보지도 않고 2019년 3월 다시 법률을 개정하여 시한을 2025년 2월 말까지 연장하였다. 그런 식이니 아무래도 2025년이 되어도 다시 시한을 연장할 가능성이 크다. 공교육에서 선행교육을 금지하는 법률을 만들어 놓고 매번 방과후학교의 선행교육을 허용하는 한시 입법을 하는 의미가 무엇인지 의문스럽다. 법률 개정에는 오랜 시간이 소요되는데, 그 과정 자체가 생산적이지 않다.

이렇게 된 데는 정부의 책임이 크다고 본다. 정부는 2016년 2월과 5월 두 번의 소위원회에서 의원들을 압박하여 이 법률의 취지를 훼손하는 개정안을 통과시켰다. 당시 정부가 얼마나 무리하게 입법과정에 개입한 것인지는 회의록에 여실히 드러나 있다. 정부는 관련 없는 다른 법안과 연계시켜 심사를 압박하고, 법 제정 당시 방과후학교의 선행교육 금지는 교육부의 의도는 아니었다고 법 제정 취지를 왜곡했다. 그리고 당초 제출한 원안이 통과되기 어렵게 되자 무려 6번에 걸쳐 수정 제안을 해서 개정안을 통과시켰다. 수정 제안 중에 특히 이해하기 어려운 것은 방학 중 선행교육을 허용하는 방안을 제시했다가 철회하겠다고 해 놓고, 정회 중 누군가와 통화 후 다시 이를 번복한 것이었다. 특히 회의 중 4번의 정회를 했고 이영 차관은 그때마다 누군가와 통화를 하고 수정 제안을 했다. 우리는 그걸 청와대라고 알고 있다.

이 공교육 정상화법 개정 사례는 국회의 입법권이 심각하게 유린된 대표적 사례에 해당한다. 법안 심의에 아무런 권한이 없는 정부가 너무나 과도하게 개입했다. 아마 이런 사례는 전무후무할 것이다. 당시 청와대에서 누가 무슨 이유로 이렇게 무리하게 법률 개정을 요구한 것인지 밝혀져야 한다고 본다.

국회도 실질적 의미를 찾기 어려운 이런 법률을 계속 존치하지 말고 이 법률의 효과와 존치 필요성 등에 대해 근본적인 재검토를 해야 한다고 본다. 나는 2018년 12월 6일 소위원회에서 이 법률의 폐지를 검토할 필요가 있다는 의견과 개선사항을 보고했다.[91] 2019년 4월에는 이 문제에 대한 칼럼도 썼다.[92]

---

91) ◉ **수석전문위원 정재룡** 위원장님 말씀하신 것처럼 지난 소위에서 이 공교육 정상화법에 대해서 제가 문제 제기를 했는데 이 부분에 대해서 위원장님을 비롯해서 위원님들께서도 공감을 표시해 주시고 또 그 상황을 보고를 해 달라는 요구가 있었습니다. 그래서 이 부분에 대해서 제가 교육부하고 여러 번 협의를 해서 개선 방안을 한번 준비를 했습니다.

사실 이 법에 대해서는 지난해 또 지지난해 두 차례에 걸쳐서 저희 직원들과 이 법의 입법 과정을 돌아보고 또 시행 현황을 점검하는 세미나를 개최한 바가 있습니다.

먼저 중장기 개선 방안으로는 이 법의 폐지 여부에 대한 검토가 필요하다는 부분인 것인데요, 지금 이 법에서 규정하고 있는 사항은 선행교육의 원칙적 금지, 입학전형이라든지 학교시험 출제범위의 규제 이런 내용을 지금 규정하고 있습니다.

그런데 이 법의 실효성 효과와 성과를 우리가 한번 본다면 학교 교육과정 준수 등 그런 정도 제한적인 성과 외에 과연 다른 특별한 성과가 어떤 것이 있는 것인지, 특히 저희가 공교육 정상화에 있어서 가장 크게 생각하는 부분은 사실 교실 수업 분위기 개선이라고 봐야 되는데 그 효과가 지금 불분명하다 등등 그런 것을 봤을 때 과연 이 법의 실효성이 의문이 든다 이렇게 볼 수 있습니다.

그리고 또 현재 초·중등교육법이나 고등교육법에 관련 유사 규정 또는 중복 규정들이, 이 법에 있는 사항과 중복적인 그런 것들을 지금 규정하고 있습니다.

그래서 조승래 의원님 법안을 통과를 전제로 우리가 중장기 방안을 검토할 때 만약에 2025년 일몰을 둔다 하더라도 그 이후에도 이것에 대한 예외를 두어야 된다는 요구가 계속 지속되는 상황을 우리가 생각해 볼 수 있습니다. 그렇다면 이 법을 계속 그대로 이렇게 가져가는 것이 맞는 것이냐 그런 근본적인 의문이 제기되고요.

제가 이 법의 취지 훼손과 관련된 부분에서 이 법에서 학원 등의 선행교육 광고 단속하는 규정이 있습니다. 이게 방과후학교에서 선행교육을 허용하면서 이 법에서 지금 요구하는 학원 등의 선행교육 광고 단속의 정당성이 훼손되는 그런 근본적인 문제가 지금 야기되고 있는 겁니다. 그러면 거기에 대한 근본적인 재검토, 대책이 필요하다 이런 고민을 하지 않을 수가 없고, 그 부분에 대해서 교육부에서도 같이 동의하는 그런 입장입니다.

그래서 방안이 뭐냐 보면, 표에 보시는 것처럼 지금 관련 법률이 초·중등교육법과 고등교육법에 관련 규정도 있고요 또 중복적인 규정도 있습니다. 그래서 거기에 필요한 것은 이관을 하고요. 또 초·중등교육법 23조에 보시면 '학교는 교육과정을 운영하여야 한다' 이렇게 되어 있는데, 이것을 편성해서 준수하도록 하는 그런 보완 규정을 두는 이런 방안으로 갈 수 있겠다라고 저는 그렇게 보고요.

2쪽에 보면 단기 개선 방안으로는 제가 지난 소위에서 말씀드렸던 것처럼 근본적으로 이 법을 지금 계속 시행하고 있는 상황에서 방과후 학교에서 선행교육이 필요한 범위라는 것이 지금 아무런 상한의 제한 없이 허용하고 있는 것이 과연 맞느냐 근본적인 의문 제기를

떠나는 김회선 의원에게 오히려 대접을 받다

나와 김회선 의원은 20대 국회 중 법사위와 우리 위원회에서 인연이 이어졌다. 내가 2013년에 법사위에 전문위원으로 가서 김 의원을 만나게 되었는데, 내가 2015년 초에 수석이 되어 우리 위원회로 와 보니까 김 의원이 먼저 와 있었다. 김 의원은 회의에서 누구보다 합리적이었다. 국회 사무처와의 인연도 있다. 2000년대 초반에 법사위 수석을 했다. 김 의원은 진즉 불출마 선언을 했다. 훌륭한 분이 국회를 떠나는 것에 아쉬운 마

저는 지금 하고 있는 상황인데, 일단 단기적으로라도 그대로 간다 하더라도 지금 예를 들면 고등학교하고 중학교를 비교를 해 보면 고등학교는 방학 중에 다음 학기 선행교육이 지금 허용이 되지 않습니까? 방학 중에는 아무 제한 없이 하니까요. 중학교의 경우는 방학 중에 다음 학기 예습하는 것 정도는 너무나 당연하다고 볼 수 있는데, 그것마저도 지금 금지가 되고 있습니다.

그래서 이 부분을 어떻게 처리할 것이냐? 이런 고민이 필요한데 저는 이것은 굳이 법 개정사항이 아니고 매뉴얼이 현재, 선행교육 판단기준이 학기 단위입니다. 그러면 학기 중에 학기 단위의 범위 내에서 예습은 충분히 다 가능하다는 거거든요. 3월이라 하더라도 7월에 배울 수 있는 것을 당겨서 미리 배울 수가 있도록 지금 허용이 되고 있습니다.

문제는 이미 학기가 다 끝난 방학 중에 다음 학기를 예습할 수 있도록 허용하지 않는 게 과연 현재 매뉴얼을 가지고도 그게 적절한 건지 그런 의문이 제기되기 때문에 매뉴얼을 개정을 해서 중학교의 경우도 방학 중에는 다음 학기 선행교육을 허용해 주는 게 맞다고 그렇게 보고요.

다만 별표에 보시는 것처럼 겨울방학의 경우는 다음 학년 1학기를 같이 허용해 주는 부분이 맞겠다 저는 그렇게 보는데 이 부분에 대해서도 교육부가 긍정적인 입장입니다.

92) 『*the Leader*』, 2019년 4월호.

음이 들어서 우리 직원들이랑 같이 식사 자리를 마련하고 싶다
고 말씀드렸다. 그랬더니 좋다고 받아주셨다. 2016년 5월 18
일 우리 직원들 모두 같이 63빌딩 백리향에서 점심 식사를 했
다. 우리가 대접하겠다고 했는데 오히려 우리가 대접을 받았다.
우리는 직원 일동 명의로 작은 기념패를 만들어드렸다.93) 본인
이 수석 할 때와 비교하여 현재 우리가 적극적 역할을 한다고
긍정적으로 평해주셨다. 고마움을 잊을 수 없다.

교육 및 문화체육관광 분야 현행법률의 개선과제 분석과 현안점검 세미나(첫 번째 워크숍) 개최

국회는 상반기에 매 짝수 달 회의를 연다. 그러나 4년마다
총선이 있을 때는 4월에 회의를 하지 않기 때문에 여유가 있
다. 나는 20대 총선이 다가오면서 4년마다 돌아오는 여유가 생
겼을 때 무언가를 하기로 했다. 나는 법제연구회를 운영하면서
우리가 연구해서 발표하는 것이 업무능력 향상에 도움이 된다
는 것을 알고 있기 때문에 직원들에게 세미나를 추진하자고 했
다. 강사법을 비롯해서 공교육 정상화법 등 논란이 되는 법률

---

93) 의원님께서는 제19대 국회에서 법제사법위원회와 교육문화체육관
    광위원회의 위원으로 활동하시면서 국정심의에서 여·야의 대립 갈등
    상황에서도 당리당략을 떠나 국가와 국민을 위한 합리적인 방향을
    지향하는 의회정치의 정수를 보여주셨습니다. 또한, 의원님께서는 제
    16대 국회 기간 중 법제사법위원회 수석전문위원으로도 재직하시는
    등 국회와 인연이 깊으셔서 저희 직원들에게 각별한 애정을 베푸셨
    습니다. 회의장 안팎에서 의원님과 함께한 저희들은 의원님의 훌륭
    하신 의정활동을 기리고, 앞날의 건승을 기원드리며, 석별의 정과 존
    경의 마음을 담아 이 패를 드립니다.

을 생각할 때 법률로 모든 것을 해결할 수는 없다고 보고, 헌법원칙과 현행법령을 분석해서 입법사항에 대한 기준 같은 것을 마련하고 논란이 되는 법률들의 입법과정 등을 분석해 보는 것이 좋겠다는 생각이 들어서 그렇게 해보자고 했다.

그런데 내 밑에서 일하는 입법조사관들이 검토를 해봤는데 입법사항에 대한 기준을 마련하는 것은 어렵다고 해서 논란이 되는 법률들의 입법과정 등을 분석하는 것만 하기로 했다. 이준화·구희재 두 입법조사관이 발제하기로 했다. 반면 전문위원 밑에서 문화체육관광 분야 일을 하던 조대현 입법조사관은 내가 생각했던 취지를 살려서 준비하기로 했다.

각 위원회 수석은 보통 2년마다 새로 구성되는 의원들에게 소위 정책자료집을 마련해서 제공하는데 보통 정부에서 보내주는 자료를 편집해서 만든다. 나는 그것은 정부 자료를 전달만 해주는 의미밖에 없다고 봤다. 우리가 직접 연구해서 내놓는 자료가 진짜 의미 있는 자료가 된다. 나는 우리가 세미나를 하면 정책자료집은 그걸 이용하면 된다고 생각했다.

그래서 나는 2016년 5월 24일 '교육 및 문화체육관광 분야 현행법률의 개선과제 분석과 현안점검'이라는 주제로 (수석)전문위원실이 스스로 연구해서 발제하는 최초의 세미나를 개최하게 되었다. 나는 법제연구회를 통해서 그런 세미나를 여러 차례 해 왔지만 종래 (수석)전문위원실 차원에서 그렇게 한 적은 없고, 외부 전문가가 발제하는 세미나를 개최하여 토론자로 참여한 사례는 있었다. 심지어 입법조사처마저도 그랬다. 종래 업무에 대한 열의가 그만큼 부족했다. 나는 토론자로는 협업 차원에서 법사위, 법제실 및 입법조사처 직원들을 포함시켰다. 직원들이 열심히 준비해서 충실한 세미나가 될 수 있었다.94) 그것이 모범사례가 되어서 이후 입법조사처에서도 직원들이 발제하는 세미나를 개최하게 되었다. 「한국대학신문」 등 언론에서도 크게 보도를 해줬다. 저녁 뒤풀이 자리에 이기우 인천재능대학 총장(전 교육부 차관)이 같이 참석하셨고 식사비용도 부담해주셨다. 몇 번 내 사무실에 오셨었는데 이 세미나를 추진할 때부터 관심을 기울여 주셨고 세미나 내용도 훌륭하다고 높이 평가해 주셨다.

내정 얘기까지 나온 차장에서 낙마하다

20대 총선에서 예상과 달리 야당이 승리하고 2016년 6월 9일 야당의 정세균 의원이 국회의장으로 선출되었다. 정세균 의장은 그분이 15대 국회 후반기에 재정경제위원회 소속일 때 나도 그 위원회 입법조사관이어서 그때 인연을 맺은 이후로, 내가 때때로 찾아가 인사를 드리는 잘 아는 사이였다. 6월 21일 임명된 우윤근 국회사무총장도 나와 대학 동문이고 그분이 17대와 19대 법사위 소속일 때 나도 입법조사관과 전문위원으로 인연이 있어서 잘 아는 사이였다. 8년 만의 국회권력 교체

---

94) 특히 조대현 입법조사관은 헌법재판소 결정례 등을 통해 헌법상의 원리를 살펴보고 거기서 도출된 입법원칙으로 현행 법률을 분석한 내용을 발표했는데, 짧은 시간에 누구도 쉽게 해내기 어려운 것을 해냈다고 본다.

로 격년마다 연초에 하던 국회 사무처 인사가 앞당겨서 진행될 것으로 전망되었다.

그런 가운데 내가 부탁하지 않았는데 내 능력을 인정해서 나를 차장(차관급)으로 추천하겠다는 의원이 있었다. 그래서 나는 지난해 12월 세미나에서 발표한 내용을 보완하고 인사운영의 문제점과 전문위원 평가제도 도입 등을 추가해서 만든 '국회 사무처 운영 관련 개선과제 제안'이란 자료를 보고했다. 그분은 그것을 정 의장에게 전달했다. 한국입법학회에서 7월 20일 그 내용을 중심으로 '의원입법의 내실화와 전문위원의 역할'이란 주제로 세미나도 개최했다. 건국대 홍완식 교수가 발제를 했고 나는 토론자로 참여했다. 또 다른 어느 의원은 나를 우윤근 사무총장에게 데리고 가서 부탁하기도 했다.

나는 개인적으로 차장을 하고 싶은 생각은 별로 크지 않았다. 지금도 차장을 하지 못한 것에 대한 아쉬움은 없다. 다만 나는 국회 사무처에 개혁이 필요하다고 보고 그런 차원에서 내가 필요하다면 기꺼이 그 일을 하겠다는 생각이었다. 개혁을 하려면 그동안 잘나가던 사람보다 나처럼 평생 비주류로 살아온 사람이 적임자라고 생각했다. 그래서 우리 위원회 직원들에게 누가 차장으로 적합한지 의견을 수렴해 달라고 부탁하기도 했다. 나 말고 적임자가 있다면 그를 밀어줄 것이라고 말했다. 실제로 당시 김요환 수석과 같이 전주 출신인 신경민 의원을 만나서는 1988년 이후 역대 차장 중에서 호남 출신이 2명 정도에 불과하기 때문에 이번에 꼭 호남 출신이 발탁되어야 한다고 얘기하고 같이 간 김요환 수석을 추천하기도 했다. 내가 유력하다고 얘기해 주는 사람들이 더러 있었다. 정의화 의장의 비서실에 있었던「새누리당」어느 의원도 내가 적임자라고 말해 주기도 했다. 국방대 동기 한 사람은 내가 꼭 된다고 얘기해 주기도 했다.

7월 28일(목) 점심을 먹는데 의장실의 국장급 비서관이 전화를 해서 내가 차장으로 내정되었다는 얘기가 들린다고 말했다. 그런데 그는 내가 강성이라고 그러는데 왜 그런 얘기가 나오느냐고 물었다. 그래서 같이 점심을 먹던 강남일 전문위원에게 내가 강성 맞느냐고 물었더니 그도 그렇다고 대답했다. 원칙주의자는 다 강성이라는 취지였다. 그래서 그런가 하고 넘어가기로 했다. 그런데 나는 그때 내정 얘기가 나오고 강성이라는 얘기가 나오면서 이건 아니라는 생각이 들었다. 누군가 나를 올려놓고 흔들고 있는 것 같다고 생각하게 되었다.

주말에 정부 고위직 친구에게 그런 고민을 얘기했더니 친분도 있으니 의장에게 찾아가서 차장을 하고 싶다고 얘기하는 게 좋겠다고 권유했다. 그 말을 듣고 고민했으나 나는 끝내 가지 않았다. 내가 개인적 욕심으로 차장을 할 생각이 없는데 찾아가서 하고 싶다고 얘기하는 건 안 맞는 것 같았다. 정 의장이 생각하는 조직운영 방향이 있을 것이고 정 의장은 그에 맞는 적임자를 찾을 것이라고 생각했다. 지금도 나는 그때 찾아가지 않은 것이 옳았다고 생각한다.

그리고 그 다음주 8월 5일(금) 차장 인사가 발표되었다. 우리 직장에서 인정받는 두 사람이 임명되었다. 공식 발표 전에 우사무총장의 비서실장이 나를 찾아와서 낙마 사실을 알려주고 갔다. 왜 낙마한 것인지는 묻지 않았다. 나는 강성이라는 얘기가 들렸기에 그것 때문에 낙마한 것이라고 생각했다. 그래서 내 카카오스토리에 다음과 같이 소회를 밝히기도 했다.

차장 낙마 소회 : 나는 어떻게 강성이 되었나

(2016년 8월 8일)

나는 업무에서 원칙과 정도를 추구하는 사람이다. 그래서 강직하다는 얘기를 듣는다. 그것 때문에 누가 나를 강성이라고 말한다면 난 그것도 받아들이겠다. 그러나 최근 우리 직장에서 차관급 인사에 즈음하여 내가 강성이라거나 소신이 강하다라는 말이 들렸는데 그것은 좀 다른 의미인 것 같다. 나를 성격이 강해서 불협화음을 일으키는 사람으로 폄훼하는 표현으로 들린다.

그런데 어떻게 해서 내가 강성이 되었는지 알 수가 없다. 전문위원 시절 이래 모셨던 여러 위원장님들로부터 일을 정말 잘한다고 인정받았고, 그래서 실력파라는 얘기도 들었고, 법제분야의 전문성이 탁월하다는 신문기사도 나왔고, 후배들의 롤모델, 국방대 안보과정 동기들의 자부심 등의 찬사도 들었고, 작년에 수석전문위원이 되어 모셨던 총장님, 의장님에게도 인정을 받았고 특별히 문제될 일이 없었는데 하루아침에 말썽꾸러기가 되어 버렸다. 그리고 그게 어떤 영향을 끼쳤는지는 알 수 없지만 인사에서 낙마했다. 비록 내가 아니더라도 인사는 훌륭한 사람들이 발탁되었기에 현명한 결정이라고 본다. 동전에 양면이 있듯이 개인적으로도 나쁘지 않고 오히려 긍정적으로 본다. 난 애초에 우리 직장의 변화와 쇄신을 추진하는 일을 해보겠다는 것이었지 단순히 감투 욕심으로 접근한 게 아니기 때문에 개인적 미련이 없다.

그런데 누가 나를 강성이라고 폄훼한 것일까? 나를 강성이라고 한 사람들은 아마 우리 직장의 주류 기득권으로서 호남출신의 정체성을 갖고 있는 내가 자기들과 다르기 때문에 불편한 것을 그렇게 표현한 것일 수 있다. 내가 중용되면 자기들 기득권이 침해될 수 있기에 음해한 것으로도 볼 수 있다. 음해는 인사 때마다 있을 수 있는 일이라고 치부할 수도 있다. 2013년 초 인사에서 내가 수석전문위원이 되지 못한 것도 그와 같은 음해 때문이었다.

문제는 나를 호남출신의 정체성을 갖고 있다는 이유로 강성이라고 폄훼하는 것이 과거 여당 의장 시절뿐만 아니라 현재 야당에서 의장이 나온 상황에서도 여전히 통한다는 점이 놀랍다는 것이다. 여기서 호남출신의 정체성이란 호남차별에 문제의식을 갖고, 패권세력에게 영혼을 팔아 굴종하지 않고, 호남 또는 자기가 지지하는 정당(그 정당의 정치인)을 비하하지 않는 것이다. 야당 입장에서는 오히려 중시해야 할 것인데도 거꾸로 그게 문제가 된다니 어안이 벙벙하다. 그동안 내가 불이익을 감수하면서까지 그 정체성을 지켜온 게 무슨 의미가 있는지 회의감이 밀려온다. 많은 호남출신들이 자기 정체성을 버리고 마치 호남출신이 아닌 것처럼 처신하는 이유가 여기에 있구나 하는 생각이 든다. 결국 남을 탓할 게 없고 처세술이 부족한 내 잘못이 크다고 봐야 할 것 같다. 그걸 깨닫는 데 무려 28년이 걸렸으니 나는 바보 중에 바보가 아닐 수 없다. 만시지탄이라 할 수 있지만 그렇다고 지난 내 삶을 송두리째 부정할 수는 없다. 이제 와서 무슨 대단한 영화를 누리겠다고 나마저 정체성을 버릴 수는 없다. 앞으로도 개인적 유불리를 떠나 그냥 바보처럼 우직하게 살아야겠다.

또다시 자행된 이영 차관의 국회 무시 행태

우리 위원회는 2016년 8월 17일 소위원회에서 추가경정예산안 심사를 하게 되었다. 나는 선박건조사업 총 500억 원 증액 (계속사업 494억 원 증액, 신규사업 6억 원 증액)에 대한 검토보고에서 2016년 6월 말 당시 본예산 집행실적 저조 및 예상 공정률 등에 비추어 추경예산의 연도 내 미집행 및 이월이 예상되므로 계속사업 증액분 494억 원을 전액 삭감하고 신규사업 증액분 6억 원만 반영하는 것이 바람직하다는 의견을 제시했다.

그런데 이영 차관은 소위원회에서 공정률에 따른 연도 내 집행 가능성을 외면한 채「기획재정부」계약예규의 연도 내 집행 가능 금액을 한도로 선급금을 지급할 수 있다는 규정 중 '연도 내 집행가능 금액'을 '연차별 계약 납기 금액'으로 자의적으로 해석하였다. 그리고 2017년에 집행할 금액도 포함하여 장비 제조사에 선급금을 지급할 필요가 있다고 여러 차례 주장하면서 편성된 원안을 고수했다. 내가 봤을 때는 지난해 본예산을 이월 집행했고 그해도 본예산마저 이월 집행이 예상되는 상황인데 원안 고수는 완전 억지였다. 다음해 집행할 금액까지 선급금을 줘서 일자리를 창출한다고 구실을 붙였는데 여당 의원마저 의구심을 나타냈다.95)

이것이 2017년에 집행할 예산이면 2017년 예산에 편성해서 집행하면 되는데 추경에 편성해서 선급금으로 준다는 것은 예산제도를 전면 무시하는 발상이었다. 이 차관이 엉뚱하게 조달청까지 끌어들여서 억지 주장을 반복하면서 나와 이영 차관 사이에 언쟁까지 벌어졌다.

결국 송기석 소위원장이 그 사업에 대한 심사를 보류시키고 내가 교육부와 협의해서 오후에 다시 심사하기로 했다. 점심시간에 나는 이 차관이 괘씸하기는 하지만 그렇다고 원안을 고수하는 그를 상대로 494억 원 전액 삭감을 관철하기는 어렵다고 보고 타협해서 계속사업 증액분 493억 원 중 250억 원을 감액하는 안을 제시하기로 했고 오후 소위원회에서 그렇게 의결되었다.

그런데 내가 오전에 이 차관과 언쟁한 것을 의원들에게 사과하면서 한 말에 이 차관이 반발하는 상황이 벌어졌다. 그는

---

95) ◉ **교육부교육안전정보국장 공병영** 선급금이 가고 그다음에 또 장비 업체에서 이리로 가고 뱅 돌아가는, 하여튼 일자리 창출에는 굉장히 도움이 됩니다.

◉ **이종배 위원** 아니, 글쎄 일자리 창출 그 얘기는 이제 그만…… 그것은 좀 애매한 상태이고…….

"상당히 유감, 오도, 황당" 등의 표현을 써가며 나를 비판했고 급기야는 내가 교육부의 잘못을 지적하는 것은 수석의 역할에서 벗어나는 것처럼 얘기했다.96) 그런데 이 차관의 이런 반발에 야당 의원들은 모두 이 차관을 비판하고 나를 두둔한 반면,97) 나를 비판하고 이 차관을 두둔한 여당 의원은 한 명도

---

96) ● **수석전문위원 정재룡** 먼저 오전 회의에서 제가 차관과 언쟁을 한 것을 죄송하게 생각합니다.

다만 저는 교육부에서 편성된 예산의 필요성을 주장할 수는 있으나 정부 입찰·계약 집행기준과 조달청 협의 결과에 대한 편의적 해석으로 사실관계, 팩트가 왜곡되고 있어서 그것을 바로잡을 책임이 저에게 있다고 보고 지적한 것입니다.

차관이 제시한 감액안은 실제 공정에 따른 것은 아니고 교육부가 정부 입찰·계약 집행기준에 따라 선급금 지급을 원하고 있는데 그것을 적용하여서, 장비계약금 1300억 중 기계적인 산술평균에 따라 올해 집행 가능하다고 볼 수 있는 금액입니다. 그 기준에 따르면 적정하다고 봅니다.

저희가 전문위원실에서 계산한 그 방식, 자료를 보내 드렸으니까 참고를 해 주시기 바랍니다.

● **교육부차관 이영** 저도 한 말씀 드리겠습니다.

실제로 이렇게 협의해서 전체적으로 가져왔는데 또다시 문제 제기를 하는 것에 대해서는 상당히 유감스럽게 생각을 합니다. 그리고 팩트가 잘못됐다는 사실에 대해서는 그 부분이 아니라는 말씀을 드리겠습니다. 아까 보여 드린 그 자료에 대해서는 해석상의 문제가 다른 것이지 그것을 팩트라고 오도해서 말씀하시는 것에 대해서는 다시 한번 문제 제기를 합니다. 그래서 지금 이미 다 합의를 하고 협의를 하고 온 상태에서 다시 문제 제기를 하는 발언을 하는 것에 대해서는 상당히 저희는 황당하게 느낄 수밖에 없는 상태라는 말씀을 다시 한번 올리겠습니다.

그리고 수석전문위원실에서의 역할은 상당히 객관적이고 이런 부분에 대해서 해야 되는 부분이지 마치 저희가 뭔가를 잘못한 것처럼 지적하는 부분에 대해서는 저희가…… 그리고 그것을 그동안에 이렇게 협의를 해서 그 내용들을 가져왔음에도 불구하고 또다시 문제 제기를 하는 것은 저희가 이해할 수 없다는 말씀을 드리겠습니다.

없었다. 나는 의원들에게 사과한 것처럼 다 잘했다는 것은 아니지만 당시 억지 주장을 반복하는 이 차관을 어떻게 할 수 있는 마땅한 방법이 없었다.[98] 결국 그 일은 앞서 공교육 정상화

---

97) ◉ **조승래 위원** 어쨌든 우리 국회 전문위원실과 교육부가 협의한 내용이면 저는 수용을 하고요. 다만 교육부에서도 이렇게 위원님들이 계신 자리에서 우리 전문위원실 수석전문위원과 그렇게 또 공개적으로 논쟁을 하시는 것은 제가 보기에는 적절치 않다고 느껴지고요.

◉ **교육부차관 이영** 그 부분에 대해서 죄송하다는 말씀을 드리겠습니다.

◉ **조승래 위원** 왜냐하면 그것은 어떻게 보면 의회에 대한…….

◉ **손혜원 위원** 도전이지요.

◉ **조승래 위원** 약간의…… 그렇습니다. 제가 적합한 표현을 찾기가 어려운데 그런 면이 있는 것 같아요. 그래서 그것은 자제해 주셨으면 감사하겠습니다.

◉ **소위원장 송기석** 죄송합니다. 아까 조금 전에 제가 언급을 하려고 했었는데요. 사실 수석전문위원께서는, 저희 위원들의 직접 검토 시간 이런 게 없기 때문에, 사실상 저희도 위원이라고 생각하고 그 지위에서 이렇게 검토해서 하는 것이기 때문에 우리 이 차관님께서 충분히 수용하고, 추후에도 혹시 그런 상황이 있으면 그런 입장에서 이해해 주셨으면 좋겠습니다. 전 위원님.

◉ **전재수 위원** 저도 상임위라든지 예결위라든지 질의를 할 때는 행정부의 입장을 최대한 이해하려고 노력하는 선상에서 질의도 하고 최소한의 예의를 지키려고 노력을 하고 있는데, 오늘 교육부차관께서 수석전문위원하고 그런 언쟁을 벌이는 모습은, 상당히 다른 방법으로 할 수 있음에도 불구하고 굉장히 부적절했다 저는 이렇게 생각을 합니다. 원활한 입법 기능을 위해서 수석전문위원께서 여러 입장도 제기를 할 수 있는 것이고, 그것을 기본적으로 존중하는 원칙을 전제해야 된다고 생각을 합니다. 충분히 다른 방법으로 설명할 수 있음에도 불구하고 교문위원들, 위원들께서 앉아 있는 이 자리에서 듣기에 따라서는 상당히 좀 불쾌할 수 있는 그런 발언들을 하시는 것은 적절하지 못하다 생각을 합니다.

앞으로는 이런 일이 없도록 차관님께서 염두에 두시기를 바랍니다.

98) 당시 오후 소위원회를 시작하기 전 회의장 입구에서 전재수 의원

법 사례에서 보듯 그의 국회에 대한 인식에 큰 잘못이 있어서 빚어진 일이라고 할 수밖에 없다. 이후 교육부의 어느 국장이 서로 화해하는 자리를 마련하겠다고 해서 10월에 저녁을 같이 하게 되었는데 이 차관은 그 자리에서도 내게 그 흔한 덕담 한 마디 하지 않았다. 그런 자리를 왜 갖게 된 것인지 의아스러웠다.

다음해 2016년도 교육부 소관 결산 검토 때 선박건조사업 예산의 실집행 내역을 살펴보니 계속사업은 본예산 3억 원과 함께 추경예산 증액분 243억 원 전액이 이월되었고 신규사업도 6억 원 중 5억 원이 이월된 것으로 드러났다. 내가 지적한 대로 본예산조차 전액 집행되지 못하여 추경예산이 연내 집행 가능성을 고려하지 않고 잘못 편성되었음이 확인된 것이다. 나는 그 문제를 결산 검토보고에서 지적했지만 이를 제대로 지적하는 의원은 없었다. 정권교체가 영향을 준 것일까?

2016년도 교육부 소관 결산 검토보고(2017년 8월 21일)

마지막으로 연내 집행 가능성을 고려하지 않은 추경예산 편

이 내게 "차관 군기 좀 잡았습니까"라고 물었고, 소위원회가 다 끝난 후 복도에 나와서 송기석 소위원장과 손혜원 의원이 각각 내 양손을 잡고 "오늘 멋있었습니다.", "우리 교문위를 지켜주세요"라고 하기도 했다. 손혜원 의원은 이후에도 8월 29일 추경 의결 직후 회의장 안의 내 자리에 와서 "고맙습니다, 잘 좀 도와주세요"라고 말했고, 8월 31일 인사청문회 날 의원식당에서 여러 야당 의원들이랑 같이 점심 먹을 때 "지난 번 교육부 차관과 싸우는 것 보고 팬이 됐어. 우리는 잘 모르니까 수석의 역할이 중요해, 가운데 앉으세요"라고 말했다.

성 부적정 문제입니다.

선박건조사업은 선령 20년 초과로 노후화된 국립 수·해양계 대학의 승선실습선박을 대체하기 위하여 선박 건조를 지원하는 사업입니다. 이 사업은 2016년도 본예산 358억 원에 추경예산 250억 원을 더하여 총 608억 원이 편성되었고 실집행액은 355억 원으로 252억 원을 이월하여 실집행률은 58.5%입니다.

선박건조사업에 대한 2016년도 제1회 추경예산안의 당초 정부안은 계속사업 494억 원 증액, 신규사업 6억 원 증액으로 총 500억 원 증액이었습니다.

당초 정부안에 대한 우리 위원회 검토보고는 2016년 6월 말 당시 본예산 집행실적 저조 및 예상 공정률 등에 비추어 추경예산의 연도 내 미집행 및 이월이 예상되므로 계속사업 증액분 494억 원을 전액 삭감하고 신규사업 증액분 6억 원만 반영하는 것이 바람직하다는 의견을 제시하였습니다.

그런데 교육부는 소위원회에서 공정률에 따른 연도 내 집행 가능성을 외면한 채 기획재정부 계약예규의 연도 내 집행가능 금액을 한도로 선급금을 지급할 수 있다는 규정 중 연도 내 집행가능 금액을 연차별 계약 납기 금액으로 자의적으로 해석하고 2017년도에 집행할 금액도 포함하여 장비 제조사에 선급금을 지급할 필요가 있다고 여러 차례 주장하면서 편성된 원안을 고수하였습니다. 결국 계속사업 증액분 494억 원 중 250억 원을 감액하는 것으로 의결되었습니다.

이와 같이 추경 및 조정된 2016년도 선박건조사업 예산의 실집행 내역을 살펴보면 계속사업은 본예산 3억 원과 함께 추경예산 증액분 243억 원 전액 이월되었고 신규사업도 6억 원 중 5억 원이 이월되었는데 본예산조차 전액 집행되지 못하여 추경예산이 연내 집행 가능성을 고려하지 않고 편성되었음이 확인되었습니다.

이러한 실집행 현황을 살펴볼 때 추경예산을 통한 조기 재원 투입의 효과가 사실상 존재하지 않았던 것으로 2017년도 본예산에 편성하여야 할 예산이 추경예산에 편성되었다고 볼 수 있습니다. 이는 추경예산 편성요건을 규정한 국가재정법에 부합하지 않을 뿐만 아니라 다른 용도로 사용될 수 있었던 예산이 불요하게 배분되어 재정운용의 효율성을 저해한 결과가 되었다고 봅니다.

위원회에서 예산 증액에 대해 정부의 동의 절차를 거쳐야 하나

우리 위원회는 2016년 8월 29일 여당이 불참한 가운데 추가경정예산안을 의결했는데 거기에 지방교육채 상환 6,000억 원 증액이 포함되었다. 그런데 그것은 정부·여당이 반대하는 것이었지만 의결과정에서 정부의 동의 절차를 거치지 않았다. 나는 정부·여당이 반대하는 상황에서도 어차피 통과시킬 것이라면 동의 여부를 물어볼 필요가 없다고 봤다. 실제로 각 위원회에 알아보니 동의 절차를 거치는 위원회가 더 많기는 하지만 그렇지 않은 위원회들도 더러 있었다. 우리 위원회도 최근 회의록을 살펴보니 본예산은 동의 절차를 거치고 추경은 안 거치고 일관성도 없었다. 유성엽 위원장에게 그렇게 보고 드렸고 그래서 동의 절차를 거치지 않은 것이다.

　근본적으로 본회의 말고 위원회 단계에서 예산 증액에 대해 정부의 동의 절차를 거치는 것은 잘못이다. 나는 원래부터 그게 문제가 있다고 봤고 실제 2012년 보건복지위원회 전문위원 때 위원장이 다음해 보건복지부 소관 예산안에 대한 동의 절차를 거치다가 보건복지부 장관이 보육 예산 증액 등 때문에 동의 못 한다고 하니까 의결을 못 하고 파행이 되는 일도 목격했다.99) 당시 보건복지위원회는 이틀 후 보건복지부의 반대에도

---

99) ◉ **위원장 오제세** 지금 김현숙 위원님과 또 남윤인순 위원님께서 의견이 있으셨는데 그 의견을 소수의견으로 달아서 넘기려고 합니다. 그러시고.

　　이 전체에 대해서 정부 측에, 동의 여부에 대해서 답변을 듣도록 하겠습니다. 새 비목 설치와 증액 부분에 대하여 정부 측의 동의를 얻도록 하겠습니다. 2013년도 보건복지부 소관 예산안과 기금운용계획안에 대한 새 비목 설치와 증액 부분에 대하여 임채민 보건복지부 장관님, 동의하십니까?

◉ **보건복지부장관 임채민** 아니, 죄송합니다만 저희는, 전체 조정에 대해서 저는 동의는 할 수 없을 것 같습니다.

◉ **위원장 오제세** 동의가 안 되면 오늘 가결이 안 되는 거지요?

◉ **이목희 위원** 그런 것은 아니지요. 왜 가결이 안 돼요?

◉ **보건복지부장관 임채민** 상임위에서는 가결 여부는 위원님들이 결정하시는 것이고요, 저는 기본적으로 증액이나 위원님들이 조정하신 안에 대해서 제가 전적으로 다 동의를 하기는 어렵습니다.

◉ **위원장 오제세** 상임위는 동의하지 않아도 이것 가결시킬 수 있습니까?

◉ **보건복지부장관 임채민** 저는 국회법은 잘 모릅니다마는……

◉ **이목희 위원** 본회의만 못 하는 거지요.

◉ **위원장 오제세** 상임위는 동의를 안 받고 지금……

◉ **이목희 위원** 그럼요.

◉ **위원장 오제세** 헌법에 "국회는 정부의 동의 없이 정부가 제출한 지

불구하고 예산 증액에 대한 정부의 동의는 국회의 의사결정이
최종적으로 본회의에서 이루어진다는 점을 고려할 때 국회 본
회의 과정에서 정부 동의가 있어야 한다고 보고 예산안을 의결
했다.100) 당시 보건복지위원회 수석은 심지어 소위원회에서도
여야가 합의해서 올리기로 한 예산마저 정부가 동의하지 않으
면 올릴 수 없다고 말하기도 했는데 나로서는 이해할 수 없었
다.101) 그건 국회 스스로 예산심의권에 대한 자승자박인데 아
무런 문제의식이 없었다.

출예산 각항의 금액을 증가하거나 새 비목을 설치할 수 없다." 이렇
게 되어 있거든요. 그런데 여기 국회가 본회의……
　　잠시 정회를 하겠습니다. 정회를 선포합니다.
100) ◉ **위원장 오제세** 아울러 예산안 심의과정에서 정부의 동의 절차
에 관해 말씀드리겠습니다.
　　헌법 제57조와 국가재정법 제69조에서 예산안 및 기금 계획안의
각항 증액 및 새 비목 설치를 할 경우에 정부의 동의를 받도록 하고
있습니다. 이 동의는 국회의 의사결정이 최종적으로 본회의에서 이
루어진다는 점을 고려할 때 국회 본회의 과정에서 정부 동의가 반드
시 있어야 된다고 저희는 해석하고 있습니다. 따라서 상임위 예산안
심의는 이러한 본회의 의사결정을 위한 예비심사 또는 중간심사의
과정이라고 보고 있기 때문에 이러한 심사과정에서는 정부가 충분
히 의견을 개진할 수 있다고 생각합니다. 그리고 이러한 정부 측의
의견은 상임위 의결에 대한 부대의견으로 저희 상임위원회에서 예
결위에 제출하겠다는 점을 말씀드립니다.
101) ◉ **소위원장 주승용** 이것은 했어요.
　◉ **박은수 위원** 끝났는데 뭣하러……
　◉ **수석전문위원 김대현** 아니요. 정부에서 정확히 동의를 했다는 말씀
을 안 해 가지고 제가 확인을 하는 겁니다.
　◉ **소위원장 주승용** 아니, 동의 안 해도 우리가 증액을 했다니까요.
　◉ **수석전문위원 김대현** 정부 동의가 있어야지 저희들이 올릴 수가 있
으니까 분명히 좀 해 주셔야지요. - 2011년 11월 7일 보건복지위원
회 소위원회 회의록

이후 이틀 뒤 8월 31일 실시된 조윤선 문화체육관광부 장관 후보자 인사청문회에서 여당 의원들이 계속적으로 추경 의결 때 교육부 장관의 동의를 구하지 않은 것은 위법적이고 탈법적 이고 그리고 독단적인 회의 진행이라고 지적하자 유성엽 위원 장은 위원회 단계에서 예산 증액에 대하여 정부의 동의를 구할 필요는 없기 때문에 정상적인 회의 진행이었다고 반박했다.102)

당일 여당 의원들은 회의 시작 전에 소회의실에서 모여 나와 전완희 행정실장에게 왜 예산 증액에 대한 교육부의 동의를 구

102) ◉ **위원장 유성엽** 아니, 잠깐 들어 보세요. 헌법 57조에서는 국회는 정부의 동의 없이 정부가 제출한 지출예산 각항의 금액을 증가하거나……
◉ **한선교 위원** 우리 행정실장!
◉ **손혜원 위원** 가만히 좀 계세요.
◉ **위원장 유성엽** 새 비목을 설치할 수 없다라고 명시하고 있습니다.
◉ **한선교 위원** 뭘 가만히 있어요, 거짓말을 하는데?
◉ **위원장 유성엽** 이 동의는 국회의 의사결정이 최종적으로 본회의에서 이루어지므로……
◉ **한선교 위원** 아니, 위원장이 거짓말을 하는데 가만히 있어요?
◉ **위원장 유성엽** 국회의 본회의 단계에서 반드시 정부 동의가 있어야 한다고 일반적으로 해석되고 있습니다. 국회에서는 본회의 또는 예결위 차원에서 정부를 대표하는 총리 또는 기획재정부장관에게 국회의 예산 증액에 대한 동의 유무를 확인하고 있습니다. 헌법 57조에서는 국회가 예산 증액에 관하여 정부의 동의를 받아야 한다고 명시하고 있는데, 일반적으로 국회는 본회의를 의미하고 정부는 총리 또는 기재부장관이 예산 증액 동의권을 위임받아 행사하고 있습니다. 국회법 등 관련 법령에서 세부적인 절차가 명시되어 있지 않은 상황에서 상임위 증액 동의 절차를 필수화한다는 것은 입법부 스스로 헌법에 정한 예산심의권을 제약한다는 문제가 있습니다. 상임위의 예산 예비심사는 예산안 심사 과정의 한 일부분으로 예결위 본심사를 기속하지 않습니다. 상임위 차원에서 부처 증액에 대한 반대에도 불구하고 증액 의결한 선례도 있다라는 것을 말씀을 드립니다.

하지 않았느냐고 물어서, 헌법상의 국회는 최종적 의사결정을 하는 본회의로 충분하다고 했더니 당신이 법률전문가도 아닌데 무슨 자격으로 그렇게 해석하느냐, 특히 행정실장에게는 정치적 중립을 위배했다, 야당에 입당해라, 인사조치 요구하겠다 등 온갖 험담을 쏟아냈다. 행정실장이 너무 심한 말을 듣는 것 같아 내가 좀 더 적극적으로 나서서 반박하려고 했더니 행정실장이 만류해서 그냥 나오게 되었다.

그래서 나는 이 문제를 더 이상 그대로 방치하면 안 되고 차제에 정리를 할 필요가 있다고 보고 그날 진정구 입법차장에게 가서 오늘 여당 의원들에게 모욕적인 말을 들었는데 나를 색안경 끼고 보면서 야당 편향적이라고 음해하는 사람들이 있는 것 같다고 하소연도 하고 차제에 이 문제를 정리할 필요가 있다고 얘기했다. 그런데 그는 내가 그런 사람이 아니란 걸 잘 안다면서 그런 것에 일희일비하지 말고 원래대로 원칙대로 일하면 된다고만 말했다. 그도 근본 문제에 대해서 별 문제의식이 없는 것인지 내가 찾아간 의미가 없었다.

여당 의원들은 조윤선 후보자 인사청문회 때 유성엽 위원장에게 사퇴나 사과를 요구했는데 그것이 거부되자 인사청문회에 불참했다.103)104)105) 그래서 인사청문회가 도입된 지 10여 년

---

103) ◉ **위원장 유성엽** 좌석을 정돈해 주시기 바랍니다. 인사청문회를 속개하겠습니다.

　오전에도 「새누리당」에서 55분이나 지체하면서 회의장에 지각 참석을 했습니다. 또 참석해서도 정상적인 회의 진행을 방해하는 도저히 이해하거나 납득할 수 없는 언행으로 일관을 했습니다. 그렇게 정상적인 회의 진행에 대한 노력을 해주실 것을 오전 회의를 마무리

하면서 당부 드렸습니다마는 또 오후 회의에 있어서도 지금 거의 50분 가까이 「새누리당」이 회의에 참석을 거부하고 있습니다. 18대·19대 국회 등에 있어서 도저히 볼 수 없었던, 어느 국민 한 사람도 납득할 수 없는 아주 기현상이 계속되고 있습니다. 「새누리당」의 회의 거부에 대해서 매우 유감이다, 대단히 개탄스럽게 생각한다는 점을 분명히 말씀을 드리면서 회의 진행을 하겠습니다. 남아 있는 우리 야당 위원님들이라도 두 배로 더 진지하게 회의에 임해 주실 것을 간곡하게 당부를 드립니다.

104) ◉ **염동열 위원** 오늘 청문회를 지켜보시는 국민 여러분 그리고 관계자 여러분에게 매우 유감스럽다는 말씀을 드리겠습니다.

오늘 청문회는 저희들이 지난 8월 29일 교문위의, 특히 1조 2000억의 잉여금에 대한 6,000억 예산 의결이라고 하는 그런 위법적인 절차 또 편법적인 절차에 저희들이 오늘 청문회를 진행할 수 없다고 하는…… 우리 위원장님의 부적절한, 부적격한 그런 위원장에 저희들이 사퇴 요구를 했습니다.

그리고 「더불어민주당」 그리고 「국민의당」과 함께 몇 번 간사 협의를 통해서 오늘 회의를 원만히 진행하려고 했었습니다마는 두세 차례에 걸친 위원장님의 일방적인 회의 진행 그리고 일방적인 여러 가지 말씀에 대해서 실질적으로 회의를 더 진행할 수 없는 상황까지 왔습니다.

특히 오전에 회의를 개의하고 그리고 3당 간사가 서로 간에 회의를 원만하게 하기 위해서 우리 위원장님의 사과 그리고 재발 방지라고 하는 3당 간사 내 협의가 있는 과정에서 또 회의를 진행하셨고, 또 그 가운데 오늘의 이런 청문회 「새누리당」 위원들의 불참이 마치 저희들이 의도적으로 그리고 일방적으로 하신 것으로 모두발언을 하셨기 때문에 제가 여기에 대한 의견을 말씀드리는 겁니다.

오늘 분명히 말씀드릴 것은 위원장님이 그동안 회의를 진행해 오시면서 회의 진행상에 우리 정부 측에 의결에 대한 절차를 무시하셨고 또 그것이 위법으로 판명 났음에도 불구하고 나름대로의 유권해석을 내리셨고 또 사퇴에 대한 거부를 하셨고 또 사과에 대한 여야 합의 과정에서 오후 회의를 속개하셨기 때문에 그것이 전적으로 오늘 회의를 진행하시는 위원장님의 잘못된 판단과 진행이라 저는 분명히 말씀을 드리겠습니다.

따라서 국민들이나 또 야당 위원들께 이러한 일련의 과정을 말씀 드리고 오늘 회의가 분명 청문회에 불참하는 것이 아니고 회의를 진행하는 위원장님의 부적격한 회의 진행에 대해서 말씀을 드리고 또 사퇴를 요구하고 또 끝내는 의장을 교체해 달라고 하는 요청까지도 거부하셨기 때문에 저희 새누리당 위원들께서 오늘 청문회에 더 이상 참여하지 못함을 말씀드리겠습니다.

105) ◉ **위원장 유성엽** 잘 들었습니다.

사실은 이 자리에 계시는 여러 위원님들 잘 아시는 대로 지금 새누리당에서 문제를 삼고 있는 부분이 그저께 추경예산을 의결하면서 지방교육채 상환 목적으로 6,000억 원을 증액 의결한 것을 둘러싸고, 특히 야당만의 단독 처리를 문제 삼아서 지금 이 논란이 벌어지고 있는 것입니다.

6,000억 원을 증액한 것에 대해서 저는 전혀 문제가 없다라고 생각합니다. 여당이든 야당이든 국회 교문위원이라면 한 푼이라도 더 교육예산을 확보해서 교육이 활성화될 수 있도록 노력해 나가는 것이 교문위원으로서의 합당한 태도라고 생각을 합니다.

절차적으로도 내용적으로도 전혀 문제가 없는 일이었습니다. 그 당시 기억을 하시겠습니다마는 1시간 30분을 기다리면서, 여당이 들어와서 만약에 6,000억 원에 여당이 동의를 하지 않는다면 규모를 좀 조정할 수도 있다, 아니면 정확하게 액수를 계상하는 것이 마음에 들지 않는다면 부대의견으로 다는 문제까지도 같이 검토해서 상의할 용의가 있다라는 야당 측의 거듭된 간곡한 요청에도 일방적으로 회의를 불참했던 겁니다. 일방적으로 회의를 진행하고 일방적으로 의결한 것이 아니고 일방적으로 회의 참여를 거부했던 것이 그저께 보여 준 「새누리당」 교문위원들의 모습이었습니다. 저는 내용적으로도 도저히 납득이 가지 않지만 절차적으로도 있을 수 없는 일이라고 생각합니다. 회의에 참석해서 반대의견을 이야기해야 될 것 아닙니까?

끝내 회의 참석을 거부하고, 불가피하게 여야 합의로 처리는 하지 못했지만 야 두 당이 원만하게 합의로 처리한 것을 두고 일방적으로 절차를 어기고 추진한 것처럼, 마치 위원장의 자격 문제를 거론하고 있는데 그날 회의 진행과 위원장의 자격이 무슨 관계인지를 저는 도저히 납득할 수가 없는 것입니다.

이 자리에서 분명히 말을 해 둡니다. 앞으로 모든 회의도 국회법 절차에 따라서 쉼 없이 제대로 진행해 나가겠다는 점을 분명히 선언하면서 남아 계시는 야당 위원님들께서도 적극적으로 회의에 참여해 주시고 의정활동을 해 주실 것을 당부 드리며, 질의에 들어가는 만에 최초로 야당 단독으로 실시되었다.

9월 초에 우윤근 사무총장 주재 수석전문위원 간담회가 개최되었다. 그래서 나는 그 자리에서 우리 위원회에서 있었던 일을 얘기하면서 차제에 위원회 단계에서 예산 증액에 대한 정부의 동의 절차를 거쳐야 하는지에 대해서 정리할 필요가 있다고 말했다. 그러나 놀랍게도 우 사무총장을 비롯해서 누구도 이 문제에 대해서 한마디 얘기 없이 그냥 넘어가고 말았다.

지금도 이 문제는 위원회별로 제각각 일관성도 없이 진행되고 있을 것이다. 왜 그렇게 운영되어야 하는 것일까? 국회는 이 문제를 조속히 정리해야 한다고 본다. 이에 대해 칼럼도 썼다.

결산심사 및 국정감사의 시정 등 요구사항에 대한 조치상황 점검

나는 법사위 전문위원 때부터 소관 부처가 결산심사의 시정 요구사항을 잘 이행하는지를 점검해서 그 결과를 결산 검토보고서에 첨부해 왔다. 정부에 믿고 맡겨서는 안 되고 점검해야 이행한다고 봤기 때문이다. 나는 수석이 된 뒤에도 그것을 계속했다. 그런데 2016년 8월 가정용 전기요금 누진제 개편에 대한 논란이 있었다. 당시 어느 신문은 전기요금 누진제 문제가 국회에 등장한 건 2001년 9월 25일 산업자원위원회 국정감사였다고 했다. 그런데 15년이나 지난 그해에도 그 문제가 개

___

데……

선되지 않은 이유가 뭘까?

여름에 폭염이 와 누진제로 인해 전기요금 '폭탄'을 맞게 되면 여론이 들끓어 국회에서 "누진제를 개선하라"고 정부에 요구하지만 정부에서는 검토 내지는 완화하겠다고 답변만 해놓고 정작 겨울이 되면 국회도 정부도 잊어버리기 때문이라고 볼 수 있다. 이게 국정감사의 현실이다. 의원들은 국정감사에서 열심히 활동하기는 하지만 그것이 이행되도록 확인까지는 못하고 있는 것이다.

그럼 그것을 누가 해야 할까? 국회는 매년 국정감사가 끝나면 국정감사 결과보고서를 정부에 이송하고 있다. 국정감사 결과보고서를 이송받은 정부는 시정 등 요구사항을 처리하여 국회에 보고하고 있다. 나는 시정 등 요구사항이 이행되도록 확인하는 것을 개개 의원실에 맡겨둘 게 아니라 전문위원실에서 해야 한다는 생각이 들었다. 그래야 객관성이 담보된다. 또한, 국정감사에서 전문위원의 역할이 별로 없는데 전문위원이 전년도 국정감사 처리결과보고서를 분석해서 조치상황을 점검하는 일을 맡는 것은 전문위원이 역할을 갖는 것이기 때문에 좋은 일이라고 봤다. 국회가 가정용 전기요금 누진제를 15년 동안 시정요구했는데 그동안 전혀 개선되지 않았다는 것은 전문위원의 책임도 있다고 봤다. 각 위원회는 전문위원실에서 국정감사 결과보고서 초안을 작성하고 있는데, 만약 그 사안도 전문위원실에서 그것이 국정감사 결과보고서에 포함되도록 하고 정부로부터 처리결과보고서를 받은 후에 점검도 했다면 15년 동안 지적만 하고 끝나지는 않았을 것이다.

나는 종래 국정감사의 시정 등 요구사항을 작성함에 있어 회의록을 이용하여 의원들의 지적사항이 빠짐없이 포함될 수 있도록 해 왔다. 나는 2015년에 우리 위원회에 와서도 그렇게 해서 시정 등 요구사항이 그전에 비해 대폭 증가했고,106) 2016년부터는 전년도 국정감사 처리결과보고서를 보고 시정 등 요구사항의 조치상황을 점검해서 국정감사 때 서면으로 보고했다.107) 2017년 국정감사에서는 유성엽 위원장이 우리의 노고를 인정해주었다.108) 2018년 3월 「세계일보」 기자가 국정감사

---

106) 사실 회의록을 이용하여 시정 및 처리 요구사항을 작성하는 것은 너무나 당연한데도 현실은 그렇지 않다. 대부분은 소관 부처에서 준 자료를 가지고 작업할 것이다. 그런데 나는 2009년 정무위원회 전문위원 때 그 실상을 알고 충격을 받았다. 소관 부처는 보통 국정감사 때 3가지 자료를 만든다. 속기록, 주요사항, 시정 및 처리 요구사항(안)이 그것이다. 그들은 보통 입법조사관에게 시정 및 처리 요구사항(안)을 주는데 그것은 3가지 중 가장 내용이 부실한 것으로서 이행하기 곤란한 것 등 주요내용이 빠진 것이다. 따라서 그것을 가지고 작업해서는 안 된다. 그런데 당시 국민권익위원회를 담당하는 입법조사관은 그들이 건네준 시정 및 처리 요구사항(안)에서도 몇 가지를 뺀 것을 시정 및 처리 요구사항으로 만들어서 내게 가져왔다. 그래서는 의원들이 아무리 문제제기했어도 결과보고서에 들어가지 않을 수도 있다. 따라서 위원회 직원들이 정부가 주는 자료에 의존해서는 절대 안 되는 것이다.

107) 2018년에는 사정상 점검은 하지 못했다.

108) ◉ **위원장 유성엽** 지난 10월 12일 국정감사 당시 수석전문위원실에서 작성한 교육부 및 공공기관 등에 대한 2016년도 국감 결과 시정 등 요구사항의 조치상황 점검 결과 보고서를 배포한 바 있습니다. 이 부분은 우리 상임위만 있는, 다른 상임위에서는 자체적으로 점검을 하지 않습니다. 우리 교문위에서 정재룡 수석전문위원 등 전문위원들이 날을 새가면서 자체적인 점검을 했던 것입니다. 그 자료

에서 지적사항이 매년 반복되는 문제를 "한탕주의 국감"으로 기사 방향을 잡고 내게 취재를 왔을 때도 나는 그것을 점검하는 것은 의원실이 아니라 우리 전문위원실의 책임이라고 얘기해서 기사의 방향을 바꾸기도 했다.

국회의 예산조정권에 대한 공론화가 필요하다

1987년 개헌 이후 그동안 국회는 입법권이 크게 신장되었다. 그러나 예산은 주요국과 달리 법률이 아니어서 별로 달라진 것이 없다. 결산 시정요구나 예산 부대의견 등으로 권한 강화를

___

가, 박수 한번 쳐 주셔도 됩니다.(박수)

그 점검 결과, 교육부 및 공공기관 등은 조치요구사항 628개 중 424개를 조치 완료로 보고하였으나 그중 10.4%인 44개는 조치 미완료 사항으로 파악이 되었습니다.

조치 미완료 유형으로는 추상적이고 모호한 처리결과 적시, 해당 의원실에 보고를 이유로 완료 처리, 일부 완료사항을 전체 완료처리, 조치 중인 사항을 완료처리, 국감 이전 조치 내용을 처리결과로 적시하는 사례 등이 있었습니다.

이를 2015년도 국감 관련 조치상황 점검 결과와 비교하면 조치 완료 보고사항 중 미완료 비율이 8.9%에서 10.4%로 오히려 증가한 것으로 처리결과를 보다 정확히 보고할 필요가 있겠습니다.

아울러 조치 완료 비율이 2015년 69.0%에서 2016년 60.5%로 하락하였고, 특히 조치의 실질적 의미가 부족한 조치 미흡사항이 다수 있으므로 보다 적극적인 조치가 필요할 것이며 조치 중인 사항의 경우 조치 완료 시까지 다년도에 걸쳐 처리결과를 보고할 필요가 있겠습니다.

또한 조치가 불가능한 사항의 경우 현재 조치 완료에 포함시켜 처리하고 있으나 구체적 설명이 미흡한 경우가 다수 있으므로 이 경우 조치가 불가능한 사유를 상세히 적시하여야 할 것입니다.

교육부를 포함한 피감기관은 이와 같은 점을 유념하여 국정감사 시정요구 처리업무에 만전을 기하시기 바랍니다.(2017년 10월 31일 회의록)

모색해 왔지만 그것으로는 한계가 있다. 모든 예산에 법적 근거를 요구하는 것도 국회의 예산 권한 강화의 한 방법이다. 개헌사항이지만 예산법률주의 도입 논의도 있어 왔고 나도 예산법률주의를 어떻게 도입할까를 연구하기도 했다.

그런데 부끄러운 얘기지만 종래 나는 국회에서 자율적인 예산조정이 가능한 것으로 알고 있었다. 예산서에 항(프로그램) 단위 밑에 세항(단위사업)과 세세항(세부사업) 그리고 예산내역 등이 있는데 항의 규모 범위 내에서는 자율적으로 조정하고 있다고 생각했다. 헌법 규정도 그렇고 그것이 안 될 이유가 없다고 봤다.

그런데 몇 년 전에 알아보니까 국회는 예산심사 때 감액 이외에는 아무것도 할 수 없었다. 내가 2014년에 내 고향의 무장읍성 예산을 반영하기 위하여 예결위를 찾아다닐 때였다. 놀라웠다. 그저 감액만 가능하다는 것이 말이 안 된다고 생각했다. 그렇다면 예산심사는 반쪽에 불과한 것이다. 국회의 정부에 대한 견제와 균형의 원칙에서 볼 때 이처럼 국회에 예산조정권을 전혀 허용하지 않는 것이 과연 합당한 것인지, 그리고 그것이 헌법과 예산관계법의 취지에 부합하는 것인지 의문이 들 수밖에 없다. 최근에는 급부행정이 중요한데 국회가 급부에 대해서 적극적 역할을 전혀 할 수 없다는 것은 누가 봐도 맞지 않다.

국회에 예산조정권을 주는 것에 대해서는 쪽지예산을 거론하면서 무조건 부정적으로 보는 사람들이 있다. 그러나 그런 비판 자체가 말이 안 되는 게 지금 국회는 감액 이외에 쪽지예산을 포함시킬 권한 자체가 없다. 그리고 국회의 2017년도 예산안 심사에서「기획재정부」는 최순실 관련 예산을 문화체육관광부가 요구한 것보다 340억 원 증액한 3,390억 원을 편성하여 국회에 제출한 것이 드러났고, 국회는 그중 1,827억 원을 감액했다. 이처럼 정부의 불투명한 예산편성단계에서 오히려 더 많은 쪽지예산이 포함되고 있다는 것을 외면해서는 안 된다. 현 정부에서도 전병헌 청와대 정무수석이 2017년 7월 기재부 공무원에게 문건 한 장 보내서 구체적 집행계획 등에서 문제가 제기된 신규사업을 내세워 자신이 회장으로 있던 한국e스포츠협회에 예산 20억 원을 편성한 것도 드러났다.109)

그래서 나는 언제 될지 모르는 개헌 때까지 기다릴 것이 아니라 현행 헌법에서도 어떻게든 돌파구를 열어야 한다고 생각하게 되었다. 그리고 그것이 헌법 재해석으로 가능하다고 봤다. 나는 2016년 10월 12일 '정부의 예산증액동의권과 국회의 자율적 예산조정권 : 헌법 제57조의 해석과 적용을 중심으로'를

---

109) 그런데 지난 7월 서울고등법원은 예산 20억 원을 편성하도록 압력을 가한 혐의(직권남용 권리행사방해)에 대하여 1심과 달리 무죄 선고를 했다. 재판부는 "전 전 수석이 e스포츠 예산 반영을 검토해 달라고 요청한 것은 행정부 내의 정당한 의견 제시로 볼 수 있다"며 "직권을 남용해 의무에 없는 일을 하게 한 범행으로 볼 수 없다"고 했다. 이건 황당한 일이 아닐 수 없고 이게 무죄가 되면 앞으로 정부 예산안 편성에 대한 권력 실세와 정치인들의 압력은 더욱 높아질 것이고 부적절한 예산 편성은 그만큼 커질 것이다. 도대체 국민 혈세 낭비는 누가 책임지는 것인가? 재판부는 전 전 수석의 예산안 반영 요청이 강압적이지는 않았던 점, 통상적인 심사 절차를 거쳐서 예산이 편성된 점 등을 이유로 위법이 아니라는 건데, 그렇다면 그런 문제 있는 예산을 편성한「기획재정부」공무원이라도 처벌해야 하는 것 아닌가?

주제로 한 한국입법학회 주최 세미나에서 항의 하위단위인 세항과 세세항에 대해서는 국회 예산심사에서 항의 금액 범위에서 감액한 예산을 가지고 자율적으로 조정할 수 있는 권한을 인정하자는 내용으로 발제했다. 참석한 교수들이 대부분 공감한다고 했다. 그런데 특이하게 국회 사무처의 잘 아는 후배가 지나가다가 포스터 보고 들렀다면서 그게 좋을 것 없다는 식으로 말했다. 논거도 없이 그냥 현재가 좋다는 식이었다. 의원들도 마찬가지지만 직원들만이라도 국회의 반쪽짜리 예산 권한에 대한 문제의식이 있어야 개선되는데 그런 문제의식이 전혀 없는 것이다.

내 발제에 대해서는 「내일신문」에서 2016년 10월 14일 "국회, 정부 예산편성권 정면 비판"이라는 타이틀로 2면에 크게 보도해 줬고, 「머니투데이」에서도 보도가 있었다. 「한겨레신문」은 2017년 2월 7일 "정부 전횡 견제 위해 국회에 예산조정권 인정해야"라는 제목의 내 기고문을 실어줬다. 「내일신문」에는 2017년 12월 7일 "국회 증액 권한 주고 투명성 높여야"란 타이틀의 인터뷰 기사도 나왔다.

2016년 11월 내년도 예산심사 때 정세균 의장이 국회 사무처의 청소용역 예산 약 60억 원을 직접 고용 예산으로 수정 요구했으나 「기획재정부」는 안 된다고 했다.110) 사실 그것은

---

110) 당초 정부가 제출한 예산안 원안에는 이들을 위탁고용(간접고용)하는 예산이 잡혀 있었다. 직접고용을 하려면 예산 증액 없이도 기존에 관리용역비로 잡힌 비목(비용 명세)만 상용임금과 고용부담금(4대 보험 등)으로 변경하면 되지만 「기획재정부」는 이를 수용하지

과거에도 추진했으나 무산되곤 했었다. 그래서 나는 당시 김교흥 비서실장에게 국회에 예산조정권이 필요하다는 것을 설명 드리고 기재부에 매달리지 말고 제도적 방안을 추진하자고 했다. 김 실장도 좋다고 했다. 그런데 김 실장은 얼마 후 갑자기 국회 사무처에서 그것은 안 된다고 했다면서 냉담하게 돌아섰다. 그런데 누가 무슨 이유로 안 된다고 했다는 것인지 알 수가 없고 그저 둘러대는 말로 들렸다. 그렇지 않다면 갑자기 그 문제를 외면할 리 없었다. 반면 어렵다던 청소용역의 직접고용 전환은 막판에 반영되었다. 그 일은 김 실장이 큰 역할을 한 것으로 알려졌다. 김 실장이 무얼 가지고 그걸 해낸 것일까? 김 실장이 국회의 예산조정권 추진에 갑자기 냉담하게 돌아선 진짜 이유는 무엇일까? 국회의 예산조정권에 대한 나의 문제제기는 기득권에 집착하는 「기획재정부」를 압박하는 것이었기 때문에 그것은 청소용역의 직접고용 전환 해결과 크든 작든 관련이 있다고 봐야 할 것이다. 11월 14일 예결위 소위원회에서 그 사안에 대한 김현미 소위원장의 발언도 내 문제의식을 담고 있었다.111) 당시 내막을 아는 다른 직원도 그렇게 말했다.

않았다.

111) ⦿ **김현미 위원장** 기재부가 저는 좀 열린 자세를 했으면 좋겠습니다. 왜냐하면 저희가 지금 여기까지 오는 동안에 얼마나 많은, 정말 수십 조짜리 사업들을 해 왔습니까? 그런데 보면 주인도 알 수 없는 사업들이 정말 여러 가지 이름으로 해 가지고 가는데 저희가 다 결정을 했습니다. 그런데 이것은 어려운 사람들한테 당장에 10만 ~20만 원씩의 생활을 개선해 주는 것이고, 그 사람들한테는 그게 엄청나게 중요한 금액이거든요, 삶의 질 자체를 좌우할 만큼. 그런데 예산이 느는 것도 아니고, 비목을 바꾸는 데 있어서까지 기재부가

나는 2017년 5월 정권교체 후 유성엽 위원장에게 이 내용을 설명 드리고, 새 정권에서 정부와 국회의 협치가 중요한 화두인데 그런 맥락에서 이것을 추진하는 게 좋겠다는 건의를 드렸다. 유 위원장이 내 건의를 수용했고 그 내용을 결의안으로 추진하기 위하여 결의안을 입안하여 드려서 2017년 8월 17일 유성엽 의원 등 15인이 '국회의 예산조정권 인정 요구 결의안'을 발의했다.

나는 결의안을 발의할 때 소관 위원회는, 피상적으로 보면 「기획재정위원회」를 생각할 수 있지만, 국회의 권한 강화에 관한 것이기 때문에 「국회운영위원회」가 좋겠다고 말씀드렸고 유성엽 위원장도 동의했다. 그런데 발의 후 국회 사무처 '의사국'에서 소관 위원회를 정하는 과정에서 운영위가 아니라 기재위로 보내겠다고 하는 일이 벌어졌다. 운영위 한공식 수석은 못 받겠다고 하고 「기획재정위」 김광묵 수석은 받겠다고 하니 그런다는 것이었다. 기재위로 보내서는 기재부의 반대로 논의가 원천 봉쇄될 가능성이 크다. 발의 의원의 뜻과 국회의 권한 강화라는 의안의 취지를 생각한다면 당연히 운영위로 보내야 할

이렇게 인색하게 굴면 정부의 비정규직 문제에 대해서 개선하겠다라고 하는 의지 자체에 대해서 국민들이 의심할 수밖에 없다 이런 생각이 듭니다. 그래서 여·야가, 「새누리당」에서도 상임위에서 합의를 했고 지금도 여기에 대해서 반대의견을 나타내시지 않고 보류해서 추가로 논의하겠다 이렇게 말씀해 주셨으니까 기재부가 저는 이것에 대해서는 결단을 좀 내려야 된다 이렇게 생각을 합니다.

그런데 이게 비목을 바꾸는 것도—증액이 아닌데—정부가 동의해야 되는 것인지에 대해서는 좀 검토가 필요하지 않나 이런 생각이 듭니다. 이것은 보류하겠습니다.

텐데도 시간이 많이 지연되었다. 국회 사무처 직원들은 그런 취지에는 관심이 없는 것 같았다. 그래서 내가 나서서 한공식 수석에게 전화해서 좀 받아달라고 부탁하기도 해서 주말을 빼고도 4일이나 걸려서 운영위로 회부되었다. 당일 회부도 많이 있기 때문에 4일씩이나 걸린 것은 매우 이례적인 일이다.

　나는 결의안 회부 이후 소위원회 심사를 하거나 공청회 등 공론화 과정을 거치기를 기다렸지만 별다른 소식이 없었다. 그러다 의장실에서 연락이 왔는데 그해 11월 14일 오후 4시 의장실에서 몇몇 의원들과 결의안을 논의한다는 것이었다. 유성엽 위원장과 나는 의장이 자리를 마련해주는 것이니 기대를 하게 되었다. 그래서 당일 오후 4시에 유성엽 위원장을 모시고 갔더니 김진표·김광림·장병완·추경호·변재일 의원이 와 있었는데 변재일 의원 빼고는 다「기획재정위」출신이었다. 기재부 출신들은 국회의 예산조정권을 당연히 반대하는 사람들이고 그 자리에서도 반대 목소리 일색이었다. 결의안은 헌법을 재해석하자는 것인데 장병완 의원은 그걸 오해의 소산이라고 했고, 김광림 의원은 장·관·항은 입법과목이고 세항·세세항은 행정과목이라면서 행정과목은 수정이 안 된다는 말을 했는데, 도대체 무얼 말하는 것인지 알 수가 없었다. 정세균 의장은 정우택 원내대표가 반대한다고 해서 이걸 그대로 놔둘 수 없고 유 위원장을 위해서 논의라도 해보자는 취지로 자리를 마련했다면서 그들이 예산 전문 의원이기 때문에 그들을 통과하지 못하면 안 되는 일이라고 했다. 유 위원장은 그 의원들 얘기를 황당한 표

정으로 내내 듣기만 하다가 끝내기 직전에 국회의 예산조정권
은 여·야 정부 간 협치 수단이고 의원들은 다 좋다고 했는데
아무래도 오늘 날을 잘못 잡은 것 같다고 짧게 말하고 말았다.

나는 정 의장이 도대체 그런 자리를 왜 마련한 것인지 이해
할 수 없었다. 「기획재정부」 출신 의원들이 반대하면 안 된다
는 말 자체가 어불성설이다. 그럼 검찰 출신 의원들이 반대하
면 검찰 개혁을 할 수 없다는 것인가? 무엇을 논의하든 인적
구성이 얼마나 중요한가? 전혀 공정하지 않은 자리를 마련해서
유 위원장이 봉변을 당하게 만든 것밖에 안 된다.

그리고 그 자리가 너무 편향적이었다고 볼 수 있는 것은 다
음해 2월 1일 발표한 여당의 개헌안이나 3월 7일 보도된 대통
령 개헌안(초안)에는 모두 국회가 예산안의 총액 범위에서 사업
별 증액 조정이나 비목 신설을 할 수 있도록 했다는 것만 봐도
그렇다. 비록 이후 최종 발표된 대통령 개헌안에는 그것이 빠
져 버렸지만, 그것은 결의안보다 국회에 더 큰 예산조정권을
주는 방안이었다. 개헌이 어려우니 헌법 재해석을 통해서라도
국회가 항 단위 범위 안에서는 예산 증액에 대해서도 실질적인
심사를 할 수 있도록 하자는 것인데, 정 의장은 무슨 이유인지
는 몰라도 그 결의안에 대한 논의를 원천 봉쇄하는 일을 벌였
다. 그 결과 결의안은 상정되지도 못하고 임기 말 폐기되고 말
았다. 정우택 원내대표가 반대한다는 것도 내가 알고 있는 것
과 달랐다. 나는 정우택 원내대표가 처리하기로 지시했다고 들
었다. 진실이 뭔지 궁금하다. 만약 내가 알고 있는 것이 맞다면

그것부터 문제가 된다.

상식적으로 전혀 납득되지 않는 일이 벌어진 이유는 무엇일까? 앞서 11월 8일 원내대표 회동이 있었는데 그 자리에서 김동철 「국민의당」 원내대표가 예산조정권에 관한 논의를 발제했고 이에 공감대가 이루어져서 차후 예산에 전문성 있는 의원들이 이를 구체적으로 논의하기로 했다는 소식이 들렸었다. 정 의장이 그런 취지로 자리를 마련한 것 같은데 결과는 국회의 예산조정권 추진에 훼방을 놓은 것이나 마찬가지가 되어 버렸다. 정 의장이 진짜 순수한 뜻으로 그런 자리를 마련할 생각이었다면 유 위원장과 미리 상의를 했어야 했다.

나는 정 의장이 전무후무한 잘못을 했다고 본다. 나는 그것이 2017년도 예산에 반영된 청소용역의 직접고용 전환과 관련이 있지 않을까 생각한다. 기재부로부터 큰 선물을 받았으니 무언가 보답을 해야 했을 것이다. 그런데 그게 사실이라면 정말 분노할 일이고 슬픈 일이다. 결의안은 국회가 할 일을 제대로 하기 위한 것이고 여·야 정부 간 협치 수단을 마련하는 의미가 있는 것인데 의장이 그것을 개인적 거래 수단으로 이용해 버린 것이기 때문이다. 이게 가당키나 한 일인가? 국회의 예산조정권은 언젠가 인정될 것이다. 그때 정 의장이 2017년 11월에 자행한 폭거도 상기될 것이다. 그때 정 의장이 왜 그런 폭거를 자행한 것인지도 밝혀지길 바란다.

국회가 예산조정권을 갖게 되면 선심성 예산이 크게 증가할 것으로 우려하는 시각이 있다. 그런데 기본적으로 예산과정은 정치과정이다. 예산은 국회의 심사과정뿐만 아니라 정부의 편성과정에서도 정치적 고려가 중요하게 개입한다. 따라서 국회는 선심성 예산을 증가시키지만, 반면 「기획재정부」는 선심성 예산을 최소화하는 역할을 하는 것처럼 보는 것은 부적절하다. 오히려 공개적인 절차를 거쳐서 중지를 모아서 심사하는 국회가 「기획재정부」보다 투명성이 더 높다. 종래 「기획재정부」가 예산 편성에 전권을 행사하면서 다른 부처를 상대로 갑질·전횡하는 문제가 제기되어 왔는데, 국회가 조정권을 갖게 되면 그런 문제도 시정할 수 있게 된다. 우리는 제왕적 대통령제를 비판하는데, 사실 대통령의 권한에는 막강한 예산편성권이 중요한 요소라고 할 수 있다. 따라서 제왕적 대통령제를 완화하기 위해서라도 국회에 예산조정권을 부여하는 것이 바람직하다. 20대 국회에서 추진된 국회의 예산조정권에 대한 공론화가 21대 국회에서 다시 추진되기를 바라마지 않는다.

국회 차관급 6자리에 호남 출신 전무

2016년 12월 말경 우리 전북 출신 어느 직원이 내게 찾아와서 국회예산정책처장 자리에 지원할 생각이 있는지 물었다. 그래서 어떤 연유로 그걸 묻는 것인지 되물었더니 의장 비서실에서 그런 얘기가 나와서 전달해 주러 왔다는 것이다. 내가 지원하겠다면 의장 비서실에서 밀어주겠다는 취지였다. 국회에 차관급으로 6자리[112]가 있는데 모두 비호남 출신으로 가는 상황

---

112) 국회 사무처의 입법차장과 사무차장, 도서관장, 예산정책처장, 입

이어서 호남 출신이 필요하다는 취지였다. 그런데 이미 그 자리는 내부적으로 충청 출신 김춘순 예결위 수석이 가는 것으로 정해져 있는 상황이었다. 시기적으로 너무 늦은 것이다. 그리고 나는 지난번 인사 때 낙마한 이후 차관급 자리에 대한 흥미를 잃어버린 상황이었다. 오히려 지난번에 차장 자리에 천거되면서 기대를 하기도 했다가 낙마한 경험이 있어서 선뜻 나서고 싶지 않았다. 그래서 사양한다고 말했다. 그래서 그 일은 없던 일이 되어 버렸다.

그런데 정세균 의장 재임 중 국회사무총장 자리에는 호남 출신을 임명했지만 차관급 6자리는 모두 비호남 출신으로 임명한 정세균 의장의 인사를 어떻게 봐야 할까? 그걸 과연 공정한 인사라고 할 수 있을까? 이건 차관급 인사에서 일부러 호남을 배제한 것이라고 볼 수밖에 없다. 그 이유가 무엇일까? 직전 정의화 의장 때도 차관급 6자리에 호남 출신은 없었다. 그렇다면 더욱 호남 출신을 중용했어야 했다고 보는데 그런 인사를 어찌 정상이라고 볼 수 있겠는가?

고향을 위한 작은 기여

내가 국회 재직 중 내 고향 고창에 기여한 게 있다면 무장읍성 관광거점 조성사업 추진에 도움을 준 것이다. 고창군에서는 2009년부터 시작된 무장읍성 복원 사업이 어느 정도 진척된 상황에서 주변 관광 인프라를 구축하고 싶어 했다. 박우정 고

법조사처장, 의장 비서실장

창군수가 여러 번 나를 찾아와 부탁했고 나도 고향을 위해 미력이나마 돕고 싶었다. 그래서 2014년부터 「기획재정부」 예산실 박춘섭 예산총괄심의관에게 부탁을 하고 국회에서는 김현미·이춘석 의원 등 여러 의원을 찾아가 부탁을 했지만 여의치 않았다. 국회 예산심의과정에서 2014년에 국토교통위원회에서 5억 원을 태워 예결위로 보냈지만 반영되지 못했고 2015년에도 마찬가지였다. 그러다 마침내 2016년에 예산으로는 안 되고 관광진흥기금을 지원하기로 결정되었다. 그래서 이 사업은 2016년부터 2022년까지 7년간 155억 원(국비 50, 군비 105)을 투입하는 것으로 계획이 수립되었다. 그런데 이후에도 관광진흥기금 지원이 지체되면서 사업 착공이 1년여 지연되기도 했다. 나는 문체부 송수근 차관에게 사업이 차질 없이 진행될 수 있도록 부탁했다. 다행히 2017년부터 관광진흥기금 지원이 시작되어 사업이 진행되고 있다.

주류 기득권자들이 정세균 의장의
전문위원 평가시스템 도입 지시를 묵살하다

정세균 의장은 2017년 1월 19일 국회 내 각 기관 신년업무보고 때 현재 위원회에 평가가 없는데 평가시스템을 도입해서 그 결과를 인사에 반영해야 하고 1/4분기에 연구하고 2/4분기부터 시행할 수 있도록 하라고 지시했다. 열심히 일해서 성과를 낸 사람과 그렇지 않은 사람이 같은 대우를 받는 것은 문제라고 했다. 양보다는 질에 대한 평가가 중요하다고 했다.

국회 사무처의 조직과 업무체계의 특성상 위원회 직원은 인사권자와 유리되어 있다. 그러다 보니 전문위원은 입법 이후 위헌결정이 나거나 문제가 야기되어 개정이 필요한 상황이 되어도 아무런 책임이나 영향이 없다. 그러니 일을 잘하려고 노력할 이유를 찾기가 어려울 정도다. 그냥 겉으로 보이는 양적인 것에 신경 쓰기만 하면 된다. 그로 인해 부실 입법이 발생하고 있다.

따라서 위원회 전문위원에 대한 평가시스템이 필요하다. 직전 정의화 의장도 그런 문제를 인식하고 그걸 추진했는데 내부의 비협조로 무산되고 말았다. 나는 정 의장의 지시는 그동안 나의 전문위원의 역할 제고와 관련한 문제제기와 제안을 수용한 것이라고 봤다. 나는 이번에야말로 전문위원이 본연의 역할을 충실히 수행할 수 있도록 대책이 강구되기를 바랐다.

그러나 현재 우리 조직의 인적구성이나 행태상 과연 정 의장의 지시가 제대로 이행될 수 있을지 의문이 들었다. 우리 조직은 외적 환경의 변화에도 불구하고 오랜 세월 그저 관행과 타성에 안주하고 있기 때문이었다. 그런 상황에서 어떤 변화와 발전을 기대하는 것은 참으로 어려운 일이라는 생각이 들었다. 실제로 결과는 내 예상대로 유야무야로 끝나고 말았다.

2017년 7월 성과평가체계 개선안이 발표되었는데 진정구 입법차장은 부서 평가의 원년이라면서 자화자찬했다. 그런데 정 의장은 분명히 위원회에 평가가 없어서 평가시스템을 도입해서 그 결과를 인사에 반영할 수 있도록 하라고 지시했는데, 결과는 부서 평가로 가버린 것이다. 물론 개선안에 개인 평가를 보강한 것이 포함되기는 했다. 그러나 당초 정 의장은 위원회 전문위원 평가시스템 도입을 지시한 것인데, 개선안은 그것에 초점을 맞춘 것이 아니라 일반적인 평가시스템으로 변질되었다. 위원회 전문위원은 업무가 총·차장과 유리되어 있어서 별도의 평가시스템을 도입해야 한다는 취지는 찾아볼 수 없었다. 반면 총·차장의 지휘감독을 받아서 일하는 부서는 따로 평가시스템을 도입할 필요가 없다. 그러나 안타깝게도 국회 사무처는 그런 구조적인 문제에 대한 인식이 전혀 없거나 애써 외면하고 있는 것이다. 부서 평가도 양적 평가보다는 질적 평가가 중요한데, 위원회의 경우 의안처리 건수나 법안 검토보고서 작성 건수 등 대부분 양적 평가에 그치는 것이어서 위원회의 업무 성과를 제대로 평가할 수 없다. 정의화 의장에 이어 정세균 의장까지 두 의장의 지시가 연이어 묵살된 것이다. 한심하고 또 한심하다.

국회의 기능과 전문위원의 역할 특강

나는 대선국면에 시간 여유가 있어서 2017년 3월 3일 강원대를 시작으로 매주 한 번 정도 대학 등에 가서 특강도 하고 현안청취도 했고 이후에도 요청이 있는 곳은 다녔다. 특강 주제는 '국회의 기능과 전문위원의 역할'인데, 약 30년 국회 경험을 가지고 국회 운영의 생생한 이야기를 들려주었다. 국회(의원)에 대한 지나친 불신도 조금이나마 해소하려고 노력했다. 1시간 반 강의하기 위해서 사례금도 받지 않고 전국을 다니는 게 쉽지는 않았지만 반응이 괜찮았다. 나는 국회 업무가 내 적성에 맞고 천직이라 생각하고 감사한 마음을 가졌다. 나는 특강하는 것을 30년 국회 근무의 혜택과 감사함에 대한 내 나름의 보답이라고 생각했다. 내가 한 특강 중에는 포항의 한동대 특강이 제일 인상 깊었다. 한동대 특강은 스스로 수강 신청한 학생들만 수강하는데 신청 학생이 많아 두 번에 걸쳐서 했고 학생들은 중간에 쉬는 시간에 줄을 서서 질문을 할 정도로 열심이었다.

수석전문위원실과 의원실 직원들의 역대 최초의 간담회 개최

나는 2017년 3월 8일 의원실 직원들과 간담회를 개최했고 그날 나온 요구사항을 적극 반영하기로 했다. 의원실에서 37명이 참석했고 간담회 개최에 대한 반응도 좋았다. 어느 보좌관은 내게 멋있었다고 말해주기도 했다. 전문위원실과 의원실 직원은 서로 협력이 필요하므로 이처럼 간담회를 개최하는 게 당연한 건데도 국회에서 역대 내가 처음으로 간담회를 가졌다.

필자가 간담회를 추진한다고 하니까 우리 위원회 전문위원들이 찾아와서 의원실 직원들을 간담회에 오라고 하면 기분 나빠할 것이라는 등 이해하기 어려운 이유를 들어 강하게 반대했다. 그래서 나는 그렇게 반대한다면 참석할 필요 없다고 말했다. 나는 간담회 개최 후 우리 위원회 의원들에게 간담회 개최 사실과 내 검토보고서 작성법 등에 대해서 서신을 써서 보내드렸다.

두 번째 워크숍 개최

나는 2017년 4월 24일 우리 위원회 직원들과 2016년에 이어 두 번째 워크숍을 개최했다. 나는 위원회 업무의 특성상 우리가 발제하는 세미나를 자주 개최할수록 좋다고 생각했다. 특히 당시 대선 기간이어서 시간 여유가 있으니 부담도 크지 않았다. 그런데도 다른 수석들은 하지 않고 있어서 오히려 내가 일 많이 시키는 특이한 사람 취급받았다. 그래서 나는 2가지 주제 중 하나는 직접 발제를 맡았다. 나는 '방과후학교의 선행교육 허용을 위한 법률 개정의 문제점 및 시행현황'을 발제했고, 안병후 입법조사관이 '교육 분야 법률안 검토보고서의 입법반영결과 분석'을 발제했다. 안 입법조사관은 검토보고 업무의 개선점을 도출하기 위하여 역대 최초로 그동안 내가 작성한 검토보고서의 입법반영결과를 분석하여 발표했다. 워크숍이 끝나고 그 결과를 의원들에게 서면으로 보고했다. 세미나에 토론자로 참석한 어느 야당 의원 보좌관은 내 검토보고서가 훌륭하다면서 대선공약을 수립할 때 많이 참고했다고 말했다. 유성엽 위원장이 대선 운동 때문에 바쁜데도 불구하고 와서 축사를 해주셨고 저녁에도 시간을 내서 식사 자리를 마련해 주셨다. 매우 고맙게 생각한다.

'출신지역 차별인사금지 특별법안'은

다시 입법 추진되어야 한다

2017년 2월 28일 우리 위원회에서 학력·출신학교차별금지 법안(오영훈 의원, 2016.9.2.)에 대한 공청회가 열렸다. 그런데 학력이나 출신학교를 차별하는 것은 합리적 이유가 있는 차별이라고 볼 수 있는데 대다수 의원들이 이 법안에 대하여 긍정적 의견을 피력했다. 2017년 정권교체 후 새 정부는 블라인드 채용을 추진했기 때문에 이후 그 문제에 대한 인식도 많이 달라졌지만, 당시에는 놀랍게 느껴졌다. 그래서 같이 회의장에 있었던 전북 향우 박종우 입법조사관과 점심 식사하면서 학력 차별도 금지하는 입법에 공감대가 있다면 도대체 출신지역 차별은 왜 입법이 안 되는 거냐고 물었다. 그랬더니 그는 내가 그런 법률을 만들면 대통령 시켜주겠다고 말했다. 우리는 그러면서 웃고 넘어갔다.

그런데 나중에 다시 생각해보니 그걸 못 만들 것도 없다는 생각이 들었다. 그리고 그걸 만들기로 하면 내가 적임자라는 생각이 들었다. 나는 그동안 국회 사무처에 근무하면서 지역차별의 피해를 누구보다 크게 입은 사람이다. 차별이 있을 때 피해서 도망가지 않고 오히려 내가 희생양이 되겠다는 자세로 그 문제에 당당히 맞서온 사람이다. 정치인들은 지역갈등을 정치적으로 이용만 해먹으려고 하지 그 문제를 해결하려고 노력하지는 않는 것 같았다. 나는 영호남 지역에서 한 정당이 국회의원 의석을 독식하는 것을 남북분단에 비유하여 동서장벽이라고 부른다. 그것을 타파하면 지역차별도 해소되고 우리 정치는 지역과 이념의 대결에서 벗어나 동서가 화합하고 대화와 타협의 정치로 발전할 것이다.

그래서 나는 2015년 가을에는 뜻을 같이하는 사람들과 몇 개월 간 한 정당이 영호남 지역에서 의석을 독식하는 문제에 대한 해결책을 논의하기도 했고 그런 차원에서 최재천 의원과 20대 총선에서 야당이 광주에서 무공천하는 방안을 협의하기도 했다.113) 그런 문제에 대한 고민을 상의하기 위하여 이재명 성남시장과 직접 만나지는 못했지만 온라인으로 연락하기도 했다. 조금 하다가 중단하기는 했지만 서명운동을 하기도 했다. 이후 야당의 분열로 20대 총선에서 호남은 지배정당이 교체되었다. 당시 박근혜 대통령 탄핵으로 정권교체도 전망되고 있지만 지역차별은 고질병이어서 이를 타파하기 위한 특별한 대책이 강구되지 않으면 다시 재발할 것이었다. 이런 이유로 출신지역 차별을 금지하는 입법을 추진하는 일에 내가 나서기로 결심했다.

나는 먼저 주변 사람들에게 박근혜 정부의 인사에서 역대 최악의 호남출신 차별이 자행되었지만 차제에 정권에 따라 출신지역을 차별하는 악순환의 고리를 끊고 공정한 인사원칙을 확립하기 위하여 출신지역차별금지법을 제정할 필요가 있다고 얘기하고 의견수렴을 했더니 호응이 매우 좋았다. 나는 처음에는 발의를 추진할 의원을 만나서 설명하고 자료를 제공하는 단계

---

113) 당시 최 의원은 내가 제시한 그런 방안에 대해 충격적 방안이라고 말했다.

까지만 나설 생각이었다. 서울이 지역구인 호남 출신 한 의원에게 그렇게 했는데 그 의원이 계속 검토하고 있다면서 시간만 흘러갔다. 아무래도 예민한 문제여서 그런지 의지가 부족해 보였다.

한국일보

입력 2017.05.31 10:00

기고

[기고] 출신지역차별금지법 만들자

국정농단에 따른 대통령 탄핵으로 실시된 조기 대선에서 정권교체가 이뤄졌다. 문재인 정부의 인사는 이제 시작에 불과하지만 국무총리, 청와대 비서실장 등 정무직 임용에서 호남 출신이 약진하면서 일각에선 역차별이라는 얘기도 나온다. 그간 승진 등에서 차별 받아온 호남 출신에 대한 보상 차원의 인사가 필요하다는 주장도 있으나 여기에는 동의하지 않는다. 2003년 노무현 정부 출범 초기부터 제기된 이른바 '호남소외론' 이 그랬듯, 새 정부의 공정한 인사 운영에 부담을 야기할 수 있기 때문이다.

그래서 나는 더 적극적으로 나서기로 했다. 출신지역 차별을 금지하는 입법 추진에 대한 여론조성 차원에서 신문 기고를 추진했다. 나는 먼저 기고 글을 준비해서 주변 사람들에게 의견수렴을 했는데 호남사람들 중에 파장이 클 거라면서 만류하는 사람들이 있었다. 나는 설령 그것 때문에 불이익이 있더라도 감수하겠다는 각오로 추진했다. 완성한 기고문을 내가 애독하는 「한겨레신문」에 보냈는데 의외로 너무 예민한 문제로 보고 실어주지 않았다. 그런데 다행히 「한국일보」가 6월 1일 '출신지역차별금지법 만들자'114)란 제목의 기고문을 실어주었다. 드디어 출신지역 차별금지 관련 입법 추진의 첫 출발이 시작되었다. 신문 기고에 따른 파장은 없었고 오히려 호응이 매우 좋았다.

6월 10일(토)에는 1인 시위 피켓을 만들어 지인들과 같이 광화문 세종문화회관 부근에 가서 출신지역 차별금지법 제정에 대한 홍보활동을 했다. 멀리 천안에서 대학생 등 여러 사람이 와서 동참했고 유치원 교사인 내 딸도 잠깐 와서 응원해 주었다. 5시쯤 홍보활동을 끝내고 인근에 있는 국민인수위원회에 가서 피켓도 제출하면서 정책제안을 했다. 그러나 이후 청와대에서 그것에 대한 답변은 전혀 없었다.

나는 6월 27일 한국입법학회 주최 세미나에서 "출신지역에 따른 차별 인사를 금지하기 위한 입법의 필요성과 쟁점"을 주제로 발표했다. 임지봉 서강대 교수, 성중탁 경북대 교수, 이발래 국가인권위원회 팀장이 지정토론을 맡았고 사회는 음선필 홍익대 교수가 맡았다. 정세균 의장은 축전을 보내줬고 유성엽 위원장과 김석기 의원이 축사를 해 줬다. 특히 김석기 의원은 축구하다가 다리를 다쳐 휠체어에 의지하는 상태인데도 참석해서 감동적인 축사를 해 줬다. 수도권뿐만 아니라 대구대 등 멀리에서도 많은 분들이 참석했다.

---

114) 「한국일보」 2017.06.01.

　그날 필자는 입법의 필요성, 관련 법률 등 국내외 입법 동향, 입법의 주요내용, 쟁점 및 기대효과를 발표했다. 입법의 주요내용으로는 소속 직원의 출신지역을 파악하거나 그런 기록을 작성·관리하지 못하도록 하고 악의적인 차별행위를 처벌하도록 하는 것, 피해자의 권리구제를 시정명령, 불이익 조치의 금지 등으로 지원하는 것 등이다. 내 발제에 특별한 이견 없이 조속히 입법조치가 필요하다는 데 의견이 모아졌다. 언론에서도「한국일보」,「머니투데이」 등에서 보도해 줬다. 10여 일 후「내일신문」은 인터뷰 기사도 내줬다. 내 발제와 설명 덕에 의문이 풀리고 입법 필요성을 깨닫게 되었다는 사람들도 있었다. 한국입법학회 교수들과 홍덕률 대구대 총장도 입법 추진에 적극 협력하기로 했다. 홍 총장은 얼마 후 본인의「내일신문」고정칼럼에 지역차별 금지를 내용으로 하는 칼럼을 썼다.

　사실 나는 그날 세미나로 할 만큼 했다고 생각했다. 그 정도 했으면 더 이상 신경 쓰지 않아도 될 것이라고 생각했다. 놀랍게도 그동안 모든 것이 순조롭게 잘 진행되었다. 나는 예산조정권과 더불어 출신지역 차별 금지에 관한 입법조치를 이슈화한 것만 해도 그 의미가 크다고 봤다. 나는 그런 일을 할 수 있었다는 게 행복하고 참으로 감사하다는 생각이 들었다. 나 개인을 위한 것은 아니지만 내가 그런 의미 있는 일을 한 것에 자부심을 느꼈다. 더 이상 바랄 게 없다고 생각했다.115)

---

115) 유성엽 위원장을 모시고 일하던 이때가 내 두 번째 황금기라고
　　할 수 있다. 유성엽 위원장이 나를 신임해 줘서 관계도 무척 좋았고
　　내가 주창한 국회의 예산조정권과 출신지역 차별금지 두 가지 사안

그런데 얼마 후 유성엽 위원장을 만났는데, 그 사항을 입법 추진하고 싶다고 말했다. 나는 그 말을 듣고 세미나가 끝이 아니구나라고 생각했다. 내가 모시고 있는 위원장인데 입법 추진하는 것을 옆에서 구경만 할 수는 없었다. 법안을 만들어 드려야겠다는 생각을 하게 되었다. 내가 시작한 일이니까 마무리도 내가 하는 게 맞을 듯싶었다. 유 위원장실 비서관도 그렇게 해 주기를 바랐다. 조문 작업이 그렇게 어려운 것은 아니다. '장애인차별금지 및 권리구제 등에 관한 법률' 등 준거법이 있고 2007년 말에 제출된 정부의 차별금지법안도 참고하면 된다. 그래서 직원들과 상의했더니 처음부터 우리가 조문을 만들기보다는 법제실에 의뢰해서 초벌이라도 받아서 작업하는 게 좋겠다고 했다. 그래서 법제실에 의뢰해서 받았는데 아무래도 부실해서 직원들과 회의를 통해 중지를 모으기도 하고 구희재 입법조사관에게 맡겨서 수정 작업을 했다. 지난번 「한국일보」에 이어 여론조성을 위하여 「경향신문」에 7월 8일 '출신지역차별금지법이 필요하다'란 제목의 기고문과 「전남일보」에 7월 18일 '선거와 공직인사'란 제목의 기고문을 게재했다.「국민일보」에 8월 4일 '블랙리스트와 지역차별'이란 제목의 유 위원장 기고문도 게재되었다.

입안이 어느 정도 된 상태에서 주위 지인들에게 초안을 보내서 자문을 구해서 수정 보완을 했다. 그리고 유 위원장에게 드

이 2017년에 결의안과 법안으로 발의된 것을 보더라도 그렇다. 그 사안들은 시간이 걸리더라도 언젠가는 실현될 것이다.

렸다. 유 위원장도 꼼꼼히 봐서 수정 보완을 했다. 완벽한 것은 없고 볼수록 수정할 것이 나왔다. 발의 의원 모집에 들어가기 전 막판에 수정한 것으로, 당초에는 출신지역을 따져서 우대 또는 차별하는 인사를 금지하는 것으로 추진했는데 다시 생각해보니 우대까지 처벌하는 것으로 했다가는 도저히 집행이 안 될 것 같았다. 인사 문제인데 재량권을 전혀 인정하지 않으면 안 된다고 생각되었다. 그래서 우대는 뺐다. 또 발의 의원 모집을 시작한 이후에도 수정이 필요한 것이 발견되었지만 그 상황에서 수정할 수는 없어서 나중에 실제 입법과정에서 수정하기로 했다.

유 위원장실에서 8월 중순경부터 공동발의 의원 모집에 들어 갔다. 처음에는 지지부진했다. 앞서 본 것처럼 거의 비슷한 시기에 공동발의 의원 모집에 들어간 '국회의 예산조정권 인정 요구 결의안'은 공동발의 15인으로 바로 발의했지만, 이 법안 은 발의 의원 수를 최대한 늘리는 게 좋다고 보고 어렵더라도 최소한 50인은 확보하기로 했다. 나도 좀 도울 방법을 찾아보 기로 했다. 나는 여당의 동참이 중요하다고 보고 지인을 통해서 우원식 여당 원내대표의 협조를 구했다. 그 결과 9월 8일 우원식 원내대표가 여당 의원들에게 문자를 보내서 동참하도록 부탁했다.116)

---

116) 유성엽 교문위원장님이 발의한 '출신지역 차별인사금지 특별법안'
  에 대한 공동발의에 함께해 주실 것을 요청 드립니다. 출신지역에 따른 인사의 차별은 적재적소의 인재 발탁을 막아 국가의 효율을 떨어뜨릴 뿐만 아니라, 국민통합을 저해하는 적폐 중의 적폐입니다. 동

또 김석기 의원이 2017년 5월 대표발의한 '신라왕경 핵심유적 복원·정비에 관한 특별법안'은 공동발의자가 181인이어서 나는 그 보좌관에게 비법을 자문받기도 했다. 김석기 의원이 직접 의원실을 찾아다니며 무려 1년여간 엄청나게 노력해서 그렇게 많은 수의 공동발의의원을 모집했다고 했다.117) 유성엽 위원장도 직접 의원들을 만나서 사인을 받는 방식으로 모집을 해 나갔다. 순식간에 100여 명 가까이 모집되었다. 그러니까 유 위원장은 욕심을 내서 목표를 200명이라고 말하기도 했다. 김석기 의원처럼 1년여간 모집한다면 충분히 가능했을 것이다. 유 위원장이 그렇게 열심히 하시니 나도 좀 도와드려야겠다 싶어서 의원들을 직접 찾아가서 설명을 드리기도 하고 또 보좌관 등 지인을 통해서 부탁하기도 해서 막판에 발의 의원 증가에 도움을 줬다. 그래서 공동발의 의원이 최종 121인이 되었다. 정의화 의원이 의장이 되기 직전 2014년 5월 대표발의한 '인성교육진흥법안'은 공동발의가 102인이었는데, 한 달여 만에 121인은 엄청 큰 성과라고 할 수 있다. 드디어 유 위원장은 9월 27일 '출신지역 차별인사금지 특별법안'을 발의하고 기자회

특별법안은 과거 정부에서 특정지역 출신의 차별 또는 우대가 반복되는 악순환의 고리를 끊고, 공정한 인사원칙을 확립하는 것을 법제화하는 것으로 우리 당의 입장과도 배치되지 않습니다. 많은 의원님들이 공동발의에 참여해 주시면 감사하겠습니다.— 원내대표 우원식 드림

117) 김석기 의원은 발의 이후에도 적극적 노력을 했고 관계 부처의 반대가 있는 조항들은 정리를 해서 마침내 그 법안은 2019년 11월 국회를 통과했다.

견도 했다. 발의일에 「전북일보」는 '출신지역에 따른 차별인사 입법 필요하다'는 사설을 냈다. 「전남일보」는 10월 12일 "지역차별 고질적 인사 병폐 바로잡아야"라는 타이틀의 유성엽 위원장 인터뷰 기사를 실었다.

나는 유성엽 위원장에게 이 법안이 정치적 성장의 훌륭한 자산이 될 수 있다고 생각했다. 통과될 수 있으면 좋지만 통과에 연연하지 말고 그것을 활용하기를 바랐다. 그래서 되도록 많은 사람들을 만나서 이 법률이 왜 필요하고 무슨 내용이고 어떤 효과를 기대할 수 있는지 등을 설명하고 의견을 수렴하고 여론을 조성하는 활동을 하기를 바랐다. 이 법률은 단순히 공정한 인사원칙을 확립하는 것에 그치는 것이 아니다. 이 법안이 통과되면 출신지역 차별인사를 고리로 한 지역대결 정치를 청산하고 대화와 타협의 정치를 실현할 수 있다. 그것은 우리 정치의 틀을 전환하는 큰 의미를 갖게 된다. 이 법률은 국민통합과 정치혁신의 이정표가 될 수 있다.

그래서 나는 유성엽 위원장이 그렇게 좋은 취지가 있는 이 법안을 적극적으로 이슈화하기를 바랐다. 나는 경북대를 비롯해서 특강 기회를 몇 군데 주선하기도 했다. 11월 3일 유성엽 위원장의 경북대 특강 때 학생들은 많은 관심과 호응을 보내주었다. 그런데 이후에 그런 것이 몇 번에 그쳤고 내 기대와는 다르게 잘 진행되지 않았다. 결국 이 법안은 소관 위원회인 법사위에 계류 상태로 있다가 임기 말 폐기되고 말았다.

무슨 일이든 첫술에 배부를 수는 없다. 특히 반대가 있는 입

법은 발의하고 바로 통과하기를 기대하기는 어렵다.118) '출신
지역 차별인사금지 특별법안'은 121인이나 되는 의원들이 공동
으로 발의한 것만으로도 이 문제에 대한 공감대가 크다는 것을
시사하기에 그 의미를 낮게 평가할 수 없다. 다만, 유 위원장이
임기 중 이를 적극적으로 활용하지 못한 것은 아쉽다고 본다.

　최근 보수정치세력은 과거를 반성하면서 환골탈태를 추진하
고 있다. 그들의 그런 변화 노력의 진정성은 무엇으로 가늠할
수 있을까? 그것은 출신지역 차별인사를 고리로 한 지역대결
정치에 대한 청산 의지에 달려 있다고 본다. 그것이 아니라면
진정성을 인정하기 어렵다. 전에도 역대 정권의 호남차별을 사
과한 적도 있었고 모든 것을 다 바꾼다고 하다가 다시 예전으
로 돌아가 버렸다. 한국당 의원들은 이 법안을 발의할 때도 겨
우 10여 명만 동참했다. 그것은 무엇을 의미하는가? 지역대결
정치를 버릴 수 없다는 것을 시사한다고 본다. 나는 보수정치
세력이 정말 환골탈태를 원한다면 이 법안을 앞장서서 발의하
고 통과시키기를 바란다. 그래서 지역대결 정치를 종식시키고
대화와 타협의 정치를 실현하기를 바란다. 그러면 국민들은 보
수정치세력이 진짜 달라졌다고 느낄 것이고 적극적 지지로 응
답할 것이다.

부서 업무성과 평가에서 최우수 위원회의 하나로 선정되다

---

118) 연초에 제정된 공수처법을 보면 1996년부터 논의가 시작되었다
　　고 하니 정말 길고 긴 시간이 걸렸다.

2016년 우수한 업무성과를 낸 국회 사무처의 주요 부서들에 대한 시상식이 2017년 7월 21일(금) 국회접견실에서 열렸다. 평가지표로 정성·정량이 모두 고려됐으며, 위원회 4곳과 실·국 등 행정부서 5곳이 선정되었는데, 우리 위원회가 포함됐다. 우리 위원회는 논란이 됐던 누리과정예산, 국정교과서 등의 현안을 조정하는 업무에 대한 지원 공로를 인정받았다. 우윤근 사무총장은 "입법지원활동 효율성, 업무책임성 강화 등을 고려해 공정하게 평가했다. 최우수 4개 위원회는 수석전문위원들이 잘 이끌었다고 생각한다"고 격려하면서 "인사평가에서 억울함이 없도록 시스템을 잘 갖추는 데 노력하겠다"고 밝혔다. 그러나 앞서 본 것처럼 위원회에 전문위원 평가시스템을 도입하라는 의장 지시는 묵살되어 버렸고 우 사무총장은 얼마 후 9월 초에 러시아 대사로 내정되면서 모든 것은 공염불이 되고 말았다.

의원실 보좌진과 예·결산 예비검토를 같이 실시하다

나는 2017년 3월에 국회 사무처 최초로 (수석)전문위원실과 의원실 보좌진과의 간담회를 가졌고 같은 맥락에서 7월 20일부터 이틀간 우리 위원회 소회의실에서 가진 '2016년도 결산 예비검토'에 의원실 보좌진들을 초청해서 같이했다. 이후 예산안 예비검토 때도 그렇게 했다. 내가 간담회 때 제안했는데 의원실 보좌진들이 여러 명 호응해 줬다.

당시 간담회 때 검토보고서 말고 참고한 원자료도 달라는 애기가 있었는데 전문위원실의 예비검토에 같이하는 것은 그런 측면의 의미도 있다고 볼 수 있다. 사실 당별로 따로 예·결산 설명회를 갖는 것으로 알고 있는데, 이처럼 여·야 구분 없이 전문위원실과 같이할 수 있다면 그것도 좋은 대안이 될 수 있다고 본다. 나는 누구보다 예·결산 예비검토를 깊이 있게 했다. 단순히 설명을 듣는 수준이 아니라 쟁점 사안들을 깊이 논의해서 개선방안을 도출할 수 있는 수준으로 했다. 그것이 전문위원과 소관 부처 실·국장이 참여하는 예비검토의 진정한 의의라고 생각한다.

국회 사무처 최초의 입법 칼럼니스트가 되다

나는 2017년 7월에 '출신지역 차별인사금지 특별법안'을 추진하기 위한 여론조성 차원에서 기고문을 작성하여 언론과 접촉하는 과정에서 「머니투데이」와 기고문 게재를 얘기하다가 「머니투데이」 김성휘 기자로부터 내 기고문을 높이 평가하는 얘기를 듣게 되었다. 그렇다면 내가 여기에 고정칼럼을 쓸 수도 있겠다는 생각이 들었다. 「머니투데이」는 역사가 오래된 것은 아니지만 다른 신문에 비해 국회에 집중한다고 알려졌다. 그럼 나같이 국회에서 실무를 하는 사람이 입법에 관한 구체적인 얘기를 칼럼으로 내면 국회에 집중하는 「머니투데이」에도 좋은 일이고 글쓰기 좋아하는 나에게도 좋은 일이니, 그것은 서로 좋은 일이라고 생각했다. 그래서 나는 혹시 내가 원고료 없이 고정코너로 입법에 관한 칼럼을 실을 수 있는지를 물어봤다.

그 기자는 내부적으로 상의를 해 보겠다고 하더니 얼마 후 그렇게 하자고 연락이 왔다. '더300'이라는 온라인 사이트가 있으니 그곳에 게재하는 것으로 하자고 했다. 주제는 크게 제한 없이 입법이나 국회 운영 등에 관한 사항이면 되고 한 달에 한두 번 쓰기로 했다.

그래서 나는 우리 직원들과 그것을 상의했다. 직원들도 좋다는 반응이었다. 다른 곳은 어떤가 알아봤는데 법원은 현직 판사도 고정칼럼을 쓰는 사람이 있고 일반 직원도 있었다. 그런데 코너 이름을 정하는 과정에서 김 기자가 추천한 '정재룡의 입법 이야기'라는 이름에 대해 어느 직원이 부적절하다고 했다. 우리는 실무자에 불과한데, 우리가 '입법'이라는 용어를 쓰면 너무 나서는 것으로 비칠 수 있다는 것이었다. 그래서 다른 이름을 찾아봤는데 마땅한 것이 없었다. 그리고 그것은 그 직원의 의견일 뿐 다른 직원들은 그렇게 보지 않았기 때문에 그냥 '정재룡의 입법 이야기'로 확정했다. 그렇게 해서 나는 국회 사무처 최초로 입법 칼럼니스트로 활동하게 되었다. 첫 칼럼은 7월 28일 "통과해놓고 시행 못하는 법 있다? 진퇴양난 '강사법'"이란 제목으로 나왔다. 「머니투데이」는 내 칼럼을 높이 평가했다. 그래서 더 열심히 할 수 있었다. 그동안 나온 칼럼 중에서 가장 반응이 뜨거웠던 것은 2018년 4월에 나온 "검·경이 서로 견제할 수 있게 해야"란 칼럼이었다. 당시 정부의 검·경 수사권 조정 방안에 대한 발표를 앞두고 있어서 검·경의 관심이 뜨거울 수밖에 없었다. 칼럼을 쓰게 된 후 국회 사무처 직원들도 가끔 칼럼 잘 봤다는 반응이 있었지만, 의원실 보좌진이 칼럼 잘 보고 있다고 얘기할 때도 있었다. 특히 잘 모르는 사이인데도 그런 얘기를 들을 때는 칼럼 쓰는 의미가 크다는 생각이 들었다.

2018년 12월에 「머니투데이」에서 발행하는 『the Leader』라는 월간지 편집팀으로부터 한 통의 전화가 왔다. 칼럼이 좋다면서 『the Leader』에 고정칼럼을 써달라고 요청을 해 왔다. 그래서 2019년 1월호부터 『the Leader』에 칼럼을 쓰기 시작했다.

그런데 2018년 1월 26일 나온 칼럼에, 추정컨대 나를 잘 아는 어느 국회 직원이, 국회 직원은 의원에 대한 지원·보좌가 본분인데, 개인적으로 공개적이고 적극적으로 신문 기고하는 것은 문제가 있다는 의견을 댓글에 썼다. 나는 오히려 그에게 묻고 싶었다. 소극적으로 기고하는 것이나 책 발간 등 활동은 상관없고 오로지 적극적으로 기고하는 것만 잘못이라는 건가? 본분에 지장 없이 기고 활동하는 것은 가능한 것 아닌가?

처음에 기고 활동을 시작할 때 필자는 직원들과 협의도 하고 감사관실에 신고 절차도 거쳤다. 국회는 어느 한 사람이 절대적인 권한을 갖지 않고 다양한 의견을 수렴하고 여러 사람의 중지를 모아서 가장 합리적인 방안을 모색하는 곳이다. 그런 측면에서 볼 때 나는 국회 수석이 기고 활동하는 건 오히려 장려해야 하는 것 아닌가 그런 생각이 든다.

예산심의 때 다음해 수행할 연구과제 목록을 제출하도록 하다

연구용역비는 대표적으로 편의적으로 집행되는 낭비 가능성이 큰 비목이다. 예산이 군이 필요 없는데도 전례 답습처럼 편성되어서 전용되거나 업무 활용 가능성도 없는 연구과제가 선정되기도 하고 연구과제 선정이 늦어져서 이월 집행되는 경우가 많다. 그래서 나는 종래 각 위원회에서 예·결산 검토를 하면서 연구용역비의 낭비 요소를 줄이기 위해서 노력해 왔다. 예산심사 때 다음연도 연구과제 목록(안)을 제출하도록 해서 그것을 가지고 심사를 하고 다음다음 해 결산 심사 때 실제 수행한 연구과제와 비교해서 일치율을 따져보고 꼭 필요한 예산만 편성되도록 하는 방식을 추진했다.

그래서 교육부는 2015년에, 다음해에 수행할 연구과제 목록 44개를 제출했는데, 그 결산을 검토하면서 보니까 당초 제출한 연구과제 중에서 실제 연구를 수행한 것은 19개에 불과했다. 그래서 나는 2017년 8월 22일 소위원회에서 결산심사 때 교육부가 2015년에 다음해에 수행할 연구과제를 매우 형식적으로 제출한 것으로 드러났다고 지적하면서 시정요구 사항으로 예산심의 단계에서 실제로 추진할 연구과제 목록을 제출할 필요가 있다는 의견을 냈다. 교육부는 내가 그렇게까지 체계적으로 철저하게 일할지 몰랐을 것이다.

정권교체 후 교육부는 박춘란 차관이 취임했는데, 박 차관은 전임 이영 차관과는 다르게 나와 호흡을 맞춰서 일하겠다는 자세가 역력했다. 그런데 박 차관은 이 사안의 경우 미리 연구과

제를 제출하는 방식은 어렵다고 보고 "예산심의 단계부터 각
실·국 수요를 반영하여 보다 정확하게 연구과제를 선정할 것"
으로 수정해 달라는 의견을 냈다. 박 차관은 내 의견대로 하는
것은 너무 힘드니까 그냥 종래처럼 편의적으로 교육부가 알아
서 할 수 있도록 맡겨달라고 한 것이다.119) 그러나 심사 결과

---

119) ◉ **수석전문위원 정재룡** 그러면 먼저 2쪽의 쟁점사항 첫 번째 것
부터 보고를 드리겠습니다. 예산 심의 단계에서 실제 연구 추진 과
제의 목록 제출이 필요하다는 사항인데요.
 지적사항을 보시면, 연말에 연구과제를 계약하는 관행을 시정하기
위해 우리 위원회 지적으로 2016회계연도 예산안부터 연구과제 목
록(안)을 교육부에서 제출하고 있으나 저희가 한번 점검을 좀 해 봤
습니다. 그런데 제출된 주제의 절반 이상이 변경되어 목록 제출이
형식화될 우려가 있다 이런 지적이고요.
 그래서 지금 시정요구사항은 예산 심의 단계 시에 실제로 연구를
추진할 과제 목록을 제출할 필요가 있다는 겁니다.
 지금 위원님들 책상에 검토보고서가 배부되어 있는데 97쪽에 보시
면 작년 예산안을 재작년에 우리 위원회에서 심의하실 때, 지금 97
쪽에 관련된 자료가 수록돼 있습니다. 전체 44개 목록을 제출했는데
그중에 실제 연구를 수행한 게 19개에 불과한 것으로……
◉ **소위원장 송기석** 97쪽 다시 설명해 주십시오.
◉ **수석전문위원 정재룡** 그러니까 지금 97쪽 이하에, 98쪽부터…… 연
구과제가 2015년 예산 심의하실 때 교육부에서 목록(안)을 제출했
고, 44개 과제를 2016년도에 수행한다고, 계획이라고 제출한 목록이
되겠습니다. 그런데 그것을 가지고 우리가 결산 때 실제로 수행한
것을 점검해 봤더니 19개에 불과한 걸로 나왔습니다. 101쪽 이하에
실제 수행한 연구과제 목록이 나옵니다.
 그래서 이 부분에 있어서는 저희가 제출한 연구과제를 100% 다
그대로 준수해야 된다는 게 아니고 일단 적정한 기준이 있을 것이고
그 범위 내에서 준수를 하고 만약에 어떤 사정이 있어서 제대로 준
수 안 된 부분이 있다면 거기에 따른 합리적인 이유가 무엇인지가
설명이 되는 그런 방식으로 추진하는 게 바람직하겠다.
 이게 왜 필요하느냐 하면 사전에 미리 연구과제를 선정하거나 이
런 게 없다 보니까 집행 연도에 들어가서 과제도 굉장히 늦게 선정

는 "예산심의 단계 시 추진 예정인 과제 목록을 제출할 것"으로 결정되었다.120) 표현상 일부 수정은 있었지만 내 의견대로

이 되고 또 그게 이월 집행되거나 이런 식으로 되는 부분들이 그동안 좀 많이 있었고요. 그래서 이 연구과제 예산의 취지 자체가 미리 체계적으로 준비해서 필요한 정책과제가 수행될 수 있도록 하자는 거니까 그런 방식으로 운영하는 게 바람직하다 이렇게 볼 수 있겠습니다.

◉ **소위원장 송기석** 차관님 말씀해 주시겠습니까?

◉ **교육부차관 박춘란** 저희는 일단 일부 수용입니다.

기본적으로 지적해 주신 부분에 대한 취지에서는 저희들도 적극적으로 공감을 합니다. 그래서 말씀드리면, 저희가 내년도 것에 대한 부분을 사전 수요조사를 현재 하고 있습니다. 그래서 가능한 한 정확하게 이 부분을 저희도 제출하고자 합니다마는 위원님들께 조금 이해를 부탁드리는 것은 매년 초에 진행되는 부처 업무보고라든지, 특히 예를 들어서 올해 같은 경우에 새로 정부가 들어서고 하게 되면 국정과제라든가 저희들이 새롭게 구체적인 방안을 마련해야 되는 그런 것들이 발생하게 됩니다.

◉ **소위원장 송기석** 중간에?

◉ **교육부차관 박춘란** 예, 그런 것들이 있다 보니까 그런 문제들이 조금 있습니다. 그래서 정말 예산심의 시에 차년도 실제 추진할 연구과제와 동일한 목록을 완벽하게 제출하기는 어려운 부분이 있습니다.

그래서 가능하다면 이 부분을 이렇게 자구수정을 해 주시면 어떨까 싶습니다. 최대한 저희들이 노력은 하겠습니다. 그런데 그런 사정이 있다는 것을 널리 이해를 해 주셔 가지고요, 자구수정을 '예산심의 단계부터 각 실·국 수요를 반영하여 보다 정확하게 연구과제를 선정할 것' 이렇게 수정을 조금 해 주시면 어떨까 싶습니다. 특히 검토보고서에도 보게 되면 실제 연구추진 과제 목록 제출보다는 예산심의 단계부터 각 실·국 수요를 반영해서 보다 정확하게 연구과제를 선정해라, 이렇게 지적을 해 주셨거든요. 그래서 이렇게 고쳐 주시면 저희들도 하여튼 최대한 노력을 하겠습니다.

120) ◉ **소위원장 송기석** 예산심의 단계 시 추진 예정인 과제 목록을 제출할 것.

◉ **교육부차관 박춘란** 예, 대신에 수시 과제에 대해서는, 그때에는 목록

연구과제 목록을 미리 국회에 제출하도록 한 것이다. 의원들은 내가 제시한 연구용역비 심사 방식을 인정해 준 것이다.[121] 이 처럼 우리는 국민 혈세가 낭비되지 않도록 적극적인 방법을 강구할 필요가 있다.

사립학교 개정안(비리 사학 먹튀 방지법)의 위헌 소지를 최소화하는 대안을 마련하다

종래 사립학교법에 따르면 횡령 등 비리로 인한 학교 폐쇄 및 법인 해산의 경우에도 잔여재산은 정관에 지정된 자에게 귀속되었다. 그러다 보니 이를 악용하는 사례가 발생하게 되었다. 서남학원이 대표적이라고 할 수 있는데, 「서남대학교」 설립자 이홍하 씨가 횡령액 333억 원의 회수 등 시정요구 사항을 이행하지 않자 교육부는 일련의 절차를 거쳐 2017년 12월 「서남대학교」 폐쇄명령 및 「서남학원」 해산명령을 내렸다.

문제는 「서남학원」의 정관에 따르면 잔여재산의 귀속자는 '신경학원'과 '서호학원'으로 모두 이홍하 씨가 설립한 또 다른 비리법인이라는 것이다. 이 경우 법인의 이름만 바뀔 뿐 이홍

제출이 좀 어렵습니다.

⊙ **소위원장 송기석** 수시 목록은 별도로 있으니까요.

⊙ **교육부차관 박춘란** 예, 그렇게 하겠습니다.

121) 당시 김세연 의원은 "예산편성을 이렇게 엉터리로 하고 국회 심의권을 무력화했다고밖에 볼 수 없기 때문에…" 라고 말하기도 했다. 나는 2014년 법사위 전문위원 때 감사원을 담당했는데, 2015년도 감사원 예산안 의결 때 부대의견으로 내가 마련한 "국회가 연구개발비를 실질적으로 심사할 수 있도록 가능한 경우에는 예산 편성 시에 연구과제를 선정하여 제출할 것"이 채택되기도 했다.

하 씨는 해산된 법인의 잔여재산까지 활용하여 지속적으로 비리를 저지를 수 있게 된다. 이에 대한 대책으로 2017년 9월 박경미 의원과 유성엽 의원이 각각 사립학교법 개정안을 발의했다. 박경미 의원 안은 해산한 학교법인의 잔여재산 중 횡령·회계부정 등을 이유로 회수를 요구하는 관할청의 감사처분이 있는 경우 그 금액에 해당하는 재산을 국고 또는 지방자치단체(이하 '국고 등')로 귀속시키려는 것이었다.

유성엽 의원 안은 학교법인의 임원 또는 사립학교 경영자 등의 횡령, 회계부정 등을 이유로 해당 학교법인이 관할청의 시정 요구를 받았으나 미 이행 상태에서 교육부장관의 해산 인가 또는 해산 명령을 받은 경우 해당 학교법인의 잔여재산을 국고 등에 귀속시키려는 것이었다. 두 개정안을 비교할 때 가장 큰 차이는 박경미 의원 안은 감사처분 해당액만 국고 등에 귀속시키는 것인 반면, 유성엽 의원 안은 잔여재산 전부를 귀속시키는 것이었다. 두 개정안은 우리 위원회에서 2018년 11월 22일 1차 소위원회 심사를 갖게 되었다.

당시 교육부는 입법 취지에 찬성하되, 법무부 및 현장의 반대의견을 감안하여 학교법인의 재산권 제한을 최소화할 수 있는 방안으로, 국고 등에 귀속되는 잔여재산의 정도를 시정되지 않은 미 이행 금액 상당으로 하는 의견을 제시했다. 하지만 교육부가 두 개정안에 대해 외부에 의뢰한 법률자문에 따르면 수단의 적합성이나 최소 침해성 측면에서 비례원칙에 위배되어 재산권과 사학 운영의 자유를 침해하는 위헌 법률이라고 판단

받을 소지가 높다고 사료된다는 의견이 있었는바, 단순히 국고 등에 귀속되는 잔여재산의 정도를 축소하는 것으로는 위헌 소지 해소에 한계가 있었다.

특히, 소위원회 심사에서 학교법인이 시정요구를 이행하지 않고 해산한다고 하더라도 법령을 위반한 사립학교 경영자 등과 해당 학교법인은 법인격이 구분되므로, 학교법인의 잔여재산을 국고 등에 귀속시키는 것은 위헌 소지가 있다는 지적이 있었다.

결국 두 개정안은 위헌 소지라는 난관에 봉착하게 되어 나와 교육부는 1차 소위원회의 위임에 따라 두 개정안의 그러한 위헌 소지를 최소화하는 대안을 마련하게 되었다.[122] 우리가 마

---

122) ◉ **수석전문위원 정재룡** 제가 오늘 이 사안에 대해서 위원장님이나 여러 위원님들 논의와 관련된 부분에 있어서 결국 쟁점은 위헌 소지 관련된 부분이거든요. 만약에 지금 개정안 체계가 그 문제를 해소하기 어려운 한계가 있다면 결국 대안을 모색할 필요가 있는데 대안과 관련해서는 지금 사학법 제10조 제4항에, 오늘 이 자리에서 논의가 많이 있었습니다마는 잔여재산의 귀속자에 관한 규정이 있습니다. 그 부분을 개정하는 방식으로, 그래서 지금 부정 비리로 인해서 해산된 학교법인의 경우는 그 설립자나 임원 등에게 친인척을 포함해서 영향을 받을 수 있는 자—자는 당연히 학교법인까지 포함되는 겁니다—거기에 귀속되지 않도록 하는 대안을 한번 생각해 볼 수 있다 그렇게 저는 생각이 됩니다.
◉ **이종배 위원** 참고로 하시지요.
◉ **곽상도 위원** 그것까지 포함해 가지고……
◉ **교육부사립대학제도과장 이재력** 그와 관련해서 제가 한 말씀 드리겠습니다. 근본적으로 귀속은 막을 수 있지만 횡령액이라는 금액에 대한 면소에 대한 문제는 해결되지를 않습니다.
◉ **수석전문위원 정재룡** 그건 어차피 개인의 문제이지 않습니까?
◉ **소위원장 유은혜** 지금 전문위원님 말씀하신 것도 한 부분에 있어서

련한 대안은 회수 등 재정적 보전을 필요로 하는 시정요구를 받았으나 이를 이행하지 않고 해산되는 학교법인이라 하더라도 그 잔여재산의 전부 또는 일부를 무조건 국고 등에 귀속시키는 것이 아니라 정관으로 지정한 잔여재산의 귀속자가 일정한 조건에 해당될 때만 그 지정이 없는 것으로 간주하여 결국 잔여재산이 국고 등에 귀속되는 효과가 발휘되도록 하는 것이다.

이 경우 정관으로 지정한 잔여재산의 귀속자가 그 조건에 해당하지 않으면 잔여재산이 그대로 귀속된다. 특히, 정관으로 지정한 자가 복수인 경우 그중 일정한 조건에 해당하지 않는 자가 있다면 그 자에게 잔여재산이 귀속된다. 잔여재산에 대한 정관의 지정이 없는 것으로 보는 경우는 해산법인과 특수관계에 있는 자가 해산일 기준으로 10년 이내의 기간 중 주요 보직을 맡거나 맡았던 법인 등이나 다른 비리법인이다. 원안과 대안을 비교해 보면 원안은 직접적으로 국고 등에 귀속시키는 것이고 대안은 간접적으로 국고 등에 귀속되는 효과가 발생하는 것이다.

이 대안에 대해서도 여전히 위헌 소지가 있다는 의견이 있었고, 특히 소급적용의 위헌 소지에 대한 지적이 있었다. 그러나

는 대안이 될 수 있겠지만 지금 교육부 말씀하셨던 것처럼 서남대와 같이 횡령을 저지른 것에 대해 혹시 자칫 이게 면죄부를 주는 것으로 되어서는 안 되기 때문에 이 두 가지 필요성을 다 충족할 수 있도록 대안을 만들어 주시고 전문위원님도 종합적으로 검토를 해주세요. 그래서 위원님들께 보고해 주시고, 사립학교법 일부개정법률안 오늘 미진한 부분과 관련해서는 우선적으로 다음 법안소위 때 논의해서 시급하게 처리하는 것으로 하겠습니다.

우리 위원회는 세 차례의 소위원회 심사 끝에 마침내 사회질서에 반하는 행위를 한 학교법인에 대해서는 공공성 측면에서 일정한 제한을 가하는 것이 가능하다는 공감대가 형성되었다. 다만, 우리 위원회는 2017년 12월 20일 대안을 의결하면서 이례적으로 타협책으로 "공공복리 및 고등교육기관의 책무성 제고 측면에서 사립학교법 일부개정법률안(대안)을 의결했으나 여전히 소급적용과 관련한 위헌 소지에 대한 우려가 있다는 의견이 있음"이라는 부대의견을 달아 법사위로 회부했다. 법사위는 2018년 2월 20일과 28일 두 번의 대체토론에서 대안의 위헌성에 대하여 논의했다. 사실 당시 법사위의 논의는 설립자의 비리를 이유로 해산되는 학교법인의 잔여재산을 국고에 귀속시키는 것은 위헌이라는 지적이었는데, 이것은 대안보다는 원안에 해당하는 문제라고 볼 수 있고 대안은 그런 문제를 보완하여 제안된 것인데, 그 점이 소홀히 취급된 것으로 보인다.

교육부가 2018년 1월과 3월 두 차례에 걸쳐 대안의 위헌성에 대한 법률자문을 실시한 결과에 따르면, 다행히 3곳의 법무법인에서 모두 위헌이 아니라는 의견이 나왔다.

법사위는 이와 같이 위헌이 아니라는 법률자문 결과가 나왔음에도 대안을 방치하고 있다가 2018년 12월 두 번의 소위원회 심사를 거쳐 마침내 12월 26일 대안을 가결했다. 법사위에서 대안의 자구 이외에 내용에 대한 수정은 없었다. 이어서 다음 날 대안은 본회의에서 가결되었다. 대안이 우리 위원회에서 가결된 이후 무려 1년여가 소요된 끝에 본회의를 통과한 것이다.

사실 그동안 대학이 폐쇄되었을 때 정관에 지정된 자가 없어 잔여재산이 국고로 귀속된 사례가 다수 있었다. 반면, 법의 허점을 악용한 사례도 있었다. 이 법의 입법으로 이제 사학비리를 저지른 자가 폐교를 통해 그 재산을 빼돌리는 것을 막을 수 있게 되었다. 비리사학 재산의 되물림도 방지할 수 있다. 언론에서는 이 개정 사립학교법을 '비리 사학 먹튀 방지법'이라 칭하고 있다. 이 법은 사학비리를 척결하기 위하여 비리사학의 재산권에 일정한 제한을 가한 조치로서 그 의미가 크다고 하겠다.

이순신의 백전백승의 비결을 본받아 일하다

나는 원안의 위헌 소지를 최소화하는 대안을 준비하면서 입법조사관과 입법심의관에게 내가 소위원회에서 보고한 방향대로 마련하되 더불어 체계문제 수정123)까지 검토해서 준비하라고 지시했다. 그런데 며칠 후 그들이 마련한 대안을 보니 체계문제 수정은 빠져 있었다. 입법조사관에게 경위를 알아보니 입법심의관이 그걸 빼자고 했다고 말했다. 그래서 소회의실에 다른 입법조사관들이랑 다 모여 그걸 뺀 게 적절한지 논의하는 시간을 가졌다. 중지를 모아 판단해 보자는 취지였다. 입법심의관은 그걸 빼는 게 적절하다고 강변했다. 다른 입법조사관들은 그와 달리 중립적으로 얘기하거나 그걸 포함시키는 게 맞다는 의견이었다. 그런데 입법심의관은 입법조사관들이 내 눈치를

---

123) 나는 잔여재산의 귀속에 관하여 통일적으로 규율하기 위하여 10조 4항과 35조를 통합하는 방안을 제시했다.

보기 때문에 소신껏 얘기하지 못하는 것이라고 말했다. 자신은 내 지시를 거슬러서 대안을 만들어 놓고 할 얘기도 다 하면서 입법조사관들은 내 눈치를 보기 때문에 그렇지 못한다니 잘 이해되지 않았다.

체계문제도 수정하는 내용으로 마련된 대안이 전체위원회에서 가결된 후 난 입법심의관은 제외하고 다시 입법조사관들만 불러서 그 사례에 대하여 논의했다. 과연 입법조사관들이 내 눈치를 보기 때문에 소신껏 얘기하지 못하는 것인지 궁금했다. 그건 절대 내가 원하는 방식이 아니었다. 나는 안건 검토에서 내 의견을 일방적으로 지시하지 않았다. 입법조사관과 충분히 협의했다. 입법조사관의 의견이 맞을 때는 그 의견에 따랐다. 그게 진정한 협의다. 내가 확인 차원에서 물어보니 우리 입법조사관들은 모두 소신껏 자기 얘기를 한다고 말했다. 그렇지 않다면 상하관계에서 협의는 불가능한 것이다.

이순신 장군은 한산도에 머무를 때 운주당이라는 집을 지었다. 그는 그곳에서 장수들과 함께 밤낮을 가리지 않고 작전을 논하며 지냈는데, 계급이 낮은 졸병이어도 군사에 관한 내용이라면 언제든지 와서 자유롭게 말할 수 있게 했다. 그러자 모든 병사가 군사에 정통하게 되었으며, 전투 시작 전에 장수들과 계책을 함께 논의하여 결정한 까닭에 싸움에서 패하는 일이 없었다. 그것이 이순신 장군의 백전백승 비결이다. 나도 이와 같은 이순신 장군의 비결을 본받았기 때문에 더 나은 검토보고서를 만들 수 있었다.

공무원의 영혼을 보장하기 위한 제도적 뒷받침이 필요하다

나는 '출신지역 차별인사금지 특별법안'이 잘 추진될 수 있도록 고민하고 있는 터에, 정부가 2017년 11월 15일 입법예고한 국가공무원법 개정안에 차별금지에 관한 사항으로 "임용권자는 소속 공무원을 임용할 때 합리적인 이유 없이 성별, 종교, 사회적 신분 등을 이유로 차별하여서는 아니 된다"는 규정을 포함하고 있다는 것을 알게 되었다. 그런데 그것은 차별금지를 추진하면서 차별 사유에 출신지역은 적시하지도 않아서, 이미 국가인권위원회법[124)]뿐만 아니라 고용정책기본법[125)]에서 규정하고 있는 것보다 구체성이 부족한, 선언적인 내용에 불과했다. 도대체 그런 규정을 왜 신설하려는 것인지 이해할 수가 없었다.

또 정부 입법예고안에는 공무원이 소신 있게 일할 수 있는 환경을 조성하기 위하여 상관의 명령이 명백히 위법한 경우 이에 따르지 않을 수 있도록 하는 내용도 포함되어 있었는데, 그것은 복종의무를 완화하는 것이기는 하지만, 이미 판례로 확립된 내용을 명시하는 수준에 그쳤다. 당시 계류 중인 유사한 취지의 3건의 의원 발의 국가공무원법 개정안과 비교할 때 정부안이 가장 제한적이었다. 특히, 지난 박근혜 정부에서 공무원이

---

124) 국가인권위원회법은 합리적인 이유 없이 '출신지역(출생지, 등록기준지, 성년이 되기 전의 주된 거주지 등을 말한다)'을 이유로 차별하는 것을 평등권 침해의 차별행위로 규정하고 있다.

125) 사업주는 근로자를 모집·채용할 때에 합리적인 이유 없이 출신지역을 이유로 차별하지 않도록 규정하고 있다.

정치적으로 편향된 업무 수행을 강요받은 것을 고려할 때 이에 대한 대책이 필요한데, 개정안들은 모두 그 문제에 대한 대책을 전혀 포함하고 있지 않았다. 당시 정부는 문화예술계 블랙리스트, 역사교과서 국정화 등에 대한 진상조사를 실시하고 있었는데 중요한 것은 과거 잘못을 단죄하는 것 못지않게 앞으로 그와 같은 일이 반복되지 않도록 하는 것이다. 그런 측면에서 볼 때 정부안 등 국가공무원법 개정안들은 매우 미흡한 것으로 보였다.

문재인 대통령은 2017년 8월 22일 공직자는 정권에 충성하는 사람이 아니며 영혼 없는 공직자가 돼선 안 된다고 강조했다. 그래서 나는 국가공무원법 개정에 공무원에게 영혼을 보장하려는 문재인 대통령의 철학이 반영되어야 한다고 보고, 그런 사항을 논의하기 위하여 전국통합공무원노동조합 이충재 위원장 등과 공동으로 2018년 1월 25일 토론회를 개최하여 내가 "공무원의 영혼과 직업공무원제도"라는 제목으로 발제를 했다. 나는 발제에 차별금지에 관한 사항이 포함되어 있어서 유성엽 위원장께 보고 드렸고 유 위원장이 축사를 맡아줬다. 「내일신문」에서 "포괄적 복종의무 규정 획기적 전환해야"라는 타이틀로 크게 보도해 줬고,[126] 나도 이에 대한 칼럼을 썼다.[127]

나는 토론회 때 발표한 내용을 정리하여 현 정부나 여당 쪽에 전달하는 것이 필요하다고 보고 2월 초에 한 지인을 만났

---

126) 「내일신문」 2018.1.25.
127) 「머니투데이」 '더300' 2018.1.26.

다. 그분은 내 부탁을 흔쾌히 수용하면서 정리해서 이메일로 보내달라고 했다. 그래서 보냈더니 그분은 그걸 본 뒤 내게 직접 찾아와서 자기 생각하고 똑같다고 말하고 토론회 자료 인쇄본과 출신지역 차별인사금지 특별법안 설명자료를 3부씩 가져갔다. 그래서 나는 뭔가 될 것 같아 기대했는데 끝내 아무런 진척이 없었다.128) 후술하겠지만, 나는 이후 그 내용을 가지고 교육부(2018.8.29.), 경찰청(2018.9.28.), 강원대(2018.10.4.)에 가서 특강을 했다.

의원입법 시대에
전문위원의 검토보고서는 의원에 대한 견제가 필요하다

2018년 2월 7일 「머니투데이」에 내 인터뷰 기사가 나왔다. 사실 나는 그 인터뷰를 하고 싶지 않았다. 어떤 이슈가 있어서 하는 게 아니라 머니투데이 자체 기획으로 각 위원회 수석을 돌아가면서 하는 것이었는데, 인터뷰 요청을 받은 뒤 앞서 나온 세 사람의 수석 인터뷰 기사를 보니까 마치 수석이 위원회를 좌지우지하는 것처럼 오해가 야기될 수 있는 것으로 보였기 때문이다. 그냥 내 일 열심히 하면 되지 그런 인터뷰를 해서 오해를 야기할 필요는 없다고 생각했다. 그런데 내가 몇 번이나 안 하겠다고 했는데도 기자는 각 위원회가 모두 다 하는데

---

128) 이후 정부는 2018년 3월 23일 입법예고안과 같은 내용의 국가공무원법 개정안을 제출하여 2020년 1월 9일 개정안의 두 가지 사항 중 차별금지만 국회를 통과했다. 나는 그건 아무 의미 없는 개정이라고 생각한다.

우리만 빠지면 안 된다고 말했다. 그래서 나는 하기는 하되 허장성세 같은 것은 빼고 우리가 실제로 일을 어떻게 하고 있는지 위주로 하기로 했다. 그렇게 해서 기사가 나온 건데 내가 중요하다고 강조한 것들이 잘 나온 것 같았다.[129]

그런데 앞서 나온 인터뷰 기사 중에는 어느 수석이 "중립성을 가장해 의원들을 공격하기보다는 정부로부터 듣지 못하는 정보를 찾아내야 한다"고 언급한 것이 있었다. 그는 전문위원의 주 임무가 정부에 대한 견제라고 강조했다. 그게 국회의 기능이기는 한데 과연 현재 법안 검토와 관련하여 전문위원의 주 임무라고 볼 수 있을까? 내가 인터뷰에서 강조했듯 전문위원의 주 임무는 법안 등 안건에 대한 검토보고다. 안건에 문제가 있다면 그걸 지적하고 수정이나 대안 등의 의견을 제시해야 한다. 안건 중 예산안, 결산, 행정입법 등을 검토할 때는 정부에 대한 견제가 필요하다. 그런데 이제 법안의 경우는 의원입법이 대부분이다. 의원입법은 정부입법보다 문제가 훨씬 더 많다. 따라서 현재 업무 비중이 높은 법안의 경우는 정부에 대한 견제보다 의원에 대한 견제가 더 중요하다고 볼 수 있다. 사실 의원입법 준비는 의원보다는 의원실 직원들이 하고 있으므로 그건 의원에 대한 견제이기도 하지만 그 직원에 대한 견제라고 할 수도 있다. 그런데 그는 그걸 전문위원이 중립성을 가장해 의원을 공격하는 것으로 매도한 것이다. 사실 전문위원이 어떻게 의원을 공격할 수도 없는데 그런 표현이 나온 것은 그만큼 의원에 대한 견제 역할을 부정하고 있는 것이다. 그것은 사실상 임무 방기나 다름없다. 그러니 검토보고가 충실할 수가 없다. 그런데 그건 그 사람 개인의 의견이라기보다는 전문위원들의 일반적 풍토라고 할 수 있다. 사실 법안을 발의한 의원을 생각한다면 원칙과 소신에 따라 검토보고를 하는 것은 참으로 어려운 일이다. 그래서 결론이 명확하게 제시되지 않는 검토보고서가 양산되고 있는 것이 현실이다. 문제는 전문위원이 그렇게 일을 부실하게 하면 입법의 품질이나 법안심사의 효율성 등에 부정적 영향을 준다는 것이다. 양질의 검토보고서가 양질의 법안을 만들 듯, 부실한 검토보고서는 부실한 법안을 만든다. 이런 현실이 묵인되는 것은 국민 혈세의 낭비가 아닐 수 없다.

더 적극적인 대안 제시를 요구받다

2018년 2월 26일 소위원회에서 김경수, 안민석 두 의원이 각각 발의한 고등교육법 개정안을 심사했다. 대학의 입학금 및 학위취득유예생의 등록금 징수 등에 관한 사항인데 이 중 타당한 사항을 선별하고 원안의 취지를 반영하는 내용으로 마련된 수정안이 가결되었다. 원안으로는 통과하기 어려워서 우리가 입법이 가능하도록 미리 적극적으로 노력한 결과다. 법안이 소위원회에서 첫 심사 때 대폭적으로 수정된 내용으로 짧은 시간에 가결된 것인데 우리가 미리 수정안을 준비하지 않았으면 어려웠을 것이다.

그런데 한 야당 의원이 미소 지으며 수정안이 원안과 너무

차이가 많다고 말했다. 다만 그게 문제가 있다는 언급은 하지 않았다. 반면 여당 유은혜 소위원장은 통과되지 못한 법안이 많다며 좀 더 적극적으로 대안을 제시하라고 말했다. 나는 누구보다 적극적으로 일하는 사람이지만 의원마다 생각이 다르기 때문에 어떻게 일하는 게 적절한 것인지 고민스럽다는 생각이 들었다.

차별받아도 2등?

2018년 3월 6일 점심 때는 국회 전북향우회 모임이 있었고 저녁 식사 때는 고창출신 언론인 모임이 있었는데 나는 각각 모임의 참석자들에게 '출신지역 차별인사금지 특별법안'의 취지를 설명하고 성원을 부탁했다.

그런데 점심 때 참석자 한 명은 자신은 지난 보수정권 시기에 피해 보지 않고 오히려 요직에 발탁되었고 영남사람들과 언제나 잘 지낸다는 식으로 자랑하듯 말하면서 법안을 안 봐서 잘 모르지만 실효성이 있겠느냐 하면서 이것저것 문제제기만 할 뿐 내 얘기를 진지하게 들을 생각을 하지 않았다. 그는 인사차별을 고의로 한 경우만 처벌하는 것에 대해서도 고의 여부를 알 수 없기 때문에 부적절하다고 지적했는데, 법에 특별히 달리 규정하고 있지 않는 한 형벌은 모두 고의일 때만 적용하는 것이기에 그건 상식 이하의 발언이었다. 이 법안의 준거법인 '장애인차별금지 및 권리구제 등에 관한 법률' 등 3개의 개별적 차별금지법도 고의일 때만 처벌한다.

그는 호남차별에 대한 문제의식도 없어 보였다. 심지어 호남이 차별받더라도 2등 아니냐라는 발언도 했다. 영남 외의 다른 지역보다 낫다는 것이었다. 차별받는데 2등이라니… 그는 호남출신들의 차별 피해에 정말 눈감고 귀 막고 사는 사람이라는 생각이 들었다. 평생 2등 국민도 좋아할 사람 아닌가? 그가 그런 사람이라면 이 법안에 공감이 갈 이유가 없을 것이다. 누가 부당한 피해를 보든 나라가 어찌되든 지금 이대로가 좋은 것이다. 나로서는 잘 이해되지 않는 일인데 국회 사무처의 경우 호남출신 중에 의장이 보수와 진보를 왔다 갔다 해도 항상 잘나가는 사람들이 있다. 사실 그는 그런 사람이어서 나와는 전혀 다른 세계에 사는 사람이라고 볼 수 있다. 아마 그 사람들이 이 법안을 매도하기로 작당을 하지 않았나 하는 생각마저 들었다. 그는 내가 나눠준 법안에 대한 신문 기사도 구겨버리고 일이 있다고 먼저 일어나서 가버렸다. 작년에 내가 공동발의를 부탁하기 위해 친분이 있는 의원들을 찾아갔을 때도 아무리 설명을 해도 부정적으로만 보는 의원들이 있었다. 그때는 발의 전이었으니까 그럴 수도 있다고 볼 수 있다. 그러나 이후 의원 121명이 공동발의하여 호응이 매우 높은 이 법안에 대하여 지금도 그렇게 부정하는 그 후배의 행태가 이해되지 않았다. 진짜 문제가 있는 법안의 발의에 그렇게 많은 의원들이 동참한 것은 아니지 않은가?

그리고 이 법안에 대한 찬·반 판단의 근거를 자신의 개인적 유·불리에서 찾는 것도 적절하지 않다. 출신지역 차별은 개인의 문제가 아니기 때문이다. 인사에서 출신지역 차별의 폐해가 너무 크기 때문에 그것을 근절하여 공정한 인사원칙을 확립하려는 것이 이 법안의 취지이다. 이 법안은 국정농단까지 초래한 권력사유화를 막고 국가를 정상적으로 운영하고자 하는 취지를 갖고 있으므로 그런 대의를 외면하고 개인적 유·불리라는 소아에 갇혀서 바라봐서는 안 되는 것이다.

교육부에서 전문위원실이 검토하는 법안 관련 사항을 발의 의원실에 실시간 제공하는 일이 벌어지다

2018년 3월 중순에 법안 검토 때 있었던 일이다. 그 법안 중 검토가 필요한 부분이 있어서 입법조사관이 교육부 담당 부서에 문의했더니 얼마 후 발의 의원실에서 그 법안이 국정과제이기 때문에 문제 삼으면 안 된다는 취지로 전화가 왔다고 했다. 그리고 발의 의원이 내게 전화할 것이라는 얘기도 들렸다. 압력으로 느껴지는 말이었다. 우리가 법안에 관하여 검토하고 있는 사항에 관한 정보가 거의 실시간으로 의원실에 제공된 것이다. 그래서 내가 교육부 담당 국장과 통화라도 해야겠다 싶어서 연락했더니 그날 오후 국장이 쫓아와서 잘못했다고 사과했다. 앞서 언급한 것처럼 2015년 10월에 있었던 일과 유사한 일이 벌어진 것이다. 소관 부처 관료들이 그렇게 처신하면 전문위원이 법안 검토를 제대로 할 수가 없다. 전문위원과 협의하면 될 일을 의원실에 고자질하는 행태를 이해할 수가 없다.

당시 담당 국장은 밑에 직원이 일을 시작한 지 얼마 되지 않아 잘 몰라서 그랬다고 말했는데, 교육부 관료들이 여당과 밀착하는 행태가 유독 심한 것 같았다. 그게 국민 전체에 대한 봉사자로서 공복의 자세에 적절한 것인지 의문이 들었다. 대통령도 공무원이 정권에 충성하면 안 된다고 하지 않았는가? 5월 초에 교육부 차관과 점심을 같이 했는데, 법안에 관하여 우리와 협의 중인 사안을 발의 의원실에 알려준 것은 잘못된 것이고 그런 일이 재발하지 않도록 하겠다고 말했다.

전문위원이 의원 발의 법안에 대해 비판해서는 안 된다?

2018년 3월 19일 나는 우리 위원회에서 상정한 100여 건의 법안들에 대한 검토보고를 했다. 나 말고 두 사람의 전문위원도 자신들이 맡은 법안들에 대한 검토보고를 했다. 그런데 조승래 의원이 전문위원 검토보고 중에 두 가지가 마음에 들지 않는다면서 입법 대신에 시행령에 위임하라는 것과 위헌 소지가 있다고 하는 것을 지적했다. 그러면서 자신이 발의한 '지방대학 및 지역균형인재 육성에 관한 법률' 개정안을 거론했는데 그건 내가 검토보고한 것이었다. 조 의원을 소회의장에서 따로 만나 설명 드리는 시간을 가졌는데, 조 의원은 전문위원은 의원을 도와주어야 하는데, 오히려 비판하는 것은 적절하지 않다는 취지로 말하기도 했다.

그러나 전문위원이 법안을 검토해서 입법이 되도록 하는 것은 맞지만 문제가 있는 경우는 지적하는 것도 필요하다. 그게 허용되지 않는다면 전문위원이 검토보고를 열심히 할 필요도 없을 것이다. 적당히 이거저거 문제가 있는 것 같은데 알아서 하라고 떠넘기면 된다. 그럴 경우 오히려 입법 자체가 되지 않게 되고 입법이 되더라도 부실입법이 될 수가 있다. 그런데 사실 그게 국회 전문위원들의 일반적 풍토다. 나는 법안을 엄정하게 분석하여 부실입법을 방지하면서 입법이 될 수 있는 방법을 찾는 게 우리의 역할이라고 본다. 다만 그 법안의 경우 위헌 소지를 지적하는 것에 그치지 말고 심층 검토하여 법안의 취지를 살릴 수 있는 수정이나 대안 의견을 제시했다면 더 좋았을 것이다. 나는 조 의원에게 법안의 취지를 살릴 수 있는 방안을 마련하여 소위원회 심사 때 제시하겠다고 얘기했다.

이후 그 법안은 내가 퇴직한 후인 2019년 8월 23일 소위원회에서 심사하게 되었다. 그런데 후임 수석은 나와 다르게, 현재의 권고를 의무화로 바꾸는 것인데도 벌칙이 없으니까 훈시규정이라는 등 하면서 별 문제가 없다고 보고했다. 교육부 차관도 그것에 동의했다. 그러나 막상 소위원들의 논의에서는 여·야 의원들이 악용 우려를 제기하여 결국 통과되지 못했다. 조승래 의원은 21대에 들어서서 같은 법안을 다시 발의했다.

지방대학 및 지역균형인재 육성에 관한 법률 개정안(조승래 의원, 2017.12.12.) 검토보고서[130]

현행 「지방대학 및 지역균형인재 육성에 관한 법률(이하 '지방대육

---

130) 2018년 3월 필자가 작성한 검토보고서.

성법'이라 함)」제15조 제2항, 제3항 및 동법 시행령 제10조 별표에 따르면 지방대학의 장은 의과대학, 한의과대학, 치과대학 및 약학대학 입시에서 해당 지역의 고등학교를 졸업한 사람의 수가 학생 모집 전체 인원의 일정비율 이상이 되도록 노력하여야 하고 법학전문대학원, 의학전문대학원, 치의학전문대학원 및 한의학전문대학원 입시에서는 해당 지역의 지방대학을 졸업한 사람의 수가 학생 모집 전체 인원의 일정비율 이상이 되도록 노력하여야 한다고 규정하고 있음.

그런데 개정안은 이러한 권고 규정을 의무화하는 것으로, 교육부는 지역우수인재의 지방대학 진학 및 지역 정주를 유도할 필요가 있으므로 개정안에 찬성하는 입장이나 다음과 같은 점을 고려할 필요가 있음.

첫째, 해당 지역의 고등학교 졸업생 또는 지방대학 졸업생을 일정 비율 이상 반드시 선발하도록 하는 것은 헌법상 평등의 원칙에 반할 소지가 있고 수혜 대상에서 제외된 학생들의 교육을 받을 권리를 침해할 소지가 있으므로, 선발할당제 및 정원 내 선발보다는 선발목표제 및 정원 외 선발이 바람직하고, 선발할당제를 도입한다고 하더라도 최소한의 비율을 규정하거나 한시적으로 기한을 정하는 등 신중하게 접근할 필요가 있다는 의견이 있음.

둘째, 지방대학 지역인재 선발 현황을 살펴보면, 법학전문대학원을 제외하고는 의학계열, 약학계열, 의·치·한의학전문대학원의 평균적인 지역인재 선발 비율은 각각의 권고비율을 초과하고 있으며, 권고비율을 미준수한 학교 및 학과가 많지 않은 것으로 나타났음.

그런데 이러한 결과는 권고비율의 준수 여부에 따른 인센티브나 페널티가 없는 상황에서 나온 것으로, 만약 권고비율을 준수한 학교에 인센티브를 부여한다면 법률에서 일률적으로 비율을 강제하지 않더라도 권고비율을 준수하는 학교의 비율이 현재보다 늘어날 여지가 있을 것으로 보이며, 현재의 의학·약학 계열 지방대학 및 전문대학원의 지역인재 입학비율이 의무화를 시행해야 할 만큼 저조한 수준인지에 대해서도 이견이 있을 수 있음.

무엇보다 「지방대육성법」의 목적은 지방대학 및 지역균형인재의 육성 및 지원에 관한 사항을 규정함으로써 지방대학의 경쟁력 강화 및 지역 간의 균형 있는 발전에 이바지하는 것으로, 이를 위해서는 의학·약학 계열 지방대학 및 전문대학원에 입학하는 지역인재의 비율뿐만 아니라 상대적으로 열악한 지역의 교육여건 개선 및 지역인재의 취업기회 확대가 중요함.

따라서 특정학과 및 전문대학원 입시에서 지역인재 할당을 의무화하는 안 제15조 제2항 및 제3항에 대해서는 신중하게 검토할 필요가 있음.

[2018년 3월 19일 교육문화체육관광위원회 회의록 발췌]

○ **조승래 위원** 그렇게 말씀을 드리겠고요.

그다음에 아까 법안 설명과정 속에서 일부 지적도 있었습니다마는 우리가 국회 전문위원들 검토보고를 받아보면 거슬리는 부분이 있습니다. 그러니까 '시행령으로 할 부분인데 왜 군이 법으로 하느냐?'라는 얘기도 단골적으로 나오는 게 있고 또 하나는 '이것은 위헌 소지가 있습니다'라고 얘기하는 것들입니다.

제가 제출한 지방대 육성법 관련해서도 이게 헌법의 평등권 위배의 소지가 있다고 얘기합니다. 제가 제출한 법안이 로스쿨, 의·치학 계열 대학원생들에 대해서 지방 고등학교 또 지역 대학 출신들 비율을 의무화시키는 거지요. 그걸 법안으로 올리자는 내용인데, 이것을 가지고 헌법의 평등권 위반, 결국 위헌 소지가 있다는 얘기를 하는 것인데, 그것은 저로서는 납득이 안 가거든요.

혹시 장관께서는 어떻게 생각하십니까?

○ **부총리겸교육부장관 김상곤** 그 부분은 위원님들께서 충분히 논의하시면 되는 문제라고 보고 있습니다마는 그것을 사전적으로 위헌 소지라고 이야기하는 것은 약간은 무리한 부분이 있지 않나, 그런 개인적인 생각입니다.

<2019년 8월 23일 교육문화체육관광위원회 소위원회 회의록 발췌>

○ **수석전문위원 이승재** 소위원회 심사 자료 4쪽, 7쪽, 9쪽을 참고해 주시면 되겠습니다.

4쪽 보고 드리겠습니다.

비고란에 조승래 의원안은 현행 권고 규정을 의무 규정으로 변경하고 의학·약학 계열, 전문대학원 지역 우수인재를 일정 비율 이상 선발하려는 것인데, 윤일규 의원안은 현행 권고 규정을 모든 전공에 대해서 확대해서 우수인재 선발 비율을 명시하고 이를 의무화하는 내용이 되겠습니다.

이 안에 대해서는 기존에 법무부의 이견이 있지만, 그래서 저희는 검토한 결과 조승래 의원안을 중심으로 논의해 주시면 어떨까 하는 생각을 가집니다, 개인적으로. 왜냐하면 조승래 의원안은 의무 위반 시 벌칙을 규정하고 있지 않습니다. 소위 말하는 의무에 따르는 벌칙이 없는 훈시 규정 같은 규정을 둠으로써 반 정도의 규제를 하고 있고, 둘째는 학과를 제한하고 있습니다. 그리고 세부적인 비율은 시행령에서 부처 협의를 통해서 정할 수 있기 때문에 법무부나 다른 부처의 의견도 시행령 제정 과정에서 반영할 수 있다고 보아서 저희가 조승래 의원안의 경우에는 헌법재판소도 인정하고 있는 입법형성권의 범위 내에서 논의할 수 있지 않나 하는 생각을 했습니다.

시정요구를 못 하는 뒤죽박죽 행정입법 검토제도

국회에 행정입법 검토제도가 있다. 법의 위임에 따라 정부가 하위법령을 만들면 국회 상임위원회에서 그 내용을 검토하여 법의 취지 등에 합치되지 않는 경우 그것을 정부에 통보하여 반영하도록 하는 것이다. 2018년 4월 12일 진정구 입법차장 주재 수석전문위원 회의에서 행정입법 검토제도 개선방안을 논의하는 시간을 가졌다. 먼저 법제실장이 그동안 TF에서 연구하여 마련한 개선방안을 설명했고 수석들의 의견을 듣는 시간을 가졌다. 나는 미리 개선방안에 대한 입법조사관들의 의견도 듣고 가서 맨 먼저 개선방안의 문제점을 조목조목 지적했다. 한공식·김승기 수석 등이 내 의견에 공감을 표시하고 다른 수석들도 개선방안의 문제점을 지적했다. 위원회에서 사전 검토하여 법제실에 의뢰하도록 한 것과 분기별 1회씩 연 4회 이상 처리하도록 한 것 등에 대한 지적이 많았다. 업무부담상 사전 검토가 어려울 뿐 아니라 자체 검토한 것이라면 이후 법제실에 의뢰할 이유가 특별히 없다는 의견이 많았다. 어느 수석은 4회는 많으니 상반기 3월과 5월 비회기 중에 처리하도록 하는 방안을 제시했다.

내 생각에 개선방안 중에 특히 문제가 되는 것은 국회의 통보주체와 관련하여 상임위원회가 아니라 본회의에서 의결하는 방안을 중·장기 개선방향으로 제시한 것이었다. 그렇다면 당연히 국정감사나 결산심의처럼 시정요구도 들어가야 체계상 맞는 것인데 그것은 빠져 있었다. 진 차장은 그 이유에 대하여 19대 때 시정 요구할 수 있도록 하는 내용의 소위 유승민법안에 대하여 삼권분립 침해라고 주장하며 대통령 거부권이 행사되었기 때문이라고 했다. 그러면서도 그런 방안을 제시한 것은 국회의 최종적인 의사는 본회의를 거쳐야 하기 때문이라고 했다. 진 차장은 오히려 그게 체계상 맞는 것이라고 했다. 그야말로 형식논리다.

사실 19대 때 대통령 거부권이 행사된 것은 위원회에서 의결하여 시정요구하는 방안이었는데, 전에 대통령 거부권이 행사되었다고 해서 지금 재추진할 수 없다는 것도 납득할 수 없었다. 헌법재판소가 위헌 결정한 경우라도 이론적으로는 재입법할 수 있는 건데 국회가 정치적 이유로 행사된 대통령 거부권에 구속될 이유가 없기 때문이다. 그리고 시정요구가 불가능하다고 판단했다면 현행대로 운영하면 되는데, 아무 실익 없이 형식논리로 본회의를 거치도록 하는 것을 개선안이라고 제시한 것이 이해되지 않았다. 그건 일을 어렵게 만드는 것뿐이다. 한 공식 수석은 현재 운영위에서 대통령 거부권으로 폐기된 유승민법안이 재발의되어 심의 중인데, 국회가 본회의 의결로 시정요구할 수 있도록 하는 방향으로 공감대가 형성되어 있다고 했다. 이후 나는 국회의 행정입법 시정요구의 위헌 가능성 여부에 관하여 칼럼을 썼다.[131]

그런데 정세균 의장은 진 차장이 당시 중·장기 개선방안이라고 제시했던 것을 2018년 5월 25일 국회법 개정안으로 발의했고, 국회는 그 개정안을 심사하여 2020년 1월 9일 상임위원

---

131) 「머니투데이」 2018.05.28.

회에서 검토하여 법률의 취지 또는 내용에 합치되지 아니한다고 판단되는 행정입법 중에 부령은 종래처럼 상임위원회에서 통보하되, 대통령령과 총리령의 경우는 검토결과보고서를 의장에게 제출하고 본회의 의결로 검토결과를 처리하여 정부에 송부하도록 하는 내용의 개정안을 의결했다. 그런데 앞서도 지적했지만, 이것은 그저 형식논리에 불과하고 실질적 의미를 찾기가 어렵다. 특히 국정감사 결과보고서의 시정요구에는 당연히 법률의 취지 또는 내용에 합치되지 아니한다고 판단되는 행정입법이 포함되는데, 이와 달리 시정요구를 하지 못하는 행정입법 검토결과보고서를 군이 본회의에서 송부하도록 바꾼 이유를 이해하기 어렵다. 국회가 이렇게 뒤죽박죽 운영되어서는 안 된다.

세 번째 워크숍 개최

2018년 5월 1일 나는 직원들과 같이 워크숍을 개최했다. 이동섭 의원은 전문위원실의 역할을 인정하는 취지의 축사를 해줬다. 김성곤 국회사무총장은 축사에서 이 워크숍이 다른 위원회에 좋은 모범사례가 되길 바란다고 했다. 이기우 인천재능대 총장은 내가 정식으로 초청하지 않았는데도 참석하고 축사에서 과거 두 번의 워크숍의 주제를 일일이 열거하면서 이런 워크숍은 우리 위원회만 하고 있으니 상을 주어야 다른 위원회에서도 이런 걸 하게 될 것이라고 했다. 고맙게 생각한다.

나는 그날 '정부 추진 신고제도 합리화 법제의 재검토'라는 주제로 발제를 했다. 나는 정부가 제출한 사립학교법 개정안 (2017.8.28.)과 학교시설사업촉진법 개정안(2017.8.28.) 두 건을 검토하면서 법제처가 신고제도 합리화 정비 사업을 추진하고 있다는 것을 알게 되었다. 법제처는 주기적으로 일괄적 법제 정비를 일종의 사업으로 추진하곤 하는데, 이번에는 신고제도 합리화를 들고 나온 것이다. 이 사업은 신고를, 수리가 필요하지 않은 신고와 수리가 필요한 신고로 나누고, 수리가 필요하지 않은 신고의 경우는 별도의 입법조치를 추진하지 않고, 수리가 필요한 신고의 경우는 모두 수리 간주 규정132)을 두기로 했으나 국회에 제출된 개정안 중 일부는 간주 규정 대신에 "… 신고를 받은 경우 그 내용을 검토하여 이 법에 적합하면 신고를 수리하여야 한다"라는 변형된 조문을 두고 있었다. 법제처는 이는 수리가 필요한 신고임을 명시하기 위한 것이라고 했는데, 그것은 일견 신고제도 합리화 정비의 취지에 부합하지 않는 것으로 보였다. 더구나 정부는 2018년에 수리 간주 규정 대신 변형된 조문을 둔 개정안을 더 많이 제출할 계획이라고 했다.

그래서 나는 이전의 다른 법제 정비 사업처럼 이 사업을 전체적으로 점검해 보고 싶었다. 법제처는 2016년부터 3개년 계획으로 추진했고 워크숍 때 파악해 보니 수리가 필요한 신고임을 명시하는 개정안의 경우 2016년과 2017년 총 21건을 제출했고 이 중 국회를 통과한 것은 5건이었다. 그런데 신고제도

---

132) 법정 기간이 끝나면 별도의 통지가 없어도 수리한 것으로 보도록 하는 규정을 말한다.

합리화 정비의 기본방침은 수리가 필요한 신고의 경우 수리 간주 규정을 두는 것이므로, 개정안에 수리 간주 규정을 두지 않은 것은 그것이 합당한지 검토하는 것이 필요한데, 전체적으로 볼 때 각 위원회에서 작성한 검토보고서에는 그런 검토를 했는지 여부에 대한 언급이 거의 없었다. 정부가 제출한 개정안의 제안이유는 수리 간주 규정을 두고 있지 않은 경우에도 천편일률적으로 관련 민원의 투명하고 신속한 처리와 일선 행정기관의 적극행정을 유도하기 위한 것이라고 밝히고 있었는데, 검토보고서에서 이를 무비판적으로 받아들인 것도 여러 건이었다.

그런데 그날 2부 사회를 맡은 한 직원은 사회를 보면서 내게 덕담을 하기는커녕 활약이 많다, 집요하다 등 부하로서 쉽게 입에 올리기 어려운 말을 뱉어냈다. 나로서는 감히 상상이 안 되는 말들이었다. 그는 저녁 회식 자리에서도, 발제하면서 다음에도 이런 기회가 있었으면 한다고 말한 직원에게 그걸 비아냥대듯 말했다. 사실 나는 그에게 사회를 부탁하면서 워크숍의 취지를 설명하고 잘 해 보자고 특별히 당부하기도 했다. 그랬는데도 그런 일이 발생한 것이다.

그런데 사실 그날 그의 그런 행태는 순전히 개인적 측면에 기인한 것이라기보다는 국회 사무처의 일반적 분위기를 반영한 것이라고 본다. 국회 사무처는 전체적으로 내가 개최하는 워크숍의 필요성을 인정하지 않는 정서가 팽배했다. 사실 공개적으로 자기가 한 일을 돌아보고 개선점을 찾는 시간을 갖는다는 건 쉬운 일이 아니다. 그런데도 내가 워크숍을 개최하여 직접 발제까지 하는 것이니 너무 기이하게 보였을 것이다. 그 직원은 아마 여러 사람들에게서 그런 얘기를 듣고 그걸 대변하는 행태를 보였다고 본다. 국회 사무처 직원들은 내가 정부의 실장급과 같은 위치니까 처신도 그에 걸맞게 직원들을 지휘·감독하는 것으로 충분하다고 생각했을 것이다. 그런데 그런 인식이 정말 맞는 것일까? 나도 고민이 되어서 박춘란 교육부 차관에게 점심을 함께하면서 물어봤다. 박 차관은 그건 내가 솔선수범하는 것이고 잘하는 것이라고 말했다. 자기도 교육청에서 부교육감으로 있을 때 직접 직원들에게 법제교육을 한 적이 있는데 나중에 설쳤다는 얘기가 들렸다고 경험담을 들려주기도 했다. 나는 우리 부서의 직원들에게도 수석이 정부의 실장급처럼 앞에 나서지 말고 직원들에게 맡기는 방식으로 처신해야 하는 것인지를 물었는데 그들은 양자의 역할이 다르기 때문에 그렇게 볼 수 없고 오히려 수석이 직접 발제하는 것은 바람직한 것이라고 말했다. 교수가 세미나의 발제를 조교에게 시킨다면 그 교수의 전문성을 인정할 수는 없다. 마찬가지로 나는 전문위원제도의 취지를 놓고 볼 때 전문위원이 주요사안에 대하여 발제하는 것은 당연하고 오히려 그렇게 하지 않는 것이 이상하다고 생각한다. 전문위원이 그런 것을 하지 않는다면 어떻게 전문성을 인정받을 수 있겠는가? 그런데도 그저 관행과 타성에 안주하고 있어서 전문위원이 연구해서 발제하는 것을 대놓고 집요하다고 표현할 정도로 부정적으로 보는 국회 사무처의 풍토가 참으로 안타깝다.

편하게 해줘서 좋았다?

정세균 의장이 임기 종료를 앞두고 2018년 5월 18일 위원회 (수석)전문위원들에게 점심을 대접했다. 몇몇 전문위원들이 미리 준비해서 돌아가면서 의장에게 덕담을 했다. 한 여성 전문위원은 의장의 인스타그램 사진이 매우 좋다는 취지의 얘기를 하기도 했다. 비서실 직원도 아닌데 공식적인 자리에서 너무 사적인 것을 애기하는 것 같았다. 아마 고대 후배여서 각별한 애정을 표현한 것 같았다. 그리고 의장이 편하게 해줘서 좋았다는 취지의 애기가 그 전문위원을 포함해서 복수의 사람에게서 나왔다. 그런데 그걸 덕담으로만 볼 수 있을까? 우리는 국민의 공복으로서 열심히 밥값을 해야 하는데 의장 덕택에 그냥 편하게 지낼 수 있었다고 오해할 수도 있는 말을 한 건 아닐까? 전문위원이 의장에게 부적절해 보이는 그런 말까지 하게 된 이유는 무엇일까? 내 생각에는 전임 의장과 비교하여 현 의장의 장점을 찾다 보니까 급기야 그런 말까지 하게 된 것 같았다. 우리는 의회 지도부의 별다른 지휘·감독이 없어도 일을 스스로 알아서 잘하고 있다고 생각하는지도 모른다. 그러나 그것은 일이 중시되지 않고 구조적으로 능력 평가가 안 되기 때문에 암투 외에 전문성 경쟁도 없고 편하게 지내는 것이 최고인 우리 직장의 풍토에서 나오는 발상이라고 생각한다.

영문도 모르고 무시당하다

2018년 5월 19일 나는 홍영표 원내대표에게 당선 인사차 찾아갔다. 나는 2016년 총선 때 멀리 홍 의원 선거구의 유세현장을 방문한 적도 있다. 나와 홍 의원의 관계는 그만큼 깊었다. 그런데 그날 홍 대표는 사무실에 있으면서도 뜻밖에도 나를 안으로 들어오지 못하게 하고 밖에 나와서 나를 반겨주지도 않고 무성의하게 인사를 받더니 어딘가 다른 곳으로 가버렸다. 나는 영문도 모르고 무시당했다. 나는 당시 홍 의원이 왜 나를 그렇게 대한 것인지 이해할 수가 없었다. 무언가 오해가 있는 것 같다는 생각을 했다. 오해가 있다면 얘기를 해서 풀어야겠지만 그게 여의치 않다는 것이 답답했다. 2019년 1월 비로소 내 이혼 등 전력이 오랫동안 모략당했다는 것을 알고 2월에 홍 대표를 찾아가 나는 결백하다는 취지의 서신을 갖다 주고 왔다. 그러나 이후에도 홍 대표에게서는 아무런 연락이 없었다.

아무말대잔치 같은 '국회의 신뢰도 제고방안' 간담회

김성곤 사무총장은 2018년 6월 15일 '국회의 신뢰도 제고 방안'에 관하여 수석전문위원 간담회를 개최했다. 총장은 머리말에서 국회 불신에 의원만 책임이 있는 것은 아닐 것이라는 취지로 말했다. 19명의 수석들은 순서대로 자신의 의견을 밝혔다. 원래 2분씩 하기로 되어 있었는데 거의 다 5분여씩 얘기를 했다. 총장이 2분만 하라고 요구해도 시간은 지켜지지 않았다. 내용도 제도개선이나 의원 책임 얘기만 하지 정작 사무처 직원들이 개선할 사항은 나 이외 누구 하나 말하지 않았다.

어느 수석은 이 정부에서도 국회 불신이 확대되고 있는데 그건 정부·여당이 야당을 국정파트너로 인정하지 않기 때문이라고 말했다. 또 다른 수석은 미국 의회의 신뢰도를 언급하면서 신뢰도에는 여러 요인이 복합적으로 작용하기 때문에 시간이 필요하다고 말했다. 반면 나는 법안 처리율이 낮거나 부실입법 때문에 생기는 불신문제의 대책으로 우리가 검토보고에서 적극적으로 수정의견이나 대안을 제시하여 법안 처리율과 입법의 품질을 제고해야 한다고 말했다. 당연한 얘기 같지만 현실은 그렇지 않고 정보제공 수준에 머무르고 있다. 나로서는 아무말 대잔치같이 초점에서 벗어나고 심지어 정부·여당을 탓하는 편향적인 얘기를 하는 간담회의 의미가 무엇인지 궁금했다.

검·경 수사권 조정 추진에 기여하다

2018년 6월 21일 이낙연 국무총리는 정부의 검·경 수사권 조정안을 발표하고 대국민 담화문을 통해 "경찰은 모든 사건에 대해 1차적 수사권과 수사종결권을 가지고 검찰은 기소권과 일부 특정 사건에 대한 직접 수사권, 송치 후 수사권, 경찰수사에 대한 보완수사 요구권, 경찰의 수사권 남용 시 시정조치 요구권 등 통제권을 갖도록 했다"고 밝혔다.

이어서 이 총리는 "정부는 경찰이 1차 수사에서 보다 많은 자율권을 갖고 검찰은 사법통제 역할을 더욱 충실히 해야 한다는 원칙을 세웠다"고 강조했다. 정부 발표의 핵심은 검찰의 수사지휘권 폐지이다. 나는 2006년 1월 「한겨레신문」 기고문에서 검찰의 수사지휘권 폐지를 제안했는데, 정부가 12여년 만에 내가 제안했던 것과 같은 방안대로 하겠다고 공식 발표한 것이다.

사실 나는 내 기고문이 정부의 검·경 수사권 조정에 대한 정책 결정에 어떤 영향을 줬는지는 알지 못한다. 아무런 영향이 없었을 수도 있다. 다만 나는 내가 일찍이 언론을 통해서 설득력 있는 근거와 이유를 들어 그런 제안을 한 것이기 때문에 스스로 자부심을 갖고 있다.133) 나는 2004년 봄에 교통사고 피해자가 가해자로 뒤바뀌어서 억울하다고 호소하는 민원을 해결하기 위하여 백방으로 노력했지만 무위로 끝난 일이 있어서 그때부터 현행 형사사법체계에 문제가 있다고 보고 관심을 기울이고 개선책을 모색했다. 나는 당시 그 원인은 검찰이 수사에 관한 독점적 권한을 갖는 상황에서 두 수사기관인 검찰과 경찰의 관계가 엄격한 상하관계여서 견제와 균형의 원리가 작동되지 않기 때문이라고 봤다. 검찰에 경찰에 대한 수사지휘권까지 주어져 있는 체제에서는 경찰이 검찰을 견제할 수 없는 것은 말할 것도 없고, 검찰도 경찰을 자신의 손발로 이용하는 데 중점을 두다 보니 경찰의 잘못을 묵인하는 상호 공생관계가 형성되어 있다고 봤다. 이처럼 검찰과 경찰이 상호 공생관계를 갖게 되면 그 피해가 국민에게 미치게 된다. 부실·강압 수사, 인권침해, 공권력 남용 등으로 무고한 사람들이 고초를 겪는 일이 발생하게 되는 것이다.

---

133) 2005년 6월 당시 여당 홍미영 의원도 검찰의 수사지휘권을 폐지하는 내용의 형사소송법 개정안을 대표 발의한 바 있다.

　이와 관련하여 2005년에 검·경 수사권 조정을 주제로 열린 공청회에서 어떤 검사가 경찰에게 그동안 검찰의 보호 아래 여러 이익과 혜택을 누려 왔는데, 왜 이제 검찰의 보호를 벗어나 거친 들판으로 나가려고 하느냐는 취지로 발언한 것은 종래 두 기관의 관계가 어떠했는지를 여실히 드러내는 것이라 하겠다. 절대 권력은 절대 부패한다는 말이 있다. 역사적으로 보더라도 5·16 군사정변, 10월 유신 등 절대 권력 시기에 검찰권이 더욱 강화되었다. 독점적 검찰 권한의 축소는 검찰의 과거 잘못에 대한 단죄가 아니라 검찰의 정치적 중립성을 확보하고 직무수행의 공정성을 보장하기 위한 것이다. 나는 그 방법으로 검찰의 수사지휘권 폐지가 가장 적절하다고 봤던 것이다.

　나는 2018년 4월에도 이 문제에 관한 칼럼을 썼고 반응이 좋았다. 그때 경찰청 간부들이 고맙다고 내 사무실에 찾아오기도 했다. 그들은 내 칼럼을 훌륭하다고 높이 평가했다. 사실 나는 경찰 편을 드는 게 아니고 국민의 권익을 위하여 수사권 조정을 찬성한다. 내 칼럼은 검·경 간에 왜 견제와 균형이 필요한지를 잘 설명하고 있다. 당시 검·경 수사권 조정 관련 기사와 칼럼들이 많이 나왔지만 그것을 구체적으로 설명하는 칼럼은 없었다. 내 칼럼은 그 점에서 특별하다고 볼 수 있다.

　나는 마침내 검·경 수사권 조정이 오래전에 내가 제안했던 방향으로 가는 것으로 최종 발표되었으니 그 의미를 나누는 자리를 갖고 싶었다. 그래서 한국입법학회에 제안해서 2018년 7월 11일 '검·경 수사권 제도 개편에 관한 입법적 논의와 대안'

이라는 주제의 간담회를 열게 되었고 내가 발제를 맡았다. 내 발제문의 제목은 '국민을 위한 검·경 수사권 조정의 바람직한 방향'이었다.

머니투데이

≡ 뉴스   증권   정치   법률   TOM   칼럼   자동차   연예   이슈   MT리포트   │ VIP

검·경이 서로 견제할 수 있게 해야(상)

머니투데이 │ 정재룡 국회 수석전문위원

2018.04.24 06:00   ▌[the300][정재룡의 입법이야기]검경 수사권, 왜 그리고 어떻게

검찰개혁은 현 정부의 최대 과제다. 지난 달 정부의 검경 수사권 조정 잠정안이 보도되고 지난 10일 국회도 사법개혁특위가 소위 구성에 합의하면서 검찰개혁을 위한 입법심의가 본격 진행될 수 있는 단계에 와 있다. 그런데 검경 수사권 조정의 목적은 무엇일까? 그것은 단순히 권한이 집중된 검찰의 부정적 유산의 청산이라는 의미에 그치지 않고 국민의 기본권을 최대한 보장하고, 우리 사회의 부정부패, 비리를 제대로 척결할 수 있는 시스템을 만들고자 하는 것이다.

그치지 않고 국민의 기본권을 최대한 보장하고, 우리 사회의 부정부패, 비리를 제대로 척결할 수 있는 시스템을 만들고자 하는 것이다.

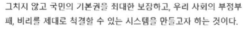

검찰 권한의 분산을 통해 경찰에 자율적인 수사권을 부여하면 그동안 엄격한 상하관계로 운영되어 왔던 검찰과 경찰의 관계는 견제와 균형 및 상호 존중에 바탕을 둔 유기적 협력관계로 전환될 것이다. 그것은 국가의 형벌권을 적법하면서 적정하게 행사하고, 수사기관의 불법 또는 부당한 수사로부터 국민의 신체의 자유 등 기본적 권리를 보호하는 데 기여할 것이다. 여기에 검·경 수사권 조정의 진정한 의의가 있다. 간담회에 경찰

이 많이 참석했고 검찰도 몇 명 참석했다. 질문도 많이 있었다. 간담회가 끝나고 한국입법학회 총무가 간담회가 매우 알찼고 A+였다고 말했다. 「내일신문」134)과 「교수신문」135) 등 여러 언론에서 보도를 해 줬다. 아무튼 나는 칼럼과 함께 간담회를 통해서 오랜 숙원 과제인 검·경 수사권 조정 추진에 조금이나마 기여하게 되어서 기뻤다.

정부의 검·경 수사권 조정안을 내용으로 하는 형사소송법 개정안(채이배 의원, 2019.4.26.)은 2020년 1월 국회를 통과했고 2월 4일 공포되었다. 이 법은 공포 후 6개월이 경과한 때로부터 1년 내에 시행하되, 그 기간 내에 대통령령으로 정하는 시점부터 시행한다.

두 번째 기적 같은 일이 일어나다

2018년 7월 20대 후반기 의장으로 문희상 의장이 선출되었고 사무총장으로는 유인태 전 의원이 임명되었다. 유인태 사무총장은 취임식에서 전임 정세균 의장 때 인사 관례를 존중하겠다는 취지로 얘기했다. 의장이 바뀌면서 인사가 크게 있을 것이라는 얘기가 들리기도 했었는데, 인사를 원칙이나 기준 없이 해서는 안 된다. 그런데 7월 하순 들어서서 인사가 임박하면서 나를 자른다는 얘기가 들려오기도 했다. 전임 정세균 의장 때는 수석 재임을 6년 정도까지 보장해 주었는데 나는 3년 반

---

134)「내일신문」 2018.07.12.
135)「교수신문」 2018.07.13

정도에 불과한 나를 자르는 것은 부당하다고 보고 유임할 수 있도록 도와달라고 어느 지인과 의원들에게 부탁하기도 했는데 여의치 않았다.

한편 차장 인사를 할 때 나를 차장으로 천거하겠다는 말을 6월에 어느 의원에게 듣기도 했으나 그때는 사양했었다. 그런데 2016년에 나를 차장으로 추천했던 어느 의원이 이번에도 나를 차장으로 천거하겠다는 것이었다. 나는 잘릴지도 모르는데 더 이상 사양할 수가 없었다. 그 의원은 한 장으로 나를 소개하는 글을 써달라고 해서 7월 8일 그렇게 해줬다. 그러나 나는 별 기대를 안 했다. 그저 유임이나 할 수 있기를 바랐다.

7월 26일 오후, 후배 두 사람이 차장으로 발표되었다. 그리고 어느 후배가 급히 내게 쫓아왔다. 수석 면직자 명단이 유포되었는데 내가 포함되었다고 했다. 그는 어떻게든 아는 의원들에게 부탁을 하라고 했다. 사실 얼마 전에 곽현준 인사과장이 와서 근래의 관행과 다르게 일괄사표를 받는다고 내게도 요구했을 때 나는 응하지 않았다. 나는 원칙과 기준 없는 인사를 받아들일 수 없었다. 나는 유 사무총장이 면직 대상자들에게 최소한 면담 기회는 줄 것이라고 생각했다. 그런데 이렇게 한 번 면담 기회도 안 주고 면직자 명단이 유포되었다는 것은 충격이었다. 30여 년 공로가 무참히 짓밟히는 것 같아 참담하게 느껴졌다.

그래서 나를 도와줄 것 같은 두 의원에게 전화로 부탁했다. 두 분 다 적극적으로 나를 위해 뛰어주었다. 한 분은 문 의장에게 전화를 해서 부탁했고 다른 의원은 내게 찾아오기도 하고 유 사무총장을 만나서 부탁했다. 그리고 나도 유 사무총장에게 가서 부탁했다. 나는 합리적 이유 없이 동기들에 비해 2년여 늦게 승진했고 늦둥이 아들이 중3이라고 얘기했다. 유 사무총장은 온 지 얼마 되지 않아서 급박하게 잘 모르는 상태에서 인사를 하게 되었다고 하면서 문 의장에게 얘기는 해 보겠지만 너무 기대는 하지 말라고 말했다. 그렇게 해서 퇴근을 했다.

다음 날 6월 27일은 고 노회찬 의원 영결식이 열리는 날이었다. 영결식에 참석해서 양복을 입고 잔디마당에 서 있는데 매우 뜨거운 날이어서 땀이 비 오듯 했다. 영결식 참석을 마치고 사무실에 들어가면서 지난 6월에 나를 차장으로 추천하겠다고 했던 의원을 만났는데 내 사정을 설명하고 부탁을 했다. 사무실에 돌아오니 곧 곽 인사과장이 왔다. 유임하되 내년 6월 말 퇴직하는 것으로 서면을 가지고 왔기에 사인을 해줬다.

유임이 확정된 후 다시 유 사무총장을 찾아가서 고마움을 전했다. 유 사무총장은 나에 대한 노조 평가가 안 좋다고 말했고, 어제 인사가 문 의장과 구두 협의는 한 것이지만 문서로 결재가 난 게 아닌데 유포된 것은 잘못이라고 말했다. 나를 유임하도록 도와준 의원들에게 이 자리를 빌려 다시 고마움을 전한다. 그중 한 의원은 내가 감사 인사차 사무실에 들렀더니 이미 2017년에 나를 청와대에 추천하기도 했었다고 말해주기도 했다.

『입법의 현장』 책을 펴내다

구사일생으로 살아난 나는 그동안 1년여간 「머니투데이」 '더 300' 사이트에 쓴 칼럼과 2015년 이후 여러 신문에 실린 기고문, 법제연구회 활동의 결과물인 『법제와 입법』에 쓴 글, 2015년 1월 수석으로 부임한 이후 7번의 토론회에서 주제발표한 내용과 법안 등에 대한 검토보고서 작성 노하우 등을 모아서 책으로 내기로 했다. 종래 전·현직 직원들이 입법과정, 국회법 및 예산심사 등에 관한 책을 쓴 적은 있지만, 나처럼 입법 등 국회 기능과 운영 전반에 관한 칼럼을 쓰고 그것을 책으로 내는 것은 처음이어서 의미가 있다고 생각했다.

특히 의원입법 시대에 국회가 그 역할을 온전히 수행하기 위해서는 그에 맞는 권한을 가져야 함과 동시에 자기반성을 통한 혁신이 필요하다고 할 수 있는데, 내 책은 그런 측면에서 의미가 있다고 생각했다. 나는 국회 30년 경험을 통해 제도적으로 개선해야 할 부분과 함께 우리 구성원들의 업무수행에 있어서 미흡한 부분들에 대해서도 아프지만 솔직하게 드러내는 내용을 칼럼으로 써 왔는데 그런 사항들이 책으로 나오는 의미가 있었다. 또한, 내 검토보고서 작성 노하우도 포함해서 직원들에게 실질적으로 도움이 되는 책을 펴내는 의미가 있다고 생각했다.

'피데스'란 출판사를 소개받아서 작업을 시작했다. 원고를 보내줬더니 내용이 좋다고 하면서 책 발간 비용을 출판사가 부담하겠다고 했다. 박주선 전 부의장, 유성엽 전 위원장, 이기우 인천재능대학 총장(전 교육부 차관)에게 추천사를 부탁했는데, 세

분 다 흔쾌히 들어주었다. 당시
의장실의 윤창환 정책수석비서
관은 대학 동문이기도 해서 책
발간 얘기를 했더니 자기가 문
의장의 추천사를 넣을 수 있도
록 해주겠다고 했다. 그래서 초
안도 주고 해서 기다렸는데 갑
자기 현직이어서 안 된다고 했
다. 현직이면 안 된다는 게 이
해하기 어려웠지만 아무튼 해주

기 싫다는 뜻으로 받아들였다. 유를 한참 뒤에야 그 이유를 알
게 된 것인데, 나는 그렇게 둔한 사람이 되고 말았다.

　그 과정에 내가 한 번 윤 수석 사무실에 연락을 했으나 외출
중이어서 통화를 못 했다. 그런데 잠시 뒤에 윤 수석이 전화를
해서 자신이 밖에서 의장 모시고 있는데 왜 사무실에 전화했느
냐면서 불같이 화를 내는 것이었다. 이해할 수 없는 일이 벌어
진 것이다. 그 이후 윤 수석과의 관계는 완전히 뒤틀어져 버렸
다. 그는 전임 정세균 의장이 나를 특별히 봐준 것처럼 말하기
도 했는데, 나는 무슨 말인지 알 수가 없었다.

　책이 나오게 되면서 우리 직원들에게 국회 내에서 발간 기념
행사를 여는 것을 얘기했더니 놀랍게도 대부분 반대하는 것이
었다. 그래서 외부에서 하는 것을 물었더니 그것마저 미온적이
었다. 나는 고민이 되기는 했지만 아무것도 안 하고 그냥 넘어

국민일보
www.kmib.co.kr

사회　정치　경제　국제　문화　IT　랭킹　연재　포토　TV

국민일보◎

[국민초대석] 정재룡 국회 교육위원회 수석전문위원
"소신 다한 30년, 보람의 결실 맺어"

양정원 기자　입력 2018.10.21. 21:20　수정 2018.11.19. 20:42　댓글 0개

▌ "국회 예산심의권 강화돼야.. 국민 기대에 부응하는 국회 위해 노력"

"국회가 국민들로부터 보다 신뢰받고 일 잘하는 실력 있는 국회를 구현하기 위해서는 인사, 예산, 조직 등 운영 전반에 혁신이 필요하다. 지난 30년 국회에서 일한 입법실무 경험을 바탕으로 집필한 책에 국회 혁신에 대한 전반적인 내용을 담았다. 많은 이들에게 큰 도움이 됐으면 한다."

정재룡 국회 교육위원회 수석전문위원(차관보급)은 1988년 제9회 입법고시에 합격한 이후 다양한 부서에서 근무하면서 입법실무의 달인으로 평가받고 있다.

지난 19일 여의도 국회에서 만난 정 수석은 지난 1년여 동안 각종 언론에 기고한 칼럼과 본인이 직접 창립해 12년 간 회장을 맡고 있는 국회법제연구회의 결실(법제와 입법)을 모

실제 정 수석이 내놓은 책에는 검토보고서 작성법 외에도 각각의 사례연구마다 검토보고서의 품질 제고를 위한 정 수석의 고민과 열정이 녹아 있다. 국회의 개혁과 발전을 위한 충정어린 제언과 고언을 담고 있는 이 책은 국회혁신자문위원회 활동에도 매우 유용한 자료가 될 것으로 보인다.

갈 수는 없었다. 그래서 내부 직원들은 제외하고 외부 지인들만 초청하는 방식으로 해서 10월 1일 오후 7시에 의원회관 간담회의실에서 책 발간 기념회를 하는 것으로 추진했다. 그런데 우리 위원회 이찬열 위원장이 어떻게 그 소식을 듣고 축사를 해주겠다고 해서 그렇게 하기로 했다.

발간 기념회는 당일 50여 명이 참석해서 성황리에 개최되었다. 거의 외부에서 참석했지만 내가 초청하지 않았음에도 몇몇 내부 직원들도 참석했다. 우리 직원들도 잠깐 와서 축하해주고 갔다. 박주선 전 부의장도 사정상 참석은 못했지만 직원을 통해 금일봉을 보내줬다. 몇 사람 외에는 대부분의 사람들이 끝까지 자리를 지키며 축하해 줬다. 토크쇼처럼 대담 형식으로 진행해서 재미가 있었을 것이다. 나는 서두에 자작시 '아무도 가지 않은 길'136)이란 시를 준비해서 낭송하기도 했다. 나는

---

136) 아무도 가지 않은 길 / 정재룡

세상에 모두 가는 길이 있었다.
그 길은 넓고 쉬워 보였다.
사람들은 그 길을 걸으며
장밋빛 미래를 꿈꾸었다.

나는 다른 길을 걸었다.
그 길은 아무도 가지 않은 길이었다.
그 길의 끝에 무엇이 있을까
궁금하기도 했고 두렵기도 했다.
그 길을 걸으며 온갖 수모를 겪기도 했다.

그러나 나는 그 길을 포기할 수 없었다.
십자가를 지는 마음으로
버티고 또 버텼다.

시 낭송 중 울컥하기도 했다. 최대권 서울대 명예교수는 책에 들어간 검토보고서 작성법이 중요한데 그것을 부록으로 한 것은 부적절했다고 얘기했다. 그분에게서 그게 중요하다는 것을 인정받아서 기뻤다.

다 끝나고 사진 찍을 때 참석자들이 구호를 외쳤는데 "정재룡을 국회로"라고 외쳤다. 아니, 내가 30여 년 국회에 있었는데 또 나를 국회로 보낸다는 것인가? 내가 대학 재학 때 서클에서 그런 얘기가 있어서 국회에 온 것이라고 생각했는데 그때와 똑같은 말을 여전히 듣는다는 게 신기하고 재미있었다.

책이 나오면서 여러 언론에서 인터뷰 기사를 내주고 보도를 해줬다. 20여 번은 나온 것 같다. 「국민일보」는 나를 '입법실무의 달인'으로 평가받고 있다는 표현을 쓰기도 했다. 과분한 표현이라고 생각한다. 한동안 나를 외면해 온 「한겨레신문」도 10월 24일 인터뷰 기사를 크게 내줬다.[137] 강성만 선임기자가

그 길은 내가 마땅히 가야 할
소명의 길이었기 때문이다.

뚜벅뚜벅 작은 걸음으로
마침내 먼 길에 이르렀다.
그 길의 끝에 마치 사리같이
깊은 고뇌의 결정체가 세상에 나왔다.

뒤돌아보면 아쉬움이 남는다.
그러나 내가 걸은 길에 후회는 없다.
두 개의 길 중 나의 길은 분명했고
다른 선택의 여지는 없었기 때문이다.

137) 「한겨레신문」 2018.10.24. 참조.

내 방에 찾아와서 인터뷰를 했는데, 내 책을 꼼꼼히 읽어보고 날카롭게 질문해서 놀랐다. 내가 강조하는 '출신지역 차별인사 금지 특별법안'에 대해서도 언급해줬다.

대한변협 김현 회장도 내 책을 높이 평가하면서 내 책에 대한 서평을 내도록 해주었고, 11월 27일에 대한변협 강당에서 변호사 53명에게 특강도 할 수 있게 해주었다. 그런데 내가 1995년 7월부터 2년여간 모셨던 권용태 전 수석께서 특강 자리에 참석하셨다. 특강 얼마 전 통화 중에 우연히 얘기를 했었는데, 내가 당일 특강 하러 가는 도중에 그분이 전화를 주셔서 자신이 김현 회장을 잘 알기에 겸사겸사 참석하러 가고 있다고 말해서 알게 되었다. 나로서는 참으로 영광이었다. 강의가 끝난 후 변호사들 여러 명에게서 질문을 받았다. 변호사들이 입법과정에 대한 관심이 많았다.

양 차장들이 국회 사무처 혁신을 봉쇄해 버리다

문희상 의장은 2018년 9월 12일 국회 공무원의 전문성 강화를 비롯해 국회의 인사, 예산, 조직 등 국회 운영 전반에 걸친 대대적인 혁신을 추진하기 위해 국회혁신자문위원회를 설치했다. 문 의장은 "사즉생의 각오로 국회가 국민의 신뢰를 1%라도 회복할 수 있다면 모든 노력을 다할 것"이라고 말했다.

그런데 문 의장이 9월 4일 의장 공관에 우리 수석들을 초청해 만찬을 가질 때 곧 혁신위를 구성해서 혁신을 추진한다고 하자, 나 외에 다른 수석들이나 김수흥 사무차장은 부정적이거나 미온적인 애기를 했다. 어느 수석은 일이 많아서 병이 난 직원도 있다고 하면서 혁신을 추진하면 안 된다고까지 말하기도 했다.

실제 혁신위 활동에서도 양 차장 등 직원들은 사실상 방해로 일관했다. 내가 펴낸 『입법의 현장』 책은 국회의 개혁과 발전을 위한 제언과 고언을 담고 있는 책이라는 평가가 있고, 실제로 혁신위에서 어느 위원이 내 책을 그렇게 소개하기도 했다. 나는 혁신위 실무업무를 한 정재흥 사무총장 비서실장에게 관련 자료를 주고 혁신이 잘될 수 있도록 지원했고, 이현출 혁신위 간사를 통해서 나를 불러주면 가서 설명할 용의가 있다고 했는데도 양 차장들이 앞장서서 막았고 2019년 1월에 공청회를 열기로 한 것마저 봉쇄해 버렸다. 그리고 김 차장은 2019년 2월 8일 수석전문위원 간담회 때 상기된 표정으로 오늘로 혁신위 활동이 종료되었다고 밝혔다. 김 차장은 국회 혁신은 직원들이 원하는 방향이어야 한다는 해괴한 애기를 하기도 했다. 그런 것을 어떻게 혁신이라고 할 수 있겠는가? 결국 국회 사무처 혁신을 추진하겠다던 문 의장의 공언은 사실상 공염불이 되고 말았다.

「한겨레신문」 인터뷰 기사마저 씹히다

2018년 11월 하순 우리 부서의 한 직원이 국회 사무처 노조 홈피에 내 신문 기사가 올라왔는데 내가 직접 올린 것 아니냐고 말했다. 나는 노조 홈피에 들어가 본 적은 있지만, 거기에 글을 쓴 적이 없고 댓글을 단 적도 없었다. 궁금해서 들어가 봤더니 10월 24일 한겨레 인터뷰 기사가 그 직후부터 한 달 가까이나 올라와 있었다. 그런데 거기에 10여 개의 댓글이 달렸는데 그 내용이 틈만 나면 튀려고 한다는 둥, 실력이 없다는 둥, 인과응보라는 둥 거의 비방 일색이었다. 뜬금없이 인과응보는 또 뭐란 말인가? 책 펴내고 주요 일간지에 인터뷰 기사 나왔으면 좋은 일인데 인과응보라니 이해할 수가 없었다. 누가 나를 위해서 올려놓은 게 아니라 거꾸로 나를 씹기 위해 그 기사를 올려놓은 것 같다는 의심이 들었다. 그렇지 않다면 그 기사를 올려놓고 그렇게 내가 매도당하는 것을 방치하지는 않았을 것이다. 그런데 그 사람들은 평생 비주류로 살아온 내게 왜 그렇게까지 악담과 조롱을 퍼붓는 것일까? 도대체 내가 노조 홈피에서 매도당해야 할 만큼 문제가 많은 사람인가? 그런데 그즈음 한공식 입법차장이 내 「한겨레신문」 기사를 보고 크게 화를 냈다는 얘기를 전해 들었다. 그렇다면 그건 한 차장과 관련이 있을 것 같다는 생각도 들었다. 노조가 권력을 견제해야 하는데 거꾸로 권력과 결탁하고 있으니 그걸 어떻게 노조라고 할 수 있을까 하는 생각이 들었다. 아무튼 국회 사무처 주류 패거리들이 나를 못 죽여서 안달이 났구나 하고 생각했다.

후배에게 짓밟히다

한공식 입법차장은 나보다 입법고시 기수로 한 기 후배인데, 2018년 7월 27일 차장이 되더니 내가 2018년 8월 29일(금)

교육부 특강 갈 때부터 문제 삼기 시작했다. 종래 나는 대학 등에 특강 가는 것은 국회를 홍보하는 취지가 포함되어 있기 때문에 연가가 아니라 출장으로 다녀왔다. 대신 사례비는 받지 않았다. 그런데 내가 8월 29일 교육부 특강을 출장으로 가려고 하니까 한 차장이 안 된다고 했다면서 종래 밑에 직원이 결재 받아 왔는데 나에게 직접 와서 결재를 신청하라고 요구했다. 그래서 갔더니 출장은 안 되지만 연가는 괜찮다고 해서 연가로 다녀오게 되었다.

　나는 이후 한 달여 만인 9월 28일(금)에 이제는 한 차장의 방침대로 연가를 써서 경찰청 특강을 추진했다. 규정상 사례비를 받지 않는 경우는 필요 없지만, 사례비를 받는 특강은 미리 사무총장의 결재를 받아야 한다. 그래서 특강에 대한 결재는 이미 1주일 전쯤에 김수흥 사무차장을 거쳐서 유 사무총장까지 완료하고 특강 전날 한 차장에게 연가 결재를 받으러 갔더니, 정기국회라 안 된다, 업무에 지장 주니까 안 된다, 자기가 그렇게 보니까 그렇게 받아들여라, 자기도 특강할 수 있는데 일부러 안 한다, 특강은 퇴직하고 해라, 교육부 특강이 어떤 내용인지 알고 있다, 어느 수석이 한 일이 문제가 있다고 지적한 것으로 아는데 그러면 안 된다, 자중해라, 지금 혁신위에서 검토 보고 없애자는 얘기도 나온다 등 온갖 말을 쏟아내며 막무가내로 연가 결재를 해주지 않았다. 특강 결재권자는 유 사무총장이어서 내가 특강은 이미 유 사무총장이 결재했다고 했더니 알아보고 유 사무총장이 결재했으면 보내주겠다고 했다. 그러나

한 차장은 끝내 연가 결재를 해주지 않았다.[138]

그래서 나는 경찰청에 연락해서 결재를 못 받아 가기 어렵다고 했으나 경찰청은 직원 1,200여 명의 교육을 갑자기 다른 것으로 대체하기 어렵다고 했다. 그래서 나는 이미 유 사무총장에게 특강 결재를 받은 것이기 때문에 다음 날 그냥 특강을 하러 갔다. 한 차장은 자기가 연가 결재를 해주지 않았는데도 내가 경찰청 특강을 간 것을 문제 삼았다. 경찰청 특강은 오전과 오후로 600여 명씩 나눠서 진행되었는데, 오전 특강 끝나고 보니까 한 차장이 행정안전위원회 정성희 전문위원을 시켜 경찰청 직원에게 와서 특강 초청 경위와 내용 등을 보고하라고 요구했다는 것을 알게 되었다. 근무지 이탈이니 하면서 나를 위협하기도 했다는 얘기가 들렸다.

나는 사무실에 복귀한 다음부터 주말까지 고민이 되어서 국회 전·현직 직원들에게 이 문제에 대해 상의했다. 특히 이미 유 사무총장의 결재를 받은 10월 4일 강원대 특강을 어떻게 해야 할지 고민스러웠다. 어떤 사람은 내가 부당하게 핍박을 받는 것이라고 옹호해 주는 사람도 있었지만, 한 차장이 권력을 갖고 있으니 방법이 없다고 말하는 사람도 있었다. 내가 살아남기 위해서는 강원대 특강을 취소하고 한 차장에게 가서 사과하라는 사람도 있었다. 또 어떤 선배는 어차피 경찰청은 다녀온 것이지만, 한 차장의 체면을 살려주기 위해서 강원대 특

---

138) 그런데 규정을 보면 업무에 지장이 없으면 연가 결재를 해주게 되어 있기 때문에 한 차장이 내 연가 사용의 목적을 따져서 특강 가는 것은 안 된다고 결재를 해주지 않은 것은 잘못이었다.

강은 취소하는 게 좋겠다고 말했다.

한 차장은 주말 지나서 10월 1일(월) 유 사무총장에게 내가 연가 결재도 안 받고 내 소관 업무도 아닌 주제139)를 가지고 특강을 한 것은 잘못이라고 보고했다. 정기국회 애기도 한 것 같았다. 그러나 유 사무총장은 내가 본인의 결재를 받고 이미 다녀온 특강을 문제 삼을 수는 없었을 것이다. 한 차장이 그러는 것은 일종의 하극상일 수도 있었다.140) 김수흥 사무차장도 내가 본인의 결재를 받고 특강을 다녀온 것이기 때문에 한 차장이 그것을 지나치게 문제 삼는 것에 동의하지 않았다.

유 사무총장은 한 차장의 주장을 물리치고 대신 특강 결재와 연가 결재가 이원화되어서 입법차장이 특강 결재가 있었다는 것을 뒤늦게 알게 되는 것은 문제가 있으니 개선하라고 지시했다. 경찰청 특강 건은 그렇게 정리되었다. 그 소식을 듣고 그날 나는 유 사무총장에게 해명차 찾아갔다. 유 사무총장은 나를 보자마자 소관 업무가 아닌 것을 주제로 특강 가는 것은 부적

---

139) 특강 주제는 2018년 1월 토론회에서 내가 발제한 '공무원의 영혼과 직업공무원제도'였는데, 그게 소관 업무가 아니어서 특강할 수 없다는 것에 동의할 수 없고, 한 차장이 연가 결재를 할 때 특강을 못 하도록 하는 것도 월권이지만 한발 더 나가 특강 주제까지 따지는 것은 지나친 월권인데도 그는 아무 거리낌이 없었다.

140) 이는 한공식 입법차장이 실세로 행세하고 있다는 것을 시사한다. 국회 사무처에서 인사 업무는 사무차장에게 속하는데, 한공식 입법차장은 자신의 소관인 위원회 직원들에 대한 인사에 대해서는 자신의 의견이 반영되어야 한다고 요구하기도 했다. 나는 앞서 밝힌 것처럼 문희상 의장 밑에서 영남 출신 한 차장이 이처럼 실세가 된 것은 B 의원이 힘을 실어주지 않았다면 있을 수 없는 일이라고 본다.

절한 것 아니냐고 말했다. 그러더니 곧이어, 정기국회라고 특강을 원천봉쇄하면 안 된다고 말하고 경찰청 특강과 같이 이미 결재를 한 10월 4일 강원대 특강도 반가 쓰면 되니까 다녀오라고 했다.

우리 위원회는 12월 3일(월) 국회 역사상 최초로 법안심사소위원회를 소회의실이 아니라 전체회의장141)에서 하게 되었다. 그런데 한 차장이 그날 아침에 불쑥 내게 전화를 해 왜 그것에 대해 보고하지 않느냐고 화를 냈다. 나는 한 차장이 바쁘게 돌아가는 위원회 업무에 대해 보고를 하지 않았다고 내게 화를 낸 것을 이해할 수가 없었다. 후배가 상관(차장)이 되더니 나를 완전히 짓밟기로 작정을 했구나라고 느껴졌다. 그래서 나는 어느 의원에게 하소연하면서 좀 도와달라고 부탁하기도 했다. 한 차장이 이렇게 나를 노골적으로 짓밟은 것은 그를 봐주는 든든한 의원이 없으면 불가능한데, 그래서 B 의원을 지목하는 것이다.

여야와 교육부 등 모두에게
좋은 평가를 받은 유치원 3법 검토보고

박용진 의원은 2018년 10월 11일 교육부 국정감사에서 전

141) 보통 소위원회는 비공개가 일반적인데, 당시 우리 위원회는 유치원 3법에 대해서 국민적 관심이 큰 만큼 법안의 논의과정을 국민들에게 공개해서 논의하는 것이 필요하겠다는 각 당 지도부의 요청이 있었고 그것에 대해서 의원들의 의견을 들어 본 결과 다 동의를 해서 공개로 진행하게 됐다. 당시 공개 소위원회를 국회방송에서 생중계했다.

국 시·도교육청 감사에서 비리 혐의로 적발된 사립유치원 명단을 공개하고 이어서 10월 23일 유치원 3법(유아교육법·사립학교법·학교급식법의 개정안)을 발의했다. 유치원에서 유치원 비용으로 명품백과 성인용품을 사는 등의 비리가 드러나면서 학부모들의 거센 공분이 일어났고 그것이 유치원 3법 추진에 큰 힘이 되었다. 나는 이런 상황에서 유치원 3법을 검토해야 했는데, 기본적으로 유치원 3법은 야당의 반대가 있는 쟁점법안이었다. 그래서 나는 처음에는 유치원 3법에 대해 구체적으로 검토보고하는 것에 신중한 입장이었다. 그러나 박용진 의원이 발의한 원안에는 너무 문제가 많았다. 그 문제들을 놔두고 그대로 입법하게 되면 그야말로 부실입법이 되고 만다. 유치원 3법은 의원입법이지만 당정협의를 거쳐 발의된 것임에도 교육부는 그 문제점들을 수정·보완하는 역할을 전혀 하지 못했고 발의 이후에도 검토보고서 작성 과정에서 일반적으로 제공하는 정부 측의 의견을 전혀 내놓지 못했다.

평생 좌고우면하지 않고 원칙과 소신을 지켜온 나로서는 부실입법을 막기 위해서 일정한 범위에서 역할을 해야 한다고 생각했다. 유치원 3법의 필요성은 인정하되 문제점들을 수정·보완하는 방향으로 의견을 내기로 했다. 쟁점법안일 뿐 아니라 당시 분위기를 고려할 때 내가 의견을 내는 것은 위험을 떠안는 것이었지만 피하지 않기로 했다. 그런 과정을 거쳐서 검토보고서가 나오게 되었는데, 다행스럽게도 이후 전체위원회나 소위원회 심사과정에서 나는 검토보고와 관련하여 특별히 지적을 받지는 않았다. 오히려 내가 법안의 문제점을 조목조목 지적하는 의견을 내놓자 교육부는 그제야 2018년 11월 12일 소위원회에서 그 내용들을 대폭 수용하여 수정의견을 내놓았다.

유치원 3법은 그해 11월과 12월 우리 위원회에서 7차례의 소위원회 심사가 있었고, 이후 임재훈 의원이 12월 24일 발의한 법안들이 12월 27일 신속처리안건으로 지정됐다. 이 법안들이 2020년 1월 13일 본회의에서 일부 수정을 거쳐 통과됐다.

박용진 의원 안과 임재훈 의원 안은 사립학교법에서 교비의 목적 외 사용에 대하여 형사처벌할 수 있도록 한 것은 같으나, 박용진 의원 안은 유아교육법에서 국가의 무상교육 지원금을 보조금으로 전환하여 목적 외 사용 시 보조금 관련 법률 위반과 형법상 횡령죄로 처벌할 수 있도록 한 반면, 임재훈 의원 안은 그것을 제외했다. 사실 임재훈 의원이 발의한 법안들은 내 검토보고서와 교육부의 수정의견을 적극 반영한 것이라고 할 수 있다.

유치원 3법은 나의 경험상 매우 특이한 입법과정을 거쳤다. 박용진 의원이 비리 유치원 명단을 발표하자 그것이 엄청난 이슈가 되었고 박용진 의원은 언론을 통해서 그 이슈를 지속적으로 확대 재생산했다. 그러다 보니 우리 위원회에서 유치원 3법을 심사할 때는 항상 수십 명의 기자가 진을 치고 열띤 취재경쟁을 벌이는 진풍경이 연출됐고 소위원회를 7차례나 했을 뿐만 아니라 국회 사상 최초로 전체회의장에서 소위원회를 개최하기도 했다. 박용진 의원은 원래 법안심사소위원회 위원이 아니었지만 유치원 3법을 위하여 소위원회 위원이 됐다. 국회 역사상 특정 입법 사안 때문에 의원 개인이 이렇게 언론의 집중적인 주목을 받은 것은 박용진 의원이 처음이라고 할 수 있다.

나는 기본적으로 유치원 3법의 취지인 유아교육의 공공성 강화에 찬성한다. 그러나 입법은 이해관계자를 배제하고 일방적으로 추진되어서는 안 된다. 유치원 3법은 여론의 압력을 등에 업고 이해관계자인 사립유치원의 의견을 묵살한 채 일방적으로 추진되었다고 할 수 있다. 입법의 내용 못지않게 절차적 정당성도 중요한데 그 측면에서는 아쉬운 사례라고 할 수 있다. 물론 사립유치원이 너무 강경하게 반대함에 따라 반작용이 있었다고 볼 수는 있다.

그러나 재판에서도 여론 재판을 긍정적으로 볼 수 없듯 입법에서도 여론 입법을 긍정적으로만 볼 수는 없다. 유치원 3법은 여론의 압력이 강하게 작용하여 이해관계자의 입장이 배제된 최초의 여론 입법 사례로 평가될 수 있다고 본다.

박용진 의원은 유치원 3법 통과 이후 사립유치원에 대한 국가의 지원을 늘려야 한다고 말하고 있다. 특히 사립유치원 교사들의 처우개선에 대한 지원이 필요하다고 한다. 법인도 아닌 개인 소유 사립 유치원에 그것이 합당한 것인지 의문이 들기도 하지만, 그렇다면 결국 유치원 3법은 사립유치원에 불리한 것이라고 할 수도 없는 것인데, 입법과정에서는 왜 사립유치원을 설득하지 못하고 그렇게 일방적으로 입법하게 된 것인지 의문스럽다.

유아교육법상 유치원 설립은 교육감의 인가를 받아야 하지만 시설·설비 등 설립기준을 갖추고 교육감이 수립하는 유아배치 계획에 적합하면 당연히 인가하도록 하고 있다. 정부는 종래 유치원 설립을 권장했고 누구나 쉽게 유치원을 설립할 수 있다. 사립유치원은 법인이 아니라 개인 소유이기 때문에 그 운영에서도 규제가 크지 않았다. 사립유치원의 설립과 운영에서는 그만큼 민간의 자율성과 영리성이 인정되어 온 것이다.

정부가 사립유치원에 쉽게 국가관리회계시스템(에듀파인)을 의무화하지 못한 이유도 거기에 있다. 그런데 종래 사립유치원에 대해 그렇게 해 왔던 국가가 유치원 3법의 입법을 통해서 갑자기 유아교육의 공공성을 강화하기로 방향을 바꾼 것이라고 할 수 있다. 그 방향전환이 바람직하다 하더라도 종래 사립유치원을 경영해 온 사람들에 대한 영향은 최소화하도록 할 필요가 있다. 그것은 유치원처럼 만 3~5세 어린이를 대상으로 같은 누리과정을 운영하는 어린이집과의 형평성을 고려하더라도 당연한 것이다.

종래 누구나 쉽게 유치원을 설립할 수 있도록 해 왔기 때문에 유치원 3법이라는 새로운 법제도에서 유치원을 계속 경영하기 어려운 사람들에 대해서는 신뢰보호의 원칙에 부합하도록 경과조치 등을 통해 퇴로를 열어주어야 한다. 물론 지금도 사립유치원 폐원이 증가하고 있다고 한다. 그것은 유치원 3법뿐 아니라 학령인구 감소의 영향도 있을 것이다. 정부에서는 그 경우 사립유치원 폐원의 폭증을 염려할 것이다. 그러나 유치원

3법이 신뢰보호의 원칙에 대한 진지한 고려가 없이 추진된 것도 문제이지만, 향후에도 신뢰보호의 원칙에 대하여 전향적인 대책을 내놓을 수 없다면 유치원 3법은 결코 좋은 입법이라고 평가할 수 없을 것이다.

유치원 3법에 대한 내 검토보고는 여야 모두에게 좋은 평가를 받았다. 박용진 의원 등 여당 의원들에게 고맙다는 인사를 들었을 뿐만 아니라 한국당 의원들도 소위원회 때 공개적으로 나를 칭찬했고 이후 이례적으로 전체회의장에 들어서면서 내게 악수를 청하기도 했다. 김한표 한국당 간사 의원은 내가 2019년 초에 본인 부재중일 때 새해 인사차 사무실에 들렀더니 다음 날 답례로 전화를 주기도 했다. 이는 매우 이례적인 일이라고 할 수 있다.

강의 후 수강 직원들에게 만점 평가를 받다

11월 22일 입법고시 합격생 11명에게 2시간 특강을 했다. 내가 그동안 국회에서 어떻게 일해 왔는가를 위주로 내가 작성한 글이나 회의록 등을 가지고 얘기해 줬다. 그런데 나는 특강이 끝나고 수강생들이 하는 평가에서 4개 항목 모두 매우 우수 평가를 받았다. 다시 말해서 만점을 받은 것이다. 비록 11명에 불과하지만 아무나 만점을 받지는 못할 것이다. 그 강의를 담당하는 직원도 그런 경우는 처음 봤다고 말했다. 이후 나는 그들에게 식사를 대접하면서 그 얘기를 했더니 모두 깜짝 놀랐다. 나는 내 강의가 어떤 게 좋았느냐고 물었더니 내가 의원에게 지적받은 것까지 솔직하게 드러내서 얘기한 것과 회의 현장에서 우리 일이 어떻게 진행되고 그 결과 의원이나 행정부와의 관계에서 어떤 일이 발생하는지 사례를 들어 준 게 좋았다고 말했다. 아무튼 내가 회의록까지 첨부해서 생생하게 다 얘기하니까 그게 다른 강사들과는 차별성이 있었을 것이라고 생각한다.

위원장이 내게 거리를 두다

국회 위원회 위원장실과 수석전문위원실은 가까이 붙어 있다. 주초에 위원장에게 인사를 드리는 것이 내 원칙이었다. 2020년 1월 초에 이찬열 위원장에게 인사드리러 갔는데 갑자기 이 위원장이 내게 언제 그만두느냐고 묻는 것이었다. 그래서 오는 6월 말 정년 1년 전에 명예퇴직할 거라고 답했다. 그랬더니 이 위원장이 "그럼 퇴직하고 연금 가지고 삽시다"라고 말했다. 나는 이 위원장이 내게 부적절한 말을 했다고 느꼈다. 그리고 이 위원장은 내가 매주 한 번씩 인사하는 것도 안 해도 된다고 했다. 이 위원장은 지난해 내 책 발간 기념회 때는 내가 부탁하지 않았는데도 스스로 축사를 해줬는데 이제는 나를 멀리하겠다고 하는 거구나라고 느껴졌다. 그래서 위원장 비서실장에게 혹시 위원장이 나에 대한 무슨 안 좋은 얘기를 들은건지 물어봤다. 그랬더니 한사코 아니라고 부인하는 것이었다. 난처한 표정 같은 것이 보였다. 그에게서 상식적이지 않은 게 느껴졌다. 뭔가 들은 게 없다면 당연히 무슨 얘기냐고 물어야

지 무턱대고 부인만 하는 게 이상했다. 그런데 나는 사실 아무 것도 모르고 있었기 때문에 위원장이나 비서실장이 내게 그렇게 해도 할 수 있는 게 특별히 없었다.

『입법의 현장』 책을
직원들에게 나눠주고 싶어도 나눠줄 수 없었다

나는 『입법의 현장』 책 발간을 추진하면서 책이 나오면 원하는 직원들에게 한 권씩 선물할 생각이었다. 내 책은 국회 기능과 운영에 관한 구체적 이야기이고 검토보고서 작성법도 포함되어 있어서 업무에 도움이 되기 때문에 원하는 직원들이 많을 것으로 생각했다. 그래서 우리 직원들에게 수요를 파악해서 알려주면 보내주겠다고 몇 차례 얘기했다. 그런데 그게 웬일인지 잘 안 되었다. 주위 직원들에게 물어봐도 아무도 그 이유를 얘기해 주지 않았다.

그래서 유성엽 의원께 유인태 사무총장에게 그런 뜻을 전해 달라고 부탁했다. 유 의원은 도서구입비 예산이 있으니 그걸 쓸 수 있는 것 아니냐면서 얘기를 해보겠다고 했다. 그런데 유 의원이 2019년 1월 18일에 유 총장을 만나서 얘기했지만 현직이어서 안 된다고 했다면서 흙 속의 진주를 몰라본다고 안타까워했다. 문희상 의장도 추천사를 부탁했더니 현직이어서 안 된다고 했는데, 또 현직이란 게 안 되는 이유가 된 것이다. 현직 직원들이 책 발간하면 일정 수량 구입해주는 게 관행이었는데 언제부터 그렇게 바뀌었다는 것인지 알 수가 없었다.

그런데 내가 진짜 원하는 것은 도서구입비 예산으로 내 책을 사서 배포해 달라는 것이 아니었다. 자비로 원하는 직원들에게 책을 나눠주고 싶었는데, 문제는 원하는 직원들이 없다는 것이었다. 외부에서는 좋은 평가를 받는 책이 정작 내부 직원들에게는 왜 이렇게 인기가 없는 것인지 알 수가 없었다.

비로소 내 이혼 전력 모략을 알게 되다

나는 2019년 1월 중순에 조대현 입법심의관에게 전혀 생각지 못한 얘기를 들었다. 조 심의관이 2016년 8월 초 국회 사무처 인사 직후에 당시 우윤근 사무총장을 만난 적이 있는데, 우 사무총장이 "정 수석, 결혼 세 번 했다며?"라고 했다는 것이다. 나는 그 얘기를 듣고 그동안 내가 겪었던 모든 일들의 의문이 풀리는 것 같았다. 당시 누군가 우 사무총장과 정세균 의장에게 내 이혼 전력에 대하여 모략 보고했고 그것이 모든 것을 바꿔놓았다는 것을 깨닫게 되었다. 그로 인해서 내가 사회적으로 매장된 것 같은 최악의 처지로 몰렸다고 느껴졌다.

2016년 8월 당시나 그 이후나 계속 이혼 상태인 나는 그때부터 진실이 무엇인지 알리고 싶었고 억울함을 해소하고 싶었다. 그래서 1월 28일 저녁, 10여 명이 참석한 전북향우회 모임에서도 내 사생활을 공개해서 이해를 구했고 우리 직원들에게도 회의를 열어서 전처와의 이혼 사유를 비롯해서 재혼이 파탄난 이유 등에 대해서 설명했다. 어느 직원은 이미 다 지난 얘기인데 왜 뒤늦게 그것을 꺼내느냐고 말했다. 그는 내 사생활 모략을 지난해 7월 차장 인사 때 경쟁하다 있었던 일 정도로 치부했다. 그러나 내가 경험한 일들은 그런 정도가 아니었다.

나는 한공식 입법차장에게 당한 일을 비롯해서 영문을 모른 채 참담한 일들을 너무 많이 당했기 때문에 도대체 왜 그런 일들이 생기는 것인지 의아하기만 했는데 비로소 안개 걷히듯 그 모든 일들의 이유를 알게 되었다.

설 연휴 직전에 우리 위원회의 조기열 전문위원이 정세균 의원에게 인사차 들렀다. 그런데 조기열 위원이 교육위원회에 있다고 하니까 정 의원이 내 얘기를 꺼냈다고 한다. 의장 재임 중 나를 차장에 발탁하려고 했는데 사생활에 관한 안 좋은 얘기가 들려서 그러지 못했고 지금도 안타깝게 생각한다는 얘기였다. 그래서 이미 내게서 억울하다는 얘기를 들은 조 위원이 소문하고 사실은 다를 수가 있다고 말씀드렸더니 어떻게 그런 일이 있을 수 있느냐며 놀라워했다고 한다.

나는 조기열 위원에게 그 얘기를 듣고 정세균 의장 시절 비서실장을 지낸 김교흥 전 비서실장에게 전화해서 어떤 일이 있었고 누가 보고했는지 물었다. 그랬더니 처음에는 특별한 것이 없었다고 잡아뗐으나 정 의원이 한 얘기를 들려주었더니 비로소 내 이혼 전력에 대한 보고가 있었는데 본인이 아닌 다른 라인에서 보고했다고 말했다.

4월 초순에 문희상 의장실 어느 비서관을 만났는데 업무 협의를 하다가, 나에 대한 직장 내 평판을 물어보게 되었다. 그런데 그는 뜻밖에 내가 실력 있는 사람인데 모략을 당해서 피해를 보고 있다는 취지로 말했다. 나는 그와 함께 의장실에 근무하는 다른 비서관, 그리고 조기열 위원 이렇게 넷이 5월 3일 점심을 같이했다. 인사 업무를 하는 그 비서관은 2018년 7월 의장실에 오면서 내 사생활 얘기를 듣게 되었고 2018년 7월 인사 때 그것이 영향을 준 것처럼 얘기를 했다. 아무튼 그들은 내 억울함에 공감하면서 그것이 해소되기를 바라는 입장이었다. 우리는 6월 12일 저녁에 다시 한번 식사를 같이했다. 그때는 이미 문 의장이나 유 사무총장이 내 호소를 묵살하기로 방침을 정한 뒤였기 때문에 우리는 내 문제에 대한 얘기는 하지 않았고 그냥 일반적인 얘기만 나눴다.

4월 하순에 호남 출신이면서 나와 친분이 두터운 어느 수석과 만나서 내 사생활에 대한 모략이 언제부터 시작되었고 얼마나 퍼져 있는지를 물었다. 그는 정세균 의장 시절에 내가 사생활 문제 때문에 차장에서 낙마했다는 것을 알 만한 사람은 다 알고 있다고, 이미 오래전에 그렇게 알려졌다는 취지로 말했다. 내가 아는 어느 전북 출신 후배도 2016년 8월 인사 직후 '세 번 이혼'이라는 얘기를 들었다고 얘기해 줬다.

역대 최초로 우수 검토보고서를 모아서 책으로 펴내다

나는 6월 말 퇴직을 앞두고 그동안 내가 수석으로서 작성한 900여 건의 검토보고서 중 우수한 것 60여 건만 모아서 책으로 발간하기로 했다. 그것에 대하여 입법조사관들에게 의견을 구했더니 부정적으로 보는 사람들도 있었고 긍정적으로 보는 사람들도 있었다. 부정적으로 보는 이유는 누구든지 국회 사무처 인터넷사이트에서 무료로 볼 수 있는 검토보고서를 모아서 책으로 내면 사 볼 사람이 별로 없을 거라고 보기 때문이었을 것이다.

그러나 책을 발간하는 내 주요 기준은 수요의 많고 적음이 아니었다. 나는 전문위원에게 검토보고서는 업무의 핵심이고 특권이라고까지 생각했고 그래서 마지막 퇴직할 때까지 검토보고서를 손에서 놓지 않았기 때문에 그런 의미가 부각되기를 바랐다. 전문위원들이 검토보고서를 소홀히 하는 풍토를 타파하기 위해서는 내가 작성한 검토보고서 중 우수한 것을 내놓고 평가를 받아보는 것이 필요하다고 생각했다. 검토보고서에 법안의 주요 사안에 대한 면밀한 논증, 견제와 균형의 고민이 담긴다면 우수하다고 할 수 있다. 나는 떠나더라도 후배들이 훌륭한 검토보고서를 작성하기 위하여 좀 더 노력하기를 바랐다. 책 발간은 2018년 『입법의 현장』을 발간한 '피데스' 출판사에 맡겼다. 정의화 전 의장께 추천사를 부탁드렸더니 흔쾌히 써주셨다. 그렇게 해서 4월 12일 국회 역사상 최초로 우수 검토보고서가 책으로 나오게 되었다. 비록 검토보고서는 전문위원 혼자 쓰는 것은 아니지만 나는 후배 전문위원들도 나처럼 스스로 우수 검토보고서를 모아서 책으로 내놓고 평가를 받는 것이 필요하다고 본다.

네 번째 워크숍 개최

2019년 6월 5일 우리 직원들과 워크숍을 가졌다. 나와 안병후 입법조사관이 각각 발제를 했고 교육부와 한국교육개발원, 입법조사처 직원이 지정토론을 맡아서 진행했다. 나는 위헌 소지 문제 때문에 우리 위원회를 통과한 뒤 1년여 만인 2018년 12월 본회의를 통과한, 비리사학 재산귀속 관련 개정 사립학교법의 개정과정을 조명하는 내용을 발제했다. 나는 2016년부터 우리 직원들과 같이 주제를 나눠서 발제하는 워크숍을 매년 개최해 왔다. 실제 입법 사례를 가지고 우리의 업무상 개선점을 찾아보자는 취지였다. 우리 위원회에서 워크숍을 경험한 직원들은 그 의미를 대부분 긍정적으로 생각할 것이라고 본다. 이번 워크숍도 내용이나 분위기가 매우 좋았다. 내부는 체육대회 등 때문에 참석자가 거의 없었지만 외부에서 변호사 2명 등 여러 명이 참석했고 끝난 후 좋은 평가를 해주었다. 한 변호사는 전문위원이 법안의 위헌 소지 등에 대해 지적하기 어렵다는 것이 의아하다는 듯 말하기도 했다. 지난 4년여간 이런 워크숍을 개최할 수 있었던 걸 기쁘게 생각하고 수고해준 직원들에게 고맙게 생각한다.

내가 그만두면 일하기 어려워진다

6월 초순에 「한국당」 곽상도 의원이 나를 불렀다. 법안 관련 얘기를 좀 나누고 나서 내가 6월 말 '명예퇴직' 한다고 했더니 정치할 생각이냐고 물었다. 나는 그런 생각은 없고 아들이 고1이어서 아들 뒷바라지할 거라고 말했다. 그랬더니 내가 그만두면 일하기 어려워진다면서 문 의장에게 얘기하고 연락을 주겠다고 했다. 나는 무얼 기대하지는 않았지만 내가 공정하게 일했다는 것을 곽 의원에게 인정받은 것이어서 기뻤다. 사실 곽의원은 2018년 8월에 인사차 들렀을 때도 내게 잘한다고 칭찬했었다. 이후 곽 의원에게 어떤 연락을 받지는 못했다.

마지막까지 견제와 균형의 역할을 다하다

나는 정년을 1년 앞두고 2019년 6월 말 명예퇴직 했다. 나는 내 결백한 사생활에 대한 모략 등 내게 온갖 만행이 자행된 것을 뒤늦게 알고 억울함을 풀기 위하여 마지막 5개월여를 고군분투하면서 보냈지만, 그렇다고 내 일에 소홀하지는 않았다. 6월 26일 소위원회에서 고등학교 무상교육 실시에 관한 내용의 초·중등교육법 개정안을 심사했는데, 나는 한국당 의원들이 불참한 가운데 진행되는 상황에서 그동안 한국당 의원들과 같이 논의한 결과를 반영한 대안을 준비했고 그 사항을 보고했다. 법안의 체계 수정에 있어서도 교육부에서는 유아교육법과 같은 형식으로 준비했는데, 유아교육법은 무상의 범위를 위임하는 반면, 초·중등교육법은 법에 명시하는 것이어서 적절하지 않다는 것을 지적했고 그래서 내가 마련한 안이 채택되었다.142)143)

---

142) ● **수석전문위원 정재룡** 제 개인 의견이 아니라 그동안 우리 위원회 차원에서 논의를 그렇게 해서 조명을 비롯해서 거기 각 항에 조문 하나하나를 그렇게 준비한 상황이 되겠습니다.
　　일단 조명을 '교육비 부담'이 아니라 '무상교육'으로 바꾸는 부분하

고, 또 실제 각 항의 조문을 어떻게 할 것인지에 대해서 논의가 아직 없는 상태인데요.

아시다시피 아무튼 한국당 쪽에서 무상교육을 직접 명시하는 것보다는 이렇게 교육비 부담이라든가 이런 식으로 하는 게 더 바람직하다는 의견이 실제 있었지 않습니까? 그런 부분이 반영된 게 현재 대안 상태입니다. 그 부분에 대한 고려가 일단 필요하다고 보고요.

그다음에 실제로 무상교육을 명시한다고 할 때 조문을 어떻게 만들 거냐, 이 부분이 논의가 좀 되어야 됩니다. 그런데 현재 저희가 실무적으로 받은 것은 사실은 유아교육법에 있는 걸 아무 고민 없이 그냥 그대로 가져다가 그냥 대충 되어 있는 형태의 실무안을 일단 받았는데, 이대로는 좀 안 되기 때문에 좀 더 수정 보완이 필요한 상태입니다.

그러니까 교육부에서 준비한 조문을 아마 배포를 아직 안 한 것 같은데, 그러니까 정확하게 차관님께서 그냥 조명만 바꾼다는 건지 아니면 조문 내용도 어떻게 다시 수정한다는 건지 논의가 있어야 될 것 같습니다.

143) ◉ **수석전문위원 정재룡** 일단 원래 준비된 대안으로 갈 거냐 아니면 항을 새로 만들어서 3항까지 하는 이 방안으로 갈 거냐에 대한 선택을 먼저 해야 되는데요. 만약 지금 교육부에서 일단 준비한 걸 가지고 3항까지 수정하는 방식으로 한다면 저희가 준비한 걸 한번 보고를 드리겠습니다.

◉ **소위원장 조승래** 말씀해 보세요.

◉ **수석전문위원 정재룡** 지금 '무상으로 하되, 범위는 다음과 같다' 이렇게 하는 것은 일단 유아교육법 형식에 맞추어서 그냥 그렇게 되어 있는 거거든요. 굳이 그럴 필요가 없거든요. 지금 4호까지 법에 직접 명시하고 있지 않습니까? 그러니까 '이에 준하는 각종 학교에서 실시하는 교육에 필요한 다음 각 호의 비용은 무상으로 한다' 이렇게 간명하게 하는 게 더 바람직하다 이렇게 보고요.

◉ **소위원장 조승래** 예.

◉ **수석전문위원 정재룡** 2항 같은 경우도 '제1항에 따라 무상으로 실시하는 교육에 드는 비용은' 이게 필요가 없습니다. 지금 교육부 안에도 보면 제1항 '각 호의 비용'이라는 표현이 2항에도 나오고 3항에도 나오지 않습니까? 그냥 제1항 각 호의 비용은 국가 또는 지자체가 부담하고, 학교의 설립자·경영자는 쭉 이렇게 해서 이를 받을 수 없다, 이렇게 간명하게 처리하면 되고요. 3항 같은 경우도 '1항 및 2

처참히 짓밟힌 '빛과 소금'

2019년 6월 28일(금) 마지막 근무를 마치고 집에 왔더니 어느 후배 수석이 큰 과일 바구니에 "그동안 노고에 감사드리며 앞으로도 사회에서 빛과 소금이 되시기를 기원합니다"라고 써 붙여 보내주었다. 그렇다면 내가 국회 사무처에서 '빛과 소금'과 같은 존재였다는 건데, 너무 처참히 짓밟힌 것 아닌가? 만감이 교차했다.

항에도 불구하고 설립자·경영자는 학생과 보호자로부터 제1항 각호의 비용을 받을 수 없다' 이런 식으로 정리하면 간명하게 될 수 있을 것 같습니다.

◉ **소위원장 조승래** 예, 교육부 의견?
◉ **교육부차관 박백범** 동의합니다.
◉ **소위원장 조승래** 그러면 그렇게 하시지요. 그렇게 간명하게 조문을 정리하시는 것으로 하겠습니다.

5. 우리 사회에 법과 정의는 살아 있는가?

교통사고의 진실을 밝히기 위한 한 시민의 3년여 간의
법적 투쟁을 세상에 알린다.

국회사무처

5. 우리 사회에 법과 정의는 살아

있는가?[144)]

(1) 서론

지난 5월 5일 「한겨레신문」에 의하면 한 지체장애인이 단지 한 사기사건의 피고소인과 같은 이름이라는 이유 하나로 똑같은 사건에 대해 검·경으로부터 6년간 4차례나 조사를 받았다는 보도가 있었다. 담당 검사가 바뀔 때마다 김 씨가 피고소인이 아니라는 기록이 전달되지 않아, 기소중지자 검거에 나설 때마다 경찰이 김씨 집으로 찾아오는 일이 반복됐기 때문이다. 법 집행기관의 불성실한 업무처리가 오랜 기간 동안 애먼 장애인의 고초를 낳았다.

여기 알리는 한 시민의 억울함과 고통은 그보다 더욱 큰 것으로 보인다. 이 시민은 약 3년 전에 차량충돌 교통사고를 당한 후 가해자로 처리되자 그 진실을 밝히기 위해 지금까지 투쟁을 계속하고 있다. 이 교통사고의 처리과정을 살펴보면 경찰의 최초조사가 편파적으로 이루어졌고 이러한 최초조사 결과는

---

144) 이 글은 2004년 6월에 쓴 글이다. 148~149쪽 참조.

사실적 및 방법론적 오류에도 불구하고 이후의 도로교통안전관리공단의 기술지원이나 검찰의 수사지휘 및 수사, 법원의 재판, 여러 국가기관에 제출한 민원의 처리과정 등에서 제대로 검증되지 않은 채 여전히 그대로 인정되고 있다.

오히려 경찰의 최초조사 이후 각 기관의 문서, 참고인 진술서 등이 일련의 과정 속에서 계속 경찰의 최초조사 결과를 사실로 합리화하는 방향으로 부정확하게 작성되거나 왜곡·조작된 것으로 의심되는 점에 비추어 볼 때 진실을 은폐하기 위한 조직적 공모가 있었지 않나 하는 의구심이 든다. 이 시민의 사례는 국가의 수사와 재판기능이 정상적으로 작동하지 않을 때 발생할 수 있는 각종 부조리와 문제를 총체적으로 보여주고 있다.

(2) 기나긴 법적 투쟁과 외면된 진실

가. 사고발생과 경찰의 최초조사

경남 밀양에 사는 허찬권(동물병원장, 62세) 씨는 2001년 4월 29일 08시 30분경 인근 마을에서 송아지 난산을 처리하고 돌아오는 길에 밀양시 내이동 한솔병원 앞 편도 1차선 도로에서 차량충돌 교통사고를 당하였다. 당시 사고 순간의 목격자는 없었고 증거물인 차량의 파편도 양쪽 차선에 널려 있어 사고원인과 충돌지점을 쉽게 밝히기 어려운 사고였다.

사고 상대방 측의 연락에 의해 출동한 경찰은 허찬권 씨가 의식을 잃고 바로 앞 병원에 실려 간 상태에서 현장을 조사했다. 상대방 차량 운전자(김정효)의 처남이자 동승자(허옥순)의 아들인 관할 경찰서(밀양)의 경찰관(이상범)이 사고 연락을 받고 와서 동료 경찰관(최상기)의 사고조사를 도왔다. 이러한 정황은 당시 경찰의 사고조사가 객관적이고 공정하게 이루어지지 않았을 수도 있음을 시사한다.

이 사고에 대한 최초의 문건은 당일 작성된 경찰의 "교통사고 발생상황 보고"였다. 이에 따르면 이 사고는 허찬권 씨가 한솔병원에서 도로에 진입 중인 번호 불상의 차량을 뒤늦게 발견하고 이를 피하려고 급제동을 가하자 허찬권 씨의 차가 빗길에 미끄러지면서 중앙선을 넘어 반대차선에서 오던 상대방 차와 충돌하여 발생했다는 것이다. 그런데 이는 사고 상대방 측 이외에 아무런 증인이나 증거가 없는 상태에서 상대방의 주장만을 사실로 받아들인 내용이다.

그러나 허찬권 씨뿐만 아니라 상대방 차에 동승한 허옥순 씨도 1심 재판에서 한솔병원 쪽에서 나온 불상의 차량의 존재를 부인한 점, 사고현장약도에서 허찬권 씨 차의 최종정지위치가 실제와 다르게 기재된 점145), 봉고화물차의 앞창 유리가 파손

---

145) 이는 현장사진으로 확인할 수 있는바, 재판과정에서 약도를 작성한 경찰관 등도 이를 시인하였으며, 실제와 약도의 차이로 허찬권 씨는 4m 80cm를 주장하는 반면, 경찰은 약 3m라고 밝혔다.

되어 떨어졌으나 충돌지점을 판단하는 데 중요한 증거가 될 수 있는 이 파손된 유리가 증거로 채택된 현장사진에 존재하지 않는 점146) 등을 감안해 볼 때 이 문건을 그대로 신뢰하기는 어렵다고 할 것이다.147)

나. 도로교통 안전관리공단의 분석

이후 경찰은 이러한 사고조사 결과에 대해 허찬권 씨가 이의를 제기하자, 5월 7일 도로교통안전관리공단(이하 '공단'이라 함)에 교통사고조사 기술지원을 요청하였다. 그러나 경찰이 기술지원을 요청한 문서를 보면 이 사고를 객관적으로 조사해 달라는 것이 아니었다. 경찰의 1차 조사결과를 사실인 것처럼 적시하고 허찬권 씨의 주장을 반박하면서 이런 다툼을 명백히 하기

---

146) 제3의 교통사고 분석 전문가의 견해에 따르면, 경찰은 이 파손된 유리를 치운 상태에서 사진을 촬영했을 가능성이 높다고 한다(K&K 교통사고 조사 분석 센터, 「교통사고 조사 분석 결과서」, 21쪽). 참고인 중 한 사람인 이도일 씨는 진술서에서 "중앙선 오른쪽에는 와이드 봉고 전면유리가 있었는데"라고 진술하였는데, 최근 그는 진술서에 있는 "중앙선 오른쪽"은 "부북면에서 밀양 쪽"이라고 밝힘으로써 허찬권 씨가 진행하던 차선이라는 점을 명확히 하였다. 따라서 허찬권 씨에게 매우 유리한 증거인 봉고화물차의 파손된 앞창 유리를 사진촬영 전에 누군가 고의로 치운 것으로 의심된다.

147) 허찬권 씨는 상대방 차가 직진 중인 허찬권 씨의 우측에서 좌회전하여 반대 차선으로 진입하기 위해 무단으로 끼어들어 허찬권 씨 차를 충격함으로써 사고가 발생했다고 주장한다. 위 각주에서 인용한 「교통사고 조사 분석 결과서」는 허찬권 씨의 주장을 뒷받침하고 있다.

위하여 조사를 의뢰한다는 것이어서 논란의 불씨를 제공하고
있다.

이러한 경찰의 의뢰에 따라 공단은 5월 25일 현장조사를 하
고 이를 분석하였다. 현장조사 당시 허찬권 씨 쪽에서는 경찰
의 1차 조사에서 허찬권 씨 차의 최종정지위치가 사진증거에
입각해 볼 때 잘못되었다는 점을 항의하고 시정을 요구하였지
만, 이는 끝내 수용되지 않았다. 공단은 6월 9일 이 사고에 대
한 분석서를 경찰에 제출하였는바, 이 분석서는 사고 후 상대방
차가 어떻게 17.7m를 전진할 수 있었는지, 허찬권 씨 차선에
있는 유리 파편의 종류 및 이 유리 파편이 허찬권 씨 차선에 있
는 이유, 허찬권 씨 차의 각 부위의 파손 및 충돌자국이 어떻게
발생했는지 등에 대해서 설명이 없거나 명쾌하지 않다.

특히 상대방 차가 충돌 후 그 충격력이 무게중심 좌측방향으
로 작용함에 따라 진행방향이 좌측방향으로 약간 바뀌면서 좌
측으로 나아갔다는 것은 납득하기 어려운 것으로 보인다.[148]
이는 경찰의 1차 조사에서 설정된 충돌지점과 충돌 후 상대방
차의 실제 최종정지위치를 어떻게든 꿰맞추기 위해 조작된 논
리가 아닌가 의심된다.[149] 더구나 상대방도 허찬권 씨 차가 중
앙선을 넘어와서 우측으로 피했다고 진술하고 있으므로 상대방
차가 경찰이 설정한 지점에서 충돌한 후에 좌측으로 나아가 중

---

148) 「교통사고 조사 분석 결과서」 17쪽 이하 "(2) 충돌 후 이동방향
　　 과 회전방향" 참조.

149) 「교통사고 조사 분석 결과서」 20쪽 밑에서부터 셋째 줄 이하 참조.

앙선을 넘어 실제 최종정지위치에 갔다는 것은 설득력이 희박한 것으로 보인다.

전체적으로 볼 때 이 분석서는 애초 경찰의 기술지원 요청 의도에 충실하게, 어떻게든 경찰의 1차 조사 결과를 합리화시켜주기 위한 목적으로 작성된 것으로 의심을 갖게 할 뿐, 객관성이나 과학적 엄밀성을 찾아보기는 어렵다고 할 것이다.

공단은 경찰청 산하기관으로서 이사장과 감사는 경찰청장이 임면하고 이사는 이사장이 경찰청장의 승인을 얻어 임면한다(도로교통법 제87조). 이로 인해 공단의 임원뿐만 아니라 중간급 이상 직원들은 대부분 경찰 출신으로 임용되고 있다. 또한 매년 사업계획은 경찰청장의 승인을 얻어야 하고 결산은 경찰청장이 지정하는 공인회계사의 회계감사를 받는다(도로교통법 제95조 및 제96조). 이런 기관에 관할 경찰서 경찰관의 이해관계가 있는 교통사고의 분석을 의뢰한 것 자체가 부적절했다. 경찰이 진정 이 교통사고에 대한 객관적이고 공정한 과학적 분석과 검증을 원했다면 제3의 기관이나 전문가에게 의뢰했어야 했다.

다. 경찰의 최종판단

경찰은 6월 14일 이 분석서와 사고 순간 직후 현장을 목격한 세 사람(이영일, 석희율, 이도일)의 진술서를 근거로 최초조사 결과를 그대로 사실로 인정하는 "수사보고" 문건을 작성하였다. 하지만 앞서 살펴본 바와 같이 공단의 분석서는 경찰의 최초조사 결과를 사실로 인정해 주기 위해 작성된 문서라고 의심되므로 이를 근거로 이 사고를 판단하는 것은 공정하지 않다.

또한, 사고 순간 직후 현장을 목격한 세 사람의 진술서를 근거로 허찬권 씨를 가해자로 판단하는 것도 문제가 있다. 특히 이영일 씨와 석희율 씨의 진술서에서 사진증거 등에 비추어 볼 때 사실관계가 정확하지 않은 점이 발견되고 있으며, 석희율 씨와 이도일 씨의 진술서에서는 단지 사고 이후 현장을 목격한 것에 불과한데도 본인들의 주관적 추측으로 충돌지점을 진술하고 있는 것은 의문을 갖게 만든다.150) 하지만 경찰은 오히려 이런 참고인들의 진술서를 마치 객관적 증언처럼 적극적으로 이용하고 심지어 일부는 왜곡하고151) 일부는 축소하여152) 허

---

150) 이영일 씨의 진술서 중 "와이드 봉고차는 신촌 사거리 쪽에서 한솔병원 쪽으로 진행하였고"라고 진술된 부분은 사고 직후 현장을 목격하였음에도 마치 사고 순간을 목격한 것으로 오해를 야기한다. 또한 "사고 후에도 중앙선을 넘지는 않았습니다."라고 진술된 부분은 이 차량의 대부분이 중앙선을 넘은 것으로 확인할 수 있는 현장사진과 불일치한다. 석희율 씨의 진술서 중 모든 차량 파편이 와이드 봉고가 진행하던 차선에만 있었던 것으로 진술한 부분은 양쪽 차선에서 모두 유리 파편을 확인할 수 있는 현장사진과 불일치한다(유리 등 차량 파편이 양 차선에 존재했다는 점은 경찰이 일관되게 인정하고 있음). 최근 참고인들은 자신들의 진술서에 일부 정확하지 않은 점과 경찰의 설명이나 추측에 의한 진술이 있음을 인정하였다.

151) 위 각주에서 언급한 것처럼 이영일 씨의 진술서 중 "와이드 봉고차는 신촌 사거리 쪽에서 한솔병원 쪽으로 진행하였고"라는 부분은 추측에 의한 부적절한 진술인데도 불구하고 이를 악용하여 "와이드 봉고 화물차가 한솔병원 응급실 쪽에서 나온 것이 아니고 신촌사거리 방면에서 진행하였다는 진술이고"라고 적시하여 허찬권 씨를 가해자로 판단하는 근거로 삼았다.

152) 이도일 씨의 진술서에서 "사고 장소에는 부북 방면 중앙선에서

찬권 씨를 가해자로 판단했다.

또한, 허찬권 씨가 일관되게 자신은 피해자라고 주장하고 있음에도 불구하고 "충돌차량이 상대방 차량인지를 확실하게 진술하지 못했다", "허찬권 씨의 좌·우 교정시력이 0.8로서 시력이 나쁜 상태여서 비가 내리던 사고 당시 전방 시야를 확보하지 못하고 사고를 냈다"고 하는 등 허찬권 씨가 인정하기 어려운 사항들을 언급하고, 이러한 사항들을 허찬권 씨를 가해자로 판단하는 근거로 이용하고 있다.

이후 경찰은 검찰의 수사지휘를 받아 7월 10일 허찬권 씨를 안전운전의무 위반으로 통고 처분하였으나 허찬권 씨가 범칙금 (4만원) 납부를 거부하였고 이에 경찰은 7월 20일 즉결심판을 청구하였으나 법원으로부터 즉결심판 청구가 기각됨에 따라 이 건은 검찰의 손으로 넘어가게 되었다.

라. 검찰의 수사 및 판단

검찰(밀양지청)은 11월 16일 허찬권 씨와 상대방 측을 불러 대질신문 등의 방법으로 조사하였고, 11월17일에는 참고인들을 전화로 조사하였다. 하지만 문서에 나타난 검찰의 조사결과를

1m 부분 미등, 유리 등 차량 파편이 많이 있었고 중앙선 오른쪽에는 와이드 봉고 전면유리가 있었는데"라고 진술되어 있는 점은 와이드 봉고 전면유리가 허찬권 씨가 진행하던 차선에 있었다는 것이므로 허찬권 씨에게 매우 유리한 진술인데 경찰은 이를 전혀 언급하고 있지 않다.

살펴볼 때 검찰의 조사는 현장이나 증거 검증에 입각한 과학적 분석이 없는 형식적 조사에 그친 것으로 보인다. 특히 11월 17일자 "참고인들 상대 전화통화내용 보고"에서는 경찰의 "수사보고"(6월 14일)와 같은 오류가 반복되고 있고153), 전날의 대질조사에서 확인된 사항을 자의적으로 왜곡하거나154) 5월 1일자 경찰의 진술조서(허찬권)에 있는 사항을 사례로 들어 허찬권 씨가 일부 자신의 잘못을 시인하는 듯한 진술을 하였다155)고 하면서 경찰의 수사결과를 그대로 인정하는 것으로 결론을 내렸다.

이후 검찰은 11월19일 허찬권 씨를 도로교통법 안전운전의무 위반죄로 10만 원의 벌금형을 구하는 공소를 제기하여 약

---

153) 심지어 이 교통사고를 조사한 경찰관(최상기)은 허찬권 씨가 각종 탄원서와 진정서 등에서 스스로 자신이 피해망상증이 아닌가 우려된다는 표현을 하고 있다고 함으로써 허찬권 씨를 피해망상증 환자로 몰아가고 있는 것처럼 보인다. 그러나 허찬권 씨는 2001년 6월 10일 밀양경찰서장 앞으로 보낸 진정서에서 딱 한번 그와 유사한 표현을 사용한 것으로 확인되고 있다.

154) 허찬권 씨가 사고 후에 응급실에서 정신을 차리고 나서 피해자와 대화를 할 때 사고경위에 대하여 전혀 묻지 않았다고 하면서 이를 경찰의 판단대로 허찬권 씨를 가해자로 인정하는 근거로 삼고 있는데, 11월 16일 피해자(김정효)와 대질신문으로 작성된 "피의자신문조서"에 따르면 피해자는 허찬권 씨가 어떻게 된 것이냐고 물었다고 답한 반면, 이를 확인하는 질문에 허찬권 씨는 잘 모르겠다고 하면서 본인이 잘못한 것이 없기 때문에 이야기를 하고 말고 할 것도 없었다고 답변한 것으로 적시되어 있는바, 이러한 신문결과를 가지고 허찬권 씨를 가해자로 판단하는 근거로 삼는 것은 부적절한 것으로 보인다.

155) 그 사례로 피의자 스스로도 충돌을 하면서 중앙선을 넘은 것인지는 모르겠다고 한 점을 들고 있으나 이는 충돌 전에 중앙선을 넘었느냐 아니냐가 관건이라는 점에서 문제의 본질을 몰각한 측면이 있다.

식명령을 청구하였다. 이에 따라 2002년 1월 7일 법원은 검찰의 청구대로 약식명령을 내렸으나 허찬권 씨는 이를 거부하고 1월 15일 정식재판을 청구하였다.

　마. 법원의 형사재판

　법원은 이 건 사고조사를 담당한 경찰관(최상기), 이 건을 기술적으로 분석한 공단직원(정영훈), 사고현장에서 조사를 도왔던 상대방 측 가족인 경찰관(이상범) 등을 증인으로 불러 신문하였다. 또한 당초 사고 순간 직후 현장을 목격하고 진술서를 작성한 참고인들도 증인으로 불렀으나 이들은 출석하지 않았다.

　법원에서 증인신문과 사진증거 등에 대한 열람 등으로 쟁점이 부각되면서 앞서 언급한 것처럼 허찬권 씨를 가해자로 판단한 경찰과 공단의 조사와 분석이 일부 잘못되었다는 점, 그 근거가 명확하지 않다는 점이 지적되기도 하였고, 상대방 증인 간에 중요한 진술이 엇갈린 경우도 있었다. 그러나 이러한 일부 변화에도 불구하고 대법원까지 간 재판은 최초의 경찰수사 결과를 그대로 인정한 채로 끝나고 말았다(2003. 10. 10).

　바. 형사재판 확정 이후

　이후 허찬권 씨는 동년 12월 사고를 조사한 경찰관(최상기), 사고를 분석한 공단직원(정영훈) 및 상대방 운전자(김정효)를 허위공문서 작성 등의 혐의로 고소하였으나 검찰(창원지검 및 밀양 지청)은 이 건을 창원서부경찰서의 형식적 수사를 거쳐 증거불충분으로 무혐의 처분하였고(올해 3월 말과 4월 초), 이에 허찬권 씨는 4월 말에 항고를 제출하여 현재에 이르고 있다.

또한, 허찬권 씨는 상대방 차에 동승한 허옥순 씨의 치료비를 지급한 보험회사가 허찬권 씨가 가입한 보험회사를 상대로 제기한 구상금 청구소송에 피고로 참여하여 1심 패소 이후 현재 항소심을 진행 중에 있다. 하지만, 정작 상대방 차의 운전자는 무슨 연유에서인지 아직도 보험금 청구소송을 제기하지 않고 있다.

(3) 형식적 민원처리

허찬권 씨는 이 사고의 진실을 밝히기 위해 이러한 법적 소송 이외에 청와대를 비롯한 여러 국가기관에 민원을 제출하여 억울함을 호소하였다. 그러나 이러한 민원을 제출받은 기관은 이를 자체적으로 조사하여 시시비비를 가리기보다는 이 건을 직접 처리한 관할기관에 이첩함으로써 허찬권 씨의 호소를 외면했다. 일부 민원에 대한 회신의 내용도 진실을 밝히려는 노력은 찾아보기 어렵고 그저 이해하기 어려운 논리로 경찰의 조사결과를 인정하고 허찬권 씨의 주장을 반박하는 차원에 머물렀다.[156]

---

156) 민원에 대한 무성의한 회신의 사례로는 2001년 8월 21일자 경남

(4) 적용 법조의 문제

한편, 이 건에 대한 법 적용을 살펴보면, 허찬권 씨가 운전 중 중앙선을 넘어가 상대방 차를 충격함으로써 상대방의 인체에 상해를 입혔다면, 교통사고처리특례법 제3조 제1항을 적용하여 5년 이하의 금고 또는 2,000만 원 이하의 벌금에 처해야 하는 것으로 보인다. 그런데 단순히 도로교통법 제113조 제1호를 적용하여 10만 원의 벌금에 처한 것이 타당한지 의문이 든다.

2001년 당시 경찰은 "범죄인지보고"(5월 28일), 검찰에 보내는 의견서(7월 18일), 즉결심판청구서(7월 20일) 등에서 적용 법조로 교통사고처리특례법 제3조 제1항을 적시하기도 하였다. 그러나 검찰은 기소하면서 공소사실로 허찬권 씨가 전방의 한솔병원 응급실 쪽에서 우회전하며 갑자기 도로에 진입하는 불상의 차량을 피하기 위하여 급제동하면서 중앙선을 침범하여 안전의무를 소홀히 한 것이라고 하여 적용 법조로 도로교통법 제113조 제1호를 적시하였다.

법원의 항소심에서 재판장이 이 사건을 담당한 경찰관(최상기)에게 중앙선 침범 대인교통사고도 성립되어야 하는 것 아니냐고 신문하자, 증인은 허찬권 씨가 '부득이하게' 중앙선을 넘

지방경찰청의 "민원처리결과 회신"을 들 수 있다.

어왔다고 '피해자(김정효)'가 진술하였기 때문이라고 답변하였다. 그러나 허찬권 씨는 아예 중앙선을 넘어가지 않았다고 주장하는 상황이었고, 허찬권 씨뿐만 아니라 상대방의 차에 동승한 허옥순 씨도 1심 재판에서 한솔병원 쪽에서 나온 불상의 차량의 존재를 부인하였다. 그랬음에도 불구하고, 법원은 허찬권 씨가 실체가 확인되지 않은 가상의 차량을 피하기 위하여 '부득이하게' 중앙선을 침범하였다고 판단하여 판례에 따라서 교통사고처리특례법이 아닌 도로교통법상 안전운전의무를 위반한 것으로 판결하였다.

(5) 결 론

우리 사회가 많이 민주화되었다고 한다. 하지만 일상생활의 현장에서 법과 정의가 살아 움직이지 않는다면 민주사회와는 거리가 멀 것이다. 이 건의 경우 한 시민이 최초에 편파적으로 이루어진 교통사고에 대한 경찰조사를 바로잡기 위해 3년 여의 기나긴 세월 동안 고투하고 있지만 아직도 법과 정의는 이 시민을 외면하고 있는 것으로 보인다. 그렇다면 권력이 없는 일반시민은 누구나 이와 같이 억울한 피해와 불이익을 당할 수도 있을 것이다.

참여정부에 들어서 대통령도 탈권위, 탈권력을 지향하는 상황에서 일선의 권력이 법과 정의를 짓밟고 시민 위에 군림한다면 민주주의는 공염불에 불과할 것이다. 이 시민은 누군가가 져야 할 십자가를 스스로 지고 우리 사회의 일상생활의 민주화를 위해 갖은 고초를 감수하고 있는 것인지도 모른다. 이 시민의 분투가 결실을 맺어 일선의 권력에 경종을 울려 법의 사각지대를 없애고 진실과 정의가 일상생활의 구석구석에 미치기를 바라마지 않는다.

또한, 설령 일선의 권력이 횡포를 부리는 경우가 있더라도 이를 시정하는 제도적 장치가 정상적으로 작동된다면 일반시민의 억울한 고통은 최소화될 것이다. 하지만 이 시민의 사례에서 볼 수 있는 바와 같이 이러한 제도적 장치가 무슨 이유에서인가 제대로 작동되지 않는 경우가 발생한다면 그 개인의 억울함과 고통은 끝까지 외면되고 마는 것이다. 이 시민의 사례를 계기로 국가는 교통사고의 조사 및 재판을 둘러싼 사법시스템의 운영현실을 점검하여 억울한 사람이 간과되는 영역이 없도록 보완대책을 강구하여야 할 것이다. 특히 빈발하는 교통사고를 객관적이고 공정하게 조사하고 과학적으로 분석할 수 있는 시스템을 구축하여야 할 것으로 보인다.

아울러 각 국가기관은 제출되는 민원을 그저 형식적으로 무성의하게 처리하지 말고 억울함을 호소하는 일반 국민의 목소리에 세심하게 귀 기울이는 노력을 경주하여야 할 것이다. 나아가 국가는 장기적 과제로서 민원의 효과적 처리와 해결을 위한 제도적 개선책을 강구할 필요가 있는 것으로 보인다.

[부 록]

전북향우회(모악회) 창립 경과 및 취지문

지난 4. 6(월) 18시 30분부터 21시까지 여의도 참숯 꺼먹돼지에서 역사적인 전북향우회 창립총회가 열렸습니다.

현재 전북출신 국회 직원은 파악된 인원만도 7~80여 명에 달합니다.

종전에 모악회(전주향우회, 회원 약 30여 명)가 있었고, 남원향우회 등 일부 시·군 별로 향우회는 있었으나, 전북 전체를 아우르는 향우회는 결성되지 않았습니다. 이에 정재룡 교문위 수석 전문위원을 필두로, 뜻을 같이하는 분들이 전북향우회의 창립을 도모하게 되었습니다.

이 과정에서 기존의 모악회(전주향우회)와 신설예정인 전북향우회(회원 약 70여 명)는 회원 절반이 서로 겹치고 전북에서 두 개의 모임체가 투트랙으로 이원화되어 운영되기보다는 단일 모임체로 결속되는 것이 바람직하다는 의견이 많아서, 임중호 모악회 회장(전 법사위 수석), 김요환 특위 수석 등 기존 모악회 회원들과 전북향우회 발기인(정재룡 교문위 수석, 박종우 여가위 부이사관)들이 상호 협의하여, 4월 6일 모임은 기존 모악회의 회원 범위를 전주에서 전북으로 확대 발전하는 형식으로 전북향우회 창립총회가 열리게 된 것입니다.

이날 전북향우회 창립총회에는 기존 모악회원으로서, 김요환 수석, 이인섭 조사처 사회문화조사실장, 전춘호 감사관, 임재주 법사위 전문위원, 김양건 환노위 전문위원, 최용훈 의정종합센터장, 김성훈 농해수위 조사관, 최은규 의정연수과장 등이 참석하고, 전북향우회 신 회원으로, 정재룡 수석, 박출해 조사처 기획관리관, 박종우 여가위 부이사관, 전완희 교문위 행정실장, 유규영 운영지원과 사무관, 신광수 농해수위 조사관보, 권오정 의정기록과 주무관, 오병일 의회경호담당관실 주무관 등 신/구 회원 20여 명이 참석하였으며, 심보균 전북도 행정부지사도 참석해 식대를 후원하는 등, 성황리에 총회를 마치게 되었습니다.

이날 총회에서 전북향우회(모악회) 신임회장에 김요환 특위 수석, 총무에 박종우 여가위 부이사관, 회계담당에 신광수 농해수위 조사관보를 선임하였으며, 김요환 특위 수석은 2015년 1년간 회장직을 맡고, 내년에는 정재룡 교문위 수석이 차기 회장을 맡는 것으로 예약해 두었습니다.

회비는 4급 이상 월 1만원, 5급 이하는 월 5천 원으로 정하였습니다.

기본 운영계획은 연 2회(상, 하반기) 정례모임을 하고, 특별한 사유가 있을 때는 수시 및 번개 모임, 봄·가을로 등산모임을 갖기로 하였습니다.

그리고 이날 심보균 전북부지사가 참석하였듯이, 앞으로 국회 전북향우회 모임에는 전북도지사 또는 전북출신 국회의원님을 초청할 예정입니다.

그리고, 기존 모악회(전주향우회)에서 전북향우회(모악회) 회비로 404만 원을 이관함으로써, 전북향우회는 출범과 동시에, 많지는 않지만 기본 회비를 보유하게 되었습니다.

또한, 4월 6일 총회에 참석하신 20여 분과, 사정이 있어 참석은 못하였으나 전북향우회에 동참한다는 의사표시를 하신 20여 분을 포함해, 벌써 적극적 참여회원 40여 명을 확보하였고, 이제는 70여 명의 전북출신 직원 모두를 전북향우회에 동참토록 안내하며, 아직 파악이 안 된 직원도 발굴하여 회원 수를 확대해 나가는 단계에 들어섰습니다.

국회 전북 출신들의 친목을 도모하는 전북향우회를 창립하게 된 취지나 이유는 구구절절 밝히지 않아도 이신전심으로 공감하리라 생각됩니다.

노래 가사에도 나오듯이 "나의 살던 고향은 꽃피는 산골, 복숭아꽃 살구꽃 아기진달래 울긋불긋 꽃 대궐 차리인 동네 그 속에서 놀던 때가 그립습니다(고향의 봄)"의 표현처럼, 고향을 떠났어도 나의 부모님, 친척, 친구들이 존재하고 나를 성장시키고 인격을 형성시킨 배경인 고향을 꿈에서도 잊을 수 없습니다. 때로 고향 때문에 불이익이 있다 하더라도 고향을 버릴 수는 없는 까닭입니다.

우리의 출신 지역을 불리하다고만 생각하거나, 회피하거나 소극적으로 대처할 필요가 전혀 없습니다. 눈물 젖은 빵을 먹어보지 않고 인생을 논하지 말라고 했습니다. 역경을 딛고 일어서는 사람에게는 감동과 인생의 깊이가 있습니다.

대부분의 직장에서 전북향우회가 구성되어 있거나 결성이 추진되고 있습니다. BH에서도 4급 이상 직원들이 20여 명 근무하고 있고, 전북향우회가 구성되어 있습니다.

우리 직장에 전북향우회가 이제라도 결성된 것은 늦었지만 다행이라 생각합니다. 지역적 뿌리를 같이하는 직원 70여 명이 모임체를 갖고 서로 알고 지내면서, 오다가다 만나면 인사를 나누고, 업무상 관련되는 일이 있을 경우에 좀 더 친절히 상담하고 협조해 줌으로써, 알게 모르게 자기 인적 네트워크가 확대되고, 결과적으로 상당한 시너지 효과가 발생될 것입니다.

「전북향우회」에 적극 동참하겠다는 분을 정회원으로 모시겠습니다. 그러나 개인 소신이나 분주한 사정이 있어 모임에 불참하시는 분도 회원 명부에 포함하여 준회원으로 인식하겠습니다.

모쪼록, 본 이메일을 받거나, 집행부에서 연락이 가면, 기꺼이 전북향우회(모악회) 정회원으로 가입해 주시기 바라며,

회비 납부통장 [농협 302-0960-0486-31, 신광수(전북향우회, 모악회)]에 자동이체 조치하여 주시면 고맙겠습니다.

다음 모임에서 반갑게 만나 뵐 수 있기를 기대합니다.

전북향우회(모악회) 집행부 일동

[부 록]

전북향우회(모악회) 회장 취임사

안녕하십니까? 지난 3월 24일 새로 모악회 회장으로 취임한 정재룡 수석입니다. 먼저 저에게 이런 귀한 자리를 물려주신 김요환 초대 회장님께 감사드립니다.

아시다시피 저는 작년 봄 김요환 수석님, 박종우 부이사관님 등과 함께 전북향우모임인 모악회를 창립했습니다. 저는 오래 전부터 이런 모임이 필요하다고 생각해 오다가 작년 초 수석으로 승진하고 나서 바야흐로 때가 되었다고 보고 모임을 추진했습니다.

제가 모임이 필요하다고 생각한 것은 크게 두 가지입니다.

하나는 우리 호남 사람들이 직장에서 너무 영남 등 다른 지역 사람들의 눈치를 보면서 생활한다는 것입니다. 우리 사회에서 호남출신은 차별받고 있는데 그런 우리가 왜 남의 눈치를 보면서 처신하는 것인지 저는 의아할 따름이었습니다. 동물세계에서 약자들은 강자에게 희생당하지 않기 위해 모두 단합합니다. 우리는 이 사회에서 약자입니다. 그런데도 우리는 단합하지 못하고 각자 도생에 급급합니다. 같이 만나 식사 한번 하는 것마저 강자의 눈치를 봅니다. 2011년에 있었던 일인데, 제가 당시 호남출신 사무차장에게 식사 한번 모시겠다고 했더니 같은 호남출신이라 안 된다고 하더군요. 저로서는 그분이 차장까지 올라가서도 그렇게 처신하는 것이 정말 이해되지 않았습니다. 이렇게 눈치 보는 것을 이제 타파해야 한다고 생각합니다.

또 하나는 우리 호남출신들은 질서가 없다는 것입니다. 물론 단합하지 못하니 질서가 있을 리가 없지요. 90년대 후반에 프랑스 주재관 자리, 00년대 초반에 워싱턴 주재관 자리를 놓고 같은 호남사람들끼리 정치권에 줄까지 대가면서 오랜 기간 치열하게 경쟁한 적도 있습니다. 제가 과문인지는 모르지만 영남 사람들 사이에 그런 일이 있었다는 것을 들어본 적이 없습니다. 저도 05년에 워싱턴 주재관 자리를 놓고 호남출신 후배와 경쟁한 적이 있는데, 그때 저는 그 후배에게 어디 로비하지 말고 공정하게 경쟁하자고 말하고 그 후배가 선발되자 결과에 흔쾌히 승복했습니다. 그 자리에 후배를 제치고 내가 꼭 가야 한다고 욕심을 부리는 건 나에게 어울리지 않는다고 생각했습니다. 이제 우리 호남사람들도 모임을 통해 단합하면서 아름다운 질서가 형성되었으면 좋겠습니다.

십자가

윤동주

쫓아오던 햇빛인데
지금 교회당 꼭대기
십자가에 걸리었습니다.

첨탑이 저렇게도 높은데

어떻게 올라갈 수 있을까요.

종소리도 들려오지 않는데
휘파람이나 불며 서성거리다가,

괴로웠던 사나이,
행복한 예수 그리스도에게
처럼
십자가가 허락된다면

모가지를 드리우고
꽃처럼 피어나는 피를
어두워가는 하늘 밑에
조용히 흘리겠습니다.

저는 우리 직장에서 고시 후배까지 수석이 된 2013년 초 이후 약 2년간 수석 부적격자 취급을 받았습니다. 아무도 그 이유가 무엇인지 알려주지 않아 궁금했지만 저는 그 이유가 정당 환경의 영향이라고 생각하고 어차피 호남출신 중에 누군가 차별을 받아야 한다면 대학도 전남대를 나온 내가 적임자라고 생각하고 가까운 사람들에게 희생을 기꺼이 감수하겠다고 말하곤 했습니다. 내가 희생양이 된다면 그게 다른 호남출신들에게는 반대로 좋은 일이 된다고 생각했습니다. 그래서 사무실 벽면에 윤동주 시인의 위의 시 '십자가'를 붙여놓고 수시로 음미하곤 했습니다.(그 시는 지금도 붙여놓고 있습니다.) 다행히 작년 초 정의화 의장님 덕택에 제가 늦게나마 승진하긴 했지만, 지난 5월

3일 김요환 수석님 및 총무단 등과 점심 식사를 하면서 제가 승진에서 배제된 이유가 무엇이라고 알고 계셨는지 여쭤봤더니 제가 호남출신이면서 전남대를 나왔기 때문이라고 말했습니다. 놀랍게도 제가 듣고 싶었던 바로 그 말이었습니다. 그 자리에서 제가 2000년대 중반에 몇 차례 「한겨레신문」에 기고한 것 등이 이유일 수도 있다는 얘기도 나왔지만 정확한 이유야 여전히 알 수는 없습니다. 아마 제가 실세 영남출신들에게 식사 한 번 대접하지 않고 승진 부탁 한번 하지 않은 것도 이유가 될 것입니다. 그러나 이제 다 지나간 일이고 지금은 정당 환경도 바뀌었고 조진조퇴를 걱정해야 하는 사람들에 비하면 전화위복이 되었다고 생각합니다. 인생은 넓은 가슴으로 멀리 볼 필요가 있다고 생각합니다.

앞으로 제가 회장을 하는 동안 모임을 자주 할 수는 없겠지만 우리 향우들 사이에 우애와 협력의 문화와 전통을 만들 수 있도록 노력하겠습니다. 우리 향우들 사이에 작은 이해관계에 집착하기보다는 선배는 끌어주고 후배는 밀어주는 아름다운 문화가 형성되었으면 좋겠습니다. 선후배님들의 많은 성원을 부탁드립니다.

감사합니다.

글을 마치며

8월 한 달 집중해서 집필하고 이후 9월 초순까지 원고를 다 듬어 9월 중순부터 친구와 지인들에게 보내서 의견수렴을 했습니다. 어느 지인들은 바쁜 가운데도 원고를 다 보고, 힘든 상황을 견디어 낸 것에 위로와 칭찬을 한다면서 책 제목을 지어주고 목차 수정, 주관적 표현의 순화 등 많은 조언을 해주었고, 꼼꼼히 교정도 봐주었습니다. 다른 지인은 실명을 거론한 곳을 지적하며 다른 방법으로 군데군데 의문이 드는 것을 짚어주어서 보완할 수 있도록 해주었습니다. 친구들은 필자의 문제제기에 찬동하고 특히 사생활 부분에 공감하며 마음이 아프지만 재미있다는 소감도 말해주었습니다. 필자는 이 책을 통해서 많은 사람들이 알았으면 좋겠고, 가해자들이 참회하는 계기가 되길 기대해 보려고 합니다.

이 책에는 전 아내와의 이혼 얘기가 들어가기 때문에 그게 아직 어린 아들에게는 조심스러운 부분이기도 합니다. 그래서 아들에게 책 집필 전부터 그것에 대해 동의를 구했습니다. 집필 후 출판사와 계약 후 원고를 보낼 때도 다시 아들에게 묻고, 아들이 초등학교 6학년 때 내게 쓴 편지를 넣는 것을 포함해서 엄마에 대한 얘기 등에 대해서 다시 한 번 동의를 구했습니다. 나는 엄마 얘기를 꼭 필요한 범위 내에서 최소화했다고 말했고 아들은 "그러면 됐다"라고 말했습니다.

이 책에 대한 반향이 어떨지는 현재는 알 수가 없습니다. 나는 국회가 내 간절한 호소를 철저히 외면하는 상황에서 복합적 내용의 내 사건을 세상에 모두 드러내서 진실이 밝혀지고 정의가 세워지기를 바랍니다.

금년 7월 8일 내가 존경하는 목사님께 내 사건을 상의 드렸을 때 목사님은 로마서 8장 28절 "우리가 알거니와 하나님을 사랑하는 자 곧 그의 뜻대로 부르심을 입은 자들에게는 모든 것이 합력하여 선을 이루느니라"는 말씀을 해주셨습니다. 내가 좋아하는 구절이기도 합니다. 그렇게 되기를 빌어봅니다.

필자 정재룡

중원문화 아카데미 新書

중원문화 아카데미 新書

인격의 철학,
철학의 인격

한 철학자의 눈에 비친 인격에 대한 고찰!

저자는 여러 철학자들의 사유에 내재된 진정한 개성과 삶의 관점을 드러내 인격적 정체성이 무엇인지를 밝히고자 했다.

이 저서는 인격적 정체성을 사물과 구별되는 존재의 세계에서 설명하려는 실천적 과제를 안고 있습니다. 더불어 그것을 비판하는 논점과도 논쟁할 것입니다. 인격적 정체성을 정당화하려는 철학적 노력은 단순히 물리적 세계에 역행하는 무모한 시도가 아닙니다. 인격적 정체성에 대한 질문은 개별적 실존이 어떻게 변화무쌍한 삶의 실현과정에서 자기 자신과 동일함을 유지하며, 또한 동일함에 이를 수 있는지를 묻습니다.

김종엽 저/420쪽/고급양장 신국판/
정가 28,000원

철학대사전(개정증보판)과 세계철학사(전5권)

『철학대사전』은 『세계철학사』(전5권)를 읽는 독자들을 위해 만들어졌다. 본 사전에는 아직도 각종 모순이 중첩되어 있는 이 땅에서 자연과 사회 및 인간 사유의 일반적 발전 법칙을 탐구하여, 올바른 세계관을 수립하고 각종 모순을 인식하고 해결하는 데 초석이 되도록 편찬되었다. 따라서 이 사전은 진보적 철학의 비중을 대폭 높였으며 특히 한국철학에 있어서 새로운 민중적 시각을 통해 재정리하고자 했다. 또한 이 사전은 철학의 근본문제를 비롯하여 여러 문제, 사회관, 인생관, 가치관, 역사관 등의 문제와 기타 철학의 발전과 긴밀히 연결된 사회과학과 자연과학의 논점도 동일한 입장에서 다루었다. 때문에 이 사전과 동일한 입장에서 일관성 있게 집필된 본사 발행『세계철학사』(전5권)와 함께 유용한 지침서가 될 것이다.

철학대사전편찬위원회 지음/국배판 칼라인쇄/고급 서적지 및 고급 양장케이스/정가 980,000원

『세계철학사』(전5권)는 국내판을 출간하는데 30여년에 걸쳐 기획되고 수정된 책으로 연 40여명의 편집인이 동원되었다. 본서는 1987년 7월 처음 출간되어 1998년 2월에 재편집되었으며 2009년 5월에 3차 증보판에 이어서 이번이 제4차 개정 증보판이다. 대본으로 사용한 책은 「러시아과학아카데미연구소」(Akademiya Nauk SSSR)에서 출간한『History of Philosophy』(전5권)를 다시 국내에서 우리나라 실정에 맞게 재편집하고 현대적 용어와 술어로 바꾸어 번역한 것으로, 국내판은 고대 노예제 철학의 발생으로부터 자본주의 독점 시대까지의 철학을 재편집하였다.

크라운판 고급인쇄/고급 서적지 및 고급 양장케이스/전5권 세트 정가 750,000원